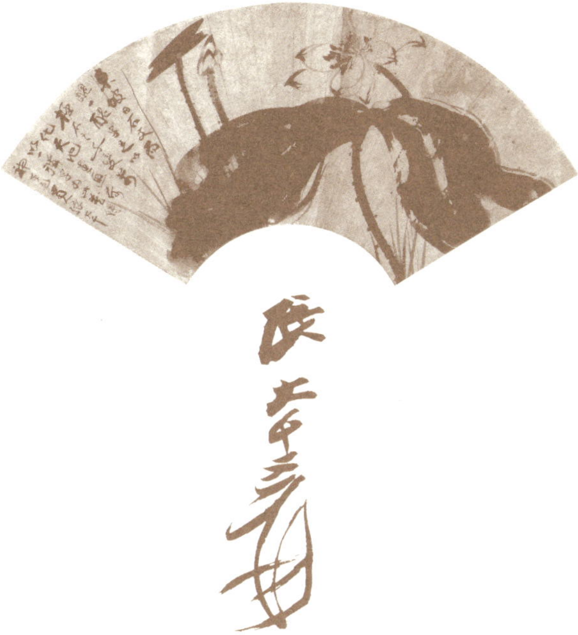

五百年来一大千

邓贤 著

人民文学出版社

图书在版编目（CIP）数据

五百年来一大千/邓贤著.—北京：人民文学出版社，2016
ISBN 978-7-02-011668-3

Ⅰ.①五… Ⅱ.①邓… Ⅲ.①张大千（1899～1983）—传记 Ⅳ.①K825.72

中国版本图书馆 CIP 数据核字（2016）第 112999 号

责任编辑　付如初
装帧设计　刘　静
责任印制　苏文强

出版发行　人民文学出版社
社　　址　北京市朝内大街 166 号
邮政编码　100705
网　　址　http://www.rw-cn.com

印　　刷　北京智慧源印刷有限公司
经　　销　全国新华书店等

字　　数　320 千字
开　　本　680 毫米×960 毫米　1/16
印　　张　24　插页 5
印　　数　1—15000
版　　次　2016 年 7 月北京第 1 版
印　　次　2016 年 7 月第 1 次印刷
书　　号　978-7-02-011668-3
定　　价　45.00 元

如有印装质量问题，请与本社图书销售中心调换。电话：010-65233595

张大千

張母曾太夫人七十造像

庚午十一月大風堂敬贈

张大千之母张曾氏（曾友贞）

巴西八德园，张大千与家人后辈

张大千与四太太徐雯波在东京赏梅

张大千在台湾"摩耶精舍"

目　录

上卷

第 一 章　少年生死劫 / 003
第 二 章　百日强盗 / 013
第 三 章　扶桑东渡 / 024
第 四 章　百日和尚 / 036
第 五 章　拜师学艺 / 052
第 六 章　英雄莫问来路 / 068
第 七 章　天生我材 / 083
第 八 章　迷途知返 / 095
第 九 章　红颜知己 / 108
第 十 章　京华烟云 / 124
第十一章　莫使金樽空对月 / 135
第十二章　长兄如父 / 147
第十三章　崭露头角 / 161
第十四章　天地吾师 / 173

中卷

第十五章　身陷囹圄 / 187

第十六章　虎口脱险 / 201

第十七章　千里跋涉 / 211

第十八章　兄弟情深 / 221

第十九章　青城悟道 / 228

第二十章　善子之死 / 244

第二十一章　大漠探幽 / 257

第二十二章　敦煌面壁 / 271

第二十三章　大师归来 / 283

下卷

第二十四章　乾坤巨变 / 297

第二十五章　背井离乡 / 309

第二十六章　东张西毕 / 321

第二十七章　衰年变法 / 332

第二十八章　故土难离 / 339

第二十九章　艺坛主盟 / 347

第 三 十 章　人生绝唱 / 361

尾声　"五百年来第一人" / 369

后记　我为什么要写张大千 / 376

上卷

第一章　少年生死劫

1

民国五年（1916年）初夏的一天，艳阳普照满眼苍翠，重庆求精中学十七岁的天才少年张正权与同学行走在山川如画的返乡小道上，如同置身一座绵延百里的风景画廊。但是不久他们这种好心情就被子弹击碎了——张正权，也就是未来的国画大师张大千怎么也想不到，一个连车船都雇不起的穷学生也会遭到绑票，而他这头可怜的"肥猪儿"（土匪黑话，有油水的人质之意）竟然还将被迫落草山寨，做了强盗的黑笔师爷。

事情的经过是这样的：人烟稠密的川中小镇邮亭铺突遭悍匪袭击，强盗劫掠财物绑架人质，直到天亮也未见城里军警赶来营救。人们叫天不应求救无门，只好沦为土匪刀下鱼肉。而重庆求精中学的返乡同学正好路过此地难免横祸，于是张正权和其他不幸的人质就被土匪反剪双臂赶押着，跟跟跄跄走向凶险莫测的大山深处。

这是命运第一次对他露出狰狞面目。

这起轰动四川的绑票大案只是民国初期内乱的一个缩影。导致天下大乱的直接原因是辛亥革命成功和清政府垮台，革命成功并未建立一个强有力的中央政府，致使群雄争霸战乱四溢。民国四年袁

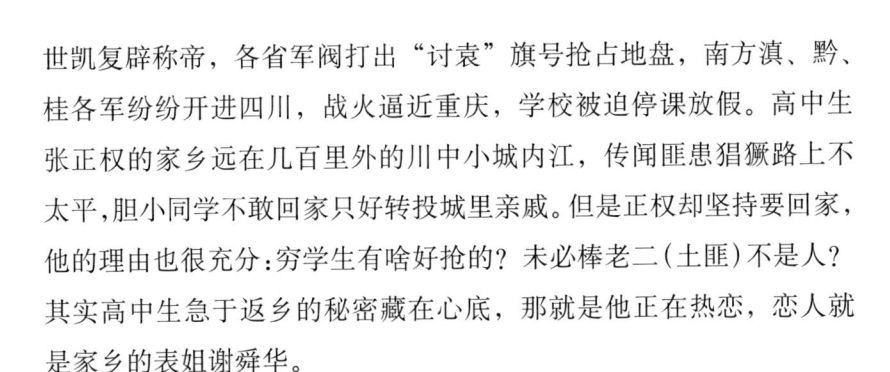

世凯复辟称帝，各省军阀打出"讨袁"旗号抢占地盘，南方滇、黔、桂各军纷纷开进四川，战火逼近重庆，学校被迫停课放假。高中生张正权的家乡远在几百里外的川中小城内江，传闻匪患猖獗路上不太平，胆小同学不敢回家只好转投城里亲戚。但是正权却坚持要回家，他的理由也很充分：穷学生有啥好抢的？未必棒老二（土匪）不是人？其实高中生急于返乡的秘密藏在心底，那就是他正在热恋，恋人就是家乡的表姐谢舜华。

上面一幕发生在距今一百年前的二十世纪初叶，天府之国的四川盆地要等来第一辆烧汽油的现代交通工具还需十年时间，而铺设铁轨和迎来火车时代则要等将近半个世纪。对于许多异地求学的莘莘学子来说，假期返乡走几百里山路，昼行夜宿日晒雨淋都是家常便饭，不值得大惊小怪。

重庆求精中学始建于十九世纪末，为西方在四川开办最早的"洋学堂"之一，设置自然学课程，开现代教育先河。正权与十弟君绶来重庆念书完全是因了四哥张文修的缘故。文修受聘求精中学任教，这才将两个弟弟带来该校就读。中学时代的张正权并未显露出绘画天才的迹象来，在师生眼中，他只是个"才智平平"和"成绩一般"的乡下男生，精力旺盛并且贪玩，自然学科较差，数学成绩更是一塌糊涂，以至于画家晚年自述："算学相当糟糕，考试从未及过格。"一个数学不及格的学生在偏重逻辑教育的西式学堂是难获好评的，即使该生国文成绩优良，书法获校际比赛第一名也于事无补。其实书法超群已经是个信号，只可惜求精中学未开设美术课，致使绘画天才的艺术潜质未得发掘，这对该生与校方都不能不说是一个重大损失。

纵观世界绘画史，天才往往都是上帝的宠儿，少年得意世人知，一朝成名天下扬。比如与张大千同时代的西方绘画大师毕加索，八岁即完成油画处女作《斗牛士》，十三岁举办画展，十六岁获西班牙美术金牌奖，被誉为"最有前途的天才少年"。最早慧眼识珠的伯乐是他父亲，据说小毕加索三岁就表现出非凡的绘画天才，他在画纸上涂抹出来的景物令人惊叹。其父是个职业美术老师，他发现自己的儿子是匹难得的千里马，就干脆把课堂搬回家里。

而东方大陆的天才少年张大千却没有那么幸运，他既未受过美术教育，也没有遇上一个懂艺术的父亲或者美术老师帮助其发掘绘画才能，因此他只能是一颗被历史与现实双重冻土所覆盖的种子，任其发展自生自灭。

当毕加索在欧洲画坛如日中天光芒四射之时，国画天才张大千却在社会战乱和剧烈动荡的黑暗时代踽踽而行。此时他尚未拿起画笔，天才的灵魂尚未苏醒，艺术的太阳尚未升起来照耀前程，因此他的人生小船驶向何方还是个未知数。

生不逢时当是天才的最大不幸。

然而"天生我材必有用"又是不朽的信念，这也是那棵"咬定青山不放松"的黄山松为何唯我独尊的原因。

2

不料放假头天就遇上麻烦，城门口军警以学生未办通行证为由不予放行，正僵持间，有同学认出一个熟人来，他就是曾在求精中学做过体育教员的刘伯承先生。后来成为共产党开国元勋的刘伯承元帅此时还是一名年轻的川军连长，他好心告诫同学，川中各县土匪猖獗几无宁日，大家还是以安全为重返回城里为好。

但是年轻人初生牛犊不怕虎。张正权振振有词道：棒老二打劫学生娃有何油水？我们又不去招惹他，难为我们做啥子嘛？

同学纷纷附和说：对嘛，开弓没有回头箭，回城还不让同学笑尿裤子？

未来的红色元帅眼见同学不听劝阻执意返乡，只好下令开关放行。同学个个如冲出牢笼的鸟儿，连年纪最小的君绶也走得步履飞快脚下生风。

路上果然遭遇零星打劫，不过挡道的都是些舞刀弄枪的小蟊贼，并未刻意为难这些穿草鞋的学生，这也令他们信心大增，胆气壮了不少。

进入大足地面，本可取道成渝官道回家，但是张正权忽发奇想，提议前去观赏著名的大足石刻。大足石刻为唐宋年间的摩崖石刻造像，共存七十四处五万余尊，与著名的洛阳龙门石窟齐名。同学放假正在兴头上，巴不得海阔天空周游一番，早把刘教员的警告忘到脑后。他们绕道北山、宝顶山等处，在摩崖造像下驻足观赏流连忘返，正权与君绶还取出纸笔来现场勾勒线描画，引来同学纷纷喝彩。然而他们不知道，正是这一天耽搁，让那个躲在暗处的坏运气赶上来了。

离开大足继续翻山越岭，连日行走不仅令少年人脸上布满阳光凶狠咬噬的印痕，还刻上他们对于越来越近的家乡亲人的焦灼渴盼。同学离校时身上仅有一天饭钱，沿途全靠向村民讨食借宿。在民风古朴的川中乡村，学子沿途化缘天经地义，一路均可受惠于村民免费照应，几无冻馁之虞。"天府之国"所以人杰地灵人才辈出，除得益于大自然恩赐外，民风淳朴与厚待读书人的传统同样必不可少。

就这样，在一个世纪之前那个童话般的初夏，小满刚刚过去，秧苗正在发育，雨季尚未来临，乡间空气明净得好像婴儿的眼睛。高中男生张正权和他的同伴拖着疲惫步伐走进历史的视野中。

夕阳西沉，一只红彤彤的火球往山背后一坠，立刻溅起一片形状狰狞的黑云来。有人惊呼，有雨了，于是大家急慌慌加快脚步赶路。过不多时，山谷深处露出一座红色教堂的尖顶，少年人顿时欢呼起来，那是同学们今晚的歇脚之地——邮亭铺小镇。

但是他们不知道，厄运已经抢先一步赶到了，它等在这里守株待兔。

邮亭铺为川中古道上一座重要驿站，平时驻有一队兵丁维持治安，但是近来战场吃紧士兵奉命撤走，山匪由此猖獗，民众纷纷外逃十室九空。但是远道而来的中学生哪里知道形势凶险，他们就像一群迁徙途中的辛勤候鸟，不畏风雨急急赶路，却不料一头撞进厄运布下的天罗地网中。

夜半人静，天空下起小雨，山区小镇安静得像只被人遗忘的玻璃杯。但是随着枪声骤起，玻璃杯"哗啦"一声破碎了。

惊慌失措的人们四散而逃。

黑暗中到处都在放枪，到处都有晃动的火把和土匪唿哨，让你辨不清危险在哪里，危险却又无处不在。被枪声驱赶的人们就像遭遇中世纪围猎的兔子，除了昏头昏脑地乱跑外根本不辨方向。张正权先是跟着人群一道奔跑，不幸迎头撞上土匪，土匪朝人群放枪，吓得他更加不辨方向地狂奔，结果没跑出多远就气喘吁吁地跑不动了。

这时一颗子弹追上了他。

死神之手本已抓住这个毫无反抗之力的天才少年，要送他去到另一个世界，但是不知何故临时改变主意，于是这颗飞行的子弹在他头上轻轻地亲吻了一下。这是极为惊险的一幕，因为子弹再低半公分，二十世纪的中国画坛将不会再有一个名叫"张大千"的天才巨匠和他的传世名作。

张正权还是被自己头上涌出的鲜血吓坏了，他瘫倒在地，被土匪赶来抓住。他唯一值得庆幸的是脑袋还完整地长在脖子上，只是小命已经被拴在绳子上，做了土匪战利品。

人质被强盗推搡着恐吓着赶了半夜山路，直到晨曦初露，一团团笼罩眼前的山岚雾气徐徐飘散，他们这才看清，一座宛若仙境的小村寨浮现在眼前。

3

仿佛一帧水墨晕染画从朦胧过渡到清晰，张正权的脑袋也从一团糟糊的疼痛中渐渐清醒过来。虽然伤口已结痂，血也止住，说明枪伤并不十分严重，但是中学生内心遭受的创伤远远超过脑袋。

他努力睁开被血渍糊住的眼皮，看见匪众都在村子里兴高采烈地开饭，人质已被解除绳索，垂头丧气坐在地上。他又拿目光搜寻十弟君绶的身影。君绶为家中老幺，平日受娇宠惯了，加上年纪尚小，如何吃得起这番惊吓？当他在人群中并未发现弟弟身影时这才松了口气。他想也许他已平安脱险，跑到县城去求救了。

当太阳从山背后懒洋洋地露出脸来，吃饱喝足的土匪开始清点战利品。一个小头目剔着牙问：逮住几个"爬壳"（黑话，指民团武装）？

小匪报告：逮住一个，他还打伤了两个弟兄。

小头目看也不看地下令：砍了……喂狗！

一个活人转眼间变成血淋淋的尸体，中学生的心脏忽然哆嗦起来，他想哭却哭不出声音，因为他连哭的胆量都给吓没了。

小头目命令给肥猪儿"扒一层皮"（搜身之意），一个腰间系根红带子的青皮小匪就蹿上前来搜张正权。他看上去还是个孩子，一双脏手跟鸡爪子一样，做出一副气势汹汹的样子，眼睛却兴奋地放着光。他连扯带拽地搜完身，并未搜到值钱的东西，正失望间却发现人质腰间有根皮带。皮带是二哥张善子从上海带给中学生的礼物。青皮小匪没见识，大惊小怪地嚷起来：哇！该死的"爬壳"，还藏着暗器呢。

众匪都惊动了，纷纷凑过来研究一番。一个抽叶子烟杆的老匪不屑道：啥子暗器哟？裤腰带！

于是他们抢走皮带，扔给人质一条草绳替代。

但是皮带却引起了小头目的注意，他踱到人质跟前，也不说话，脸上笼罩着令人生畏的黑云。青皮在一旁撺掇道：把这个"爬壳"砍掉算了——看看，蛮时髦的，还留着拿破仑头呢。

辛亥革命成功，四川男人的最大变化莫过于剪辫子，于是城里率先刮起"西洋头"的时尚之风。西洋头样式繁多，有英式"中分"、法式"偏分",西洋卷发、东洋背头等等不一而足,但是到了乡下则一律统称"拿破仑头"。张正权偏爱英式"中分",自以为是张扬个性追求自由,殊不知这点小小的虚荣心却险些引来杀身之祸。

中学生吓傻了,连连分辩:我不是"爬壳"……是重庆念书的穷学生。

青皮小子鄙夷道:龟儿子!穷人崽儿念得起书么?

小头目还是没有说话,目光像吐着红信子的毒蛇,只管在中学生脸上"咝咝"游动。要不是恰好强盗首领走过来,接下来发生什么恐难预料。

强盗首领是个皮肤白皙相貌斯文的中年男子,头戴一顶时髦的巴拿马草帽。他朝匪众拱手道:各位兄弟辛苦。

土匪顿时毕恭毕敬,个个拱手:毕大爷您老人家辛苦。

毕大爷接过皮带来察看。不知为什么,张正权心中忽然有了一线希望,也许是对那顶时髦的巴拿马草帽产生好感的缘故。当小头目添油加醋报告说逮着个秀才,还是城里的大学生时,他竟然大声分辩道:不对!我在念中学,离大学差得远呢。

小头目怒道:龟儿子!当心砍了你!我看都差不多——老子最恨你们这些有钱人!

毕大爷看看人质,目光变得意味深长起来。

他吩咐手下人把正权带进一间草屋,已经有人在桌上铺开纸笔砚台。首领点点头说:你过来,写封信。

张正权摸不着头脑说:写信,做什么?

首领耐心开导他说:这封信就是要跟你家里人说,遭山里棒老二绑票了。绑票晓得么?就是当"肥猪儿"——让你娘老子赶快送四季发财来,要不然就等着收尸啰。

中学生听见自己那颗心扑通一声就跌进深渊里。

他嗓子眼透出嘶嘶哭腔道:我家没得啥子……四季发财哟!

旁边青皮小匪幸灾乐祸地帮腔说:四季发财,就是四担银子嘛。

一担银子一千两，你龟儿子秀才咋个都不晓得？

张正权的脸更白了。

张家境况他略知一二，父亲抽大烟败光家业，全靠母亲替人刺绣为生。他的童年时代充塞着许多与贫穷和饥饿有关的记忆。他与弟弟君绶得以赴重庆念书，完全是因了四哥文修才得以免除学杂费。可是强盗哪里肯信他的话，他们绑票的目的很简单，就是勒索巨额赎金，否则撕票杀人。

小头目呵斥道：还哭穷呢！有穷娃儿进城念书的么？你龟儿子再不老实，立马剁下手来送还你娘老子！

毕大爷并未发怒，而是蛮有兴趣地说：你倒是说说看，你家出得起好多银子嘛？

中学生张张嘴，喉咙却被一团乱毛堵着，发不出声音来。

首领看他吓得半死，宽宏大量道：这样吧，做生意讲公道，做人要厚道……我替你减一担，"三魁首，天下走"。不许再少了！

他本想回答一担也交不起，但是看见众匪都有了狼一样的眼神，于是一哆嗦那脖子就缩回裤裆里。

4

中学生只好硬着头皮给家里写信。

青皮小子被指定研墨，众匪都围着吸水烟，等着看中学生表演写毛笔字。

那娃儿对自己的角色显然不乐意，墨锭东一下西一下地捣着，张正权总也不见砚台有起色，就没好气地呵斥说：好好磨！三心二意地，怎做得好事情？

毕大爷诧异地看看他，张正权也被自己的冒失吓了一跳。幸亏首领没有生气，否则他就该为这句话付出代价了。没想到青皮娃儿竟服服帖帖研起墨来。待到砚台里浓墨如漆，正权不得已提起笔来，想到父母读到这封赎票信的伤心之情,不禁悲从中来,手腕一抖,一行漂亮的瘦金体便从笔下飘逸而出:父母大人在上,不孝男正权跪拜叩头……

毕大爷忽然怪叫起来:龟儿子,字蛮不错啊!

张正权觉得这些乡下人好没见识,便赌气道:本人书法全校第一,没人比得过。

毕大爷点点头说:你还会些什么?

中学生头也不抬地说:画画。

青皮雀跃起来:我要画人像!

毕大爷瞪他一眼,青皮娃儿只好哭丧着脸走开了。

赎票信写好了,首领却不着急,他命人抬来一张藤椅,自己往院子中间一坐说:听着,本大爷要你画张像。如果画得不像,休怪老子叫人把你剁成碎块喂狗!

张正权头皮一麻,明白自己说走嘴犯下大错。

世上很多事是不能逞强的,否则将自断生路。正权虽从小喜好书画,却从未正式拜师学艺,只靠一本《芥子园画谱》自学而已。现在这帮强盗却不管三七二十一硬要逼他画像,画不好还要杀头,简直就跟古代著名的《七步诗》一样九死一生啊。魏文帝曹丕欲加害其弟曹植,命其当庭作七步诗定生死。曹植诗云:煮豆燃豆萁,豆在釜中泣。本是同根生,相煎何太急?诗人不仅没有落入陷阱,反而一炮走红名扬天下。

然而天才少年张正权的下场会怎样呢?

毕大爷又开口道:要是画得好,免你龟儿子赎金。

他终于懂得什么叫作"自古华山一条路"了。古人有云:"秀才出山,成也一杆笔,败也一杆笔。"现在他的死活成败都要靠这杆画笔来定夺,当然他暂时还不知道,这杆画笔今后还将支撑起他的整个人生来。

别无选择的少年人将宣纸慢慢铺平,他努力抑制自己的恐惧,

调整好呼吸，然后朝那个绘画对象打量一眼。

这一眼令他找到了灵感。

何谓灵感？灵感就是艺术家的重量。曹植是天才，大千亦同，灵感是上帝对这群人的特殊恩赐。

张正权觉得心中有个什么东西"咯噔"一下被唤醒了，就像另一个自己睁开眼睛来。他发现心中已经有种跃跃欲试的愿望，于是从容将手中画笔对准院子里的人物，而不管他的身份是匪首还是模特。

中学生的绘画天空第一次被晨曦初露的灵感之光照亮了，他很快投入创作状态……

人像既成，首领对着画像端详良久，后来沉下脸对众匪吩咐说：找副滑竿来，把他给我抬回龙井口去。都听着，不许打骂他，不许饿着他，好好看住他……他要是敢逃跑，就把头砍下来喂狗！

于是天才少年被土匪七手八脚绑在滑竿上。他挣扎着哀号：放开我，求求你们……我要回家！

毕大爷宣布道：从今天起——他就是山寨的黑笔师爷！

第二章　百日强盗

1

让我们仔细认识一下这位被迫落草的黑笔师爷吧。

同生长在温暖潮湿的四川盆地的多数人一样，张正权也长得五短身材四肢结实，他可能只有一米六多一点，显著特征是头颅硕大毛发浓密，天圆地方五官饱满，尤其是那对镶嵌在浓眉之下的眸子，十分明亮有神，鼓起的鼻翼微微翕动，表明天才少年的精力和欲望都很旺盛。最具家族特征的标志就是脸上那一圈毛茸茸的胡须已经像常春藤一样爬出来，令那颗摇来晃去的大脑袋看上去很像一头威武的狮子。不幸的是，如今这头未成年的雄狮却横遭绑架，面如死灰身不由己，被土匪轮流抬着朝群山深处走去。虽然他的家乡内江距此仅有一天路程，但是横亘在天才少年面前的命运之路却由此变得无比凶险和遥不可及。

滑竿咿咿呀呀，命运的小船摇啊摇，连天上的太阳和月亮似乎也不愿看到这一幕，它们都羞愧地躲进阴云中……

清光绪二十五年（1899年）农历四月初一，内江城南象鼻嘴堰塘湾村民张怀忠之妻张曾氏产下一名男婴，行八，合族谱"正"字辈，取名权。

据说张曾氏临盆前在家中燃香祷告,一时间竟迷糊起来。忽闻叩门之声,打开门却见外面站一陌生老道,青衣飘飘鹤发童颜,肩上蹲了一头黑猿。老道见了女主人也不说话,只回头朝黑猿颔首示意,那灵物便纵身一跃直趋入怀。张曾氏忽然惊醒,觉得腹中疼痛,一时三刻胎儿呱呱坠地,"黑猿转世"说自此得以流传。

成年后的张正权不仅自己更名为"张爰","爰"与"猨(猿的异体字)"相通,其书画题款多为"大千居士爰",且一生饲猿为乐,足见其对"黑猿转世"说深信不疑。

张氏家族原籍广东番禺,明末清初从湖北麻城迁至四川内江,其高祖官至内江知县,购置田亩宅院,在当地算得上远近闻名的大户人家。到了父亲张怀忠这一代已家道中落,怀忠经商失败,又沾染瘾君子恶习,弄得家徒四壁一贫如洗。这是张家历史上最为困窘没落的时代,人口增多又加剧了这个贫困大家庭的经济危机。张氏家谱载:张曾氏(友贞)在生下老八正权后又诞两子,幸其贤惠能干多才多艺,以擅长刺绣闻名四乡,人称"曾绣花"。母亲以柔弱之肩撑起这个多子女家庭举步维艰的生活天空。

正权少时因母亲忙于养家糊口少有吃到母乳,于是哺育和照料婴儿的重担就落在另一个女性罗氏肩上。

罗氏名正明,时年只有十岁,身份是正权三哥张丽诚未过门的嫂子,俗称"童养媳"。作为未过门的儿媳妇,罗姐姐义不容辞地承担起哺育婴孩小叔子的重任。八弟醒时要抱他逗他,饿了就得赶紧背起他送给正在别人家里做活的母亲喂奶。有时母亲出了远门,罗姐姐就得自己哄他,她总能找来一些香甜食物,比如红薯干、洋芋干之类,捣碎了,再喂到弟弟小嘴里。有时实在找不到吃食,聪明的罗姐姐就会像只采花的小蜜蜂那样在村子里嗡嗡地飞来飞去,不多久便捧了一碗加了砂糖的甜豆浆跑回来。看着弟弟贪婪吸吮的样子,罗姐姐挂满汗珠的脸上便绽放出快乐的花朵来。

那是个民风淳厚人心古朴的年代,罗姐姐很快学会将弟弟的吃奶难题求助于村里婶婶大妈,而她每次外出求食都不会空手而归,有次居然还捧回一碗带着体温的人奶。原来邻家媳妇刚刚生了女孩,此后八弟就能常吃到人家母亲的乳汁。有时罗姐姐干脆背上弟弟去吃奶。直到几十年后村里老人还记得这件事,都说张家老八就是那家人的"倒插门女婿"。

光绪二十八年春,川中大旱,三岁的小正权饿得饥肠辘辘脸色蜡黄,他每天都跟在村里大孩子后面刨食,不管天上飞的地上跑的水里游的,只要能填饱肚子统统来者不拒。有次他在山坡地上刨出一只红薯,转眼间就被那些大孩子抢走了,令他号哭不止痛不欲生,这时候罗姐姐及时赶来了。她就像下凡的仙女那样出现在弟弟面前,把他背到一处山坡,点燃柴草火堆,然后变戏法一样变出几条红薯根来。等薯根烤熟了,罗姐姐又剥开烧焦的薯皮,咬碎薯根喂他,小正权就依偎着姐姐吃得津津有味。小时候他常常梦见罗姐姐和母亲变成同一个人,她们都是自己的保护神。

这是岁月在画家童年记忆中打下的永久符号。

1911年"辛亥革命"成功给张家带来命运转机。二哥善子早年在日本参加孙中山组织的反清同盟会,随着革命成功也步入政坛,张家的处境迅速改善,重新成为内江人财两旺的名门大户。关于张家发迹的原因在当地流传多种无法证实的版本,有种说法是:四川总督端方镇压革命未遂逃回京城,途经内江遭革命党劫杀,随行数十车黄金珠宝不知下落。

另一种说法是:辛亥革命兴起,各省竞相查抄满人财产,而这些财物大都落入造反者腰包。

无论如何,此时的张家老八得以走出堰塘湾村,他不仅考上重庆求精中学念书,还在心中为自己谋划了一条通往未来的光明大道,那就是当一名真正的职业画家。但是这一切憧憬都被邮亭铺小镇骤起的枪声击碎了,中学生不幸头部中弹还遭绑票上山,沦为山寨的"黑笔师爷",这真是命运同年轻人开的一个天大玩笑。

白云悠悠，山林幽幽，少年人心中涨满恐惧与忧伤的潮水。小匪轮番抬着滑竿，他们显然十分熟悉这里的林间小道，翻山越岭如履平地。于是这架在蜿蜒山道上咿呀行进的滑竿如同命运小船，载着未来的天才画家颠颠簸簸地驶向一个凶险莫测的匪巢世界。

2

川中大足与永川两县交界的龙头山方圆百里，山势险峻丛林密布，自古都是强盗出没之地，而坐落在龙头峰上的龙井口山寨更是令当地人谈虎色变的土匪老巢。

当新落草的黑笔师爷像条死鱼那样被滑竿抬进山寨时，他头上的枪伤已经感染发炎，眼睛肿成一条缝。他听见四周有了波浪一样的絮语嘈杂声，明白自己终于来到了不该来的地方。那颗心早已被悲观绝望的潮水所淹没，索性紧闭眼睛不敢吭声。

很快他发起烧来，脑袋里燃起一盆炭火，他觉得自己快要变成一头可怜的烤乳猪。不知过了多久，有人来替他敷上一些清凉东西，他猜想那些东西可能是中草药，因为它们凉阴阴的像股山泉，于是炙烤的疼痛果然减轻不少。

一周之后，中学生病愈下床，扑入眼帘的竟是一片灿烂如五彩云霞的杜鹃花海。走下木楼，未见凶神恶煞的土匪看守，倒是有个纳鞋底的青衣少女，见他下来只是羞涩一笑，算是打过招呼。

张正权胆子大起来，问她是谁？还有别人吗？

少女低头回答：我叫美姑，还有弟弟亮娃儿。

亮娃儿听见声音跑过来，原来就是那个老熟人青皮小子。他正啃着一根烤焦的玉米棒子，顺手将另一根递给他。中学生感到有双爪子从喉咙里伸出来，他抓过来就啃，连玉米芯都咽下肚去，那副饿痨相把美姑姐弟逗乐了。

亮娃儿不屑道：看你那怂样，头年我被山下的爬壳（团丁）砍过一刀都没叫痛。嘁!

张正权问他们：谁替我敷的药？

亮娃儿说：我爹啊，还有我姐。

美姑摇手道：是爹连夜上山采的草药，我替他打帮手。

张正权疑惑地看着他们，不知道"我爹"是谁。亮娃儿不满道：就是毕大爷么。

姐姐补充说：我爹从前可是山寨出名的草药郎中呢。

张正权脑袋一震，他真的要对那个其貌不扬却令众匪服服帖帖的毕大爷刮目相看了。当然他不会感谢草药郎中的救命之恩，因为那颗险些要他小命的子弹也跟毕大爷脱不了干系。

亮娃儿霸气宣布道：我爹说了，今后你归我们两个管，你不许离开寨子，不许逃跑！

张正权明白这对姐弟是在监视自己，他的身份依然还是"肥猪儿"，只不过免除了"四季发财"赎金而已。

往后多日，未来的国画大师都愁眉不展地枯坐在木楼跟前，虽然天空还是那样湛蓝，太阳还是那样活力四射，山间树木葱茏鸟儿欢唱，可是他却像在做一场噩梦，不知何时才是尽头。他那么年轻，人生尚未开始，难道一辈子注定要与山寨强盗为伍么？

但是令新来的黑笔师爷没有想到的是，他很快变成了寨子里最受欢迎的人物。中学生一手漂亮飘逸的毛笔字和活灵活现的画像技艺征服了山民，每天都有人来请他写字画像，人们满足愿望之后喜气洋洋称谢不已，还会送来一些腊肉、糍粑之类作为回报。总之山民对知识分子的敬重稍稍抚慰了读书人低落的情绪。

随着时间推移，正权对这座匪巢有了更多了解。

当他得知那个匪气十足的亮娃儿虚岁不过十五，竟有多年打家劫舍的"匪龄"时，惊讶得几乎合不拢嘴。山民世代依循"上山种地，下山为匪"的习俗，一旦放下刀枪操起农具，他们就回归了质朴农民的本色；腰间别根叶子烟杆，裤腿高高挽起，暴露出青筋鼓凸的泥腿和关节粗大的骨瘤。他们祖祖辈辈扮演着强盗与农夫的双重角色，风调雨顺收获庄稼，流年不利就下山抢劫绑票。此时山下已进入民国时代，但是山里男人头上依然盘着清朝的长辫子。

中学生虽然被迫做了黑笔师爷，但是他那颗心却常常飞出龙井口，飞出这片重重叠叠的大山。山外有他熟悉的校园，有他的家乡和亲人，还有那个让他朝思暮想的恋人表姐。他不甘心在山寨埋葬一生，于是开始打听首领行踪，并在心中酝酿许多恳切动人的说辞，幻想打动毕大爷放自己一条生路。

3

久未露面的毕大爷终于回来了。他身穿绸缎长衫，头戴巴拿马礼帽，很像生意成功的城里商人。他耐心听完年轻人结结巴巴的理由后，就把他领到后山一座高坡上，然后指着下面说：告诉我，都看见些什么？

张正权有些莫名其妙，因为他看见眼前除了一望无际的大山和波涛起伏的森林外什么也没有，而他心中那只希望的鸽子正咕咕叫着期待飞翔。首领的声音传来，他说：你听着，这片大山和森林是我们的世界，我们祖祖辈辈生活在此，没有人能把它从我们手中抢走。每个龙井口人，包括你在内，都必须热爱它，忠于它。

年轻人心中悚然，恳求道：毕大爷，我不属于山寨，我的家乡不在这里。求求您高抬贵手，放我回家吧……我会想办法交给您赎金。

首领的回答像子弹一样无情，他说：如果你在山下写信赎票，还有回家的机会，但是现在晚了。任何人进了龙井口，山寨就是他的家。我们不允许有人背叛它，除非他死了。

年轻人听见心中一声哀鸣，鸽子跌落地上，死了。

选择是一种奢侈，并非每个人都拥有这种权利。绝望不是看不见希望，而是希望不属于自己。

首领警告他说：记住，你永远是我的黑笔师爷！岩石永远比人的脑袋坚硬，你要是不接受现实，就是在跟自己过不去！

命运像一把冰冷的大锁，"哐啷"一声就把中学生的未来之门牢牢锁死。此后的日子他虽然也提笔写写画画，但是毕竟郁郁寡欢，那些字画都如冬天的干枯草叶一般没精打采毫无生气。

但是生活的逻辑并不因个人悲喜有所改变，山民依然下山打家劫舍和"杀肥猪儿"，黑笔师爷也被迫裹挟参与。一次打劫山下某大户，众匪都在翻箱倒柜洗劫钱财，中学生的目光却被书房里的字画吸引了。有人警告他说，山寨有规矩，凡空手而归者将处鞭打示众，甚至关进黑牢。

中学生只好将几屏古画和一套《诗学含英》卷走交差。从此他的初次抢劫在山寨传为笑料，首领就把这份谁都不要的战利品分给他作为奖赏。

《诗学含英》是清代编撰的诗词工具书，洋洋大观十四卷，阅读对象多为初入门的士子学者。中国古有"诗画不分家"之说，"画为诗眼，诗为画魂"，所以画家也是诗人。然而古诗词博大精深，常令初学者不得要领。正权却不然，这部抢劫得来的战利品一下子就成为黑笔师爷自学诗词的入门老师。

一日风和日丽，他夹着书卷闲逛到山寨背后僻静处，却见有座黑屋子，里面关着个臭气熏天的白发老头。一问才知，老头乃山下来苏镇大名鼎鼎的举人况老爷。况家有钱有势，毕大爷好容易设计将他绑票上山，不料那家妻妾正与奸夫私通，拒交赎金救人，正好想借刀杀人霸了况老爷家产。

人间故事有时比演戏还要精彩，但是张正权来不及感叹人生，他听说老头年轻时中过举人，眼睛一下子就亮了。举人自然是满腹经纶学问了得，科举时代许多人一辈子寒窗苦读皓首穷经都未必能中一个秀才，举人更是百里挑一凤毛麟角。他悄悄让看守打开牢门，进屋扶起老头来，恭恭敬敬磕三个头，口称弟子张正权拜见举人老爷。

老举人惊愕得眼珠子都快掉出来了，他身陷匪巢气息奄奄，本以为这把老骨头扔在山里了，却不料天上掉下个弟子来。张正权就把自己如何暑期步行返乡，如何遭遇打劫绑票，又如何被迫落草山寨讲了一遍。"本是天涯沦落人，相逢何必曾相识"，于是老举人欣然收下这个不甘沦落的年轻人做了关门弟子。

此后正权便常常来黑屋子求教，也悄悄带些食物用品孝敬老人。老举人果然饱读诗书学问不凡，他从《诗学含英》开讲，阐释诗词要义、平仄对仗以及韵律变化，直至《四书》《五经》诸子百家等等，等于在黑牢里开了一门国学精要课。老举人还写得一手风骨嶙峋的瘦金体，据说曾得宋徽宗瘦金体草书《千字文》真传，而正权最喜爱的书法范要也是瘦金体，师生二人愈发情投意合，谈诗论画乐此不疲。半世纪后已成国画大师的张大千在接受采访中坦言：我的国学启蒙应是在强盗山寨里完成的，那位被绑票的举人老爷是我铭记终生的恩师。

随着天气转凉枫叶染红山林，中学生落草为寇的人生历程已经延续一个夏季。如果局势没有变化，如果命运的车轮继续沿着山寨的轨道向前延伸，那么二十世纪艺术长廊中是否还有张大千的名字便不得而知。当是时，闪耀中国画坛天空的大师巨匠已经纷纷横空出世：年过半百的齐白石在北方如日中天画名远扬；五十一岁的黄宾虹独树一帜名震江南；就连二十一岁的青年画家徐悲鸿也将奔赴日本和欧洲扬帆远航。而十七岁的天才少年，也就是未来的张大千却还在龙井口匪巢度日如年。

但是随着落叶缤纷，山野景物变得萧条枯索起来，我们主人公的传奇经历也如它的意外开始一样戛然而止了。

因为命运这位手法诡异的剧本大师改写了剧情。

4

随着川军节节取胜重新掌控局面，山下送来一个惊人情报：涨大水了!

"涨水"是暗语,意即官兵围剿。"涨大水"则为官兵很多,形势很严重之意。

山寨顿时陷入一片大祸临头的恐慌之中。

风声越刮越紧,消息说川军不仅调来一团人马,还拖着机关枪大炮,发誓荡平匪巢,将龙井口夷为平地。以区区山匪抗击一团正规军无异于以卵击石。毕大爷与大小头目连夜商讨对策,全寨老少夜以继日加固寨墙和防御工事。

张正权闻言心中窃喜,以为出头之日就要到来,不料老举人警告他说:孩子别天真了!如果你的心思让土匪识破,他们会毫不犹豫砍掉你的脑袋。如果官兵攻破匪巢,你也难脱干系,想想看你算什么?人质?受害者?土匪同伙?黑笔师爷?依照朝廷规矩,土匪同伙一律都要砍头示众的!

张正权这才明白问题的严重性,不禁手脚冰凉。老举人安慰他道:并非没有变通之法,要是官兵剿匪成功,我可为你作证,还你清白。

就在官兵大军压境之际,形势忽然急转直下。山下派一个副官上山来招安,条件是山匪如果接受改编,团长大人一律既往不咎,首领可当保安大队长,大小头目均可委任官职吃军饷。如抵抗不从,则将踏平山寨鸡犬不留。

经过一番谈判,双方达成招安协议,首领同意前往山下来苏镇接受改编。于是大小头目个个面露喜色,都说这下子熬出头了,毕大爷做了保安大队长,弟兄们还愁吃喝么?

张正权将招安之事悄悄告知况老爷,老举人仰天叹道:好了好了,老朽余生也有盼头了。朝廷招安古已有之,但是梁山泊好汉一百单八将并未修成正果,你还是好自为之吧。

张正权趴在地上向老师磕了几个头,然后随队伍下山了。

来苏镇为当地繁华乡镇,队伍入驻镇外学堂接受改编。人人都换上了保安队的灰布军服,毕大爷扣上大檐帽,佩戴上尉肩章,改

称大队长,果然有了几分威风凛凛的英武气概。大小头目皆有封赏,黑笔师爷则称"司书",也就是穿军装的师爷吧。地方乡绅官员纷纷前来送礼庆贺,轮流请客吃酒,连县城烟花巷的妓女都上门来劳军。毕大爷开头还保持几分警惕,镇里镇外放了岗哨,兄弟们轮班巡逻不敢麻痹大意。但是等到多吃了几日酒席,浓烈的酒精和女人脂粉气就在血液中发生作用,保安队员个个东倒西歪,人人烂醉如泥,醉醺醺的酒气笼罩在驻地上空再也吹不散了。

张正权闲来无事在镇上意外发现一座教堂,那些与宗教有关的壁画顿时触动他的神经,于是有事没事都跑去教堂观画梦游,还向外国神父借了笔墨来摹写。他一画起画来就忘了身份,仿佛自家不是被改编的土匪师爷而是来写生的艺校生。外国神父自是阅人无数慧眼识珠,看出这个年轻人灵气不凡,乐意与他谈天说地谈宗教艺术。中学生觉得自己很幸运,换个地方立马又遇到一位老师,真是老天开眼,于是他更加努力把教堂当作自己的美术课堂。

这天他又到教堂摹写壁画,忽然外面枪声大作。正权吓得捂住耳朵,缩在墙根瑟瑟发抖。枪声平息后,镇里冲进来许多川军,看见穿保安队军装的人当即拿下。正权自然也不例外,他成了少数侥幸活着的俘虏。

后来他才得知,原来招安是个惊天阴谋,官府将毕大爷骗下山来发动突然袭击,可怜首领身中数弹,临死前大叫"官府背信弃义,老子死不瞑目!"

亮娃儿也战死了,这个来自龙井口的少年与他的父兄一起死战不降,于是他们的鲜血就汩汩地汇在一起,滋养故乡的土地万物。也有少部分保安队员选择放下武器,但是川军奉命斩尽杀绝不留后患,因此俘虏仍被押至县城斩首暴尸数日。

龙井口传来的消息更加悲惨,大队官兵毫不费力攻上山去血洗山寨,达到剿灭匪巢斩草除根的目的。山上妇孺死的死逃的逃,女人孩子多被卖往外省为奴为婢,而那位黑牢里的举人老爷最终也没能逃过一劫，他不幸被流弹击中做了冤死鬼。

只有张正权属于死里逃生的幸运儿。

他不仅阴差阳错地躲过被当场击毙的厄运，并且很快被官府派来的信使解救，得以恢复自由。原来，是他在川军做过少将旅长的二哥张善子亲自给大足、永川县长写信救人，才促使失踪数月的弟弟被顺利解救，中学生落草山寨的传奇生涯终于画上了句号。

几日之后，当获救的中学生回家途中再次经过龙头山下时，远远望见龙井口方向的熟悉山峦，少年人那颗惊魂未定的心脏便猛地抽搐一下，随即涌出一股莫可名状的哀伤来。

根据画家回忆，获救这天为公历9月10日，绑票上山则是5月30日，如此算来不多不少恰好一百天。

第三章　扶桑东渡

1

张氏家族共育有子女十一人,其中五男早夭,大姐琼枝送与邻村做童养媳病殁,仅余兄弟五人,二哥善子、三哥丽诚、四哥文修与八弟正权、十弟君绶。除正权与君绶相差三岁同在重庆求学外,三位兄长都比弟弟年长十几岁,均已娶妻生子事业有成。

在张大千成名之前,张氏家族中最具影响力的人物当数二哥张善子。善子生于清光绪八年,即公元1882年,早年东渡日本,秘密参加孙中山同盟会。辛亥革命后曾任川军少将旅长,参与"讨袁护国运动",后来辗转南北多地任职,与北洋政府和南方革命政府都有较深渊源。

张善子不仅对政治抱有极大热情,他还是中国当代绘画史上一位颇有造诣的水墨画家,尤其痴迷画虎,自号"虎痴"。

三哥丽诚生于光绪十年,即公元1884年,经商为业,张家庞大生活开销一度主要由丽诚提供。其妻罗正明,对张大千是"长嫂如母",他对她也是终生爱戴有加。

四哥文修生于光绪十一年,即公元1885年,先从教后行医,一生悬壶济世广积善缘。

老八平安归来无疑是堰塘湾村张氏家族一件大事,二哥善子、三哥丽诚都从外地赶回来,加上已在家中的四哥文修和十弟君绶,兄弟五人难得地济济一堂。

惊险的一页终于翻过去,张家宅院大摆筵席,各方亲友纷纷赶来道贺。当客人散去院子里安静下来,家族男人便循族例围坐堂屋议事,唯一落座上位的女性就是母亲曾友贞。

大家讨论的议题就是两个年轻兄弟的未来出路。

重庆学堂是不能再上了,虽然川内局势有所好转,但是各地仍不安宁。母亲直截了当对两个儿子说:你们都不要出去念书了,自古男人的大事就是娶妻生子传续香火,要让祖宗高兴才是。如今我和你们父亲都老了,没有多少日子了,正权虚岁十八,君绶虚岁十五,都该成亲了。

母亲的话就是命令,具有毋庸置疑的权威性。

正权瞅瞅三位兄长,他们都用微笑和频频点头来表明顺从母亲的态度,事实上三位兄长都是秉持"父母之命,媒妁之言"娶妻生子的。正权又回头看了君绶一眼,只见弟弟脸色有些发白,嘴角微微抽动,于是赶紧低下头不敢吱声。

议题很快转入娶亲之事。

正权这才知道,原来母亲已给自己说下一门亲事,对方就是曾家本族一个名叫曾正容的姑娘。他觉得头有些大,耳朵嗡嗡响,好像有只讨厌的蚊虫钻进脑袋里捣乱。其实作为儿子的他并非不肯遵从祖训,也非一定要忤逆父母,古来父母之命不可违,问题出在眼下他正与表姐热恋,少年男女情窦初开岂是说分就能分开的?然而这种地下恋情终归大逆不道难以公开,所以他没有勇气公开违抗母亲的意志。

幸好二哥善子有话要说。

比正权年长十七岁的二哥威严俨然等于家族一位长辈,更重要的是善子官袍加身,老百姓总是对官员敬畏三分,即使家族内部也不例外，因此他自然而然成了张家最有话语权的男人。二哥说：母亲的决定当然很对，我们做儿子的都要孝顺父母，遵循祖训，这样张氏家族才能家业兴旺。只是如今国家动荡内乱频仍，形势究竟怎样发展还说不清。圣人有言，君子之要，不外修身齐家治国平天下。我认为两位兄弟还是应当学习本事，不仅报效国家，同时也发展个人，这才是正道。如今老三在重庆打拼，布匹生意已具规模，他有个主意不妨说来大家听听。

此时张家在内江的田亩薄地早已入不敷出，全靠三哥丽诚在外地经商支撑，经济贡献决定话语权，因此丽诚的意见也颇有分量。老三说：现今外国机织洋布大举入川，川内手工土布很不景气，业界多有从国外购入机器者，学习纺纱织布技术，这已是今后趋势无疑。我正着手筹办机器织染厂，重庆同业商会要派遣一批有志青年到日本学习印染技术，机会难得，如果母亲大人同意，我想保送二位弟弟东渡日本学习，不知大家意下如何？

出洋自然是光宗耀祖的大事，学习印染新技术更是难得机会，而且出自兄长的周全安排，众人于是频频点头称是。

不料君绶头也不抬地说：我不娶亲，也不去日本。我要画画。

君绶曾在内江拜师学画，而正权就没有十弟走运，他本来也想说要学画画，但是一看见母亲愠怒的脸色就把话咽回去了。俗话说"皇帝爱长子，百姓爱幺儿"，君绶是家中老幺，父母宠溺惯了，而正权却不敢任性。十弟的顶撞若放在他身上必受严厉呵责。

张氏一门都与绘画有缘，张母友贞善绘善绣远近闻名，大姐琼枝在世时亦随母学画，善子虽入仕官场却以画老虎闻名。两个年轻弟弟正权、君绶从小受此熏陶，热爱书画便不是令人意外的事情。若以今天眼光衡量，老八正权，也就是张大千应属大器晚成的类型，他身上的艺术潜质深沉宽广，厚积薄发尚待时日。而十弟君绶则属于气质忧郁、心灵早慧的那类艺术才俊，十三岁作水墨画就被二哥带往上海参展，受到行家好评。因此张家人将此区分为：君绶多才善画,而正权则只是想画画而已。

我们社会对于未成年人的判断常常出错,他们给予那些急于表现的孩子过多赞扬,因此容易误把聪明当作天才。其实两者大有区别:天才种子深埋心中,聪明的标签往往挂在脸上。

母亲早已对小儿子迁就惯了,加之君绶年纪尚小,讨论结果便是达成妥协,同意送君绶到上海学画。而正权则须遵从母命,在家娶亲,然后东渡日本学习印染技术。

曾母喜滋滋道:择吉日请媒人下聘礼,尽快为八儿完婚。她的儿子却垂头丧气一声不吭。

2

秋月当空光华如水,在粼粼波光的池塘边垂柳下,一对苦苦相恋的少年男女偷偷约会。

夜空如梦如幻,人间洒满银光,连空气中都溢满玫瑰和夜来香的浪漫气息。当恋人熟悉的身影恍如天使飘落人间时,少年人觉得一切尘世烦恼都已消失,天地宇宙只为两个人的爱情而存在。

一只夜莺在树林里婉转歌唱,宛如小提琴手在为青春和爱情演奏一曲动人的《小夜曲》,可是谁又能懂得夜莺的忧伤呢?初恋是人生旅途点亮的第一支火炬,它照亮夜空装点青春,将两颗年轻的心融化在一起,尽管这支火炬往往十分短暂无果而终。

面对爱情降临的年轻人并不轻松,他们紧张得身体发抖,心脏快要跳出喉咙,因为他们知道自己在偷吃禁果。天空闪亮的星星好像许多眼睛在注视他们。

忽然从后山传来阵阵狼嚎,当地人传说,每逢月圆之夜狼群就要下山来叼走小孩。年轻人不由得打个寒战,觉得丝丝凉意浸入体内。等他们抬头再看时,那轮衔在柳树枝头的圆月已经有了冷漠的表情。

女孩说:听人说,你要娶亲了?

男孩木然着，没有说话。

女孩细声问：女方是谁，知道吗？

男孩的声音有气无力：阿妈本家侄女，没见过面。

女孩的脸色与惨白的月光融为一片，她凄然道：恭喜啊，新媳妇何时过门？

男孩子声音更低了：我跟他们说，要是娶亲我就逃走。

女孩没有声音，过一会儿她说：我家里也在提亲。

男孩紧张地问：你要嫁人吗？

女孩子说：我不想嫁人……但是我不知道该怎么办。

男孩子道：我也不知道怎么办。

两人都没了声音，一时间池塘四周很静，月光很生硬，竟如枝枝银箭射进心头。

男孩又说：兄长说，要送我去上海，然后乘船去很远的日本国。听说那个国家在一座小岛上。

女孩仰脸道：一个人吗？

男孩子点点头，分明很无奈。

女孩坚决地说：我跟你去日本，不管到哪里我都愿意。

男孩吓了一跳，他身体向后仰了仰，仿佛要跳起来逃跑一样。过了好一阵，他才低声道：你等我几年吧，等我从日本回来……

女孩说：回来又怎样？

男孩似乎用了很大的力气，终于把一个很大很重的决心吐出来：那时我将你接到上海来，我们成亲好吗？

女孩似也无计可施，幽怨地叹道：我等着，几年……我好恨……

到底恨什么没有说出来，也许恨岁月漫长时光无情，也许恨异国遥远天地阻隔，还有人生无常希望渺茫。有道是天路迢迢，爱情苦涩啊。

男孩也没有言语，不是他没有勇气与女孩子一道私奔，实在是他面前这个叫作"命运"的拦路虎太过强大，令尚无阅历的他心存畏惧顾虑重重。

这是一百多年前中国四川一座小城郊外发生的故事，两个少年男女的热恋注定没有希望，因为这样的爱情苦果千百年来一直都在中国这棵大树上生生不息。果实是没法反抗大树的，这是由基因决定的规律。

他们一时都静静地望着远方，仿佛遥远的天边隐藏着有关未来的正确答案一般。男孩子并不知道，在天宇覆盖之下的中国另一侧，在千里之外的大上海黄浦江畔，有个比他大四岁的青年男子也在为着同样的爱情困局而苦恼。不同的是，性格决定了他们各自的命运抉择：四川男孩张正权无力自拔只好黯然离去，而在得西方风气之先的上海滩，男青年则演出了惊世骇俗的一幕，他孤注一掷地选择同已与别人订婚的女友一道私奔日本。

这个人就是后来成为张大千好友的画坛巨匠徐悲鸿。

夜深沉，夜莺飞走了，火炬也熄灭了，感情的潮水渐渐退去，暗淡的月光在地面上映出凹凸不平的荒芜结局。两条单薄的身影终于分开来，虽然他们相约在上海团聚，然而命运并不以个人意志或者说山盟海誓所转移，于是他们沿着各自的生命轨迹渐行渐远。男孩子最终选择了通往艺术圣殿的荆棘之路，而女孩子则被岁月的湍急河流裹挟而去，她的短暂人生就像一朵小小的浪花转瞬即逝。

3

张正权苦恼地发现自己心中常常充斥着两个互相对立的声音：一个知书识礼遵从传统古训；另一个则桀骜不驯和充满叛逆色彩。不能说哪个声音不是自己，只有二者合一才是完整的张正权。

自古以来婚姻大事都是父母做主，儿子必须遵从古训孝道，不能表示反对意见。问题是不表示反对不等于没有意见，所以真正的抵抗需要坚定的决心和技术技巧，这时正权发现那段匪巢经历并非

一无是处,至少教会他如何开动脑筋与命运抗争。

只有懦弱和放弃才是最大敌人。

抗争就是讨价还价,就是进二退一,就是腾挪跳跃攻防转换。抗争绝非只靠蛮力或者眼泪,那些凄楚动人的双双殉情,实则却是无所作为的宣言,如果你把自己消灭了哪还有希望可言?抗争是一门艺术,一如下棋博弈,需调动全部智慧方有可能言胜。

既然娶亲与留洋都非正权所愿,两道难题加在一起却让他看到希望的曙光。正权的对策看上去简单实用,就像围棋中的"劫争",二择一总要争得一头,那就是以"留洋"对抗"娶亲"。古云"两害相权择其轻",当务之急是拖延娶亲。时间有时会解人之难,谁知道几年后是个什么世道呢?所以他决定出洋躲避,只要远离家乡,外面的世界山高水阔,家族家规的约束自然也会大打折扣。

但是话到嘴边却不能这样说。

正权对三位兄长倾诉衷肠:适逢乱世之秋,弟学业荒废心下惶惶然。娶亲乃父母之命,应当遵从不得有违,无奈东渡日本同样时不我待。圣人云:"鱼与熊掌不可得兼",弟恐新婚燕尔心有牵挂,耽于淫乐而专心不致,不但影响出洋学习,也辜负兄长一片厚望。为此苦恼不已夜不能寐。

这就是搬大道理压小道理,借圣人之言抵抗父母之命的迂回战术。他寄希望于深明大义的兄长站在自己一边。

善子问他:八弟是何主张,说来大家听听。

正权直截了当说:推迟娶亲,先出洋深造。

善子点头道:八弟能为前途大业着想,实为可喜之事。只是推迟娶亲有违母命,母亲大人是否同意,我等如何禀告为好?

丽诚说:出洋为川中商界大事,也关系八弟前途,机不可失啊。

文修也道:既然八弟愿意出洋,不如我们大家一齐禀告母亲,待八弟学成归来再行婚娶不迟。

正权心中暗喜,他要的就是兄长这句话。眼下娶亲之事正在紧锣密鼓地进行，听说母亲已向女方下了聘礼，一旦择定良辰吉日就无力回天了。

张正权凭着大道理取得兄长支持，儿子们结成出洋同盟来向母亲游说，不料母亲却凭着女人直觉嗅出某种不良心机的气味。她认为这是老八在玩釜底抽薪的把戏，于是生气道：谁说成家不能立业？成家的男人更稳当！

母亲意志坚定不可更改，正权看着三位兄长求援，那三人面露难色有些犹豫。为了巩固兄长立场，他毅然抛出最后的撒手锏说：如果母亲大人一定要儿子马上娶亲，那么娶亲后儿子决不出远门。请各位兄长做主。

难题扔给了家长们，反正我的态度只能"二择一"，你们看着办吧。老八表面恭敬从命，实则心理占据优势，因为他深知三位兄长在家族中占有的重要地位：二兄长为官，三兄长经商，四兄长为人师表，他们所代表的社会正统观念应能改变母亲的固执决定。

事实证明老八的抗争策略奏效了。

中国总归是个男权社会，小道理服从大道理，百姓服从官员，家事服从国是，女人服从男人。兄长们最终说服母亲，出洋优先，娶亲暂缓。未来的国画大师暂时逃出婚姻樊笼，但是他的事业人生却再次陷入重围，只是这次受困地点不是龙井口而是东洋日本的印染工厂。

一个月后的深秋季节，繁忙的上海吴淞口码头，二哥善子和十弟君绶来为正权送行。

善子对即将登船的八弟嘱咐道：此去异邦你一定要好好学习印染技术，这一大笔出洋费用包括路费、生活费、保证金都是三兄长丽诚筹措来的，你若不能学成归来有负大家期待啊。

正权无语相向，眼里饱含委屈的泪水。

年轻人本心不愿出洋，他一心向往学习书画，艺术天地才是他该大展宏图之地。可是命运却同他开了一个南辕北辙的玩笑，因此

心中充满无处倾诉的苦闷与不平。

随着汽笛长鸣轮船起航，雪白浪花在年轻人身后翻滚，一道长长的尾痕开启了未来国画大师东渡日本的人生之旅。我们将会看到，少年张正权的生命之船并非如许多画家那样朝着理想王国高歌猛进，而是背道而驰渐行渐远，所以他的留洋人生注定碌碌无为晦暗无光。

4

有关国画大师张大千早年留洋日本的记载几乎是个空白，连画家本人也鲜有提及，即使面对传记作家和新闻记者采访，他也往往一带而过不愿多做讲述。只有一件事他在不同场合多次讲到，说是有个日本人挖苦支那人（中国人）是专门伺候人的奴才，舌头是软的，学不好日语。他愤而拒学日语，还花钱雇了个日本人替自己当翻译。（见口述实录《张大千的世界》，谢家孝著，台湾征信新闻报社，1968年5月出版。）

二十世纪初叶，国运衰亡民不聊生，中国留学生遭受歧视凌辱几是家常便饭，大千先生的故事表现出中国艺术家应有的民族气节和爱国精神。

进入二十世纪末，一位专门研究张大千的日本美术史学者鹤田武良先生试图探寻留洋生涯对绘画大师创作历程的影响，不料当他查找了京都政府公布的1917年至1919年有关档案资料后却陷入困境，因为在所有与纺织、印染工艺有关的京都学校所保留的学籍名册和成绩单里，均无法查到这位名叫"张正权"的中国留学生，甚至根本没有来自中国的"张"姓学生。继续查找下去，更大的谜团出现了，京都府档案中从未登记过一座所谓的"公平学校"，也就是说，张大千自述留学的日本学校纯属子虚乌有，根本不曾存在过。该调查报告发布在《张大千先生九十纪念研讨会学术论文集》中，由日本国立历史博物馆印行。

根据多位与张大千有过交道的日本友人证实，张先生的日语水平仅能简单问候，根本无法进行交流，如果在校肯定不能听懂老师授课。有学者据此推测，张大千早年东渡日本其实并未进入正规学校学习，而是做了类似今天日本的"研修生"。

所谓"研修生"，专指日本企业雇佣的廉价劳动力。日本从国外接收劳动者的制度，早在明治时代已经存在，许多中国人、朝鲜人来到日本工厂边打工边学习技术，最初称"实习生""练习生"，后来改称"研修生"，他们都是日本工厂主榨取剩余价值的廉价劳动力。难怪日本学者在京都档案中找不到中国留学生张正权的名字。

至此我们似有所悟，张大千出洋到日本不假，学习印染技术也不假，做留学生却非事实。当然社会也是一所重要的人生大学，画家张大千在日本完成自己人生的第一课意义也不可替代。

京都府是日本明治维新前的旧帝都，也是近代日本的纺织印染工业中心，但千里迢迢而来的辍学高中生张正权却对机器轰鸣的工厂和棉布染织技术毫无兴趣。不妨设想一下，这个来自四川的十七岁少年，未来的天才画家，他胸中跳动的不是一颗浑浑噩噩的心脏而是向往艺术天地的雄心壮志，但是他却不得不整天与没有生命的机器、布匹打交道，可见他没有理由对自己的人生夸夸其谈大肆渲染，这便是画家后来为何对这段留洋经历三缄其口的原因。

虽然没有直接史料表明张正权过着怎样屈辱的生活，遭受过哪些歧视和虐待，但是从京都府纺织同业工会保存的历史档案中，人们还是能对"研修生"的真实生活管窥一斑。

"支那人……第一年当练习生，必须干最苦最累最脏的活儿，第二年才会升为实习生，才有资格学习技术……每周工作七十个小时以上，有时候还要被迫加班，工头经常打骂他们出气……"

"支那人的工资只有日本工人的一半甚至更少，但是要干最

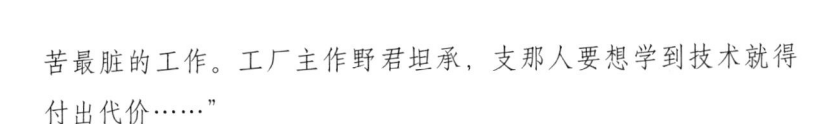

苦最脏的工作。工厂主作野君坦承，支那人要想学到技术就得付出代价……"

"有些人吃不了苦中途放弃回国，但是工厂主并不吃亏，因为每个实习生都交了保证金，那笔钱就不用退还了。作野君说，真是一笔划算的买卖啊……"

至此我们终于理解，多年后大千先生总会对人讲起那个"拒说日本话"和"雇日本翻译说话"的老故事，其义愤填膺和激动之情溢于言表，我们有理由相信这是画家人生中一段最为晦暗的心灵之旅。张大千晚年在自述中这样回忆：我对自己说，老子就是不想学染布，只想学染纸。

"染纸"指画画，他的"老师"就是一本国内带去的古代绘画读本《芥子园画谱》。

东渡日本时期的张正权只是一块未经打磨的璞玉，他的艺术才华包括灵魂都被埋藏在现实社会的厚厚石层之下，如无机会开发，这颗艺术心灵将沉睡下去，一如史前冰河时期沉睡的植物种子。

睡着的张正权永远只是一介芸芸众生，只有当他心灵的眼睛睁开时，世界才会看到一个光芒四射万众瞩目的张大千。

5

民国八年也就是公元1919年初冬，张正权提前结束留洋回国。当他乘坐的"日丽丸"徐徐驶入长江口时，这个异国归来的游子心情又激动又迷惘。他不知道在故土上等待自己的命运究竟是什么，回乡娶亲？与恋人私奔？学习画画？还是染布做生意？

天空浓云低垂，命运朝年轻人露出诡异的笑脸来。

从外表看，两年的东洋生活明显改变了这个四川青年的服饰外貌：他与讲究礼仪的日本人一样习惯在公众场合穿西装打领带，戴一顶黑色礼帽，个子也长高了，胳膊腿粗壮结实，浓密的络腮胡蓬勃地爬上两腮，好像一部醒目的独立宣言，宣告昔日少年已经长大成人，具有了独立执掌人生方向的权利。

更重要的是，异国生活迫使年轻人独立思想，开启心智之门。他为自己设计了种种归国的人生蓝图，包括与心上人来一场轰轰烈烈的自由恋爱，以及做一个真正的职业画家而不是印染商人等等。这是理想抱负，也是空中楼阁。你尽可以幻想登月，但是现实中并无天梯，通往美好蓝图的道路在哪里呢？因此归国越近，年轻人越加迷茫，这就给他走向新生活的信心蒙上一层浓重的阴影。

随着汽笛长鸣，两年前离开上海的吴淞口码头到了。

第四章　百日和尚

1

前来接船的人是十弟君绶。

君绶个子已经比正权高出不少。他有着苍白清瘦的脸庞，肩头单薄身材颀长，很像学院里那些气质忧郁的现代派诗人。君绶向兄长传达的口信都算不得好消息：三哥丽诚的印染厂已经开工，急需他回去做帮手；内江老家的母亲替儿子择定良辰吉日，单等他回家即行大礼迎娶新人过门，如此等等。

正权心不在焉地听着，好像那都是些别人的事情，与自己无关一样。但是君绶最后一句话打破了沉闷的局面，尽管弟弟并不知道这个来自老家的消息对于兄长意味着什么。

君绶告诉他，表姐谢舜华已于夏天在内江家中病逝。

苦命少女终于没能等到心上人归来。她怀着满腔幽怨匆匆而去，化作一抹黯淡星光与无尽长夜做伴。

张正权愣住了。那么多山盟海誓，那么多金玉良言皆不堪一击，他心中那个"有情人终成眷属"的美梦猝然破碎。

正权悲痛地说：我要回四川……马上就走。

君绶吃惊道：你要赶回家……娶亲么？

正权脑子一片空白，长叹一声低头不语。

君绶对正权的遭遇充满同情，却无力相助。君绶长相白净斯文，也许娘胎不足的原因，他从小体弱多病性格敏感，因此天生具有悲观主义的倾向。如果当年遭土匪绑票的是君绶而非正权，没法设想他的结局怎样，甚至能不能活着回家都是个问号。

君绶告诉正权，母亲也为自己在老家定了亲，对方是城关镇人家的小姐。他说：反正我是决不回去娶亲的！

君绶的态度影响了正权，他的表情渐渐趋于冷静，年轻人内心也有种力量正在集合，它的名字叫"意志"。

正权说：你在上海习画已有时日，请替我引荐一位丹青名师，就说家兄张正权从日本归来专程求教，幸勿回拒。

几天后，君绶果然联系了一位书画名师，正权拣几幅自认为满意的字画习作送过去，兄弟二人恭敬地坐在花厅等候。

这位名师做过朝廷官员，架子很大，好半天管事才绷着脸出来传话道：老爷读了先生画作，并无评语，二位还是请回吧。

正权摸不着头脑，不知道什么叫作"并无评语"？君绶连忙塞给管事几张"茶份钱"，管事这才换了一副面孔低声解释说：老爷说了，二位同为父母所生，天资何以有如此落差？君绶乃人中俊杰天生画才，乃兄则无甚特质，才华平平而已，劝其另择高就实乃明智之举。

其实书画鉴赏历来见仁见智，都是各有偏好的事，看不上也就算了，但是名师偏要评头论足，难免招人怨恨。问题是虽说实话不中听，谁又愿意听假话呢？这又怨不得自家受伤了。

两兄弟悻悻而归，一路上君绶尽想出些好话来安慰兄长，不料正权仰天大笑道：天生我材必有用，谁说吾人不如人？百丈大树平地起，来年谁人不识君！

君绶再看时，正权已是泪流满面，但是泪光中已然透露出一种悲壮的意味来。

君绶毕竟还是个大孩子，不大懂得兄长的深层心思，他就只管好言劝慰正权,在上海住段时间再作道理。

很快到了岁末冬至,四川老家仍不见正权归来,屡屡发来电报催问,君绶便哈着热气顶着黄浦江边的寒风赶到正权租住的四川会馆找人。不料管事告诉他,张先生早在半个月前就退了房,临走留下一个信封,只说转交来找的人。君绶慌忙打开信封,里面飘出一张薄纸,只见上面涂抹一片水墨湿雾,云雾中飘下来一片落叶,落叶上有滴露珠。正摸不着头脑,却见背面有两行小字:此生已向青灯去,不留烦恼在人间。

君绶顿时慌了神,这就是说,八兄长看破红尘出家了。

他赶紧往城内龙华寺、静安寺、真如寺、玉佛寺各处寻个遍,了无收获,又往上海周边的禅院寺庙打听,折腾数日,哪里找得见兄长影子?不得已只好到处张贴寻人消息,又到报馆刊登寻人启事,但是正权就如开水锅里的水汽一样人间蒸发不见了。

君绶只好向家里发回电报,报告八兄长在上海失踪的消息。

2

张正权果真出家了。

他离开上海后在城郊周边游荡几日,怀里揣着那本《芥子园画谱》,到松江地面的禅定寺时,兜里钱花光了,腿也走不动了。看看风景倒还不错,尽管入冬却依旧山水秀绿宛如世外桃源,寺内又有许多精美壁画,便打定主意在此皈依。

寺院住持逸琳法师,是一个白眉白须的老方丈。他微启慧眼打量这个城里来的年轻人,但见此人目光灵动器宇轩昂,全不似那班面色晦暗情绪消极的遁世者,应是个有慧根可造之人。一般来说,归隐佛门的红男绿女多为性情中人,他们或为世俗烦恼所羁,或被生死情缘所困,或受心结无解所累,或因挫折悲观厌世。而眼下这个皈依者虽然外貌有些落魄,心智却远未到看破红尘和尘心泯灭的地步，说明他与尘世仍有千丝万缕的牵挂，只是不得已寻求一方净土栖身而已。

老法师大智大慧，也不对来人道破天机，只合掌道：我佛慈悲，驾大般若慈航。入我佛门皆有佛缘，颂我佛经皆有佛根，谓之苦海茫茫，回头是岸。我佛光明，普度众生，然度客各有造化，是为命中注定也。

正权心头一惊，连忙恭敬说：弟子谨记。

法师又道：入我佛门，须讲丛林之规，曰持戒、修定、证慧，称三无漏学。汝欲修行，须先持十戒，曰不杀戒、不盗戒、不淫戒、不妄语戒、不饮酒戒、离高广大床戒、离花戒、离歌舞等戒、不蓄金银财宝戒、离非时食戒。持戒而后修定，即念经修行，打禅入定，非修定不能收束迷失之心，方能跟上佛陀指引之道。唯修定之后方能开启智慧，深入观察世间真相，即苦、无常、无我和空，达到禅宗至高境界。

正权听得晕头转向，哪里记得住这一大堆清规戒律？他心想，做个袈裟客也忒难，还有这一大堆绳索捆着，嘴里却勉强应道：是，弟子记住了。

法师却摇摇头，看定他道：你知我为何摇头？

正权暗中思忖，莫不是法师不肯收留我？连忙说：弟子愚昧，请法师明示。

法师缓缓说道：徒弟你听着，我并不在乎你心里想什么。老僧看你是个有根性之人，修行讲佛缘，你既入我禅宗之门，就是与我佛结缘，善莫大哉也。

正权低头一看，原来是怀里那本《芥子园画谱》露出来了，他惶恐道：我以前想学画画的。

法师没有回答，随口念颂一句偈语：菩提本无树，明镜亦非台，本来无一物，何处惹尘埃？

正权摇头说：弟子不懂。

法师道：什么时候你懂了，就悟了禅。佛心相随，也就悟了你自己。

随后法师唤来知更僧，取来一领"百衲衣"（即袈裟）给他换上。正权一看那领袈裟十分破旧，心中不乐意，眼中分明流露出嫌弃之意。法师慧眼入微，当即点拨道：佛诚谓持袈裟五大功德：一者入我法中，必于三乘受记。二者天龙人鬼，敬此袈裟即得三乘不退。三者鬼神诸人得袈裟四寸，饮食充足。四者众生念袈裟之力，寻生大悲悯心。五者若持此袈裟，恭敬尊重，常得胜也。你当勿以世俗凡心度之。

正权本有悟性，只是深陷红尘未经点化而已。人心若迷失，往往因为看问题角度偏颇，一经法师点化，便有拨云见日的功效。其实也就是换种角度看问题，令年轻人豁然开朗。

弟子欣然伏地拜受，跟着知更僧去到客房换衣，脱去市井的脏衣裤，再将那领旧袈裟换上，自觉神清气爽心无杂念，已然有佛家弟子的模样了。

再回殿堂，法师修持打禅并不说话，半个时辰之后，法师微启慧眼道：徒弟，你既入我佛门，便有法号，过去俗名已经留在禅门之外了。师父我为你取了一个法号，即日起，弟子你将开启一个新生命。

正权连忙说：弟子感恩，请师父赐名。

逸琳法师道：你过来。

正权紧步上前，跪在法师脚下，白眉白须的老法师摩挲着他的头顶喃喃念道：百亿须弥山，百亿日月，名为三千大千世界。如是十方恒河沙三千大千世界，是名为一佛世界，是中更无余佛，实一释迦牟尼佛。

正权听不明白，诚惶诚恐说：愿闻其详。

法师道：佛说日月照四天下，覆六欲天、初禅天，为一"小世界"；一千个"小世界"覆二禅天，为一"小千世界"；一千个"小千世界"覆三禅天，为一"中千世界"；一千个"中千世界"覆四禅天，为一"大千世界"。"大千世界"有小、中、大三种境界，故称"三千大千世界"。汝法号即为"大千"是也。

　　大千抬头看去，法师已经合眼入定，只见青灯古刹禅心高照，宇宙寺庙一片澄明。日月耀世同辉，丛林万古寂静。

　　大千纳头叩谢，感恩而退。

　　自此时刻，一个肉体凡胎的"张正权"跌入滚滚尘世化作尘埃，而另一个结缘佛门的天才画魂"张大千"横空出世。

　　三千大千世界者：小千世界为发蒙，中千世界为发迹，大千世界意喻万事万物之至境。一代画坛巨擘张大千至此崛起，天地必将为之光耀，鬼神必将为之战栗，如椽画笔必将开启五百年神州绘画之新纪元。

3

　　东坡诗云：不识庐山真面目，只缘身在此山中。讲的是"风景来自人心，偏见囿于眼界"的道理。对于刚入寺的小和尚张大千来说，寺庙中的风景远无外人想象的那般自在，学画的心愿反倒遥不可及了。

　　小和尚也称"门头僧"，说穿了就是看大门扫地值夜班的勤杂工，哪里需要到哪里去；还不算被一众早入寺的师兄当小工使来唤去，常常累得腰腿疲软眼冒金星。晚课当是一天中的主要法事，大法师坐殿诵念弥陀经、忏悔文，诵净土文、三皈依，唱颂大伽蓝赞阿弥陀佛，众僧虔诚诵经，咿咿呀呀一派弘扬光明之声。但是劳累一天的小和尚哪有什么记性，只见他手捧经卷，脑袋却一点一点的，上面的小字变成蚂蚁在爬，佛祖的教诲都扔到梦里去了。

　　寺院生活极其严苛刻板，早课须在晨明寅时初刻（三点钟）开讲，小和尚梦中便被一双大手拽起，知更僧那张可憎的黑脸简直就跟地煞恶鬼一样，然后押着他们去大雄宝殿听课。

　　大殿内外僧众云集，大家依序朝香礼佛，然后诵念经文曰楞严咒、大悲咒、十小咒、心经、上来偈赞、赞佛偈、三皈依、韦驮赞，轮番颂唱阿弥陀佛，直至寅时末刻（五点钟）方告结束。

冬月的松江天寒地冻，小北风跟小刀子割肉一样，僧众个个缩头缩脑，嘴巴像烟囱往外哈热气。小和尚位列末席，位置排在殿外空地上，一领薄袈裟哪里抵挡得住严寒侵袭？只管冻得皮开肉绽手脚生疮。他偷眼去望灯火辉煌的大殿，那里俨然是一派佛光高照的极乐世界，但是眼前一众小和尚的脑瓜青皮却在晨曦中泛着寒光，如此日子挨下去何时是个头？他不禁心生懊悔起来。

早课结束，小和尚开始一天工作。

大千被支派到大门外清扫场地，活儿不算繁重，拔除野草，平整土路，垫实石阶，有时还要修缮寺庙屋顶等等。但是因为肚子里的食物还是头天中午吃的，经过一天一夜折腾早已饿得头晕眼花有气无力，小和尚恨恨地想，佛祖何以规定"过午不食"之戒，莫非多吃一餐饭就修不来我佛真身吗？

好容易盼来斋房敲响木鱼，这是僧众开斋饭的信号，大千顿觉胃口洞开，也不管斋饭什么内容，只管捧着钵盂稀里呼噜地吞下去，及至撑得肚儿滚圆，兴犹未尽地放下钵盂，这才看清大桶里都是些米汤芋头萝卜地瓜，全无一丝荤腥油气。张大千自小饭量奇大胃口惊人，且喜食荤腥之物，他不禁暗暗叫苦，心想吃下去这些，不把肠子里油水刮干净才怪呢。

这天傍晚，大千被派去斋房担水，不料灶上飘来一阵扑鼻香气，他心想这时间怎会有人煮饭，莫非有人偷偷破戒不成？溜进去一看，原来笼屉里蒸着热气腾腾的馒头米饭，锅子里还炖着豆腐竹笋之类美食。小和尚哪里经得住这般诱惑，不管三七二十一捞起那烫嘴豆腐就往嘴里塞，正狼吞虎咽却被火头僧撞见，当场人赃俱获。接下来犯戒者被押在更房里，听候寺院监事商议发落。

监事统称"大和尚"，他们判定小和尚犯第二戒"不盗戒"，第十戒"非时食戒"。按照寺规条例，僧人犯戒须"依业受报"，就是关禁闭诵经反省，然后向高僧忏悔过错，请求获得原谅。但是大千不服，请求向寺院最高住持逸琳方丈申辩。

方丈问他：大千，你有偷吃斋房之食未？

大千理直气壮说：徒弟是吃了，但是未偷吃。僧侣食本寺之斋，何来偷吃之说？莫非吃自家食物也算犯戒么？

方丈见他强词夺理，便双手合十道：阿弥陀佛。大千有否遵守午后不食戒？

大千辩解说：弟子虽应遵"日中一食，午后不食"之戒，但是何以有人偷偷开斋二食三食？倒不是犯戒在先么？

逸琳道：善哉善哉！大千只知其一，未知其二。寺院僧众都须守持"日中一食"之规，唯护院武僧例外。武僧日日习武护院，还要守夜防贼防盗，乃我佛门兴盛之守护者也。唯武僧一日方可三食，其他僧众皆不可为。

大千还是不服，他说：既然僧众都须效法佛祖"日中一食，树下一宿"，为何有人可住禅房，有人一日三食，岂不乱了规矩？

逸琳法师喝道：大千放肆！休得胡言！

其实规矩都是人定的，有理无理都由定规矩的人说了算。大千说：师父，弟子可做武僧否？

方丈摇头道：不可不可。大千尚未烧戒剃度，算不得正式入我佛门。武僧选拔要经四大班首八大执事共议，条件苛刻。你初来乍到尘心未洗，入初禅尚需时日，四禅八定更是来日方长。所以还是先做佛经功课，清定戒根，持戒修行再说吧。

小和尚偷吃膳食犯戒之过，最终经逸琳法师裁定，"初入禅寺，冲犯佛律之第十戒，令其禅坐三日，颂《楞严咒》百遍悔过"，也就是从轻发落了事。

大千所谓"出家"，无非一时走不出感情与人生困局，绝非那些要与过去一刀两断的死心人，所以在寺中挨过十数日，便处处感觉对不住自己，精神也渐至于萎靡不振。

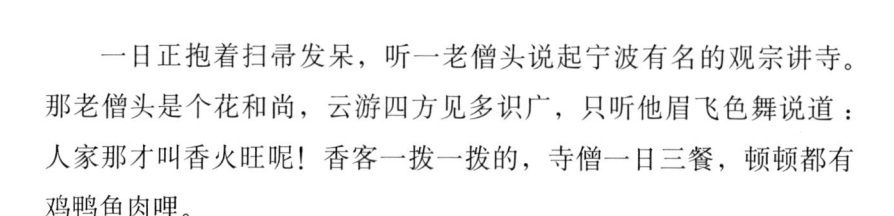

一日正抱着扫帚发呆,听一老僧头说起宁波有名的观宗讲寺。那老僧头是个花和尚,云游四方见多识广,只听他眉飞色舞说道:人家那才叫香火旺呢!香客一拨一拨的,寺僧一日三餐,顿顿都有鸡鸭鱼肉哩。

有听众怀疑道:一日三餐么,怎会有肉吃?

老僧头唾沫乱飞说:其实佛祖从来没有一定之规,这天下的寺院丛林也各不一样,有日中一食的,也有二食三食的,视各家香油钱多寡而定。你们想想看,穷寺庙的僧人坐吃山空,还不把个寺庙吃垮了?倘若香火钱花不完,还不让大家放开肚皮吃?再说佛门行善不杀生,都是僧人私下管豆腐豆筋豆干豆皮戏称"鸡鸭鱼肉"。

大千插言说:若有这等好去处,你怎不留在那边?

老僧头嗔道:喊!人人都这样想,你以为想留就留得下来么?人家门槛可是高得很哩。不说这谛闲法师高僧大德声望远播,连印度、暹罗都派法师前来取经,一般信众更是趋之若鹜。连住寺僧小沙弥都须层层筛选,须那文化高悟性好的才留得下来,本僧不过在那边挂过几天外单而已。

所谓"挂外单",相当于临时工、见习生。一席话令大千如梦初醒,原来寺院禅林也是个江湖世界,真是山外有山天外有天啊。既然出家人以四海为家,哪能守在一处困死自己呢?俗话说"树挪死人挪活",他想起龙井口遭绑票的日子,人生说到底不就是一趟旅程么?

四川民谣唱道:岁月是块布,常洗日子常新。大千想,自己才来十几天,这日子怎么就旧了?不如洗洗走人吧。主意既定,暗中收拾东西,将《芥子园画谱》纳于怀中,乘夜悄悄溜出禅定寺,往宁波方向扬长而去。

4

观宗讲寺果然大气派,不仅庙宇恢弘气象伟岸,就连殿外的知客僧、门头僧也都个个高人一头的样子。张大千趋前施礼，声称要拜见住持方丈谛闲法师。

那班人整天客来客往见多了，见他是个穿破袈裟的野和尚（云游僧），便不屑道：去去！大和尚哪有时间见你。

大千站定说：你怎知法师不肯见我？

僧人乜斜眼道：莫非你是个人物——你以为你是谁呀？

大千说：我要在客房挂单，难道也不许我进去？

僧人对其他人挤挤眼说：这位小师兄来挂单了。好好，我这就替你递单子进去，但是你要懂规矩，先来后到排队等候。

大千咬咬牙说：排就排，我等一个月，不信过不了这道门槛！

僧人更乐了，他怪声道：实话告诉你吧，去年秋天的单还没着落呢。你好好等着吧，没准感动了大和尚，哪天单独召你来论经呢。

张大千遭一番戏谑，无奈之下怏怏而退，先寻家小客栈歇脚。他心想这观宗寺店大欺客，想必望着寺院一日三餐的人多得去了。心里本不服气，思来想去更是睡不着，干脆找来纸笔给谛闲法师写封信。张大千原本才华横溢文采斐然，加之心有不平愤世嫉俗，所以笔下喷火字里行间挟雷带电，那一笔行草更是龙飞凤舞精彩纷呈，末了却不署名，笔一扔，手指蘸着墨汁涂抹一头翻转腾跃的黑猿，仿佛欲吐人言状。

天亮找店小二送进寺里去，自己却倒头呼呼大睡。

这日，被海内佛学界尊为高僧大德、台宗泰斗的谛闲法师正与四大班首、八大执事商议扩充寺院的大事，有人送进一封信来。大法师学富五车慧眼通天，拆开信封便觉满纸才气飞动，再看那头黑猿，虽寥寥几笔，却分明被点化一般，虽无声，却灵犀相通，不觉大惊道：好大的灵性……阿弥陀佛！

那些班首执事都拿来看，有摇头说不知天高地厚的，也有不以为然的，总之各说不一。谛闲法师也不答话，提笔写了几个字，吩咐派人送去，请客人务必中午来见。

此时张大千刚刚睡醒起床，无事可做就摊开那本《芥子园画谱》随手涂抹，本来他对入寺挂单已不抱希望，写信不过是发泄牢骚怨气而已。不料法师回函约见，不觉喜出望外，径奔观宗讲寺而去。

知客僧拦住张大千，不耐烦道：怎么又来了，不是叫你排队等候么？

大千冷冷道：师兄还是不肯高抬贵手么？

知客僧呵斥道：再捣乱，轰你出去，永生不许进寺。

大千将法师回函扔给他说：小子，休要张狂！这寺庙你说了算？然后理直气壮跨进门去。

谛闲法师早已在禅堂坐等多时，开启慧眼端详来人，良久叹道：小师弟入得观宗讲寺，乃我台宗佛门的造化。善哉善哉！

张大千连忙跪下说：大师如何高抬弟子，大千有罪了。

法师道：佛法最讲善缘，最大善缘莫过于为我佛护法。得诵经者易，得心经者难；得焚香者易，得佛心者难，是为护法之本也。

张大千心中揣摩道：莫非法师要收我做他护法弟子不成？可是将来做了大和尚，不知能不能还俗呢。

谛闲法师乃人中俊杰，皈依前曾研习中医草药，酷爱笔墨丹青，临得一手好碑帖，工笔花鸟亦有钻研。他向大千询问说：你曾向何人学习书画？

大千掏出那本《芥子园画谱》作答：此乃吾师也。

谛闲法师点点头，明白此人乃一无师自通的书画天才。他将大千领到内殿，只见四壁墙上都是彩绘壁画，既有各路菩萨神仙，也有凡人百姓，有山水房屋也有花鸟动物，色彩艳丽场面壮观，描金绘银美不胜收。

大千看得眼花缭乱，由衷赞道：真乃巧夺天工啊。

法师告诉他，佛教壁画从西天传入中原由来已久，其集大成者乃在西域敦煌之地，可惜历经岁月战乱大都毁坏殆尽。自己有心要将这项佛教传统恢复起来，不知他是否愿意相助？

这是张大千头一次听说"敦煌",但是这个陌生的域外之地暂时还未与他的命运发生交集。他暗暗觉得自己交了好运,与其整天念经诵佛,倒不如做个画画的和尚好。饭也吃得饱,画画也遂了心愿,日子过得好就住,过不惯拔腿就走,倒也落得干净利索。

谛闲法师见他点头首肯,连声道:善哉善哉!小师弟不弃我观宗讲寺,乃佛缘造化也!我当亲自为你行剃度受戒礼仪。

大千惶恐起来,他说:敢问法师,剃度受戒一定要烧戒疤么?

法师解释道:受比丘戒一律燃十二个疤。受优婆塞戒者,九个。沙弥戒,三个。大千师弟你将来要为我寺院执事画笔,上领禅机,下广信众,自然要受最高比丘戒十二个。

张大千几乎晕过去了。

他是个体质敏感之人,十分在乎身体感受,只要想一想在头皮上活生生烧出十二个疤坑便觉得心惊肉跳,跟下油锅也差不多。但是入寺做和尚毕竟绕不过这道坎儿,心中甚是忐忑犹豫不定。

僧尼剃度受戒是件大事,仪式定于腊八日寅时三刻在寺院戒坛隆重举行,僧众还要打坐诵经为剃度者祈福。眼看法事临近,大千急了,找到谛闲法师理论。

大千说:据弟子所知,佛教初由西天传入中原时并无"烧戒疤"之规,到梁武帝大赦天下,朝廷又恐犯人继续犯罪作恶,因此想出烧戒疤"以戒代囚"的花样来,好让天下人认得头上有疤者原来都是囚犯。我又不是囚犯,为何一定要烧戒疤呢?未必不烧戒疤就不能虔心奉佛么?

谛闲法师连连合十称:阿弥陀佛!善哉善哉!大千休要诳语,佛门十戒如紧箍咒,须时时念诵。我佛有禅机:凡欲如野马,戒疤如笼头,只有套上笼头的野马方可驯化成良骥。

大千仍然强词夺理:只要诚心信佛就是良骥。天下有佛,则佛在我心,与烧不烧戒疤无关。如果弟子拒绝受戒烧疤,大师难道就不肯收留我么?

法师闭目合眼，诵经不答。

法师早已心如明镜，看清大千心性像匹脱缰野马。佛家讲"机缘随心"，意即悟禅，所以并不对他点破。

大千回到住处思前想后，他出走本是权宜之计，不过暂时"隐世"而已，绝非一辈子"遁世"，为此吃那么大苦头便不值了。就算将来袈裟可脱，那十二个戒疤却是烙在头顶上脱不掉的，说明出家人的一日三餐并不那么好吃。三年前邮亭铺那颗子弹穿过头皮的滋味尚记忆犹新，好端端头皮上再烧出十二个戒疤要忍受多大疼痛，他简直不敢去想。

腊八将近，大千终于下定决心，将《芥子园画谱》揣于怀中，悄悄溜出观宗讲寺后门踏雪而去。

谛闲法师得到报告打坐不语，只是把手中佛珠捻得飞快。多年后法师坐化，留下偈语云：三千大千，茫茫无我。善哉！

众僧无解。

5

如果说逃出观宗讲寺的大千和尚是回归自由自在的野马本性，那么多年后登堂入室的艺术家张大千就是一匹纵横天庭的天马，谛闲法师身后有知当释然：如果定要给野马戴上笼头，这个世界上还会有张大千么？

离开寺庙的张大千也不在乎什么出不出家，反正一袭"百衲衣"在身，索性做个四海化缘的云游僧，走走画画倒也逍遥自在。他想起有个朋友无痕和尚正在杭州灵隐寺挂单，西湖乃江南胜地人间天堂，于是便径往杭州投奔朋友而去。

东坡诗云：欲把西湖比西子，浓妆淡抹总相宜。张大千也算走南闯北有些见识的人，但是人间天堂的大美西湖还是把他镇住了。姑不论乾隆爷御笔钦定的苏堤春晓、曲苑风荷、平湖秋月、断桥残雪、柳浪闻莺、花港观鱼、雷峰夕照、双峰插云、南屏晚钟、三潭印月都是美中选美的极致胜境，就连那些未入流的小美之景如云栖竹径、宝石流霞、玉皇飞云、龙井问茶、吴山天风、虎跑梦泉、满陇桂雨、九溪烟树、阮墩环碧、黄龙吐翠、放鹤亭、玛瑙坡、西泠桥、苏小小墓、六一泉等等，亦令人陶醉美不胜收。大千与无痕见面一拍即合，他们都是佛门过客，便日日相邀游览湖光山色，夜夜出入酒肆茶馆，早把那些佛门寺院的清规戒律抛到九霄云外了。

一日来到孤山脚下"楼外楼"酒肆，只见门外食客踊跃车马如流，大千道：我在日本曾听说一个故事，当年明治天皇的御弟亲王出使天朝，品尝此店名菜"西湖醋鱼"，回国后念念不忘，后来竟派间谍窃取秘方，致使东京坊间一度竞相模仿，名气极大。

两人入得店来，一气点了西湖醋鱼、东坡肘子、鲍鱼扣鸭、叫花童鸡、龙井虾仁、元鱼煨鸽、蜜汁火方、油焖春笋、火丁蚕豆、西湖莼菜汤，要了一坛老绍兴黄酒，直吃得日影西斜方才歪歪倒倒走出门来。

两个酒气熏天的酒肉和尚惹得行人纷纷侧目，他们不敢径回寺庙，索性在湖边要了一壶"西湖龙井"慢慢吃茶。大千画兴大发，向店家讨要纸笔作起画来，不一时挥就一幅《孤山夕照图》。套用著名的大观楼长联题曰："长天不与秋水共，落霞哪堪孤鹜飞？"

无痕调侃说：瞧瞧你老兄这胸中块垒，哪有出家人的四大皆空啊。

大千笑道：南宋林升诗云：山外青山楼外楼，西湖歌舞几时休，暖风熏得游人醉，直把杭州作汴州。倒成今日你我出家的写照了。

无痕叹口气说：你我肉体凡胎，穿了这身袈裟反倒罪孽深重，不如脱了省心。

大千心中早已生还俗之意，不禁频频点头。

渐渐地，日头落山时，茶也饱了，酒也醒了，肉食也穿肠了，记起佛祖还供在寺庙里，两人待要离去才发现钞票早在白天花得精光。大千连连作揖说：店家，我将这幅画抵你茶水钱，日后可卖大价钱呢。

店家开头并不情愿，拉住二人论理，却见两个野和尚说话疯疯癫癫，加上茶水钱也不多，便收下画自认晦气。后来有茶客看上这幅画，多出几文茶钱便将画买走，店家暗自庆幸没做亏本生意。

不料多年后坊间有人淘到张大千早期作品《孤山夕照图》，作价数十块大洋买走。再到世纪末，这幅大千遗作辗转登上香港拍卖台，拍出惊人天价被一位神秘买家收藏。

两个和尚登上乌篷船返回灵隐寺，船家摇到梅家坞岸边，大千再次对船家合十道：施主，多多得罪，下次带了盘缠一定补齐。

船家盯着他冷笑说：出家人说话不打诳语么？

大千说：出家人怎会骗你几个小钱？

船家一把扯住大千袈裟骂道：野和尚！吃得起酒肉，却想赖我船钱，还说不打诳语？！

大千挣扎说：谁赖你船钱？要不我写幅字抵给你好么？

船家骂道：谁稀罕你那破字！

两人拉扯起来，船家力气大，旧袈裟"嗤啦"一声便扯破了，《芥子园画谱》也掉下来。两人你拉我扯，惹得岸边路人纷纷驻足围观。

大千少时跟二哥善子练过几天梅花桩铁砂掌，打架并不吃亏，只几招就把船家打翻在水里。岸上看热闹的闲人便嚷嚷起来：野和尚打人了！

两人慌慌张张夺路而逃，回到住处也不敢声张，生怕船家找上门来闹事。憋了几天，感觉跟逃犯似的，便商议离开灵隐寺走人。无痕决定回老家还俗，张大千却不愿回四川，他连夜修书向上海朋友借一笔钱，准备远走高飞去北方周游名山大川。

很快上海朋友有了回音，称借钱无妨，但须大千来上海亲手立个字据。大千开始觉得朋友小家子气，难道自己会借钱不还么？又转念一想，借钱立据天经地义，没有什么不对，于是同意在上海火车站月台与朋友见面。

对于朋友为何要在火车站与自己见面，张大千自以为朋友是为方便自己出行着想，因此也不生疑心。他收拾简单行囊，怀揣那本形影不离的《芥子园画谱》便悄悄踏上旅途。

6

上海火车站位于今天闸北宝山路口一带，是当时南北交通物流集散之地，人来车往旅客熙攘。当足蹬草鞋的大千和尚出现在月台上东张西望时，他那身土黄色破袈裟在红尘滚滚的世俗人流中显得有些格格不入，颇有"世人皆醉我独醒"的傲世禅味。

车站大钟报过午时，北上客车已经开走，朋友却连影子也不见。张大千在空荡荡的月台上走来走去，不禁有些埋怨，但是转念一想，也许朋友有急事绊住了，毕竟自己向别人借钱，应该有些耐心才对。于是就从行囊里取出半截铅笔，掏出那本《芥子园画谱》，一心一意摹画起来。

忽然有人捉住肩膀，一声炸雷震得耳朵嗡嗡作响，那人吼道：总算逮住你了！龟儿子，看你还往哪里跑！

他抬头一看，不禁呆若木鸡。

原来捉住他的人正是二哥张善子。二哥身后还站着三哥张丽诚，以及十弟君绶和那个约他见面的朋友。至此他才恍然大悟，原来这是个局，他早已被朋友"出卖"了。

于是在许多看热闹的目光围观下，和尚被人强行押上火车。随着机车"呜"的一声长鸣，车轮转动起来，火车就轰隆隆地开走了。

张大千的短暂出家史宣告结束。

根据画家晚年自述，他从出家到火车站被擒获，不多不少正好做了一百天和尚。

第五章　拜师学艺

1

老八失踪的消息在四川老家引发轩然大波，母亲一气卧床不起。儿子逃婚事小，家族名誉受损事大，于是才有二位兄长不远千里赶往上海，终将出家隐居的老八一举擒获押解回乡的事。

张大千一进门就跪倒在地，向母亲谢罪。

老太太打量这个变得有些陌生的儿子，心里诧异不已。两三年不见，老八脸庞竟也饱满了，骨骼也突出了，人高马大的，一副男子汉的络腮胡好像焦墨写意的葡萄藤一般爬上面颊来，难怪他敢自作主张去当和尚。母亲喝道：孽障！你还记得家里有老母？回家来做什么？

大千本是被兄长押解回家的，但是他不敢顶嘴，只好嗫嚅道：是！儿不敢回家，愿受家法惩戒。

母亲气恨恨地举起拐杖，手在空气中顿了顿，拐杖却落到旁边的桌子上。母亲训斥道：狡辩！这些年你独自出洋，好东西没有学来，倒把忠孝礼义弄到哪里去了？你可知百事孝为先，你把祖宗牌位供奉在心里没有？还敢强词夺理！你说说，曾家这门亲事你到底认还是不认？

紧箍咒一念，张大千那颗野马样的心就被套上了笼头，他只好打出亲情牌来抵挡道：八儿不是不愿尽孝，人在东洋，身不由己，儿终有万千孝心也难尽人意啊。

母亲说：你既要尽孝，父母之命，媒妁之言为何不从？祖宗定下的规矩有错么？订亲之事乡里尽人皆知，你莫非要败坏张家门风，陷我张氏一门于不仁不义？

张大千明白，如果不顺从母亲意志，今生今世将沦为家族罪人，他真的是无路可逃了。万般无奈之际只好说道：父母大人在上，儿的亲事岂敢自己做主，就是借给儿一百个胆子也不敢！但是儿今有一事禀告，若母亲不肯开恩答应，儿这辈子便是死了心，迟早都要出家去的。

老太太听出儿子软中带硬、讨价还价的意味，便问：是何事？你说来听听。

张大千说：母亲为儿做主娶亲自有道理，但母亲也须同意儿娶亲后重返上海拜师学艺，做个靠笔墨丹青谋生的职业画师。

老太太不由得暗暗惊讶，自此对老八刮目相看。此老八已非两三年前那个中学生，他长大了，翅膀也硬了，这是以婚姻为条件换取择业自由。不消说这等大事她也决定不来，便唤来三个年长儿子共同商议。

值得庆幸的是，三位兄长均非平庸之辈，堪称张大千成长路上的人生伯乐。以后我们将会看到，每当八弟在人生路上徘徊不前，甚至误入歧途时，兄长都会及时出手把他拉回到正确轨道上来。

母亲有所不知，回川途中的日日夜夜，兄弟们彻夜长谈帮大千化解心结，这个"以退为进"的谈判攻略其实便是兄长暗授机宜的。善子告诉母亲，八弟嗜画如命痴心不改，或许应该给他个机会试试。三哥丽诚主事重庆、上海公司，他当然希望兄弟来做帮手，否则他何必花钱送张大千到日本学习印染技术呢？然三哥在外经商多年，见多识广人情练达，所以也同意二哥看法，应由八弟自主选择而非强其所难。

兄长的话打消了母亲的疑虑,她将大千召到跟前说:我儿,你当着大家面回答母亲,一心学画是不是?

张大千道:是!

母亲又说:那么你也要答应我一个条件,人可立大志,不可常立志。母亲要你生当为人杰,做一个誉满天下的大画家,你不能让母亲失望。

大千当即跪下应允。

至此,未来画家张大千的人生航船终于越过重重激流险滩,他要朝着那个理想彼岸扬帆远航了。

母亲则振奋地宣布:大喜临门,我儿娶亲了!

2

公元1920年,二十一岁的张大千由父母做主在四川老家迎娶远房表妹曾正容为妻,这是他的婚姻城堡迎来的第一位女主人。婚后他便迫不及待地离开老家,跟随二哥张善子前往上海拜师学艺,他的两位师门都是江南赫赫有名的鸿学大儒。

曾熙(1861-1930),号农髯,湖南衡阳人,清光绪二十九年进士,官至兵部主事兼提学使及弼德院顾问,曾主讲衡阳石鼓书院和汉寿龙池书院。工诗文,擅书法,晚年兼习绘画,首倡"书画同源"说。

李瑞清(1867-1920),自号梅庵、清道人,江西抚州人。清光绪二十一年进士,选翰林院庶吉士。光绪二十二年出任两江优级师范学堂(南京大学前身)监督(校长),后委任江宁布政使、学部侍郎,官居二品。其国学底蕴深厚,善诗文,精书法,绘画推崇"明末四僧"原济(石涛)、朱耷(八大山人)、髡残(石溪)、渐江(弘仁)等。

曾、李二人为莫逆之交,阅历大致相同,都是先做官,后督教,晚年招收学生桃李满天下,大千之弟君绶便是拜在曾、李二师门下学艺的。新弟子入门对两位德高望重的老师来说，仅意味着增收一笔学费而已，没有人会对来自内地的文艺青年张大千另眼相看。

行过庄重的拜师礼后，老师便要依惯例面试点考学生。李师点了命题画，题目是唐代诗人韦应物《滁州西涧》："春潮带雨晚来急，野渡无人舟自横。"

张大千略一思忖，飞快涂抹一幅山水，既有山野、河流和渡口，也有一船夫卧于渡舟中睡觉。李师皱眉道：明明是野渡无人舟自横，为何偏要画个船夫酣睡？

大千争辩说：无人可作没有渡客解，非无船夫。君不闻"无人花不闹，有人山更幽"么？

诗意本可多解，见仁见智无可厚非，李师摇摇头，倒也无话可说。

曾熙出题为苏轼题宋代惠崇和尚名画《鸭戏图》："竹外桃花三两枝，春江水暖鸭先知。"但是张大千不知有此典故，便画了一对鸳鸯戏水，岸边房屋掩映竹枝摇曳。画完后自觉得意，又添数点雁行北归。曾师问他为何画的是鸳鸯？大千答道：四川乡村也称鸳鸯为野鸭子。

两位老师互相看看，都没有说什么。

大千大约觉得自己没能好好表现，又主动画一幅《水仙图》请老师点评。二师看过后只说了一番励志话，大意是鼓励学生开阔眼界刻苦学习，勤奋练笔、笨鸟先飞，有志者事竟成云云。

但是两位老师的私下评价却在闲谈中不经意透露出来，他们感叹说：同为一母所生，善子画虎以美人喻美德，君绶少年得志才华横溢，这个张老八怎就不似那两个兄弟呢？就算无才也该有识，无识也应好学，"知不足而后勇"才对啊。

不能说两位治学严谨的老夫子看走眼，初出茅庐的张大千的确像头野性十足的小马驹，它来自生活而非书本，所以连学识渊博的老师也未识透。但是小马驹要学习的东西还很多，前面的道路很漫长，良驹能否成为千里马还有很大变数。

老师的评价却给二哥张善子很大压力。

这天兄长专门约了大千来到夫子庙吃著名的"老绍兴三黄鸡"。张大千一生好吃,自称"天字号饕餮之徒",且善饮,对天下美酒美食统统来者不拒。兄弟二人酒酣耳热之际,张善子委婉转达了老师评价。大千本来正在津津有味地啃一只鸡腿,他忽然停止咀嚼,认真地望着兄长。

善子劝他道:俗话说树挪死,人挪活,兄弟你为何非在一棵树上吊死呢?倘若学画无果,或者并不适应画画,我看倒不如趁早改弦更张,回去随三哥经商的好。

大千仰头将杯中酒一饮而尽,脸色微微潮红起来。他说:曾、李二师果真了解我么?如果别人不了解我,难道我还不了解自己?古云"子非鱼,安知鱼之乐",就算二师阅人无数要下定论,也该等几年以后再说吧。

善子瞠目,弄不懂兄弟何以如此自负?看来老八内心并不简单哪。大千反倒安慰兄长道:弟日后定当令曾、李二师刮目相看,兄长大可不必对今日之言较真。

然后继续埋头大嚼。

天才永远是个无解之谜,因为连母亲也无法预知儿子的未来。有人喜欢将聪明写在脸上,好比把商标贴在脑门上,他们也许不是骗子,但肯定是假货。真正的天才与未经打磨的璞玉一样,真相大白之前谁也不能确定那是价值连城的翡翠还是一文不值的顽石。

张大千将用一生时间来证明自己究竟是美玉还是顽石。

3

大千所言不谬矣。

曾、李二人同为江南硕儒、书法名家,晚年由书法入画,属于典型的文人画而非职业画家。然书法与绘画毕竟不是一回事,所以二位老夫子书法皆为上乘，绘画仅为"雅赏"而已，换句话说就是票友水平业余三段。反倒是青年才俊张大千自信满满，"小荷才露尖尖角"，一开始便显露与众不同的慧眼见识来。

清道人李瑞清官阶更高，名气更大，弟子更多，身体也更差，所以张大千仅行过名义上的师礼，按月孝敬"束脩"，总共也没见过尊师几回真容。拜师数月后清道人不幸撒手人寰，这位前南京大学校长到底没能见到弟子蜚声画坛那一天。

曾夫子以汉隶圆笔书法蜚声江南，其书法受益于《夏承碑》《华山碑》《张黑女》，下穷魏晋，融合方圆，沟通南帖北碑，其风格宽博纵逸、自成一家。晚年自学绘画，首倡"书画同源"说，认为"最好的画是写出来的，最好的字是画出来的"，这就未免将学问做得偏执离谱了。其实文人画的本质是做学问，画画比不过职业画师，就把理论做得极端。曾夫子要求学生"用心攻书，破万卷而后致用，世所从欲也"。就是说"治学授业（书法）"而不画，最多写写字而已。据说曾师晚年有一怪癖，凡有登门求字者，他会当场挥毫满足要求，但若求画，他便要躲上楼去不容旁人偷觑。

老师的怪癖令大千很郁闷，他原本冲着学画而非写字做学问来的，可是老师偏不教画，还不让观画。开始他以为老师保守，怕画画真谛被徒弟学走了，"教会徒弟饿死师傅"嘛，学生超过老师，岂不是没人买老师的画了吗？这样一想，便对老师的狭隘很有意见，写字读书都提不起精神来。

有一天善子来找大千、君绶，三兄弟难得团聚，就在豫园路一家"小有天酒馆"小酌。这家酒馆正是清道人生前时常光顾的去处，以烹制海鲜和江淮菜闻名，门外悬有李瑞清题写的对联一副："道道非常道，天天小有天"。据说李瑞清对这副对联十分得意，以此换得常在此白嗟饮食。如今睹物思人，对联已成遗墨，令兄弟三人心中感慨良多。

此时张善子尚未完全退出政坛，他是个高扬儒家精神的公共知识分子，一生以"修身齐家治国平天下"为己任。由于他与彼此对立的广州革命政府和北洋政府关系都很深，因此常常南来北往、两头奔忙，上海就成了他歇脚的中转站。

乍一看，来自四川内地的三兄弟倒像两家人：善子与大千如出一辙，都是矮粗个子五短身材，长得方头大耳虎鼻鹰眼，毛发浓密须髯齐胸，透露出阳刚壮烈的豪放气势。十弟君绶却长得高挑细瘦皮肤白皙，说话慢条斯理，更像个斯文干净的江南书生。

店家来问客人上黄酒还是白酒，江南好黄酒，川人喜白酒，小店备有四川"绵竹大曲"，此酒号称"唐代宫廷贡酒"，令张氏兄弟喜出望外。一番酒酣耳热之际，大千便把闷在心头的牢骚不满统统发泄出来：学画两年，倒不如说背了两年经书，画了两年楷书，坐了两年冷板凳。虽说曾师讲"书画同源"，但是书法毕竟不能代替绘画，我想是不是拜错师门了。

君绶也道：本来作为门生，不该背后议论恩师，但是我也有些纠结在心，望兄长指教解惑。从前跟随二位恩师学画，我更多向李师求教，窃以为李师性格更加通透潇洒，绘画也不保守，得其指点受益匪浅。如今李师驾鹤西去，曾师那里的话我就不便说了。

张善子毕竟阅历丰富，他循循善诱说：依我看，曾师也不是要刻意躲避学生。你们想想看，如果真要保守，为何他的书法就不避人呢？难道老师不怕学生字写好了，就没人来买老师的字了吗？

两人一想有道理，老师书法天下闻名，如果真有学生超过老师，那倒是老师骄傲的资本了。但是年轻人还是想不通，老师画画为何偏要回避？老师究竟忌讳什么呢？

善子说：你们说说，曾师的字好、画好，还是学问好？

两人答道：当然第一是字好，其次学问好，最后才轮得上画。

善子笑了，他说：这就对了，人无完人，金无足赤；尺有所短，寸有所长，这些你们都看到了，说明你们这两年没有白学。既然曾师短处是绘画，他为何要让学生学自己短处呢？说不定还会有人指指戳戳地议论呢！我相信这并非老师保守，而是自尊心所致。圣人云：老吾老以及人之老，要是你们父亲有这样的顾虑，作为儿子的你们总该体谅而不会介意吧？

两人茅塞顿开，不禁对兄长的仁慈胸怀五体投地。恰好酒楼堂壁悬有一幅"扬州八怪"郑板桥的淡墨写意《兰梅竹菊图》，善子便道：考考你们，这幅板桥画的优劣短长尽在哪里？须说出理由来。

两人都连忙凑近那幅画细细琢磨起来。

君绶抢先评论道：以弟浅见，这幅淡墨画算不得上好佳作，表面看似线条随意，像是酒后随手涂抹应酬，实则笔力有所不逮。那首诗也写得无甚新意，似是应景之作。板桥文人画名气甚大，实则水平不过如此尔尔。

大千也道：我不喜欢扬州八怪的作品，总觉得这些所谓文人画大都不伦不类，说文人吧你去用功赋诗作文，像李、杜那样万世流芳，可这些人诗文功力有限，距离诗赋名家不止矮了几个档次。论画吧也就半坛子醋，高不成低不就的玩意儿，我看算得上一帮投机分子罢了。

张善子表面微笑不语，内心里却不赞成，觉得两个兄弟心气太高，尤其是老八，也忒狂妄了，好像任何人都难入他的法眼。此时张善子尚未从大千身上看出多少超凡的绘画天才，或者说大千才华尚未得到展露机会，因此兄长唯恐兄弟堕入志大才疏、自以为是的歧途泥淖。古往今来，目空一切最终一事无成的文艺狂人比比皆是，他们还不如老老实实回家去种红薯来得踏实一些。

他耐心开导二位兄弟：自古画界便有画师画与文人画之争。所谓画师当然指职业画家，这些人大多拜师学艺从小习画，讲求功底厚实，重墨色线条，工技法技巧。但是他们往往为画而画，并不刻意追求形式创新与内容出新，即使那些才高八斗的大画师，比如清初宫廷画派代表人物"四王"（王时敏、王鉴、王翚、王原祁）也难免流于匠气。一句话，画师画大气端庄功底深厚者多，天机灵动妙趣横生者少；形式大于内容者多，情景交融有感而发者少。

张大千不禁拍手赞道：兄长高见！弟日前得见一幅"四王"之一王鉴的《秋林远岫图》，正为它的功力技法叹服不止呢。不过细细揣摩，总觉少了点什么东西，倒被二兄长一句话道破天机，那就是布局过于工整，笔墨拘泥于技法，多匠气而少了天机妙趣和灵感喷发。

君绶道：那文人画又怎样呢？

善子借着酒力坐而论道：文人画顾名思义，便是文人作画。文人画之功，厚在学问而不在画技。以曾、李二师为例，他们通晓古今学富五车，提笔成文出口成章，诗词歌赋无不精通，同时还是享誉南北的大书法家。这些文人为何不好好做学问却偏要来画几笔，偏要弄出个与画师画相提并论的文人画派呢？这其中藏着个很深的道理。

张大千听得专注，眼神中满是热切的问号，这是求知欲释放的强烈信号。相比之下君绶却很冷静，仿佛胸中揣着块外热内冷的岩石，令张善子一时弄不清他想求证什么。

兄长继续道：古往今来，一些才高八斗恃才傲物的文人墨客，他们或因愤世嫉俗退隐于市，或因仕途受挫结庐山野，那杆笔就无拘无束摇出了花样。他们半路出家题诗作画，触景生情假物寓意，不求形似而臻意趣，不求笔工而专写意，意在宣泄胸中块垒阐释人生哲理，把个"文以载道"的文理演绎得淋漓尽致，这是文人画的一大贡献。然而他们到底以文而非画为主，所以往往文强而画弱，意到而笔不至，也就有《文心雕龙》所说"意在笔先，笔力不逮"之憾。就以"扬州八怪"之首郑板桥为例吧。

他指着壁上《兰梅竹菊图》评点道：你们看，这幅画看似随心所欲一挥而就，画面简单笔墨粗疏，既不讲究笔墨浓淡线条疏密，也不管画面构图是否合理，全无绘画美感乐趣，但是他却暗藏一个极大的心思。你们再看题诗："兰梅竹菊四名家，但少春风第一花，寄语东君诸子弟，好将文事夺天葩。"只这最后一句，便把整个画面点亮了,如同太阳升起照亮山河,那些僵硬的花儿草儿都活动起来有了生命,这就是所谓"诗眼"的作用。试想若无这首诗,画面便如小儿涂鸦那般潦草不堪,但是有了这个诗意主题,整个画面便得升华,诗画交融一体。这就是主题思想和意境的作用。自古以来画师画卖功夫,文人画卖名气,你们若学得前者深厚画功,又兼得后者文采与构思,便能达到兼收并蓄的至臻境界。

两位年轻兄弟如醍醐灌顶。大千心服口服道:从前看画,只重画面笔墨技术,其实并未完全读懂。兄长一席话令弟豁然开朗矣。

善子道:从更大范围讲,这诗词、书法、绘画、治印莫不同源同理。凡大家者,诗、书、画、印融会贯通无一不精。诗为画之眼,书为画之骨,印为画之眉,画之为画,缺一不可也。曾、李二师敦促你们读书写字,演练书法,亦是为绘画打基础。夯实基础,方可建筑宫殿楼宇,你们切不可性急。

三兄弟把盏谈心,论今谈古,由画及人,直吃得酣畅淋漓,到夜半方才散去。

4

张氏一门,唯大千与十弟君绶年纪相近。大千年长三岁,两人都拜在曾、李门下,所以常常有机会切磋交流。二人私下里替人写字画画,将习作卖给字画店赚生活费用,感情不可谓不深厚。

君绶自小体弱多病,不似大千健壮开朗,他属于那种全凭感觉画画的天才少年,仿佛冥冥中有只眼在指引画笔,其想象力十分大胆恣意,常有神来之笔,令人称奇。在曾熙众多门生中,君绶最得老师器重,后来曾熙作画时关门避人,唯许君绶入内陪伴,一度令大千倍感失落。

文艺青年大致可分为两类人。一类天生早慧,甫一入道即才华显露少年得志,此类"神童"看似名利双收,其实他们脚下的路远

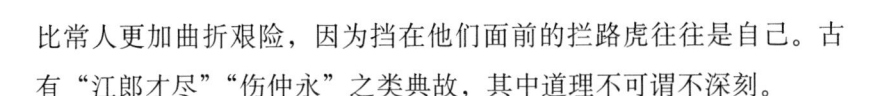

比常人更加曲折艰险，因为挡在他们面前的拦路虎往往是自己。古有"江郎才尽""伤仲永"之类典故，其中道理不可谓不深刻。

另一类人则为大器晚成者，他们往往大智若愚，因备尝挫折艰辛而后发奋，因此意志坚定目标明确。他们要用一生而非一时的努力来证明自己，这类人才是真正的强者，当引为后世楷模。

这一天，大千兄弟相约到郊外游湖切磋墨艺。

君绶当场挥毫作《竹鱼图》一幅，一尾池鲤嬉戏于竹影之下，工形兼意甚是有趣。大千便作《竹石图》回应，只见岩石嶙峋瘦竹冷峭，外柔内刚风格清新，然笔力尚嫌幼稚粗放，且有模仿古人痕迹。两相对比，弟弟画技明显高过兄长。

大千对弟弟的进步颇感惊讶。君绶告诉兄长，自己不过有幸临摹过石涛、八大山人真迹而已。大千心情忽然坏下来，原来曾师家中珍藏古画若干，但是老夫子不肯轻易示人，大千至今无缘见识，当然更谈不上临摹学习了。

君绶安慰兄长道：哪天我将曾师的石涛雪个都偷出来，让我八兄长看个够，再好好临摹它十遍八遍。

大千被他逗笑了，兀自叹道：虽然当今画坛无不推崇"明末四僧"，曾、李二师言必称苦瓜和尚（石涛）、雪个（八大山人），但是石涛、八大真迹本来就少，藏家个个爱若珍宝，哪肯让我等观赏临摹？上海字画店的掌柜更是狗眼看人低，名贵字画决不会让你多看几眼，唯恐你将他那字画看进肚子里去……不说这些了，我们自己作画罢。

两人又联手作水墨画《江水秋景图》，君绶写山水，大千画云树。大千道：这画面略显空旷清冷，倒显得与冬天无二。我来添只晚归渔舟，长些人气。

说完挽起袖子来画只小船，渔翁架一杆鱼鹰徐徐归来，满江泛起人声吆喝和鱼鹰喧闹。

君绶赞道：好个渔舟唱晚！我也来助个兴。他却画了江边一只乌篷船，有个官人正在兴致勃勃作画，一旁美少妇为他红袖添香。

大千暗暗诧异,心想十弟年纪不大,倒像更懂风月似的。他笑道:好个心有千千结,情满富春江呢!十弟这船里可藏有故事?

　　君绶脸色微红摇头不语,大千见他不肯说,也就作罢。

　　回来途经黄浦江外滩,只见大批激进学生上街游行,反帝反封建口号喊得震天响。张大千拦下一个喊着口号的学生问人家:你们这是做什么?

　　人家用一种怪异的目光打量他,好像看见一个外星人。学生反问:你看报纸没有?租界巡捕开枪打死中国人你知不知道?

　　大千摇头,莫名其妙的样子。

　　学生问他:你做什么的?

　　他回答画画的,学生慨然道:你不投入时代洪流,光画画何用?

　　他答曰:若不画画,投入时代洪流何用?

　　人家终于悲哀起来,边摇头边说:愚昧啊愚昧!亡国奴!我泱泱中华就是因有太多麻木不仁的愚民,才有今日之不幸!

　　张大千望着呐喊的人潮涌动,到底还是没有弄懂游行与画画有什么关系。他心想:画画有什么不好?你喊几句口号就把那个什么租界喊没了么?

　　艺术家非政治家,张大千也非忧国忧民的徐悲鸿,他对政治活动不感兴趣,这便是"性格决定命运"的有力论据。

　　不久老家发来电报催婚,母亲早就为君绶订下一门娃娃亲,命他速回四川成亲。君绶有心不从,却不敢违逆母命,情急之下效仿大千出走普陀寺为僧,幸得大千及时赶去将他寻回。然而终究躲得过初一躲不过十五,于是大千不无担心地看到,君绶原本清瘦的面庞愈加苍白,忧郁的性情更趋沉寂。

　　不觉又到新年,大千要去扬州瘦西湖画山水,行前去到君绶住处探望。不料叩了好一阵门,君绶才虚开一条缝,并且连连朝他摆手示意。大千意识到十弟屋里藏匿着不便示人的秘密,而这个秘密很可能与男女情事有关。虽然他们是同胞亲兄弟,遇上这种事也只

好怏怏离去。

大千吃了闭门羹心里不舒服，兀自喝了一壶闷酒。

次日君绶找上门来，大千拉长脸也不说话。君绶待了一阵，忽然抽噎道：哥，我不是东西，不该瞒你。

原来君绶果然金屋纳娇，所纳之娇是一个名叫狄文宇的有夫之妇，两人早已坠入情网不能自拔。

大千这一惊非同小可，他对这个"狄文宇"早有耳闻，此女乃上海滩上的新闻人物，因家庭离婚案被媒体炒得沸沸扬扬，什么"新派名媛""东方娜娜""新潮女性"，各种名头满天飞。君绶还是个刚满十八岁的大男孩，如何与这个搅动十里洋场的风月老手搞到一起了呢？

随着君绶讲述，事情原委渐渐浮出水面。

狄文宇出身乡下寒微人家，十四岁由家中做主嫁给上海名记者戈公振为妻。戈氏不但文笔精妙，人缘亦广，是报馆公认的谦谦君子。他为了达到培养贤妻的目的，不惜送她入夜校学习，亲自辅导其练习琴棋书画，一时间成就了一段现代版"举案齐眉"的爱情佳话。孰料乡下女子狄文宇冰雪聪明，学习领悟极快，适逢北大外语系招生，她居然脱颖而出被破格录取。

那时节念北大需付高昂学资，戈公振为支持妻子念书不得不节衣缩食拼命赚稿费。然而在"西风东渐"的新潮年代，一切所谓新思想新潮流都如春蝇夏草般疯狂生长，而在五四运动策源地北大，一个渴望投入新潮流和冲破封建桎梏的女学生有何结局可想而知。

渐渐便有流言蜚语传回上海，讲狄氏如何与男人同居鬼混云云，反正都是记者丈夫不愿听到的消息。于是丈夫便与狄氏娘家人赶往北京，软硬兼施把妻子押回上海。家庭藩篱重新修补好，通往外界的门庭也关紧，但是齐眉举案的生活却是一去不复返了。西方有谚语"人不能两次踏进同一条河流"，因为此河水已非彼河水，所以狄文宇也不再是从前那个夫唱妇随百依百顺的小女子，她变成中国版的新女性娜娜。妻子主动向丈夫提出离婚,此事一经好事的报纸渲染,立即引发舆论大哗,狄文宇被推上道德审判的风口浪尖。

君绶与她是在"秋英会"画展上相识的。

狄文宇时年二十六岁,年长君绶六岁,两人旋即以姐弟相称。这对青年男女,一个是惹人怜爱的画界才子,一个为楚楚动人的北大佳丽,两人很快坠入爱河不能自拔。据说有个细节,狄大姐一旦泪崩无人能劝,唯君绶能使其破涕为笑,可见其已然动了真情。正可谓"不幸的种子已经播下,悲剧的苦酒已经酿成"是也。

大千虽然不满包办婚姻,但他还是对弟弟这种惊世骇俗的爱情游戏难以赞同,因此劝告君绶三思而后行。因为一旦老家听闻风声定将掀起轩然大波,说不定还会派人来押他回川成亲。

君绶默然良久,两人无语分手。

等大千从扬州归来已过农历正月,再找君绶时早已人去屋空。房东告知,张先生乘船去了北方,也许是青岛天津,也许是关外满洲。张大千仰天长叹,他心想十弟这该是与人私奔了。君绶向来是个任性的大男孩,一旦为情所困很难自拔。他仰望灰蒙蒙的天空惆怅不已,祈愿十弟此去能够振奋精神,获得真正的幸福。

张大千哪里知道,十弟的命运之船已经驶向毁灭的深渊。

君绶此去竟成永诀。

5

君绶死讯是一个多月后才传回上海的。

大千被轮船公司通知领取遗物,内中有封遗书这样写道:我同狄大姐是同时自杀的,但是我们各有各的事,各有各的烦恼。如果被人疑惑做了什么不对的事,也没有什么关系了。自求解脱,只希望人们把我忘记。至于我的遗物十几个箱子,请交给我的八哥大千。

还有一幅君绶信手涂抹的山水画,白云缥缈间只露出隐约的寺

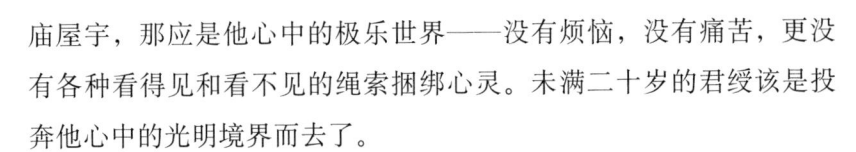

庙屋宇，那应是他心中的极乐世界——没有烦恼，没有痛苦，更没有各种看得见和看不见的绳索捆绑心灵。未满二十岁的君绶该是投奔他心中的光明境界而去了。

根据后来披露的资料，君绶果然是与狄大姐乘船私奔了，两人同居一间舱室，可以推断起先他们打算双栖双飞，迈出勇敢决断和奔向自由的关键一步。

但是船到烟台海面却起了大雾，轮船受困雾海原地等待，两人之中不知哪一位触景生情心生悔意，对私奔的前途感到悲观绝望。问题是开弓没有回头箭，他们再也回不到过去的生活，于是这对情侣选择了双双蹈海殉情，用结束生命的方式发出对世界的强烈抗议。

大千不由得泪雨滂沱。

他理解君绶，却拉不回他，十弟的痛苦在于不可解的人伦与天理矛盾，他们要么对不起母亲和祖宗先人，要么对不起自己。他发现自己与君绶的最大区别在于：自己选择妥协，而君绶在两者间摇摆不定，他是个彻底的理想主义者。

君绶之死令大千大彻大悟，他由此领悟一个与画画有关的道理，那就是爱情诚可贵，画笔价更高。因为艺术家的生命应该属于艺术，他必须随时忠诚于艺术并为之献身。十弟灵魂中少了一点被称作"忠诚"的东西，所以他的人生缺少坚强，缺少支撑，终至于变得像肥皂泡那样不堪一击。

君绶蹈海的噩耗始终瞒着老家，大千对父母谎称十弟"出国留洋去了"，直到老人双双离世都一直蒙在鼓里。曾熙闻知爱徒蹈海的消息十分悲伤，他在君绶遗画上题跋曰：君绶有慧根，从予学书隶草，已臻神妙。父母以季子，爱怜更甚诸兄，友善季爱（即张大千），尤形影不离，其蹈海何谓耶？然幼时喜依寺僧，及来沪，复逃之普陀，季爱数月访得之。岂真大觉耶？

曾夫子虽痛失君绶却仍未接纳其兄大千，老人固执地认为张大千只是个才华平平的学生，因此他还是只能按部就班地读书习字而非登堂入室学画。

这一年大千虚岁二十三，许多天才大师在这个年纪早已崭露头角名声大噪，但是他在自己热爱的绘画事业上却毫无建树，甚至一时还看不到职业画家的前途何在。这是一段令人灰心丧气和迷茫彷徨的人生历程，张大千就像一只困在雾海中的小船停步不前，他对自己的状态很不满意，甚至动了背起行囊去北方闯荡的念头。

命运仿佛打定主意不眷顾这个陷入低谷的年轻人，不久四川老家传来的坏消息更如雪上加霜：三哥丽诚经营的江轮"大胜号"在长江三峡发生撞船事故，船毁人亡损失惨重。更要命的是，对方竟然是贵州军阀袁祖铭私运鸦片的军用船只，这下子祸闯大了。黔军派兵查封了丽诚轮船公司和钱庄商铺，扬言要捉拿张氏一门做人质，吓得张家老小连夜逃离内江东躲西藏，先后迁移到浙江、安徽定居。

张氏家族再次陷入家道中落的困境。

张大千肩上压力陡增，三哥公司破产意味着他不仅要自己解决生活学艺等等费用，还须承担起养家糊口的重任。此时他在四川老家又娶了第二房太太黄凝素，孩子呱呱坠地，对一个同时扮演人父、人夫和人子多重角色的男人来说，虽然他的人生中不能没有画画，但也不能只有画画。

张大千又一次被命运推到十字路口上。

虽然年轻人有心坚守画画不肯轻言放弃，但是仅靠画笔是远远不足以养家糊口的。他想去北方闯荡，那里不仅有他向往的千年皇城和古都文化，而且文人聚集名师如云，但是毫无名气地位的他凭什么在那里生存下来并赚钱养家呢？

他也想过改行，去做生意或者挣钱，但是一旦离开画画他对自己没有信心。其实拿起画笔他同样信心不足，因为此时他所画的仅仅是"画"而不是急需的"钱"。

就在大千彷徨无助、不知道出路何在时，一个注定要对他发生重要影响并引领画家人生的陌生人悄悄找上门来。

第六章　英雄莫问来路

1

张氏兄弟的恩师李瑞清在世之时官居二品，名气很大，简直可以说声名赫赫，又做过两江师范学堂校长，可谓桃李满天下世人皆知。但是世人不知的却是，这位"谈笑皆鸿儒，往来无白丁"的当代大儒却有个不成器的同胞兄弟，他就是江湖人称"三张皮"的三老爷李庵清。

李庵清长得面皮蜡黄矮小猥琐，全不似乃兄相貌堂堂一脸正气，此人自小好逸恶劳不务正业，不好好读书搏个功名事业，却专好与社会上三教九流厮混，后来又因捣鼓字画生意发了财，虽说有钱却名声不佳，因此清道人从不愿对人提及这个不争气的三弟。张大千与这位师叔亦无深交，只是三老爷有时上门来求画，他也画过一些水仙荷花之类习作卖给他。三老爷倒很大方，从不在润格（画酬）上计较，所以张大千对这位出手阔绰的师叔并无反感。

李庵清不请自来，大千心中一喜，以为买主来了，不料李庵清捻着胡须说道：小师弟，这回本人不是来求画，而是求人。

大千奇怪道：我除了画画，有何可求？

三老爷微微一笑道：大梦谁先觉？平生我自知，草堂春睡足，窗外日迟迟。这是谁的话还记得吗？

大千答道：谁不知这是《三国演义》中刘皇叔三顾茅庐，诸葛亮草堂所吟之诗。难道我是南阳诸葛亮，劳您三老爷三顾茅庐么？

李庵清点点头说：这就对了。我已留意你兄弟二人多时，但你十弟不幸驾鹤往生，我自然不能再让你从我眼皮子底下溜走。

张大千吃了一惊，好像被只看不见的手攥住脑袋里的想法。只是他不明白三老爷葫芦里卖的什么药。李庵清也不解释，只管叫来黄包车，载了他们直奔郊外梅竹庵而去。

梅竹庵因遍植梅花湘竹而得名，园里楼阁掩映梅香袭人，果然好一个幽静去处。三老爷将大千领进一间堂屋，只见屋里陈列着画案和大柜子，还有一张精致烟榻，上面摆放着精致的烟灯烟具。大千心想，原来三老爷吃大烟呢。

三老爷道：我虽非绘画之人，却是赏画行家。我的名言是，汝果欲学艺，必先开天眼。天眼者，见识也。无见者无识，无识者乃是睁眼瞎，瞎子怎能画画呢？所以今天我是特地来给你开天眼的。

大千听得一头雾水，心头疑问重重，但是三老爷的话分明句句都有分量，落入心中激起反响，说明他没有打诳语。于是有心听他讲个究竟。

三老爷打开柜子，取出几件包裹严实的卷轴，一件件小心地打开来，竟是大名鼎鼎的"明末四僧"石涛的《唐人诗意图》真迹。大千生平最景仰这位自号"苦瓜和尚"的大画家，这是他头次有幸跨越时光距离与石涛大师亲密接触。他不仅嗅到三百年前的纸墨散发出来的阵阵陈香，甚至还能听见大师的呼吸和心跳。

这种心灵相通的感觉多么美妙啊，简直就像大师刚刚从这间房子离去，空气中仍然留有他的话语余音一样。艺术是座桥梁，不仅将相距三百年的画家心灵拉近，而且他们还可在线条墨色间交流。

大千忽然发现自己找准了节奏。

就像音乐家找准声音节奏一样，画家的墨色线条和人物山石之类都是控制笔端的绘画节奏，只有找准节奏才能造就画作的气韵和灵魂。一刹那间，大师的灵感之光照亮了青年画家张大千的艺术天空，让他得以窥见那条通往艺术世界的秘密小径。"身无彩凤双飞翼，心有灵犀一点通"，虽然时光长河奔流不息，艺术家却能以心灵和灵感相通，这真是一个奇妙至臻的境界。我佛禅宗称"顿悟"，商人李庵清所谓"开天眼"，却都是殊途同归的至理名言。

三老爷微笑着注视年轻人的表情变化，他虽不是画家同行或者学者教授，但他是个成功的商人。商人都是精明的心理学家，擅长察言观色循循善诱，因此三老爷很清楚眼前这个艺术青年心中正在发生何种化学反应，他需要什么渴望什么，于是他抓准时机对症下药。

他又从柜子里取出几卷画轴，竟然都是八大山人、髡残、渐江等人的字画。张大千一下子把持不住了。他瞪大眼睛，目光粘在画上，脸上有了贪婪和绝望的表情。这就好比饿汉闯进后厨，他恨不得把大师真迹全都嚼碎吞进肚子，一生一世据为己有。

三老爷故意等了好一会儿才问他：小师弟看够没有？

他连连央告说：请让我再看一会儿吧。

三老爷正色道：我家里收藏的宝贝远不止这些，今后定可让你一饱眼福。不过今天得让我考考你。

大千回过神说：什么题目，您尽管出。

三老爷说：这些古画中有一幅是伪造的，我要你把它指认出来。

这是一道天大的难题，着实难住了张大千。他虽师从曾、李二师学艺，天天读书写字打基础，画得不多，见识更少，对石涛等古代大师真迹只闻其名，未谋其面，更未学习过如何鉴定古画真伪，要找出鱼目混珠的冒牌货岂非强人所难？但是三老爷意味深长地说：大千师弟，你好好琢磨破解这道题吧。如果你能找到正确答案，我将不会亏待你；如果你对此无解或者干脆没有兴趣，则表明我们少了一种缘分。

说罢扔下他独自爬上烟榻咕噜咕噜吸大烟。

年轻人的自尊心遭受严重挑战。然而自尊心受挫事小,能否破解难题事大,一个是面子问题,另一个是能力问题。俗话说"是骡子是马拉出来遛遛",如同当年被匪首毕大爷枪口指着画人像一样,大千再次被逼上梁山,只是这回难度更大,要与三百年前的真假大师隔空对话。

他屏息静气,沉下心来研究古画。

不消说天才的悟性总是惊人的,而悟性背后则有灵感相通,谁叫他们都是同一类动物呢?天才往往具有相同或者相近的艺术特质,而这种特质是能够通过敏感神经甚至气味分辨出来的,就像蜜蜂能够自动辨认同类,从几百里外回巢不会迷路一样。这是造物赋予天才的特殊能力。

不出半个时辰,张大千抬起头来,他指着其中一幅肯定地说:就是这幅!它是仿品。

三老爷手一抖,险些让烟枪烫了。他怀疑道:你……瞎蒙吧?

大千轻松地说:我以为多大难事,雕虫小技么。

三老爷觉得这个年轻人口气未免太大,连忙坐起身道:我倒要听听你道出个究竟来。

大千从容地说:大师作画,因其腕力深厚,无论其风格技法如何有别,皆有举重若轻、力透纸背之功,大多信手拈来一气呵成。哪怕细微线条,不仅流畅自然,笔下都透出非凡劲道,正所谓"十年磨一剑",不能不令人叹服叫绝。而仿作伪造之画呢,乍一看上去似乎也有气势,也有周密布局结构,一笔一画看似不差,甚至细部也描绘入微,但是细究起来却差别巨大。因为造假者从大师那里偷来的笔法虽可唬住常人,却难逃行家法眼,他的线条笔画非一气呵成,渴笔湿笔浓淡皴擦都是描上去的,也就是说他在"摹"而非"画",全无大师真迹那种笔力遒劲浑然天成的美感,这便是气韵节奏不同使然。

一番宏论几乎将三老爷击倒,他嚷道:你既非鉴赏行家,入道

尚浅，何来如此自信？

　　大千点点头说：赏画如赏人。打个比方，沉鱼落雁的西施美人自有千般风韵，无论一抬手一投足都姿韵天成令人倾倒。然"东施效颦"则不成，模仿再逼真也缺少内在风韵。再如识别真花与假花，两者区别不在形态而在气韵：一个蓬勃生动万般鲜活，一个缺少生机呆板僵硬，皆因生命力使然也。

　　三老爷不由得目瞪口呆。

　　他万万没有料到，面前这个初涉画坛的年轻人，心气如此之大悟性如此之高。此人也许涉世未深，也许眼界与见识不够宽广，笔力修炼尚不到火候，甚至只是凭感觉来做出判断，但是有一点毋庸置疑，那就是他的前途未可限量。

　　这时大千却话题一转嘲讽起来：苦瓜和尚为明清大家、一代宗师，自然天赋才华、气韵非凡，而作假画那厮只会照葫芦画瓢，描得再像也是个偷鸡摸狗的蟊贼而已。

　　三老爷把烟枪重重一顿道：你敢骂我？

　　这回轮到张大千瞪大眼睛了，他结结巴巴说：怎么……是您？

　　两人抚掌大笑，笑声飞出屋子，在空旷幽静的庭院回荡，惊飞树下几只叽叽喳喳觅食的花喜鹊。

2

　　原来庵清门下有个训练多年的徒弟，临摹古画已能乱真，前日忽然不辞而别，这使他想起张氏兄弟，弟弟君绶已不在人世，哥哥大千虽有才华却郁郁不得志。他买过大千的临摹习作，感觉应属可造之材，于是找他来试探口风。三老爷问他是否愿来门下作画，大千疑惑道：我跟谁……作画？

　　三老爷回答说：这里所有古代大师都是你的老师！

　　大千醒悟，毫不犹豫地点头同意。

两人一拍即合，应了"有缘千里来相会，无缘对面不相识"的老话。至此大千就算再入师门了，虽未行拜师礼，却也改口称"三老师"，成为梅竹庵的座上客。

然此师非彼师，李庵清也非李瑞清也。

三老师对弟子说：江湖上称我为"三张皮"先生，一人哪来三张皮呢？其实我第一张皮是商人，专营字画买卖古董生意。第二张皮做收藏家，我出手阔绰，但凡字画古董为我看中非收归己有不可。第三张皮呢，就是做鉴赏家。我自有辨别真伪古董的绝招，一般赝品均难逃法眼。那天被你识破的赝品并非高明之作，如果我以高级精致赝品考你，则你未必当场识得破，所以说仅凭直觉去做判断还是会有误差，容易失之偏颇。入此行首先还须见多识广，多见"真"才能识"假"，这是基本常识。其次要懂得赝品造假的技术手段，所谓"知己知彼百战不殆"，技术是个硬活儿，里面藏有大学问。

大千本来还有些沾沾自喜，闻言立刻很服气，三先生混迹江湖多年果然有些绝活儿真本事，他连声说道：弟子还求三老师点拨。

庵清道：业内谓之技术手段，主要有三法，曰验墨、验纸和验印，十有八九应验。

他当场取来一张布巾，盖在那幅假石涛的画纸上轻轻搽抹，尔后取来真画对照。灯光下的真画墨迹虽经三百年时光流逝却仍然熠熠有光，而伪作上的墨迹不仅暗淡无力，一经擦抹还会在布巾上留下墨痕来。大千惊奇道：这是咋回事呢？

庵清解释说：古人制墨极其讲究，比方著名的松烟徽墨，仅工序就多达几十道，研出墨汁厚重发亮坚挺有力。今人制墨则讲求商品化，甚至多有机器制墨者，没人肯花费几个月工夫去做几锭松烟墨，所以古人工序秘籍大都失传了。就算有人收藏古代松烟徽墨，那都成了珍贵文物，比今人字画还值钱，谁会舍得用在模仿伪作上呢？

大千眼睛熠熠发亮，他没有想到写字画画还有如此之多的讲究。三老师的话如同助他推开一扇头脑的窗户，将令他终身受益。

庵清又道：你再来看验纸。古人字画经过岁月浸淫，当然都会陈旧发黄，这是人所共知的常识。但是作伪者会想出许多办法来把纸张做旧，比如你看这两幅石涛，画纸看上去几乎一模一样，其中做旧的办法我就不一一说了，但是你必须掌握如何识别古画纸张的方法。

他取来一柄小刀，将两幅画纸的边缘轻轻刮去表面纤维，然后指点给大千看。原来新纸做旧大都停留在表面，乍一看上去颜色陈旧晦暗，可是里层却保留着新纸痕迹，边缘也呈现新旧不一的夹质层。真正的古画就不一样了，那是岁月之手造就的纸张质地，内外一致无可挑剔。总之一句话，只要你足够细心，做伪者总会露出种种马脚有迹可循。

大千问：验印又是怎么回事呢？

李庵清告诉他，一般人治印不设机巧，只作签章留名之用，但是名家大师就不同了。他们为了防备造假，刻意要在钤印和鉴章上面做暗号，而这种暗号往往极不起眼，容易被人忽略。

他取来几方古代印章教大千指认有何不同。

大千将印章举到灯光下细细察看，它们都是仿造石涛的印鉴，有"瞎尊者""苦瓜""清湘陈人""山乘客"等等字样。他正在自学"金石之术"即治印，也算小有心得，然而费尽心思还是没能从几方小小钤印上看出什么破绽来。李庵清指点他说：你把印泥加盖在纸上，再反过来读读看。

大千如法炮制，结果还是一无所获。这下子他对自己有些泄气了，别人明明告诉你印章设了机关，你却跟睁眼瞎一般识别不了，说明艺坛深似海，江湖有大学问，学习无止境啊。李庵清在一旁微笑地看着他，大千真心诚意请教说：学生愚昧无解，还请三老师不吝指点。

李庵清捻着焦黄的胡须点头道：知不足而后学，这就是好学生。正所谓书山有路勤为径，艺海无涯苦作舟。天外有天，山外有山，只要肯用心，当为人上人。

原来古代大师在图鉴印章上的防伪机关往往瞒天过海十分隐蔽，比方某处不起眼的笔画上短一点或者长一点，粗一点或者细一点，某处看似疏漏却故意留点破绽，还有将原本应封口处不留封口，如此等等技巧繁多，只有大师本人清楚这种类似密码机关的暗号。但是这种古老的图鉴密码仍然瞒不过高明鉴赏家的火眼金睛，他们往往在自己收藏的珍贵字画上加盖收藏印章时也采用这种方法。

张大千不得不对字画商人"三张皮"刮目相看了。

民谣云：人不可貌相，海水不可斗量。其实这位名不见经传的小人物李庵清同样是个天才，他身怀种种令人叹为观止的鉴赏绝技，比如眼观、手摸和嗅闻都能辨识真伪。他那双平常好像总也睡不醒的小三角眼一旦盯住古画，就像老虎盯住猎物那样立即变得炯炯有神。他洞幽烛微，但凡作假者的任何蛛丝马迹都难蒙混过关。而他那双瘦骨嶙峋的枯手如同灵敏的电子传感器，能将各种繁杂的真假信息迅速传回大脑过滤处理，譬如纸张手感如何，厚薄、软硬、柔韧度以及纸张凹凸感和受墨力度等等，正是这些不易为人察觉的细微感觉能让作伪者剥去伪装现出原形来。

庵清用上海腔自嘲"阿拉鼻子赛过猎犬"，他说其实每个时代的纸张、墨色和画作都有独特气味，如同人体气味不同一样。这种特殊气味就是古画看不见的时代标记，只有最灵敏的鼻子才能记住这些不同"身体"的气味特征。

张大千不由恍然大悟。这真是"三百六十行，行行出状元"啊！他甚至都有些替三老师暗暗抱屈，因为他的才华当不在其兄李瑞清之下，只不过曾、李二师经世治学博取功名，而李庵清经商赚钱则难登大雅之堂。他想起从前龙井口那位草莽英雄毕大爷，倘若打下江山号令天下，谁还敢说他是贼寇么？"胜者王侯败者寇"，只可惜他时运不济半途而废了。

自古皆以成败论英雄，"英雄莫问来路"就是真理，只要修成正果登堂入室，条条大路皆可通罗马。张大千惊讶地发现自己对于学

画的认识正在发生一百八十度大转弯，原先不起眼的"三张皮"李庵清俨然已成自己的领路人，而那些活在字画中的古代大师巨匠都将是自己的老师，他们正在云端里微笑地注视着自己。

3

有位哲人说过：人生改变命运的关键可能就是那几步。世人往往抱怨一辈子没有机遇，其实不是机遇没来，而是被错过了。

张大千及时抓住了机遇。

当年轻人成为梅竹庵常客的时候，他就如同跻身一所名师荟萃的大讲堂，古代大师用传世作品向他讲授一切有关绘画的艺术秘诀。从古至今，艺术之道不唯"教"而在于"悟"；不唯"述"而在于"作"。"老师领进门，修行在各人"就是至理。真正不朽的存世者非大师名气，而是作品价值。艺术青年张大千在学艺道路上寻寻觅觅曲曲折折，现在他终于站到了艺术殿堂门口，帮助他推开大门的是那个名不见经传的字画商人李庵清。

曾、李二师乃鸿学大儒，他们以圣人之道启蒙学生研经习文耕读书画，三老师则以自己的特殊方式训练徒弟。他告诉张大千，习画之道两点最为要紧：一曰"开眼"，即历朝历代名家大师的精品画作见得越多，你的眼界就越加宽广。做到记得熟，吃得透，悟得开，了然于胸，烂熟于心，你心中那只画眼便睁开了。古云"读书破万卷，下笔如有神"，又谓"熟读唐诗三百首，不会作诗也会吟"，作文与绘画同理。

二曰"练手"，就是将手中画笔练得左右逢源如有神助，讲究训练得法和基本功扎实。三老师训练徒弟掌握各种绘画技巧，目的是将古代字画临摹得惟妙惟肖，实际作用却等于为张大千上了大量名画临摹课，给他未来的绘画生涯打下扎实基本功。他还将自己的看家本领如鉴赏、收藏和作伪技术悉数传授给徒弟，当然这样做非行善事，而是商人的前期投资，期待日后收到可观回报。

张大千从艺之初虽未等来"名师出高徒"的幸运，命运之神没有安排某个绘画大师或者"贵人"与其陌路相逢指点江山，就像青年时代的湖南乡下木匠齐璜曾获一代名宿胡沁园启蒙相助，寄居京城破庙又偶遇绘画大师陈师曾慧眼识珠，受其点化受益终生一样，那是造物厚爱大器晚成的绘画天才齐白石。而张大千的绘画之路一波三折命途多舛，落草匪巢、东渡研修染织、出家当和尚等等，直到二十几岁才遇上一位造假画的商人"三先生"，正是这位不务正业的师父带领徒弟登堂入室，迈出一个天才青年通往世界艺术大师的成长脚步。

从此以后，在遍布上海滩的古董文物商行和字画店里，人们看见财大气粗的三先生李庵清身后多了个沉默寡言的年轻人，他就像三先生的影子一样安静。每当三先生与那些商人和收藏家高谈阔论或者谈价钱做生意时，年轻人就待在暗处反复阅读和悉心揣摩那些难得一见的古代字画稀世珍品。没有人防备他，就像没有人提防别人的影子一样。当那些精明的生意人都把三先生当作对手从而忽略那个无足轻重的年轻伙计时，他们并不知道三先生的"秘密武器"就埋伏在眼皮子底下。

明清各朝直至民国时期，国内老号字画店都沿袭一条老规矩，即"字画不防雅贼"。任何进店客人，你尽可以用眼睛而非动手去"偷画"，如果你有过目不忘的本事就尽管偷吧，因为你凭眼力摹仿出来的赝品将来能否过得了行家这一关还另当别论。此行规与另一条不可考的业规有关，即"字画不打假"。细细体味，你就会发现其中自有大道理存焉。与抵制商业造假和诚信守法不同，艺术品卖的是眼光，比的是水平，如果你有本事将名人字画摹仿得天衣无缝以假乱真，那么你的仿品本身也就是艺术精品，价值甚至不逊于真迹。收藏家如若看走眼则怨不得别人，大海淹死弄潮人不是海水的责任。

于是乎,"师古人"也就是临摹古画成为艺术天才张大千的入门之道。多年后有评论说,张大千作画是"由邪入正",由江湖而入正道,从"摹形"到"绘神",再从"笔由之"到"心由之",实为"渐悟得道"之境。此言当不谬也。

在商业效益和金钱魔力的推动下,天才画家张大千必将创造出空前绝后的艺术奇迹来。令字画商人李庵清始料不及的是,仅仅半年他的投资就见效了。

4

这一天,李庵清照例带着徒弟张大千一道走进城隍庙名气很大的"闲云阁"字画店。

此店老板姓聂,业界人称"三只耳",也就是"耳听八方"、消息灵通的意思。凡是吃字画古董这碗饭的人,消息灵通就意味着财运亨通。据说辛亥年清帝逊位,京城传出宫里失窃一批珍贵字画的消息,几年后失窃字画在上海滩悄然现身,而经手人正是这个手眼通天的"三只耳"。

聂老板与李庵清自是老熟人,但是他此前未曾见过张大千,李庵清便解释这是自己新近收的徒弟。他们来到里间坐下吃茶,三只耳从柜子里抱出一件油布包裹小心解开来,张大千的心脏忽然大跳,原来这是件"苦瓜和尚"石涛的代表作,清宫皇家级藏品《寒鸦晴雪图》。

此时大千虽已临摹过一些石涛真迹,然而这幅稀世珍品他从未有幸见识,他的目光立刻变得痴迷起来,灵魂早已出窍,如穿越时光的流星进入古代大师描绘的空灵境界。他看见在三百年前那个大雪初霁的寂静山林中,除了几只自由的精灵在嬉戏觅食外,还有一个渐行渐近的天才灵魂向他走来。孤傲绝世的石涛大师始终固守着他的艺术山林,只要画还在,他就鲜活着,生命就在灵动,灵魂就在天地间飞扬，于是他们注定要在这条绵延不绝的艺术长河迎面相遇。

不知过了多久，有人拍拍他的肩头，年轻人忽然惊醒过来，原来生意谈判已经结束，三只耳因出价太高终被李庵清拒绝。回程路上张大千始终闷闷不乐若有所失的样子，竟比三先生还要不开心，三先生以为徒弟在为生意没做成难过，便好言好语劝慰一番。

不料次日徒弟来敲门，李庵清睡眼惺忪地问他何事？大千说：昨日那幅石涛尚未看得十分明白，不知是否有伪，有劳师父再带学生走一遭。

李庵清摆手道：此前我已勘验多次，此画肯定没有问题。

大千固执道：就算是件真迹，也要让学生看个明白，不能只知其然不知其所以然。

李庵清拗不过他，二人再登"闲云阁"验货。

以生意人经验，大凡买家反复登门，说明生意有了六七成把握。聂老板喜滋滋地捧出宝贝，得意地对二人道：包管百分之百真迹，你们只管勘验好了。

这次验画极其细致，从早到晚几乎花费一整天工夫，张大千还指出画面上几处疑点来质疑，三只耳则为了表明真货，颇费了一番口舌，这样一来反倒把这幅画的来龙去脉都弄清楚了。

原来此画是从安徽一个老太监家人手中买来的。清朝垮台后大批宫廷国宝流失民间，此乃流失品之一。大千怀疑道：此前我也见过宫廷藏画，大都加持皇帝玉玺或者宫廷珍藏钤章，你这幅石涛为何偏偏没有？

聂老板解释道：这不奇怪，明、清两代宫廷都有海量字画藏品，有些专为皇帝过目，更多则束之高阁无人问津，并非件件都要加盖玉玺钤章的。

这场唇枪舌剑的交易从早上一直谈到晚上，最终还是没有谈拢价格。师徒二人出得门来，大千小声乐道：不出半月，学生保管这幅石涛为师父您所有。

李庵清连连摇头道：怎么可能呢？三只耳做生意比贼还精，哪能让你套了进去？再说他又不是等钱买米的主，绝对不会降价出货，除非你能证明他这幅石涛是赝品。

5

没想到过了十多天，徒弟的话却应验了。

聂老板忽然找上门来兴师问罪，他质问李庵清何以不讲信用，仿制《寒鸦晴雪图》以假乱真，坏了他的生意！

李庵清简直听糊涂了，不知聂老板何来此言？三只耳冷笑道：你以为能瞒过我么？都是你指使徒弟干的！

李庵清大惊道：你说……大千仿石涛？

气急败坏的三只耳临走扔下一句话：别装蒜了，徒弟的事师傅能不知么？……咱们等着打官司吧，跟你没完！

李庵清急匆匆找到张大千。徒弟还在床上埋头大睡，听完师父抱怨他反倒笑道：恭喜师父，说明那幅石涛快要归您所有啦。

李庵清大惑不解道：此话怎讲？

张大千从床底下取出一帧卷轴，打开一看，正是石涛名作《寒鸦晴雪图》。不用说此非真迹，但是李庵清几乎不敢相信自己眼睛，此石涛与彼石涛几乎不差分毫。他凑近勘验，不同之处仅在于画角多出一枚"乾隆御藏"的钤章来。他疑惑道：你几时仿制出这幅石涛的？

张大千打个大大的哈欠道：一连画了七、八日，简直累死我了。画好后不敢打扰您老人家，就悄悄拿去几家老字号碰碰运气。没想到人家争着给高价，竟比您给三只耳那幅石涛还要高，可能这个消息就传到三只耳那里去了。

李庵清内心的惊讶无以名状。

一个初出茅庐的新手，他除了眼观心记神思回忆外，这颗看似与常人无异的脑袋瓜是怎样把那幅石涛原封不动地装进记忆里，然后临摹得细致入微分毫不差的呢？大千解释道：第一遍看过，我便觉得此画与我有缘，已经刻进脑子了。第二遍请求师父再去，它已然在脑袋里复活，我只好连夜加班加点把它赶制出来。

李庵清真的傻了，表情僵硬张口结舌，就像遭人割掉舌头一样说不出话来。他盯着眼前这个貌不惊人的徒弟，心想我难道遇上神人了吗？一个年轻人，眼睛一扫就把古人真迹原样复制出来，竟连那些吃字画饭的老字号都蒙骗过去了。兄长李瑞清在世时曾说，这个张大千有禀赋异质，看来兄长的直觉很准啊，只可惜他没有看到眼前这一幕。

也许李庵清是第一个意识到徒弟是个稀世天才的人，但却难以助其一臂之力，因为他对艺术的认知仅仅停留在商业层面。假如有一天他得知徒弟将不逊于石涛、八大，走出中国成为名扬世界的绘画大师，师父的眼珠子真要掉到地上呢。

庵清说：我问你，为何偏要添加一枚皇家钤印，不怕画蛇添足弄巧成拙么？还有那个三只耳，威胁要跟咱们打官司呢。

大千胸有成竹道：师父您有所不知，既然此画为皇家级宫廷藏品，咱就不怕堂堂正正打上钤印，谁能证明御用藏品有印还是没有印呢？按照一般逻辑，宫廷藏品就该有钤印，如此一来，三只耳那幅真迹反倒弄得跟作假一样，因为他无法证明画上面为什么没有宫廷钤印。这就应了《红楼梦》里那句话：假作真时真亦假，无为有时有还无。我倒想看看，哪家法官大人有本事能辨清真假断出是非曲直来？恐怕就是请了石涛本人来也未必说得清楚。

李庵清背上出汗了，从此他对这个徒弟不只是刮目相看，恐怕都要肃然起敬了。

果不其然，三只耳的官司未能如愿，应了"收藏界不打假"那个老规矩。再后来他被迫妥协，将那幅真石涛卖给了李庵清。三老师是个讲信用的商人，当他把一大把酬金交给徒弟时告诉他：你知道我兄长也就是你崇拜的老师靠什么吃香喝辣的吗？俸禄？学费？字画润格？非也！告诉你吧，都是我暗中资助供养他，大名鼎鼎的清道人才能过上衣食不愁的贵人生活。

这回轮到张大千惊呆了。

原来声名显赫的鸿学大儒李瑞清，靠着捣鼓假画的兄弟背地里资助才能在人面前潇洒狂放风光无限，可见得学问是不能当饭吃的。三老师还意味深长地说：你快跟钱道个谢吧，是财神爷指引我这个老师找到你。看来日后你也是个不缺钱花的金主。

第七章　天生我材

1

　　大千的老师曾熙一生酷爱收藏,字推北碑南帖,画赏"明末四僧",可惜老夫子一生寒窗苦读两袖清风,除了收几个关门弟子,涂抹字画挣得几两润笔银子,他很难有余力来收藏价格昂贵的古人真迹。

　　这天他与学生张大千来到黄宾虹的"虹庐阁"赏画。他们的师生关系渐趋紧密始于一堂书法课,张大千向老师求教魏碑书法,不经意间涂抹一幅山水小写意,竟神似苦瓜和尚石涛,惊得曾老夫子半天合不拢嘴。若非亲眼所见,他不敢相信此画出自学生之手。原来此生才华了得,当不输唐伯虎郑板桥,可是自己从前怎么就毫无察觉呢?

　　自此老夫子对大千另眼相看。

　　沪上画家黄宾虹以焦墨画蜚声南北名扬四海,他不仅是当代公认的国画大家和收藏家,还是个经营有方的字画商人。收藏界有"南黄(宾虹)北陈(半丁)"之说,他经营的字画店"虹庐阁"藏品甚多,在上海市场也颇具影响力。

　　曾老夫子平日里足不出户,非有要紧事情才肯屈尊移步,而这天他不惜冒着酷暑炎热亲往"虹庐阁",则是听说老友黄宾虹近日觅

得一幅石涛的《怪鸦图》。

石涛画风诡异手法怪诞，笔下怪鸦更是闻名画坛，被誉为"神来之笔"。当店员小心展开那卷古轴时，曾熙左看右看爱不释手，那颗心早已被三百年前的怪鸦衔走了。文人居可简，食可素，不慕官，不羡财，一旦遇上灵魂相交的爱物便舍得以身家相求，比如当曾熙遇上石涛就是这样。

此时张大千已随三先生在字画市场如鱼得水，凭他几经历练的眼光看，此画必为真迹无疑，自然价格亦当不菲。但是他的老师却远无学生的冷静，曾老夫子的表情看上去单纯而快乐，他眯缝眼睛砸巴着嘴唇，像个天真任性的大孩子。

主人在一旁提醒道：农髯翁，此画来之不易哦。

没想到曾熙断然道：我要买下这幅画，你出个价吧。

张大千吃了一惊，因为他清楚老师家底，曾师既非达官显贵也非富商大贾，这口开得不识时务。要是主人真的开出天价来，老夫子岂非自讨没趣么？

主人淡淡一笑道：此画只为邀来朋友雅赏，农髯翁尽可以遣兴，如今天赏不够明日再来。

曾老夫子以为他在待价而沽，更加固执道：我跟你交换，我用弘仁和尚山水条幅，外加郑板桥手卷你干不干？

当时文人间常以字画互易，只要彼此谈妥即可。店主人见老夫子认了死理，索性把话挑明说：实话相告吧，这幅石涛为非卖品，您老就是拿荆关董巨来我也不换。

荆浩、关仝、董源、巨然皆为五代十国画坛代表人物，并有"四大天王"之称，荆浩、关仝为北派豪放风格代表，董源、巨然为南派婉约清新代表，其画作存世稀少，历经千年沧桑均为遗世之珍，其价值当在明末四僧之上。主人言下之意，你从哪里弄来荆关董巨呢？这就明显有些势利的意思了。

老夫子表情顿时萎靡下来，像个遭受训斥的孩子，讪讪地知难而退。

店主的态度却惹恼一旁的张大千。

年轻人气盛,好打抱不平,其实人家换不换画不关他的事,但是学生还是忍不下这口气,除非黄宾虹当面向老师道歉。可是画是人家的,主人怎么会道歉呢?眼看老师灰溜溜出了门,他便在心里打定主意,来而不往非礼也,他决意要同这位名声在外的收藏大师掰掰手腕。

他悄悄告诉店主:我老师新近收藏一幅明清山水,过些时日还请您老移步赏画。

主人怀疑地望着这个并不熟悉的年轻人,未置可否。

2

不久张大千果然持函来邀黄宾虹赏画,地点就在曾府。

曾夫子对老友到来十分高兴,他属于那种性情宽厚的旧式文人,早把前嫌芥蒂抛在脑后,又是使唤佣人端来水烟,又是张罗泡上新茶,啰啰嗦嗦忙个不停。黄宾虹忍不住问道:农髯翁,您老新近收藏的古画呢?快让我一睹为快。

大千接过话头道:老师的收藏都在楼上呢,老师腿脚不便,我来领您老上楼去。

沪上文人圈中,曾熙以收藏碑帖拓本和典籍孤本出名,古画倒在其次。但是这回轮到黄宾虹吃惊了,因为众多碑帖中有一幅难得一见的石涛《青绿山水图》很是显眼,上款题跋曰:"自云荆关一只眼",很是狂放豁达的口气。

他的眼睛立刻盯住不放。

此画大约先前保管不善,部分画面有水渍泛黄的痕迹,装裱也不够精细,看上去有些萎靡不振的样子。但是黄大师那双火眼金睛早已经过千锤百炼,岂会被任何假象蒙蔽?他像个大侦探那样倒背双手，踱着方步，就地研究起那幅画来。

"明末四僧"为民初文人圈最为抢手的热门货，石涛字画尤甚，随之而来的赝品也暗潮涌动，所以黄宾虹见怪不怪稳如泰山。黄大师鉴画方法与众不同，他对于笔墨金石无所不通，洞悉绘画艺术的一切内蕴真谛，因此根本不屑于从技术角度入手。他认为但凡技术造假的奸商都是小打小闹的小蟊贼，仿个名家扇面花鸟尺幅什么的，靠做旧揭皮贴字来蒙混过关都算不得真本事，你只消瞟一眼画上面那些笔墨线条的功力和风格，画家真伪便昭然若揭。大师字画，形可摹，笔不可仿，力不可追，这是绝对真理。黄宾虹本身就是享誉南北的山水画大师，其笔墨功力独步画坛，因此他对鉴画更有独到之处，这是经验，更是信心所在。所以在收藏界看来，黄宾虹鉴定的字画就等于上了保险，真假绝无二致。

眼见黄宾虹入了道，张大千赶紧搬来一张太师椅，恭请客人坐下赏画。黄宾虹没有理睬他，又从衣兜里掏出一件东西，然后俯身凑上去抵近观察。这是一柄放大镜，地道的舶来之物。当时放大镜在中国尚属稀罕，也是收藏家随身携带的新式武器，走到哪里形影不离。

张大千一看黄宾虹祭出撒手锏来，心里也有些没底，恰好老师在楼下唤他，便留下黄宾虹下楼去了。

曾熙小声埋怨他：叫你不要糊弄他，他是什么人物，识不破你的把戏？现在上去认错还来得及，免得落下话柄叫人笑话。

大千安慰他道：老师放心，当初您不是也没识破学生吗？如果遭他揭穿了，倒叫我佩服他，至多是学生临摹石涛功夫不够，考考大师眼力而已，与老师您无涉啊。

原来那天回来，大千就花了功夫精心摹仿这幅石涛青绿山水，并题跋"自云荆关一只眼"，口气十分狂放，其实暗喻那天黄宾虹"拿荆关董巨来也不换"之言。没想到拿给老师一看，曾熙当场就十分喜欢，以为是幅真迹，直到学生将实情禀告，老夫子险些惊掉老花眼镜,这才有了邀黄大师赏画一幕。

曾熙毕竟是个循规蹈矩的老夫子,摇头道:年轻人太自信,我看啊,搞不好就是那句题跋会弄巧成拙。

大千说:兵法讲究出奇制胜,大涤子(石涛)原本就是旷世奇人,恃才傲物性格乖张,他每每狂言迭出傲视古今。今天我倒要看看黄大师对此如何评价。

张大千年轻气盛才华横溢,老师爱才惜才心地宽厚,即使不情愿也只好由着爱徒去摆布了。

楼梯上响起"咚咚"的脚步声,黄宾虹快步走下楼来。他阴沉着脸,也不说话,只管端起盖碗饮茶。大千心头有些打鼓,也不知道被他看出什么破绽来没有,静候片刻,黄宾虹才说:农髯翁何处觅得这幅大涤子《青绿山水图》?

曾熙脸上有些挂不住,险些要主动赔罪了。大千连忙代老师回答说:此画乃学生友人祖上珍藏,前辈您独自赏画已有一个时辰,敢问有何赐教?

黄宾虹连连摇头叹息:石涛山水,天下一绝,此言果然不虚啊。你看那副题款,好大口气,"自云荆关一只眼",连荆关也不在话下了。明末四僧皆狂徒,唯有石涛最傲世,人家到底是朱明王朝的末代皇孙呢。只是那字迹呢,却是有些蹊跷……

张大千心中一紧,连忙问:此话怎讲?

黄宾虹说:那字迹看上去非不像,而是感觉有点过头。相传大涤子右手作画,左手写字,不知可是真的?你看他那一手不拘一格的写意行草,倒的确有些与众不同的味道。

张大千经此点拨,心中好比推开一扇窗户,竟有豁然开朗之感。黄宾虹不愧是书画鉴赏大师,果然见识非凡啊。他真心服膺道:怪不得世人皆曰石涛,自是大涤子才华盖世天下无双啊。不过晚生有个陋见,苦瓜老人(石涛)并非所有跋款都有苦瓜味道,有时潦草,有时敷衍,甚而还有从人代笔,想来也是率性风格所致,无拘无束,如云如风，不可一概而论呢。

黄宾虹赞赏道：农髯翁，你这个学生有见识啊。

曾熙只顾点头，其实他心中的惊讶一点也不亚于黄宾虹。黄宾虹道：这幅大涤子，老夫实在难舍，欲请农髯翁割爱好么？

这出瞒天过海的游戏从开始就是学生执意所为，如今已经假戏真做，所以老师只好继续装聋作哑，缩着脖子吃茶不开口。大千接口道：老师脾气您知道，爱物从不出售，任随金山银山也不卖。除非您老拿那幅《怪鸦图》来换，画画相易方可。

黄宾虹恍然大悟，原来对方一直放不下那幅《怪鸦图》，当然自己也放不下这幅《青绿山水图》，都是性情使然啊。黄宾虹毕生专事山水，造诣极高，因此山水画在他心目中的地位无可替代，而张大千正是号准这根脉对症下药，"子规夜半犹啼血，不信东风唤不回"。

经过一番踌躇商讨，黄宾虹终于同意两相交换，双方各得其所皆大欢喜。

曾熙虽然得到梦寐以求的石涛真迹，却还是埋怨学生道：如果日后遭他识破，如何是好？倒叫世人骂我作假骗了人家真迹。

大千笑答：您老放心吧，如果连黄大师都没能看破，谁人还有此等本事？再说又不是您作假画，此画今后再经黄大师一转手，就铁定成了大涤子的传世之作。大涤子一生究竟画了多少画，连他自己未必说得清，世人能说清吗？如果今天我去承认这幅石涛是假画，是学生我的仿作，黄大师会相信吗？他会说，你小子做梦去吧，别抬高自己了。因为如果他承认换了假画就等于把自己的金字招牌砸了，大师栽在一个初出茅庐的青皮小子手中，传出去还能在江湖上混么？咱们宁愿做个好人，不去搅扰别人好梦吧。

老师盯着学生那颗硕大饱满的脑门想：这个张大千，怎么越来越看不懂了？是老夫眼拙心笨，还是他大智若愚深藏不露？他的绝世才华到底是打哪里冒出来的呢？

张大千晚年披露与黄宾虹这段纠葛的来龙去脉，因另一当事人已不在人世，不妨作野史轶闻听之。台湾出版的传记《张大千的世界》亦有此记载。一个不争的事实是，数十年后张大千的"仿石涛"备受藏家追捧，身价不让真迹，堪称古今收藏界一大奇迹。

3

享誉京沪的书画家、金石家兼收藏家陈半丁先生五十之秩觅得一幅石涛手卷，为难得一见的诗、书、画"三绝之作"，实乃珍品中的珍品，令他爱不释手。

陈半丁师承绘画大师吴昌硕，四十岁移居北京，以写意花卉和山水人物著称，与京派名家齐白石、溥心畬齐名。因酷爱"明末四僧"之一的苦瓜和尚石涛，自号"苦瓜痴"。

石涛手卷是半丁先生以十幅重彩工笔画换得的，可谓来之不易。他是享誉京城的大收藏家，没有几件珍藏宝物如何能叫圈内人高看？

自古以来，士子文人皆好"雅聚"，就是"以文会友"之意。出版一本新书，吟得一首好诗，完成一幅得意之作，求得一帧难得字画，这些都是呼朋唤友的主题和理由。陈半丁自然也不例外，他拟定于农历三月三遍邀京城书画同仁社会名流，备下美酒佳肴赏花赏月赏画，雅称"三赏会"。消息传出，亦有多家报馆记者闻讯前来采写报道。

眼看三赏会佳期将近，这天门外来了一个年轻人，口称巴蜀画家张善子之弟张大千，途经京城前来拜访主人半丁先生。陈半丁在上海时曾与张善子有过一面之交。张善子虽以画虎见长，但是传统国画素来以山水人物为贵，花鸟鱼虫为雅，老虎猴子动物未入流，谓之"俗墨"。一个并无深交的四川画家的兄弟忽然登门造访，他能有什么事情呢？主人就让佣人出去问他来访何事，客人回答要见到主人才肯面陈。陈半丁又问来人带什么礼物没有？佣人答，空着双手，不大像来拜托什么事情。

陈半丁猜不出远客登门的来意，不管怎么说出于礼节，他还是

请客人进门来说话。来客是个二十几岁的年轻人，个子不高步履轻快，穿一袭平常的青布长衫，脚蹬方口麻耳布鞋，须发浓密目光炯炯，见主人施个大礼，口称晚辈张大千前来拜访。

陈半丁口气淡淡的，问张公子莅临寒舍有何贵干哪？

大千道：听说前辈府上将举办"三赏"盛会，实在好奇，便来有一事相求。

主人明白了，原来年轻人想来混三赏会。其实三赏会多来一个客人无所谓，只是年轻人不请自来令人有些不快，他冷下脸问：何事？请说来我听听。

大千道：听说前辈觅得一件石涛手卷，若能令晚生一睹真容将感激不尽。

主人越发觉得这个年轻人不懂事，不成体统。三赏会隔日才将举行，来宾都是京城名流雅士，凭什么让你先睹为快？你以为你是谁呀？

大千再三恳求道：晚生对于大涤子手卷十分谙熟，个中缘由暂不便禀告。晚生别无他意，仅为一睹真容以辨良莠。

一句"以辨良莠"彻底激怒了主人，陈半丁满脸愠怒，小子轻狂！莫非我还请你来替我把关不成？真是不知天高地厚。

其实陈半丁实在有所不知，大千的话句句都是实情，他之所以不揣冒昧登门求见，实在是心怀善意出于好奇。因为早几年间他曾手绘过一幅所谓"诗、书、画三绝"的石涛手卷，此作瞒过多位收藏大家的法眼，后来不知流落何方。这次路过北京偶然听说三赏会雅事，他凭直觉那幅将登大雅之堂的"石涛三绝"很可能就是自己的杰作，所以来向主人求见真容。问题是他又不能事先把原因挑明，因此弄得主人心生怨怼十分生气。

大千释放的善意未得响应，误会反而越来越深。

自古皇城甲天下，京城各界都有根深蒂固的优越感，视外省为外乡，村野乡民不大入得法眼，何况张大千还是个乳臭未干的无名之辈。如果连收藏界名宿陈半丁都玩不转大涤子,他今后怎么在京城圈子里立足呢?

陈半丁对佣人吩咐:本宅邸不欢迎此君,敬告今后幸勿登门。

4

不料次日大千又到门外,口口声声要见主人。陈半丁生气道:不是让他走开别自讨没趣么?怎么还来纠缠?

佣人回道:他说这件事实在很重要,如果不让他一睹主人宝物,他就站在门口不走。

陈半丁未曾想到年轻人如此固执,家人劝道:老爷息怒!反正来的都是客,不如让他进来的好。否则报馆记者撞见,传出去反倒是个败兴话题。

这么一说,陈半丁只得同意了。

不料张大千见到主人,还是旧话重提,要先睹石涛手卷为快。陈半丁沉下脸道:我是看在你兄长张善子分上才让你进门,别得寸进尺不知好歹!

张大千解释说:我是为您好,幸勿误会。

陈半丁怒道:你一边待着,我的客人个个都是社会名流贤达人士,你若不知趣,我就当场叫人赶你出去!

张大千只得闭了嘴,悻悻地坐到角落吃茶。

宾客陆续到场,一时间花园廊间高朋满座,美酒飘香欢声笑语。雅聚果然氛围不俗:有人即席赋诗,有人清唱捧场,还有人挥毫泼墨,一轮如盘明月也如约赶来助兴,把个三赏会的气氛推向高潮。

压轴大戏当然是赏宝,主角便是那幅难得一见的石涛手卷。

门生捧出一只紫檀木匣,主人小心翼翼地打开,取出那件经典传世之作当众展示。客人们都被来自天才大师的强大气场震慑住了,它如巍巍高山令人仰止,皑皑雪峰令人敬畏。人们轮流走上前去,屏住呼吸观摩品味，啧啧点头赞叹不已。在古代大师的耀眼光芒面前，你除了景仰还能干什么呢？

忽然一个声音打破寂静的空气，有人呵呵笑起来，众人纷纷侧目而视，原来正是那个坐在角落里吃茶的年轻客人张大千。大千大声说：我道是何宝物，原来是它呀。

主人生气斥责道：你懂什么？快快闭嘴！

大千说：别家的大涤子我不好说，这件东西你得听我的。

主人更生气了，怒道：莫非我对大涤子的见识还不如你？真是不知天高地厚。

众人也觉得这个乳臭未干的毛头小子未免放肆，简直就是存心捣乱，都有些愤愤不平之意。大千却不惧众怒，他走上前道：各位前辈请息怒，这幅石涛手卷肯定非苦瓜真迹。

陈半丁冷笑道：何以见得？

张大千从容坦承：这是在下摹仿的！

如闻惊雷，满座哗然。

许多人震惊之余大跌眼镜，按说造假者应当做贼心虚，就是铁证如山也死不承认，但是面前这个年轻人不仅公开指证伪作，而且自领造假！

其实业界皆知一个事实，自古以来许多大师都造过假，只是无人领承罢了。临摹古画名画原本就是画家的基本功，如题款"某某临摹"那便是习作，不留款名流入市场就是造假。造假有损个人操守、污损名声，所以造假者大都避之唯恐不及。

主人陈半丁毕竟阅历丰富，他打量一下对手道：你竟敢夸下如此海口，我倒要问问你，如何证明这是阁下伪作？

张大千随口指出画面和钤印上的记号。

陈半丁的信心得以恢复，冷笑道：在座各位都是行家，仅凭几处小记号就能证明此画为你临仿的么？我倒宁愿相信，你不过是把这些记号背得烂熟罢了。

众人都把目光转向年轻人，如果他拿不出来更为确凿有力的证据，那么他就是个被戳穿把戏的江湖骗子，一个试图讹诈但是终未得逞的坏蛋和恶棍。他将被逐出主人大门，从此在业界永无立锥之地。

张大千略显遗憾地咂咂嘴巴，然后指出画纸背后某夹层处，暗藏米粒大小"蜀人大千爱记"六字，那是作画记号。

陈半丁举着放大镜的手颤抖起来。

经验告诉他，这个年轻人赢了，他已经没有勇气去寻找那个答案。

此时闯荡字画江湖的张大千初生牛犊不怕虎，年轻是年轻人的弱点，挑战权威却是他们的本能。即使大千本意并非要咄咄逼人和令主人难堪，但是事情的发展往往非人所愿。

张大千对主人抱歉道：我原本并没有打算这样的，失礼了。然后扬长而去。

5

张大千一战成名矣。

古云"成也萧何，败也萧何"，可惜青年张大千成就的不是美名，而是骂名。

张大千造假石涛羞辱陈半丁的故事不胫而走，此时客居京城的另一位画界名宿白石老人听闻坊间传言，心中难免半信半疑。因为陈半丁乃字画鉴赏大家，何以当众受一个黄毛小子的羞辱？及至去到半丁府邸，亲眼看了那幅假石涛手卷，有感于此画惟妙惟肖足以乱真，不禁生出后生可畏和世风日下的良多感慨来。

自从清帝废黜纲常沉沦，这世道鸡争狗斗几如一团乱麻，五千年文明古风跟摔在地下的瓷盘一样四分五裂，连一向尊崇孔孟之道的书画界、艺术界亦人心不古道德沦丧。看看，造假之人居然登堂入室，不以为耻反以为荣，这不是艺术堕落是什么？士子学人还有何礼义廉耻、诚信操守可言？苟如此，人与禽兽何异？

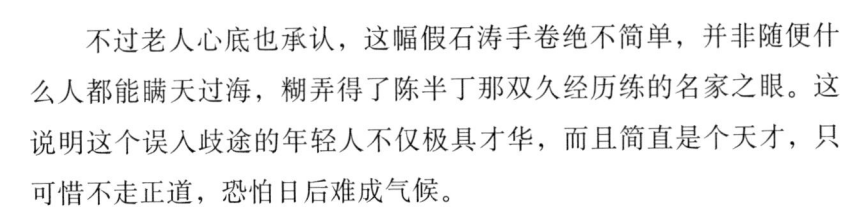

不过老人心底也承认，这幅假石涛手卷绝不简单，并非随便什么人都能瞒天过海，糊弄得了陈半丁那双久经历练的名家之眼。这说明这个误入歧途的年轻人不仅极具才华，而且简直是个天才，只可惜不走正道，恐怕日后难成气候。

他回到家里吩咐看门人：今后若有叫张大千的人递帖子来，立刻给我退回去。我绝不见他！

第八章　迷途知返

1

朝鲜风景胜地金刚山,古高丽国王封为"圣山"。

初冬已至,大雪飞舞冰雪皑皑,天地一片混沌迷茫。唐李白诗云:"燕山雪花大如席,片片吹落轩辕台,幽州思妇十二月,停歌罢笑双蛾摧。"从古至今,冰雪世界都是文人画家的情怀写照,一个洁白无瑕的世界既能寄托悠长情思,也包容得住热烈的爱情。

来自中国的年轻画家张大千踏着冰封雪裹的诗情画意走进了金刚山仙境,这个浪漫多情的四川才子不仅为异国圣山的美景所陶醉,更为婀娜多姿、美如仙女的异国佳丽所倾倒。

他是应日本画商江腾陶雄之邀来度假的。

说"度假"并不准确,因为天下没有免费的午餐。江腾是个精明的日本字画商人,精通中国古董字画,他欲借大千手中一杆神笔临摹仿制,然后贩到日本牟利。

据说金刚山遍布一万二千座奇峰异峦与森林湖泊,当地传说每座山峰上都居住着一位仙人,而山峰之间更有数不清的石门、洞窟、峭壁与峡谷相连,远看峰外有峰,近看飞瀑叠翠,美不胜收令人叹为观止。古高丽国王御赐金刚山四季美名曰:春天纯净透明像金刚石,曰金刚山；夏季可与著名仙山蓬莱媲美，谓蓬莱东山；秋日漫山红叶如丹霞染岳，取名枫岳山；寒冬之时奇岩怪石瘦骨伶仃，称皆骨山。

此时乃皆骨山也，顶天立地，冰雪铮铮，豪情恣意！大千初入皆骨山便为它的雄奇与柔情所倾倒。对艺术家来说，美景如美酒，万物皆美人，冰雪茅屋更是温柔之乡。他对主人江腾陶雄大声宣布：我要画画！我要……恋爱！

日本商人自然懂得怎样款待这只会生金蛋的"母鸡"。中国画家享受到了王公贵族般的优待，他只消每日按要求临摹仿制古画，回报便是日日锦衣玉食，夜夜红袖添香，奴婢仆人一呼百应赛过神仙。贪图享乐乃人之本性，"四大皆空"只是出家人的清心寡欲。早年大千入佛门而拒受戒，说到底他非"怕痛"，而是拒绝与尘世了断情缘。

长鼓咚咚，歌舞蹁跹，在主人安排的晚宴上，画家被日本清酒灌得酩酊大醉，于是便有天上的红衣仙女飘然下凡，扶他登堂入室宽衣解带，双双坠入温柔梦乡……

这一醉就醉了大半年，即使酒醒梦也未醒，因为这个名叫"池春红"的朝鲜少女就像一朵美丽的金达莱花开放在张大千的情感世界中。

此时朝鲜半岛已为日本霸占长达三十余年，朝鲜女人沦为日本主子的奴婢，供其任意奴役驱使。张大千毕竟是个有民族气节的中国青年，他在日本做研修生的屈辱经历铭心刻骨，对朝鲜少女的不幸抱有同病相怜和惺惺相惜之感。诗云：同为天涯沦落人，相逢何必曾相识。大千本是个浪漫才子，怜香惜玉是画家心底最柔软的那部分。按说二人应是主仆身份，但是大千从未将春红看作奴婢而是以恋人相待，朝鲜少女则更是把一腔痴情都倾注在画家哥哥身上，两人均以"大千君"和"春红妹"相称。

白日里大千挥毫作画，春红素手研墨；大千习字临帖，春红红袖添香，两人双双出入形影不离。

漏夜更深，二人同衾而卧如胶似漆，大千千般呵护，视春红作掌上宝心头肉，那春红更是知遇图报情意绵绵，早已将大千看作心上人如意郎君。这两个年轻人，一个才华出众好比风流才子唐伯虎，一个楚楚动人犹如再世佳人小秋香，将一段命中注定的跨国情缘演绎得比那台上的传世戏曲更胜一筹。

不觉间春天降临朝鲜半岛，冰雪世界开始融化，温暖而湿润的南方海风带来丰富水分，把窗外飘飞的雪花变成了淅淅沥沥的小雨。一夜抚爱之后，春红喜极而泣说：大千君，我好怕……

大千说：你怕什么？

春红：怕你走。

大千笑道：傻丫头！我怎么会走呢？画还没有画完呢。

春红幽幽叹息：终有画完之时啊。

大千不由心头一撞。是啊，这世间哪有不散的筵席？有道是人有意，天无情啊。当爱情的潮水退去之后，现实的黑色礁石便裸露而出。

南唐后主李煜词云：帘外雨潺潺，春意阑珊。罗衾不耐五更寒。梦里不知身是客，一晌贪欢。独自莫凭栏，无限江山。别时容易见时难，流水落花春去也，天上人间。

唐代李商隐诗云：相见时难别亦难，东风无力百花残。春蚕到死丝方尽，蜡炬成灰泪始干。

原来古人也有如此刻骨铭心的爱恨情仇，这多痛彻心扉的无奈和遗憾。他觉得心头隐隐作痛，只好哄春红说：哪能画得完呢，就是一辈子也画不完。

春红泪眼婆娑道：一辈子最好，我愿一辈子服侍大千君。

大千心头大跳，一时无语。

春红仰脸说：大千君，留下来吧。春红这辈子生是你的人，死是你的鬼。

大千动情问她：我在中国已有家室，如果我有意纳妾，你愿意么？

春红毫不犹豫道：只要能跟大千君在一起，无论怎样都没有怨言。

于是张大千下了决心，火速修书一封，将自己欲纳朝鲜姑娘池春红为妾的意愿禀告家中。

2

一封朝鲜来信在张府引发轩然大波。

此时张父怀忠已经过世，张母曾氏年事已高，二哥善子尚未退出北方政坛。自从经历"三峡撞船"的飞来横祸，三哥丽诚的生意破产，后来他在安徽郎溪与人合办一家林场，于是张府一大家人就辗转搬迁到郎溪定居下来。

按说已近而立之年的张老八应当不再是当年意气用事的任性少年。他已先后迎娶两房妻室，大房曾正蓉育有一女，因慈眉善目人称"胖妈妈"；二房黄凝素漂亮能干，育有多个儿女，人称"瘦妈妈"。按说身为人父和人夫的男人已经成熟稳重，上孝老母下养家室，而且遵循古训："父母在，不远游。"然而老八不仅远游异国乐不思蜀，偏还要自立偏房娶小纳妾。更加令长辈无法容忍的是，他所纳之妾居然为外国女子，如此伤风败俗之举，令张氏一门脸面何在？

张母为此大病一场。

但是令三位兄长感到担忧和不安的却远不止于此，因为他们从八弟来信中嗅出了某种迫近的危险气息来。按说年轻人初涉艺坛，当务之急乃胸怀大志刻苦学习，"书山有路勤为径，艺海无涯苦作舟"，而非纵情酒色耽溺享乐。人生无大志者，如空山无神明，肉身无魂魄也，今天之欢实为明日之悲。古往今来圣人教诲经典故事比比皆是，君子如美玉，小人如恶草，他们不明白八弟何以不辨是非良莠，偏偏远君子而近小人？难道十弟君绶的人生教训还不够深刻吗？可是怎样做才能令八弟迷途知返避免悲剧呢？

善子沉吟道：我是知道这个叫江腾陶雄的日本画商的。此人在业内名声不佳，八弟与他厮混在一起自然不会有什么好事。前一阵字画界的流言蜚语我也有所耳闻，讲八弟如何做假石涛，如何骗过黄宾虹和陈半丁，如何右手临摹假画，左手模仿书法，就如神人一般。

人言可畏,不可不信,也未可全信。

丽诚也说:想必日本奸商正是看中八弟才华,把他诳到朝鲜圈起来,又设了女色的陷阱套牢猎物,让他不思进取难以自拔。

于是大家都认为八弟处境已经岌岌可危,只不过他服了日本人的迷魂药全然不觉而已。

善子道:八弟年少轻狂恃才自傲,一旦在外国纳妾恐怕就真正上了钩。一失足成千古恨——今后不是他想不想回头的问题,而是回不回得来的问题。等他醒悟恐也为时已晚,古往今来杀死天才的凶手往往都非别人,而是天才自己。

文修说:现今八弟正在热恋中,头脑发昏呢,肯定听不进逆耳忠言。想想十弟君绶,年方十八,还是个孩子呢,怎么就与有夫之妇蹈海殉情了?真是一念之差断送终生啊!八弟也是个多情种子,容易情绪冲动意气用事,早先便有出家先例,如果一味逼迫恐怕反倒事与愿违。

丽诚思考良久道:眼前只有一个办法,就是去信称老母病重不起,命他即刻返家不得延误。八弟是个孝子,闻老母病重定会火急返回,那时再晓之以理动之以情,立下家规家法令他迷途知返。

众人觉得有理,于是连夜起草家书,通过国际邮路寄往朝鲜。

3

张府家书送抵朝鲜已是晚春季节,金达莱花开一片灿然。

张大千看过信便呆住了,仿佛一桶冰水兜头浇下,脑袋热度顿时褪去大半。

家书有云:母病告危,唤儿速归。若儿行旅稍有延误,则令吾母子不得相见。切切呼之,免母悬念。

张大千何等聪慧之人,他已然意识到家书声声召唤的背后站立着整整一个张氏家族。常言道"鸿雁传乡情,家书抵万金",可是这

封家书却如一把利斧要无情斩断情丝。"慈母手中线，游子身上衣"，慈母手中的缝衣针已经织就一张流传千古的伦理之网，游子若要挣破这张网，他那颗世俗之心就必将被刺得千疮百孔血流不止。

此一去关山万重海天阻隔，恐与心上人再难相见。

一头是恋人的手牵着画家的心，另一头是慈母的情拴着儿子的魂；有情人难分难舍，母命难违孝道如山。这是爱情与亲情的搏杀，心灵与魂魄的冲撞，画家那颗心早已碎了一千次，撕裂千遍血喷千尺。张大千把自己反锁在屋子里疯狂作画，直到太阳升起又落下去，朝霞再次染红天际，他才筋疲力尽走出门来，已然面容憔悴苍老十岁。

令画家无比震惊的是，春红姑娘竟然彻夜跪守门外，隔着门框陪伴郎君一道备受煎熬。待他急忙扶起心上人来，两人却无语相望。姑娘那颗为爱情所碎的心已然明明白白含在泪里。

许多年前，在家乡的沱江河畔柳塘月下，也曾有过山盟海誓难分难舍的一幕，如今这幕又将重演。人生如戏，难道生离死别是张大千注定主演的剧情？

大千哽咽道：大千此去将同家母讲明白，定要回来娶你。

没想到春红反倒安慰他说：大千君，回国多保重身体。无论你今后在哪里，请记住春红是你的人。

大千心如刀割，两人泪如雨下拥作一团。

至此张大千终于明白，十弟君绶为何要蹈海殉情了。既然活着无法割舍，只好去到另一个世界苦苦厮守。男女之爱，有时候是要拿生命来彼此守护的。

但是大千毕竟不是君绶，就像当年他选择出家而非蹈海来表达抗议一样，说明他的性格远比十弟坚强。"性格即命运"当作此解。大千是个恪守传统的孝子，父母和家庭在他心中占有不可替代的地位，尽管中国处在西风东渐的时代，观念正在发生天翻地覆的变化，但是传统礼教的精神早已随着父母血液流淌在他的血管中，这就决定了画家性格的天生矛盾之处。

当家庭伦理不可逾越时,画家便把婚姻大权交给母亲以尽孝道;当他离家在外海阔天空时,爱情(欲望)就要由自己做主,因此他才会理直气壮地宣布自由恋爱(纳妾)。如果两者发生不可调和的冲突,他将明智地选择回归传统而放弃情感,我们将会看到,这种二元化矛盾冲突始终贯穿画家一生。

古往今来,天才艺术家都集天上人间万千宠爱于一身,"被爱"是种当然,"爱"却犹如施舍。对朝鲜少女春红来说,大千君已是她生命的全部,她可以毫不犹豫地为他赴汤蹈火;而大千的异国之恋更像一场夏日暴雨,来得猛去得快,雨过天晴则难觅痕迹。对中国画家来说,"纳妾"只是一种感情需要,远非人生内容的全部,所以他在今后的生命旅程中还将注定与若干红颜佳丽相逢合欢。

这种差别就是许多男女悲剧的根源所在吧。

送别的时刻终于来临,春红姑娘在送行码头长跪不起,那一刻张大千心一软,差点放弃回家的念头留下来。但是他强迫自己不要回头,因为他一旦回头很有可能就再也登不上驶往中国的轮船,而二十世纪中国和世界绘画史还会不会有这个名叫"张大千"的巨匠也未可知。短短的舷梯犹如漫漫人生长路,每迈出一步都在搏斗,搏斗的对手是自己。但是画家最终打败自己登上轮船,他服从了家族意志和理智选择,也以悲剧形式结束了这段如泣如诉的金刚山之恋。

随着轮船鸣笛起航,一条细白的航迹将这对异国男女的命运距离渐渐拉开,直到时间的潮水涌来填满空白……

4

老八归来令张府充满节日般的喜庆和喧闹。

妻儿个个惊喜不已。女人激动地跑进跑出,为的是与丈夫多说几句话,长高的孩子们躲在大人身后偷看那个被称作"父亲"的男人,以便记住这张已经变得陌生的面孔。但是张大千却顾不得与妻儿亲

热,他回家头件事就是赶去向重病的母亲磕头请安。

出乎意外的是,母亲并未奄奄一息地躺在病榻上,她老人家在佛堂正襟危坐诵念经文,气色红润,看也不看远道归来的儿子。

张大千情知不妙,连忙跪下,大气也不敢出。

从前也有过惹母亲生气的时候,儿子自有消气法宝,他只消拎来一桶热水,乖乖跪地替母亲洗脚捶背,如《二十四孝》"老莱娱亲"那样讨母亲欢心,就每每奏效无有不灵。天底下哪有不疼儿子的母亲呢?打也是爱,骂也是爱,谁会当真计较儿子的过错呢?

然而这次儿子的法宝却失灵了。

母亲始终不予理睬,任凭儿子跪在地上毫不动心,于是儿子也就不敢起来,这是家规,也是宗法。直到母亲做完法事离去,有人才进来把他领到隔壁的家族祠堂。

祠堂里供奉着张氏宗族的牌坊,他看见家族里的三位年长男性,二哥善子、三哥丽诚和四哥文修早已端坐于硬木椅子上,他们面色凝重表情肃穆,俱无亲热寒暄的意思。张大千明白自家处境不妙,一颗心早已生出畏惧来。

香炉里的香烛点燃了,贡品祭祀无不整齐,祠堂里青烟袅袅仿佛无声召唤,于是张氏祖先的亡灵渐渐复活了,他们都从另一个世界注视着这些血脉相连的后人。

善子厉声道:老八张正权!你身为张氏子孙,今日面对列祖列宗在天之灵,你须虔诚心意,反省内心之耻。知否?

张大千不觉腿软,"扑通"一声跪下来。

列祖列宗的意志透过袅袅烟雾显露无遗,传统精神是一道铜墙铁壁,岂容子孙漠视僭越?善子又道:圣人云,君子一日三省吾身。你在外习画经年,其行止是否有违"四维八德"?是否有辱张氏门风?

张氏一门中,大千最敬重也最畏惧二哥张善子。这位年长十七岁的兄长更像一位严师和长辈,对八弟从不姑息迁就。

三哥丽诚开口劝诫道：自古太上有立德，次有立功，再次有立言，虽久而不废，此谓"三不朽"也。八弟你怎能一味耽溺酒色玩物丧志，怎能亲小人而远君子呢？

四哥文修也说：《周易》谓天行健，君子以自强不息。八弟切勿执迷不悟啊。

如此这般苦口婆心劝导一番，句句都是针对八弟在外不思进取、贪恋享乐而言，后来兄长陆续离去，留下大千独自反省思过。

于是世界安静下来。

大道如天，岁月无痕，青烟袅袅，人生渺茫。佛讲六根八戒清静无为，可是真的什么都戒掉了，人生还有何为可谈？奋斗还有什么期盼和乐趣？

大千在地上跪了一阵，实在觉得膝盖疼痛难忍，看看四周无人，干脆寻把椅子坐起来。堂屋桌子上备有纸墨砚台，他索性铺开纸张，研磨墨汁作起画来。

《墨荷图》是他擅长的画工，先将少许清水泼洒纸上，待水痕半干，再以渴笔描线，焦墨点染，于是就有一支夏荷斜斜地逸出，衬托露水菌苔当风而立。自古荷花都是文人自喻高风亮节之物，但是大千却觉得空闲处寂寥，随手添了一只绿蛙。再看却觉那物聒噪，污浊了心情，于是就烦躁地揉掉了。

又画一幅《松下高士图》，但见高士道人兀立于岩石云松之下，云雾缥缈神情脱俗。人物原是画得极好，寥寥几笔便已勾成，线条洗练传神，只是构图有些犯难。他原想配只仙鹤起舞，不知怎的落笔却成了一只叫蝉，那俗物钉在树上聒噪不已，简直就是个丧门星。

他顿觉心情懊丧，对自己很不满意。在外人眼里，天才画啥是啥，随手涂抹都是名作，其实大错特错。天才更比常人脆弱，就像精致的艺术品更易损坏一样。一旦心情受伤就变成了废物，张大千觉得自己眼下就是这样。

门缝里挤进来一股冷风，令他头脑稍稍清醒一些。

仿佛为了证明自己并未耽溺享乐而荒废画画,他又努力画了几幅花鸟人物。不幸的是,这回连自己也蒙骗不了,从前那些飞扬的灵感好像都被风刮走了,他的画技确实生疏倒退不少。

此时的张大千已经变成两个人:肉体的张大千和艺术的张大千,平庸的张大千和天才的张大千。贪婪与欲望是潜伏在心中的魔鬼,你因为无法消灭肉体所以难以驱逐魔障,就像人根除不了那些与你相生相伴的病痛顽症一样。因此你注定将与自己内心作战,而这场灵与肉的战斗将贯穿今生今世。

他听见心中响起一个声音,也许就是传说中那头神秘黑猿被唤醒了,澄明世界一时回荡着那头灵性之物的腾挪嘶鸣之声。

张大千忽然惊出一身冷汗来。

何谓"觉悟"?乃人性破三生界,得大真知也。悟出人生,悟出艺术,悟出宇宙乾坤和世界尽头一座光明圣殿,那便是大觉悟。觉悟是上帝赐予天才的一只无形之手,将他那颗跌落尘埃的灵魂捡回来细细擦拭。而天才则需要用一生时间来证明自己,如果你执迷不悟半途而废,那就什么也证明不了,充其量有些小聪明而已。

可以想见,这场发生在未来绘画大师心灵深处的搏斗是如何激烈!放弃金钱与情欲令人生痛苦,但是如果背叛艺术将令天才窒息死亡。人生原本是一场战争,无"舍"便无"得",有"弃"才有"获",大舍方有大得,大放弃终有大收获。其实痛苦才是医治人性的良药,专门救赎那些被魔鬼引诱而堕落的灵魂。

夜色降临,困顿袭来,年轻天才的头颅渐渐垂向桌子。他那颗浮躁的灵魂暂时脱离尘世苦海获得片刻宁静。

他睡着了。

5

大千醒来已是次日,当他打着哈欠走出祠堂时主意已定。他告诉各位兄长，自己决意痛改前非，打消纳妾之念并不再返回朝鲜，以便集中精力钻研画艺不负厚望。

兄长们纷纷松了一口气，家人都为老八浪子回头而欢欣鼓舞。母亲也转怒为喜。她为儿子定下一条家规，娶妻纳妾须得家族同意，否则不许跨进家门。儿子诺诺，不敢违拗，张母这才欣然接受儿子跪拜孝顺。此后张大千每日亲伺母亲床榻，不仅拎来热水为母亲揉搓洗脚，而且每当母亲犯病，他都要亲口为母尝药，然后服侍老人用药。

家人无不为八弟的孝道所感动。

这一天，二哥善子召集众人议事。他向大家宣布一个决定，从此挂冠归隐，不再涉足官场，只将余生化作笔墨丹青，做一个职业画家。

众兄弟闻言莫不惊诧，此前兄长辗转南北各地为官，何以忽然请辞回乡呢？善子解释自己辞官并非一时冲动，乃因现今官场腐败政治黑暗，大小官员无不争权夺利鱼肉百姓，与明火执仗的盗贼打劫无异。一来自己不愿意同流合污损了气节，二来酷爱书画久有其志，如今正好遂了心愿。

大千不由得对兄长肃然起敬。

人总是要有一些骨气的，二兄长宁可两袖清风归乡为民也不愿与腐朽官场沆瀣一气，说明兄长心中有莲花。何谓"出淤泥而不染"？圣物莲花是也。胸中无光明者焉能照亮他人？艺术家是也。

善子又道：我已有心创办一家张氏书画院，以此弘扬艺术之风，彰显我张氏家族之书画墨韵。

他将这间未来的书画院取名大风堂。

大风者，明清之际南京画家张大风也，擅山水、人物、花鸟，深为善子景仰。按照他的设想，大风堂应该坐落在西风东渐的大都会上海滩，以绘画、书法、金石收藏为主，兼收门生弟子，期待它同许多著名的书画院一样扬名四海声播南北。其实善子创办大风堂还隐含一个良苦用心，那就是以此督促八弟专心攻画而不为歪门邪道所诱误。

张大千却显得有些心不在焉。以他的见识画功，已能将石涛、八大、髡残、渐江作品摹仿得惟妙惟肖，如何看得上草根画家张大风？只是他不愿令兄长扫兴而已。

张善子走南闯北阅人无数，人情世故远胜常人，岂能读不懂八弟表情？他严肃说道：八弟错矣，你以为大风堂与己无关么？是二哥我独自画老虎的地方？大风堂乃我张氏家族的事业，也就是你我兄弟同振家族荣耀的机会，你岂能置之度外？你看我兄弟四人，一样的身形个头，一个模子刻出的面孔，胸前都蓄一把络腮长髯，血管里流动着相同的血液，谁说我们不是一胞亲生兄弟？我们为同一父母所生，为同一祖宗血脉所系，我们的生命属于同一家族，我们都有一个相同的姓氏，因此我们一荣俱荣一损俱损，没有人可以置身事外自行其是。

大千只好连连点头，心中却暗暗叫苦。他到底天马行空惯了，一人在外画画多么自由自在，愿创作就创作，想撒野就撒野，如今却要天天置于兄长眼皮子底下画画。他对画画不持异议，不自由却难以忍受，可是当着兄长的面他却不敢表示异议，只好诺诺称是。

张善子宣布道：我自任大风堂主，八弟为二堂主，三弟丽诚负责对外经商和筹措资金，四弟文修在郎溪家中主理家族事务。

"兄弟齐心，力能断金"，日后享誉画坛的大风堂由此瓜熟蒂落。

6

数月后，大风堂画院在上海西门路挂匾，画友同仁到场恭贺，多家报馆记者赶来报道，很是沸沸扬扬地热闹了一阵。两位张氏堂主在众目睽睽之下隆重登场，他们都蓄一模一样的齐胸美髯，讲一口浓重的四川乡音，穿一样的长袍马褂，联袂作画《深山虎啸图》，那份别样的潇洒和仙风道骨给十里洋场的上海媒体留下了深刻印象。

大风堂由此一炮打响。

张善子携兄弟张大千正式登陆上海,大千开始为人所知。善子画虎,大千善画水仙,张氏兄弟并称上海滩"画坛双髯"。

第九章　红颜知己

1

一年一度沪上"秋英会"拉开序幕。

"秋英会"乃旧上海一桩风雅盛事，玩家为湖北豪门赵润，此公专好附庸风雅结交名士，五十岁拜师习画，自称"半跛"，等于半个票友之意。赵半跛发起"秋英会"本意是交友聚会，弄个文人雅士的社交圈子，不料玩着玩着便玩出正经来了。

民国十六年（1927年），时值北伐战争结束，国民政府定都南京，南北统一和平降临。"秋英会"躬逢盛世，主人从南京邀来若干新贵莅临，本土名流书画名家也纷纷趋之若鹜，于是秋英会名声大振。报纸赞其"书画群英会"，也有称"书画庙会"。

本届秋英会以"九月团脐十月尖，持蟹赏菊菊花天"为主题，遍邀书画名家社会名流，重头戏则是一场新人绘事大赛，由画界名宿坐镇评选，以推举新人发掘天才为主旨，年轻画家莫不以参会为荣。许多字画商人从中嗅出商机，不惜血本包装新人博眼球，小报记者更是钻头觅缝制造狗血新闻，总之秋英会来宾如云各取所需，熙来攘往好不热闹。

在媒体业发达的大上海，有比赛就有新闻，新闻总是名利的助推器。画界当然也是名利场，画家除了靠本事画画，更重要的却是名气相助。你再有实力没名气还是只没毛乌鸡；有名无实者只要出名照样走红名利双收。头年"秋英会"就捧红一位年轻画家郑曼青，此君一炮而红，人称"画坛奇才"。

张善子替年轻兄弟报名参赛，希望大千一展身手。

秋英会开幕这天，沪上名流果然尽来捧场，还有多位南京政要莅临与会，台上有名家献艺，亭榭间有文人赋诗，书画家不吝挥毫泼墨描绘丹青。女眷也不甘寂寞，个个争奇斗艳，把个秋英会装点得花红柳绿风光无限。

天色向晚，主人赵半跛立于秋池湖畔，宣布秋英会重头戏——金秋斗画会开始。

画题随之揭晓，为"秋韵"二字。

斗画比赛有点像考八股文，命题作画就是命题作文，虽便于评比，却不利于自由发挥。画案在湖畔长廊一字摆开，年轻画家早已按捺不住，纷纷登场一显身手。画作限时完成后都挂在得月楼公开展示，先由评委品评，最后揭晓名次，获奖者不仅获得奖赏，画作也将当场竞标出售。

往届斗画大赛已经证明获奖的价值。字画与股市相若，新秀好比潜力股，一旦出名自然为投资者追捧；等新秀熬成大师，画价还不涨到天上去？上海滩已有说法：得秋英会者得天下。所以年轻画家个个都把劲憋得足足的，期待取得佳绩名利双收。

大千也开始挥毫作画。

命题画"秋韵"看似简单却暗藏玄机，既非考死记硬背，也不仅仅考画功，考的却是综合素质。画家须懂得"以画表意"之理，借助描画"秋"之图景来传达内心对于"韵"的体验，也就是说，画家须借景抒情，感悟内心对秋景的诗意追求。参赛者除绘画外，同时还要在画上题诗、题款和钤印，这就要求画家同时兼备文学、绘画、书法和金石篆刻的深厚功力，四者浑然一体缺一不可。

善子在一旁观察兄弟作画。

他看见大千作画姿势相当潇洒,右手挥毫运笔泼洒飞快,寥寥数笔便勾勒出一幅类似兰花的图案来,足见其成竹在胸信心十足。未几,画成之后,又见大千俯下身去,左手握笔开始题诗题款,这一手绝活儿顿时引来许多旁观者惊讶不已。

　　善子再细看时,原来大千画的是一幅工意相兼的《水仙图》,画面上枝叶清瘦意境犹在,暗藏一种铁骨铮铮的挑战锋芒,颇得八大山人的气韵风骨。虽然笔墨功力不够老道,却也生机勃勃气势夺人。再看那题诗:"今日水中仙,他日留余香。遥看流水处,无意争天葩。"

　　他紧蹙眉头,小声提醒道:你画水仙而非绘秋菊,水仙冬月开花尽人皆知,何也?

　　大千争辩道:南方山野池塘的水仙花,多是冬月早春开花不假,若是园工培养水仙,竟有一年四季皆可开花者,何以秋天偏偏不能?天下物象林林总总,南方以秋菊为贵,北方却多夏菊,不可以一代万以偏概全。

　　善子觉得兄弟强词夺理,便摇头道:世人皆知公鸡打鸣,偶尔母鸡打了鸣,你总不能将此视为普遍真理。这回你是铁定跑题了。

　　大千只好对兄长实情相告,他说:我一向仅是临摹多创作少,倘若将山水画呈上,保不住很像模仿石涛或者八大山人,这就是"近朱者赤"的道理。以我现有创作,拿得出手的恐怕也只有画水仙而非画秋菊。不是有人管我叫张水仙么?只好试试吧。

　　善子心中一惊,心想原来这小子颇有自知之明啊。他道:你何不在创作上多下功夫,而要耽溺于临摹呢?

　　大千不答话,过一会儿幽幽地说:身不由己啊。

　　他们都明白,此番秋英会大千栽了。

2

　　画作陆续亮相,挂上得月楼长廊与满园秋菊斗艳。

一路看过来，参赛者果然藏龙卧虎人才济济。上届状元郑曼青再次参赛。他的作品是一幅"蓬莱秋意图"，笔墨十分干净老到，淡墨之中添加少许石绿，将湖光山色点染得意境幽远。

大千点评道：此君小有才气，是个勤奋用功之人，不过究竟难成大器。

善子觉得兄弟有些狂妄，便提醒道：人家正红得发紫，好歹也是去年秋英会状元，你应当好好向他学习呢。

大千不以为然道：你须看他用笔拘谨，形似而意浅，笔至而意不达。好比一个人个子矮，却偏要去摘树上的樱桃，踮起脚尖也够不着，你道他是从容还是局促？

事实证明张大千眼光独到切中要害，郑曼青虽一度红得发紫，却始终在二、三流间徘徊，未成大器。

他们的脚步又停留在一幅《浦江蟹工船》前，张大千欢喜道：你看这幅画，渔人捞蟹与鸿雁南飞对应，暗含秋色浓重之意，便是"秋韵"。画倒还次之，诗文却意境绝佳，你看这句：天罡江风行路好，柳枝残红逐歌逢，方壶渴笔石涛神，铁杵金刚天下惊。好一个"铁杵金刚天下惊"，我辈诗文俱佳者不多见啊。

善子细看那副题款，却是"玉岑稚柳"，就恍然大悟说：原来是谢家公子啊。此兄弟二人俱有文坛才子之称，我来介绍你们认识。

另一幅人物工笔也吸引大千驻足，画面为《红楼梦》故事"黛玉葬花"。线条简练人物表情丰富，淡色残红配以葬花词一首，落款为"蓬莱仙子"。大千点点头说：这幅人物我倒喜欢，难得精巧细致颇有心思，不知那画黛玉的蓬莱仙子是谁？倒是这画中透出的缱绻情致像是我的前世知音呢。

此话原本是句戏言，连大千自己也未必当真。古云"前世情缘一线牵"，不料竟引出一段凄美如花的世纪爱情故事，谓之"宿命"是也。

掌灯时节已到，主人赵半跛登上得月楼揭晓评选结果。众人皆伸长脖子议论，要看今年状元郎花落谁家。张大千淡淡道：那般老朽评委能评出什么新鲜来？我看还是郑郎当道。

结果不出意料，第一名还是去年状元郑曼青，评委大加褒奖，授予"天才少年，百年一遇，灵光闪射，前途无限"的褒奖词，引来记者纷纷拍照，闪光灯亮成一片。没想到敬陪最差末席的却是张大千，恶评为"水仙即为冬花，何来秋日盛开之说？张冠李戴离题千里也"。

张善子脸上有些挂不住，暗暗埋怨八弟过于自负意气用事，大千却不理会，只管仰面朝天。但看那天穹深处，却渐渐升起一钩薄如纸片的弯月，冰冷竟如人脸。

斗画已有名次，秋英会便圆满闭幕。主人宣布晚宴主题为"食蟹赏菊"。秋蟹正肥，秋菊勃发，蟹是长江口崇明岛特产的长毛绒大闸蟹，菊有白菊、墨菊、红菊、黄菊、龙须菊、波斯菊、万年菊等等，辅以老绍兴"状元红"陈年花雕，老友相聚，新朋相识，把盏言欢，真乃人生一大快事也。

但是张氏兄弟却打不起精神，正神情怏怏间，不料劈面撞上两个年轻人，拉住善子的手只管乱摇，原来正是大千赞叹过的诗画才子谢氏兄弟。大千看那弟弟稚柳，只十六七岁模样，还是个腼腆少年，没想到诗文才华如此飞扬。哥哥玉岑恍然大悟道：原来大千却是善子胞弟，真才子也！我们底下都有些不服，名家评委果真眼力不济，大千兄弟那幅《水仙图》，线条遒劲力透纸背，只除了"合题"上微有瑕疵外，就是比之郑曼青也不落下风，如何评了最差等？

稚柳也说：诗画同源，仁智各见，哪能一叶障目不见云海？如此下去，这斗墨赛画就变得跟破八股题一般无趣了。

大千未及答话，只听背后一个脆音娇声道：原来二位在这里说话，倒叫我好找！

大千转过身，看见面前站着个身穿藕荷色旗袍的优雅女子，正含笑望着大家。两人四目相对，不觉怦然心动，连忙把眼睛移开。

玉岑替他们介绍说：此乃人称"沪上名媛"的蓬莱仙子，李小姐秋君是也。

大千再看秋君时，美人早已粉腮含羞，巧笑倩兮美目盼兮，不由心生爱慕之意。

秋君嗔笑道：瞎说掌嘴！……想不到大千先生如此年轻呢。您那幅水仙画笔力苍劲画风高古，虽非十全十美，气势却无人能及。我愿请教何故？

玉岑打趣说：秋君小姐，建议你改日请他到府上慢慢请教好不好？不要耽误了我们食蟹赏菊的兴致。

于是大家相约，择日专程登李府拜访。

3

清道光二十一年，浙江宁波府镇海县船工李也亭驾驶的漕运船途经长江口不幸遭遇台风沉没，船工皆葬身大海尸骨未存，只有他被海浪冲到崇明岛侥幸逃生。风暴过后，一艘半浮半沉的木船也被冲到海滩上，船里的大批走私货物完好无损。李也亭当场向苍天磕头谢恩，他相信这是上苍恩赐的财富，正是应了"大难不死，必有后福"的老话。李氏家族由此一夜发迹，先是购入机器船建起运输船队，之后又在宁波、上海发展钱庄商号。这个传奇大亨李也亭就是"沪上名媛"李秋君的曾祖父。

到了秋君父亲这一代，祖上多人为官政商皆通，李府已是沪上尽人皆知的豪门大户。独生女李秋君天资聪颖容貌出众，父母视若掌珠，自小受过良好教育，诗词歌赋琴棋书画无一不通，丹青绘画更是尽显才华，为沪上一干文艺青年所倾倒。民国时期，所谓"沪上名媛"需具备两方面条件：一是出身名门显贵，具有显赫的家世背景；二是天生丽质，受过良好教育，言行优雅才艺出众。一言以蔽之，"名媛"便是"淑女"中的女神。

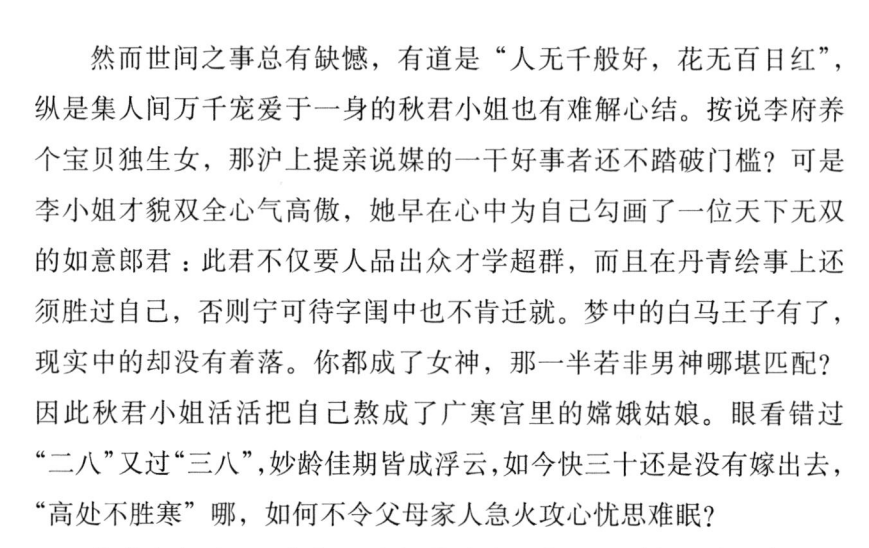

然而世间之事总有缺憾，有道是"人无千般好，花无百日红"，纵是集人间万千宠爱于一身的秋君小姐也有难解心结。按说李府养个宝贝独生女，那沪上提亲说媒的一干好事者还不踏破门槛？可是李小姐才貌双全心气高傲，她早在心中为自己勾画了一位天下无双的如意郎君：此君不仅要人品出众才学超群，而且在丹青绘事上还须胜过自己，否则宁可待字闺中也不肯迁就。梦中的白马王子有了，现实中的却没有着落。你都成了女神，那一半若非男神哪堪匹配？因此秋君小姐活活把自己熬成了广寒宫里的嫦娥姑娘。眼看错过"二八"又过"三八"，妙龄佳期皆成浮云，如今快三十还是没有嫁出去，"高处不胜寒"哪，如何不令父母家人急火攻心忧思难眠？

秋英会之后一干年轻男士如约造访，客人的到来搅动李府上下一片忙乱，继而猜测纷纷，不仅因为他们都是三小姐邀请的文艺人士，更重要的是，听说他们中间有位才华横溢的画家令三小姐倾心不已。秋君父亲李薇庄、大哥李祖韩皆为风雅人士，尤好收藏金石字画，对书画界也算熟门熟路，但是从未听说这位才高八斗的画家大名。几经打听，得知张君乃蜀中人士，师从名家曾熙、李瑞清，曾周游列国至朝鲜、日本。另有种种说法暗示，张大千非名门出身，乃野路子江湖画客云云。总之众说纷纭。

待到一众男客登门，李府上下都揣了一颗急不可耐的好奇心，人人都想一睹未来姑爷的尊容，他们想看看是何人能让心比天高的三小姐一倾芳心？

文艺人士果然都有个性，装束也不一样。有的西服革履，有的衣着休闲。张大千身着一袭青布长衫，脚蹬千层底布鞋，头顶微秃却须髯浓密。他个子不高身体粗壮，看上去似乎比秋君小姐还要矮一头，只有心思缜密的人才会留意到，他那双藏在浓眉之下的眼睛炯炯有神，简直跟通电一般灼灼发光。

张大千甫一亮相即令李府女眷感到失望，她们没想到不食人间烟火的三小姐心仪的对象竟是一个土头土脑的四川人，这样的男人在江边码头还不一抓一大把？幸好李府男主人不这样看问题，他们都知道"人不可貌相，海水不可斗量"的道理，对客人礼遇有加待若上宾。

主客叙茶一番互相寒暄，李祖韩便迫不及待要向客人请教画技。对画家来说，还有什么比笔墨交流更好的方式呢？于是大家都不谦让，纷纷挥毫泼墨一展身手。祖韩有意让大千殿后，当然也有替三妹重点考察的意思。秋君姑娘冰雪聪明，岂能不知兄长心思？她也不去说破，只管抿起嘴角偷着乐。

轮到大千作画，但见他从随身布袋中取出一管貂毫毛笔，先将一钵清水洒在宣纸上点状晕染，少顷，便开始泼墨作画一气呵成。他作画速度奇快，仿佛根本不经过脑子，那管笔就自动在宣纸上勾勒起来，大开大合如精灵狂舞一般。而浓淡不一的墨汁泼洒上去便自动聚合成形，奇山异峰叠泉飞瀑渐渐呈现于人们眼前。不多时画毕，原来是一幅颇有苦瓜和尚风格的山水秋叶图。正好应了诗家赞石涛之境曰：远山近壑纳于胸，一支妙笔尽生花。

只见大千又换来一支狼毫，左手题款曰：一叶丹枫已知秋，万壑丛中不知君。从来空山人未已，道是丹青吾已识。

四句诗末一字，提串起来便是"秋君已识"。

众皆喝彩叫好，大千将此画献与秋君，并且毫不掩饰自己的倾慕之意。秋君红云遮面美目生辉，大方地接受了大千献画，心中的甜蜜之意早已溢于言表。

李家父子当场见识了年轻画家的惊人才华，不禁佩服得五体投地，认定张君必定大有作为。三妹秋君堪称独具慧眼，"老天不负苦心人"，到底让她等来了月老抛下的红线，才子佳人天作之合当可期也。

李家父子暗自高兴，但是一层窗户纸暂时不便捅破，待两人再交往一段时间彼此情意相投，喜结良缘还不是水到渠成的事情？

4

从此大千遂成李府最受欢迎的男客,大哥祖韩力邀他搬来李府居住,还拨出专门卧室、画室供他使用,连下人也个个心照不宣,都把这个说一口硬邦邦四川话的张先生当作未来姑爷殷勤伺候。

自曾祖父李也亭起,李府便定下严格家规,财产各自都有定份,钱财人头有份,不管谁在外面赚了钱都须按比例提缴,再按人头分成。大千虽是客人,却破例享受起李家人福利来:发私房钱照领一份,公积金由三小姐代缴,而三小姐的专用黄包车和车夫则任其使唤。他的衣服还由三小姐亲自关照缝制,每顿饭还要特别加菜。这个未来的姑爷虽未挑明身份,却俨然已是上门女婿的待遇了。

当大哥祖韩得知未来的妹夫希望在沪上举办个人画展时,便不惜豪掷千金助其实现心愿。李府甚至包下整座宁波会馆来做展厅,精心筹划一场《张大千沪上百幅画作春展》,同时遍下英雄帖广邀沪上名流前来捧场。张大千则下足苦功闭门数月,一日三餐都由三小姐亲自递送。当金灿灿的油菜花染黄黄浦江两岸时,他精心绘制的一百幅水墨画作如期送展。

大千画展隆重揭幕,受到邀请的嘉宾来客多数并不知"张大千"为何方神圣,他们都是冲着李府面子和宁波会馆的名气来的。一个居然能动用李府资源和包下整座宁波会馆办画展的人显然非等闲之辈,于是他们都抱着好奇心来一探究竟。

当展场幕布徐徐拉开之时,名不见经传的画展主人出现在来宾面前。人们看见这个名叫张大千的内地画家着装一反上海社交圈流行的西洋风,而是身穿青色长袍马褂,头戴瓜皮小帽,双手抱拳施礼,尤其是那一副齐胸美髯格外引人注目,大有飘飘欲仙的道家风骨。

更令宾客惊讶的是,当他们踏进展场,一种猝不及防的视觉冲击扑面而来。大千画展引入了西洋展览方式,在灯光布置、视听效果上下足功夫,还配以留声机播放优雅的丝竹古乐,令展厅内处处弥漫着"高山流水遇知音"和"余音绕梁,三日不绝于耳"的古韵。相较于传统画展一律办得古朴安静,这样轰轰烈烈的展览形式颠覆了当时观众的观展经验。但是也有专家学者不为画展的华丽包装所迷惑,他们透过现象看本质,指出展画虽然题材广泛,从花卉、山水到人物、翎毛无所不包,但是艺术水准却参差不齐有待提高。有的画作笔墨挥洒才华横溢,有的却嫌幼稚粗糙,有的模仿痕迹很重,而山水画则多是"明末四僧"的翻版,招致业内人士尖锐批评。

大千画展另辟蹊径不落俗套,在沪上舆论引发很大争议。有报纸刊文称,画展方除了豪掷重金标新立异外,画作并无亮眼之处。也有权威人士语重心长指出,年轻画家应当老老实实下苦功画画,不应该急功近利走捷径。这些争议反倒替画展做了免费广告,于是更多人好奇赶来一看究竟,一时间宁波会馆人头攒动热闹非凡。

办画展的目的当然是卖画,这是画展的压轴节目。按规矩画展前几日只展不卖,画家要根据观展情况和市场行情开出身价,这就等于把观众胃口吊得足足的,把悬念留到最后一刻揭晓。

到了画展闭幕这天,画家的定价终于揭晓,人们不由得惊呼起来,因为他为自己开出的身价是每尺六元!

当时沪上名家如吴湖帆、黄宾虹等人每尺仅有三到五元不等;北方荣宝斋售出的最高纪录为吴昌硕山水画,达每尺六元;齐白石花鸟画不过区区三元,而他们都是德高望重的画界大家艺坛名宿啊。可是这个狂妄的年轻人却为自己漫天要价,你以为自己是谁呀?脑袋是不是出了毛病?会有人接招吗?好在大上海是个无奇不有的商业世界,人们有理由伸长脖子等着看好戏。

上午过去了,看客虽多却无人揭牌,人们都在袖手旁观窃窃私语。过了中午,展画上的标签还是白底黑字无人问津,因为一旦成交便会换成喜气洋洋的红纸烫金标签。这时陆续赶来几家小报记者,他们很有耐心地架起相机,抽起香烟等着抢个头条新闻,因为无论结果如何这种新闻都会很对市民胃口。但是展方依然沉得住气,主人一如既往地招待来宾，并未流露出惶惶不安的败象来。

下午太阳西斜，画展依然没有动静，除了看客越来越多外并无买家现身。可是张大千依然与祖韩兄妹谈笑风生，人们不禁暗暗惊讶，这个我行我素的年轻人底气从何而来呢？

直到落展前半个时辰，展场外面先是起了波动，跟着风云突变形势逆转，会馆涌进来许多宁波口音的客人。这些财大气粗的宁波客似乎专为买画而来，他们出手阔绰纷纷抄底订画，一时间画展上的白底标签纷纷翻红，宣告展画交易成功。

最后赶来一位相貌堂堂气度不凡的中年人，只见他朝众人拱拱手道：兄弟来迟一步，剩下的画不讲价，全包了。

画展尘埃落定，展画全部高价售出，打破上海乃至全国纪录。

大千画展一鸣惊人，在上海滩引起轰动，人们惊叹之余不禁纷纷打听这个内地画家有何来头。有个记者锲而不舍地追踪调查，终至于真相大白：原来那些财大气粗的宁波买家都是受人之托前来当托的，真正的幕后推手就是上海豪门李氏父子。不仅如此，记者还挖掘出这个名叫张大千的年轻画家曾经伪造古画谋取不义之财的不光彩历史，一时间公众舆论大哗。

5

文人相轻，自古而然，张大千的亮相搅动了上海业界的一潭水。仿佛家猫群里闯进来一头野猫，素以保守排外著称的海派画家对这个一夜成名的内地画家表现出同仇敌忾的义愤，纷纷斥其不专业，不守规矩，是欺世盗名的骗子。海派领军人物之一的吴湖帆大师公开站出来发声：此人做派太放肆，大家要引以为戒！听说还拜了两个做学问的老夫子学画……真是个野狐禅！

吴湖帆出身正统官宦世家，祖父吴大澂为清代书画大家，其受家庭影响从小学画，成就斐然，被沪上书画界奉为泰斗级人物。位高者言重，他只轻描淡写一句"野狐禅"，便将出身卑微的内地画家张大千钉在耻辱柱上。

张大千对此后果全然始料不及。他虽赢了画展却输掉名声，这是他头次品尝出名的复杂滋味。"人怕出名猪怕壮"，出名好坏参半，当你名扬天下那么你的隐私也将成为公众财产，置于社会人心的探照灯下。其实年轻人面对舆论声讨并不那么在意，此一时彼一时也，不过都是茶杯里的风暴，唯独吴大师的斥责令他难以释怀。都说英雄莫问来路，何来路子"正""野"之分？一人做事一人当，何必牵连上人家老师，学生所为与老师何干？

来而不往非礼也。至此两人埋下芥蒂，张大千欲找机会报复这位声名显赫的海派名人。

一次，偶然听说吴湖帆痴迷南宋鲁人梁楷字画，曾作诗云"平生最爱梁风子"。梁楷为南宋大书画家，才华横溢画风怪异，生性放荡嗜酒如命，尤擅山水、佛道、鬼神，人称"梁风（疯）子"。

张大千知道机会来了。

张大千同样喜好梁风子，曾经临摹过不少梁氏字画。不同的是，多数临摹者仅为摹形，他揣摩的却是梁风子的精神气质。艺术之形易仿，精神气质则绝难复制。大千决心摹仿一幅天衣无缝的假梁风子挑战吴大师。

他只将此事悄悄告知秋君小姐。秋君忧其过于自信，劝说道：吴大师岂非常人，被他轻易揭穿岂不自取其辱？

大千断然道：如果我败给他，从此将从上海消失，绝不食言！

他下了很大功夫，依据史料精心绘制一幅《睡猿图》，伪托梁风子所作，其画风与笔墨惟妙惟肖足以乱真。经过一番打磨做旧，他委托一个朋友将《睡猿图》带到北京字画市场露了一回脸，再经天津转道招摇过市，传递出风声后悄悄带回上海。

吴湖帆已从北方朋友那里闻知风声，市场上纷纷传说，这幅难得一见的梁风子出自北京某王府，他便迫不及待地穷追不舍。好容

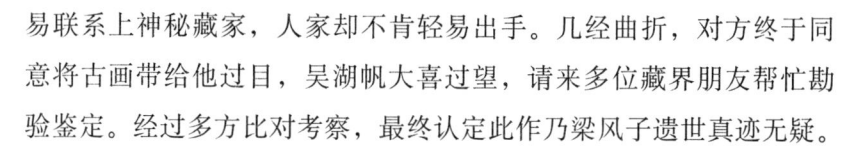

易联系上神秘藏家，人家却不肯轻易出手。几经曲折，对方终于同意将古画带给他过目，吴湖帆大喜过望，请来多位藏界朋友帮忙勘验鉴定。经过多方比对考察，最终认定此作乃梁风子遗世真迹无疑。

吴湖帆大喜过望，以万余大洋高价购入。

古画到手令他喜不自禁，竟达"食不甘味"的痴迷地步。圈内人都听说吴大师觅得一幅梁风子稀世珍品，有人专程登门道贺。直到后来有人带话给吴大师，透露说该梁风子《睡猿图》乃托伪之作，某关键处留有记号即为证据。吴湖帆大吃一惊，连忙取出来重新检视，果然一丝不差。

然而大师自有大师的胸怀气度，就算看走眼跌了一跤，内心还是对作伪者十分佩服。天底下竟有如此天才的骗子，其作伪手段之高明，精神气质之逼真，实在令人惊叹，否则也无法瞒天过海，活生生给大师眼睛里揉进沙子。再后来经过多方打听，得知假画正是出自那个被他贬斥为"野狐禅"的内地画家张大千之手。此事在业内传为笑谈，让吴大师赔了夫人又折兵，至此上海圈子再也无人敢小看"野狐禅"。

6

不管圈内人如何一片挞伐之声，大千还是在李氏父子助力下高调赢得开门红，他的画作开始为人所知，画商开始登门订货，甚至有藏家指名道姓要收藏大千画。

张大千刻苦习画钻研创作自此始有回报。

春去秋来，三小姐对大千的才华已从爱慕变为崇拜，那份温柔已是"非君不嫁"的专情了。然而大千却始终未向李府开口求亲，总不好让人家千金小姐去倒追男人吧，这件事就成了李府上下一块心病。

与此同时，社会上各种流言蜚语也不绝于耳，市井小报更是不惜添油加醋炮制狗血新闻:什么富家女巧遇无名画家,上演现代版《西厢记》啦;什么野狐禅画家登龙有术,掳掠豪门千金之芳心啦;什么李府看好投资潜力,以小姐婚姻押宝内地画家啦;什么李秋君设下美人局,闺房软禁张大千等等。社会舆论是把双刃剑,既能为人增光添彩,也可软刀子杀人不见血。何况李府为沪上豪门大户,主人的名声脸面和社会影响比什么都重要。

李氏父子经过一番密谋,决定主动出击捅破这层窗户纸。在他们看来,快三十岁的三小姐好容易有了意中人,这才是问题症结所在。虽然这桩婚姻并非门当户对,但是李府不嫌弃未来女婿的平民身份,因此想来张郎也不应有所挑剔,结果理应皆大欢喜。

于是李氏父子定下一个正式场合,大家穿戴整齐,派人请了张郎来议事,郑重挑明愿将三小姐秋君嫁与张郎为妻。

对于豪门大户的李府主人来说,主动开口提出嫁女已是十二分屈尊的事,谁叫你家小姐那么心高气傲,如今好容易相中如意郎君,只好让父兄代受委屈了。其实无论屈尊也罢委屈也罢,只要促成这桩婚姻也都值得。然而令他们万万想不到的是,话音刚落张大千便"扑通"一声跪下了。

这真是戏剧性的一幕。

等他们听完大千陈述,不由得面面相觑目瞪口呆,原来事情远非想象得那么简单。张郎坦言,已在四川老家娶有两房太太,育有多名子女,绝非三小姐期待的单身郎君。

李氏父子不禁仰面长叹。

这才叫竹篮打水一场空啊!这个情节是他们无论如何没有想到的,而且连怪罪别人的理由都没有。因为事情缘起错不在张郎,人家登堂入室是来做画友而非上门女婿的;当然李府出面招婿也没有错,全上海人都知道李府小姐待字闺中。谁叫三小姐一厢情愿错演一出《西厢记》呢?其实说到底谁都没有错,怪只怪阴差阳错命运弄人。

这边大千下跪也实出无奈，他早已过了那种情窦初开的怀春之年，更非不解风月的追风少年，一个情场得意过、风月场中闯荡过的成熟男人，哪会看不懂三小姐一番痴情蜜意和李府上下的殷殷期待呢？但是他若声明自己已有家室，不仅扫人颜面有失唐突，而且可能开罪于李府和小姐，所以开不了口。李府越是有恩于己，这个口便越发开不了，因此才有刚才下跪谢罪的一幕发生。

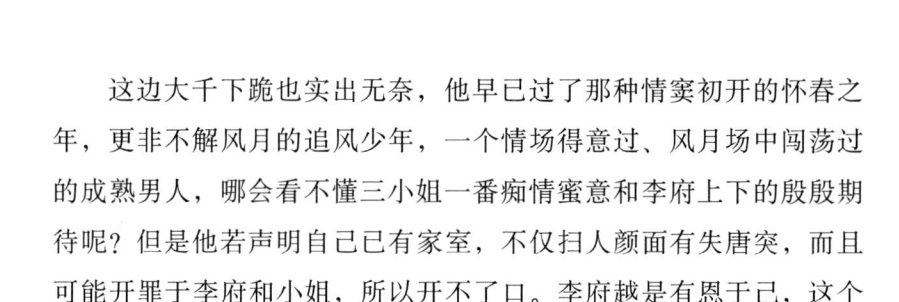

　　但是感情这种东西，岂是说了就能了的？"举杯浇愁愁更愁，抽刀断水水更流"，痴情的三小姐仍然非张郎不嫁。李府几经商议，只好再由大哥祖韩出面，询问张郎是否愿意休妻再娶？

　　对豪门李府来说，这不仅是放低身段委曲求全，而且几乎无身段可言了。只要张郎愿意放弃妻室赎得自由身，一切皆可不论依旧花好月圆。但是大千表态十分坚决，他说：大千奉母命娶妻生子，此乃天地人伦孝悌之道，大千岂敢有违？大千非忤逆不孝之子，更非薄情负心之人，此事万万不可！

　　按说到这个份上，也该断了李府念头，但是三小姐那边传出话来，此生只与张郎厮守，再无他念。李府父子到底拗不过小姐，只好把颜面节操碎了一地，他们请人带话给张郎，问他是否愿意再娶姨太太，难听点说就是再纳小。

　　大千诚惶诚恐，口称罪过也，岂敢令李小姐屈尊做小？此话万万再不可提，传出去不但令李府颜面扫尽，更让大千遭世人唾骂，大家里外难以做人。

　　至此李氏父子再也无话可说。

　　事实证明张大千绝非抱残守缺的道德先生，画家天生风流浪漫多情，红颜知己如影随形，但在婉拒李府婚事上他表现出来的理智与高明则可圈可点。究其原因，皆因背后得到高人指点迷津。

　　高人就是兄长善子和丽诚。

　　兄长告诫他，李府本是大千的命中贵人，仰仗贵人方能步步登高。但是婚姻终须讲究门当户对，富家千金岂是草民百姓伺候得起的？流传百年的折子戏《打金枝》就是最经典的婚姻课本。讲的是唐朝郭子仪七秩寿庆，其子驸马郭暧因升平公主自恃高贵不肯拜寿，一怒之下打了公主。公主向父皇母后哭诉，唐皇佯怒要斩驸马，郭子仪绑子请罪，小夫妻和好如初的故事。金枝玉叶、豪门千金往往心中长了一副獠牙而不自知，这就是她们的任性与骄溺，既硌痛自己也咬伤别人。对男人来说，不是天下女人都可娶作老婆的，婚姻归婚姻，友情归友情，否则无益反而受累终生。

张大千果然大彻大悟，至此止步于友情。

何为"阅世"？增长经验便是。相信这是大千情感路上的一场考试，只是这份答卷害苦了那个望穿秋水的李小姐。后来秋君死了这份嫁为人妻的心思，不再谈婚论嫁而只与大千以兄妹相待。大千依然客居李府衣食无忧，天天闻鸡早起挥毫作画，秋君绿叶相扶相互切磋。大千原本天才无敌所以画技大涨，在上海乃至江南有了名气。大千还将大风堂搬进李府，宣布李秋君为大风堂师娘，入门弟子都须向"师娘"行跪拜大礼，而大风堂一切事宜李师娘皆有权决断，秋君之意可视作大千之意，等等。这便是张大千对知遇之恩投桃报李，虽然这个"师娘"头衔有些师出无名和不伦不类。

秋君虽未如愿嫁与张郎，但是她对大千痴情不改终生未嫁，将红颜知己的角色坚守到老。沪上才女李秋君的幽怨心事从未见诸笔端，后人也无从得知她的人生悲剧究竟是因爱情执着所致，还是性格獠牙使然？我们所知道的事实是，仅仅几年后张大千就在北方迎娶了第三房太太杨宛君，抗战后又娶学生徐雯波为第四房太太，还不算上另有许多穿插其间的绯闻艳遇等等。

第十章　京华烟云

1

随着大风堂在上海声名鹊起，大千的画名也渐为人知，这时一封遥远的异国来信令他方寸大乱。

昔日的朝鲜恋人池春红来信了。

尽管斗转星移，痴情的朝鲜姑娘对心上人的思念丝毫未减，饱含深情的鸿雁传书如同一股强劲的北国来风，吹皱画家心中一池春水。许多年后大千自述，他花费多个夜晚将恋人来信创作成一首浪漫的抒情长诗《春娘曲》。世人只知画家一生作画无数，但是创作爱情长诗却是第一次，也是唯一一次。遗憾的是这首《春娘曲》未能存世，令人难以一窥绘画大师青春时代的"少年维特之烦恼"。

长诗寄走后，仿佛自己那颗"剪不断，理还乱"的心也随信寄走了，画家忽然发现所有生活失去了原有的色彩和节奏，甚至连画画也让人提不起兴趣。

他知道，自己又失恋了。

画家天生属于这样一类人，他们的心灵之花脆弱敏感、饱满多汁，尤其不能缺少爱情乳汁的滋养，否则就会因干渴而枯萎。张大千对自己解释说，君子一言驷马难追，是真爱就要舍得赴汤蹈火万难不辞。

其实张大千不用欺骗自己，爱情不需要理由，只需勇气则可。

于是在一个星空灿烂的夜晚，画家瞒着所有亲朋好友和家人悄悄出走，他再次登上开往朝鲜半岛的轮船，千里迢迢去赴异国恋人的心灵之约。

海路漫漫，水天一线。帆影点点，海鸥翻飞。终于又见瑶池雪，又见金刚山。

转眼已有数年，皆骨山如画，蓬莱境依旧，两个异国恋人旧地重逢。此时春红已嫁作他人妇，大千更是今非昔比，已是国内小有成就的艺术家。但是两颗苦苦相恋的心没有变，他们早就期盼投入对方怀抱，于是这场鹊桥相会如飞蛾扑火，可以想见那该是怎样一场粉身碎骨的燃烧。

他们天天厮守在一起，耳鬓厮磨不舍昼夜。天空繁星可以作证，白山黑水可以作证，他们的肉体之爱如火山喷发，如彩练当空，如极地白昼，如冬雷夏雪。这对异国男女一如伊甸园中的亚当夏娃，他们都把自己彻底交予对方。大千沉溺于爱河，误以为人生就该这样度过，幸福就是为"情"而活着。

但是天底下没有不老的情人，也没有不散的筵席。终于有一天，画家倦怠了，他告诉情人：我要走了，我要回国去画画。

春红央求道：带我走吧……我们一道远走高飞。

大千一愣，他回答不了这个问题。这是私奔吗？去中国？还是日本？可是他是张大千呀，他可以舍弃生命中的一切，唯独不能舍弃画画。

四目相对，现实像岩石一样冷酷，梦碎了。

猿声又起时，他听见来自内心的熟悉召唤，那是母亲的叮嘱，自己的承诺，兄长的期待，家族的责任。还有大风堂方兴未艾的事业，以及自己绘画的远大理想和目标。

于是张大千猛然发现自己老了，爱情也生出白发来。

当山林间泛起波浪般的新绿，屋檐下的燕子开始呢喃垒窝，乡愁的潮水再次泛起时，情欲的火焰已渐渐冷却。在心灵原野的深处，画家听见那头黑猿的嘶鸣呼唤。

该说再见了，欲说还休，欲说还休……

"我挥一挥手，不带走一片云彩"，诗人徐志摩这样惆怅地向过去告别。画家张大千也要走了，他吻别心上人之后登上驶向未来的轮船，他的身影变成海上一叶渐行渐远的白帆，然后像流星一样划过天际，不知所往，不知所终。

对朝鲜姑娘池春红来说，画家哥哥已经成为她生命天空中一颗最亮的星星，只是她无法变成一片云彩，也许变成云彩也无法追随画家哥哥的脚步。仅仅几年后，春红的生命之路走到尽头——她因反抗日本占领军胁迫凌辱竟遭枪杀。一朵灿烂的生命之花猝然凋零在如诗如画的金刚山下。

她的悲惨命运只是朝鲜民族被奴役的缩影。

又过了半个世纪，已经誉满天下的艺术大师张大千专程前来金刚山扫墓，祭奠青春时代的恋人和那段消失在岁月长河的遥远爱情。据说老人伫立春红坟前泪如雨下，久久不能自已……

2

年过花甲的湖南湘潭籍画家齐白石说起北漂经历也有一大堆辛酸和励志故事，但是老人凭着超常禀赋和刻苦用功，最终还是在京城打拼出一个享誉画坛的名家地位。

这天上午有位年轻访客叩响院门，他向门房递上一张手帖（名片），上书"蜀人画家张大千"几个行草。齐白石瞟一眼便对此人书法印象不错：瘦削奇峭，赵峰柳骨，很有些黄山云松的峭拔意味。画家对书法的敏感如同厨师对刀功的挑剔，仅凭几道横撇竖捺便能判断对方功力深浅，这张手帖说明来客还是很有些笔墨功底的。

齐白石久居京城年事已高，不喜欢开门揖客应酬交道，一般都是来下订单的熟客才能找到这个偏僻胡同，莫非这个同行也是来买画的么？齐白石觉得手帖上的"张大千"三个字似乎有些眼熟，搜遍记忆却想不起。这就是说，他的熟人圈里肯定没有此人，老人一向记忆极佳堪称过目不忘，如果这位张大千同他有过交往的话，老人一定能记得住。

门房解释说，客人并非来订画，他声称是来向主人讨教绘画之道的。

当时白石老人手中握着笔正在画画，宣纸上墨迹未干，一听不是买画便微露不快之色。画家靠卖画养家吃饭，一个从未谋面的陌生人凭什么理直气壮来耽误他的时间呢？

但是门房补充说：客人拎来一堆礼物，都放在门口呢。言下之意，那人也是很诚心的，老先生见见也无妨么。

白石老人出身贫苦，先前人称齐木匠，如今名气大了地位高了，即使"润格（画酬）"在京城名列前茅也改不了勤俭节约的好习惯。既然别人拎来一堆见面礼，做人要是架子大了是要遭闲话的，何况人家也是画家，那些礼物进门也是要省些银子补贴家用的。于是他稍作踌躇便放下画笔，告诉门房可以让年轻人进来，但须知晓规矩，主人接待谈话只有一盏茶工夫，过时不待。

就在门房连声应答着出去开门迎客之时，齐白石脑子里有根弦忽然被拨动了，他一下子记起这个"蜀人张大千"为何有些耳熟，原来不就是当年戏弄陈半丁，公然炫耀作假石涛的那个年轻人么？自己没准也上过当买过他的假画呢。

老人恍然大悟，随即愤愤然起来。他当即改变主意唤回门房，让他出去警告来人立即离开，以后不许再来登门。拎来的礼物统统拒收，一件也不许进门。

门房站在那里莫名其妙，他不明白主人何以忽然变卦下了逐客令。但是主人的话就是命令，所以他只好原话转达，让来客当场吃

了闭门羹。

张大千虽然有些发懵，不知道自己因何得罪了白石老人，但他是个乐观豁达的年轻人，才不会为了某人的怪癖而生气呢。

3

事实证明，一向自信满满的张大千这回误判了形势，而且错得离谱。

当告别爱情的年轻画家乘船离开朝鲜，水陆兼程经天津来到北平时，千年皇城帝都的宏大气魄、古城风韵以及深厚文化传统立刻征服了他，大千决定留下来住段时间。北平画坛云集众多大家名宿，他们个个实力雄厚名声远播，其字画市场一向为全国风向标，于是大千有了结识当地名家来推荐自己的想法。

然而令他始料未及的是，北平书画圈却对这个外地年轻人表现出异乎寻常的敌意，令他处处碰壁，遭遇白眼闭门羹不计其数。其实这个恶果的种子几年前就播下了，原因就是张大千造假的名气实在太大。那是一个可怕的道德污点，简直就是声名狼藉的代名词。圈子是要记仇的，得罪一个陈半丁就是得罪整个圈子，张大千的形象在圈子里基本上就是个小偷，甚至是怙恶不悛的强盗。

有天他在报纸上看到一则广告，有位名叫徐悲鸿的画师从欧洲留洋归来创建美术专科学堂，正在招聘美术老师。张大千曾经在一位朋友那里见过徐悲鸿的人体素描，当时就被这种西洋绘画技法震惊了，他认为西洋绘画中尤以人物画值得国画学习，但是怎么学和学什么却没有下文。此时看到徐悲鸿的招聘广告他大为兴奋，当即问明地址前往拜会。

但是门房告诉他徐先生不在，于是他留下手帖第二天再去。

没想到第二天还是扑了空，徐先生还是不在。如是者三，令他很是纳闷和气恼。

他质问门房：难道徐先生没看见我的手帖？

门房回答，已亲手交给徐先生。

大千道：他说什么了？

门房横他一眼，没好气地说：你问他本人去吧，我又不是徐先生，怎么知道说什么？

张大千这才猛然醒悟，原来人家是不愿见他，有意回避啊。很可能他的造假恶名也传进这位徐先生耳朵里了。想想看，一个顶着道德污点的造假之人怎么可能为人师表呢？没准人家觉得他是上门来捣乱的，避之唯恐不及呢。

张大千冷笑一声，扬长而去。

他是个具有强烈反叛性格的艺术天才，精力旺盛是天才的生理特征，离经叛道是天才的精神特质，北平遇冷不仅没有令张大千知难而退，反而激发他更大的成功愿望。大千决心留下来，他要在京城这座大舞台上一试身手，即使这里大家名流多得赛过河滩上的鹅卵石，他也不信闯不出一片属于自己的海阔天空来。

就这样，二十世纪中国画坛最杰出的三位绘画大师均通过不同途径先后亮相京城舞台，他们年龄悬殊地位差异巨大，因此暂时没有可比性：来自湖南乡下的白石老人六十有三，漂泊京城十余年，其花鸟画誉满天下，尤以画虾为神来之笔，被奉为京城画派代表人物。

江苏宜兴人氏徐悲鸿正当而立之年，欧洲学成归国，他的远大抱负是在中国传统绘画的古树上嫁接新枝，闯出一条中西结合的绘画新路来。他同时还将西方美术教育体系引入国内，培养中国的新式绘画人才。

四川画家张大千不仅出道晚，立志更晚，还是个受困于欲望享受和情感纠葛的问题青年。他面前的艺术道路还很漫长，充满各种难以逆料的风险、挫折和变数。我们将会看到，许多时代狂澜和大风大浪还在前面等着他，任何一个历史关头的小小失误都可能废其才华，毁其前程，令其功亏一篑、平庸无为。

艺术巨匠的产生不仅是历史的荣光，更是时代的幸运。

4

四处碰壁的张大千想起一个从前的朋友余四，便决定找他。

此人乃京城有名的玩家，人称"余四爷"。四爷的父亲是汉人，母亲为旗人，据说祖上曾与紫禁城那位铁腕太后叶赫那拉氏有些宗族牵连，他对外便常常要以"皇族"自称。好在皇帝已垮台了，皇族也风光不再，因此没人追究他这个"皇族"来历的真伪。

余四从小聪明绝顶兴趣广泛，上至侯门王府下至三教九流无一不熟，更兼吃喝玩乐无一不精，因此京城里没有好玩的地方他不知道，没有戏里名角他不认识，捧戏子喝花酒样样在行。人都说只有余四爷想不到的，没有他办不到的，因此得个诨名"余半城"。

但是余四不同于那一干草包八旗子弟，他写得一手神似乾隆爷的赵董体，画得清宫郎世宁的工笔花鸟，收藏字画古董更是行家里手。令人称奇的是，他还作得一手好文章，多是些前朝遗老宫廷内部的奇闻逸事等等，投在京城报馆发表，由此在玩家圈内名气很大。

余四爷的口头禅是："玩"要会玩，"吃"要会吃，"活"要有个活法。这种人生主张刚好与大千不谋而合。那年陈半丁办"三赏会"，恰逢余四爷在场，他亲眼目睹了张大千豪气非凡上门踢馆，令京城名流无不大失颜面，不禁大为佩服，极力称赞张大千"乃真男儿也"。

两人惺惺相惜结为好友。

有了余四爷领路，外省画家张大千便结识了许多三教九流的京城朋友，由此大开眼界受益匪浅。

这天余四来约大千，黄包车拉了他们围着什刹海绕来绕去，最后来到西北角赫赫有名的恭王府门前下了车。

恭王府是清朝恭亲王奕䜣的府邸，占地达六万多平米。史家笔下有"一座恭王府，半部清代史"的说法。而今这座闻名天下的侯门王府不仅油漆剥落门可罗雀，而且连个看门人都雇不起。只见余四爷熟门熟路地推开一道侧门，领他来到王府后面的萃锦园。

一个管事模样的旗人快步迎上来，余四连忙按照老规矩，双手恭恭敬敬递上手帖，口称满人正黄旗余四求见二王爷。大千一旁暗笑，心想这余老四在外面口口声声自称皇族，怎么在真皇族面前就谦让起来了？

管事道：二王爷正在作画呢，请客人在花厅里吃茶稍候。

两人说话均是压低嗓音，很小心的样子。

大千好奇地打量这座王府花厅的陈设，虽然物器不多，却件件都是难得的宫廷御器。心想到底还是瘦死的骆驼比马大啊。尽管此时辛亥革命已经过去多年，时代列车早已驶入民国时代，南京城头也飘扬着国民政府的青天白日旗帜，但是恭王府还是保留着昔日王侯的威严气概。试想如果倒退十几年，他这个汉人庶民恐怕连跨进王府大门都不敢想象，更休说成为王爷的座上客了。

他悄悄耳语道：二王爷……是何人？

余四爷也耳语回复：等会儿你就知道了。

约莫过了半个时辰，走廊里响起轻快的脚步声，只见门帘一挑，一个面目清秀西装革履的青年走进来。他打着西洋领带，脚蹬一双白色的洋式皮鞋，头顶也没有蓄辫子而是留着标准的"拿破仑"分头，怎么看也是个十足的现代洋派人物。正疑惑间，只见余四"扑通"一声跪下来，磕头口称"满人余四给二王爷请安"。

那青年笑容满面，很随和地摆摆手道：余四你起来，正想找你来说话呢。这位朋友是谁？也不赶快介绍一下。

余四便介绍说：这位是四川来的画家张八爷。

大千反倒有些不知所措，他不知道"张八爷"应当怎么办，是否应该跪下请安？换了早些年，一个汉人庶民见了王爷那还了得，还不得大老远地趴在地上磕头如仪？可是如今是新时代，中国社会也已经过"五四"运动启蒙洗礼，青年人脑袋里装进了很多西方的

新思想，人人都会说几句自由、民主、平等的话，所以他们的腿已经硬了，没有下跪磕头的习惯了。而眼前这位二王爷，身穿洋服打领带，却安之若素地接受磕头大礼，倒显得有些不伦不类。

他因为一时没想明白，所以只好僵着脖子没有动弹。

二王爷见大千没有反应，便随和地说：张八爷是汉人，不用这套满人规矩，咱们来拉拉手，这是西方人礼节……其实时过境迁，外面很多满人也不时兴这套老规矩了，你就叫我溥二爷吧。

张大千连忙伸出手来跟溥二爷拉在一起。

管事进来耳语几句，溥二爷暂时告辞出去。余四低声道：二王爷年初才从欧洲留学回来，所以喜欢洋人的打扮行头。

大千说：二王爷到底是谁？我还是一头雾水。

余四很不满地责备道：你到底是个汉人，怎么连二王爷都不知道？简单地说，二王爷就是恭亲王的二太子，当今退位的大清宣统皇帝溥仪的堂兄，道光皇帝的亲骨血皇孙，名叫爱新觉罗·溥儒，自号溥心畬。据说当年慈禧太后曾经夸赞他为最聪慧的皇子，一度有意扶持他继位。若是如此，今日你我拜见的就该是大清朝皇帝，你敢不磕头？

张大千听得后背直冒冷汗。

时间真是个伟大的魔术师，要是返回十几年他岂不等于犯了欺君之罪？那可是天大的罪名啊。幸好辛亥革命将皇帝赶下台，他也能跟皇族王爷、龙子龙孙平起平坐地拉手说话，真个是"旧时王谢堂前燕，飞入寻常百姓家"了。

5

管事进来请他们，告知午膳时间已到，王爷邀客人一道用膳。

余四是府里常客，也不推辞，他们随管事来到膳堂，桌上已经布好碗碟匙箸，另有三副银器酒具和西餐刀叉。大千一看便知，那些碗碟汤匙都是极名贵的宫廷清花瓷器，筷子则是印度象牙雕花箸，再加上西式酒具刀叉，虽有些不伦不类，却仍然透出皇族贵胄的尊贵气派，让人不由得心生敬畏。

午膳虽无传说中清宫王府一百〇八道山珍海味的奢侈排场，但是日常小菜却也足以令人眼界大开。一道靓汤白菜，据说要将熊掌、鹿蹄筋微火煨三天，待汤汁清亮如水，再配以卷菜嫩心，其味清香爽口而绝无油腥之腻。一道"游龙戏珠"，却是甜品海参搭配一颗鲜红樱桃，色香味俱全令人叫绝。大千猜到这位大厨一定是前清宫廷御厨，那些民间厨子如何懂得这些宫廷御膳的秘诀呢？果然，后来余四告诉他，萃锦园里的管事、仆人、厨子都是从前的清宫太监，他们宁可跟着皇帝王爷受穷也不肯流落到外面去，总之就像盆景里的花草绝不能移栽到户外一样。

这餐精致的午膳给张大千留下极为深刻的印象，尽管此前他一贯以"胃口好"和"好吃"著称，然而两相对比，那不过是饕餮之徒和酒囊饭袋而已。他恍然明白圣人何以要"食不厌精，脍不厌细"，原来吃也有境界高下和雅俗之分。自此大千渐受熏陶，一生追求美食境界并以"美食圣人"自况，乃至于自创"大千菜谱"扬名画坛内外，当是后话。

膳毕主人邀客人入室赏画。

大千看到溥二爷的花鸟人物都画得相当精致华丽，用笔细腻委婉，着色高贵典雅。其山水画虽不以气势磅礴取胜，却也高山流水亭台楼阁，一派富丽柔美之气，显然受到以"清初四王"为代表的宫廷画派濡染较深。

再看那画，落款有"西山逸士"四个字，不禁恍然大悟道：原来西山逸士便是溥二爷阁下您啊。敬佩敬佩！

溥二爷便邀大千作画，余四顺势吹嘘张八爷如何天才难敌，把陈半丁"三赏会"遭踢馆的事情吹了一通。大千觉得脸上有些挂不住，不料溥二爷并不介意，他好奇地问大千：你真能仿大涤子？

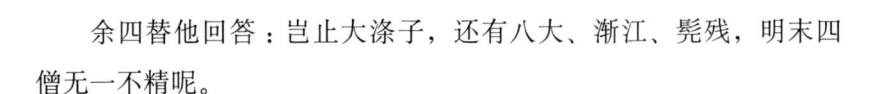

余四替他回答：岂止大涤子，还有八大、渐江、髡残，明末四僧无一不精呢。

溥二爷更加惊讶了，要请他当场表演。只见大千右手泼墨挥毫，只消一盏茶工夫便画成了大涤子的《怪鸦图》，然后换成左手握笔，题款亦是十足的大涤子口气：今日白眼向天，明日谁人知我？

溥二爷活动圈子小，几乎足不出户，少有涉足外面的字画江湖，哪里见识过这等神人？不由得看呆了，连连赞道：八爷果然神奇！不过仿画不算创作，请阁下以"夏日荷塘清凉图"为题，画幅水墨写意如何？

大千稍一踌躇，便挥毫泼墨，点染数枝池中荷叶，却在水面工笔勾出一只蜻蜓，正轻扇翅膀临风点水。此时张大千的技法功底仍以临摹古画为主，创作画次之，最差当属写生和对题材立意的把握。溥心畬自是花鸟画中的佼佼者，一看便知他的短处。这位公子王孙反倒没有民间画家的市侩城府，他心地单纯磊落，诚恳地指出道：古人有言，文贵创新，诗贵创意。诗画同理，便是共同的创作规律。恕我直言，八爷才华横溢应有一番大造化大格局，但是笔力似有不逮。如果画家不走出一条自创风格的绘画路子，断无出路可言。

溥心畬仅比张大千年长三岁，却像老大哥那样直言不讳，令张大千深受触动，一贯桀骜不驯和目中无人的画家被戳中软肋，也被触动了灵魂。自此两人开始长达半个世纪的艺术交往，再后来画坛也有"南张北溥"之说，既表明两人画风鲜明各领风骚，也有互为榜样取长补短之意。

第十一章　莫使金樽空对月

1

这天张大千与余四爷相约来到京西海王村琉璃厂。

琉璃厂为清代名气很大的文具荟萃之地，早年为进京赶考的学人士子聚居之处，沿街店铺多以出售书籍文具为主，也有供文人把玩的古董店字画店。历经百年沧桑之后，琉璃厂聚集起一大批名头响亮的老字号店铺，如荣宝斋、一得阁、槐荫山房、茹古斋、古艺斋、瑞成斋、萃文阁、李福寿笔庄等等，形成了闻名遐迩的京城字画文物街市。

两人一路走走停停，只见"雪松斋"门前挂有一幅自画立轴像，细看上面是位须发皆白的老者，面色清癯，身穿翻毛狐裘，头戴黑紫羔的土耳其冬帽，手持羽毛扇，很是抢人眼球。画上题有画家自嘲诗："摇扇可以消夏，着裘可以御凉，二者日日须防，任人窃笑癫狂。"落款为白石老人。

张大千记起遭白石老人拒见的事，心想这老爷子果然风光啊。余四爷见他面色落寞，便解释道：如今齐白石的名气快要顶破天了，京城将这种自画像称作"晒橱窗"，就是广而告之的意思。这家"雪松斋"也是齐白石的专卖画廊。

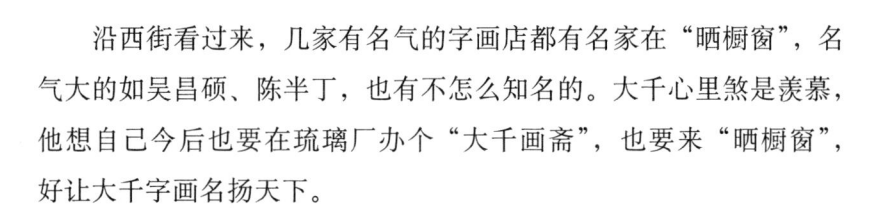

沿西街看过来，几家有名气的字画店都有名家在"晒橱窗"，名气大的如吴昌硕、陈半丁，也有不怎么知名的。大千心里煞是羡慕，他想自己今后也要在琉璃厂办个"大千画斋"，也要来"晒橱窗"，好让大千字画名扬天下。

来到琉璃厂东街，这边与西街名店林立的气派相形见绌，都是些小字画店和古董店，房屋低矮简陋，灰头土脸的样子。余四爷意味深长道：别小看这些不起眼的店铺，背后水深得很呢。

说话间来到一间熟识的字画店，只见门前一副对联很是文雅不凡："得好友来如对月，有奇画读胜赏花"。老板笑脸迎客，把他们让进里间吃茶。余四爷问：齐老板，近日可有新货，快拿出来我们过眼。

齐老板一面答应，一面取出几幅明清字画来，却都是赝品。余四爷也不说破，只管叫他还有什么宝贝快拿出来。齐老板最后从阁楼上抱下来一条樟木匣子，里面有只黄锦缎包袱，解开来却是一帧古画。张大千有些眼熟，凑近看时不觉吃了一惊，原来竟是三先生李庵清珍藏的石涛名作《江天山色图》。

这帧名画构思精巧突兀，用墨铺陈精细，为大涤子山水代表作之一，张大千曾经临摹过不下十数次。但是三先生的压箱宝卷如何会落到齐老板手中呢？齐老板并不知道张大千底细，只随口应道：是上海一位朋友的货，托人找个北方买家。

张大千心中涌出一片悲凉来，毕竟三先生曾经有恩于己，这么说要么他已经不在人世，要么生意破产只好将看家宝贝抵押于人。人生此消彼长，真是让人感慨系之啊。

他试探问：买家可有眉目？

齐老板应道：天津租界有位熟客订了货，说好三天后取货。

张大千主意已定，他说：我能跟你做笔交易么？

齐老板不解，看见余四爷盯着他，只好点点头。

大千说：我予你三块大洋，将此画租回去观赏，第三日保管完璧归赵。齐老板若不放心，可请余四爷担保。

余四爷当即明白大千用心,于是同意画押担保。两人同齐老板讲定,第三日归还原画,绝不食言。

出得门来,余四爷哂笑道:这下有好戏看了。

张大千就把恩师三先生珍藏此画的来龙去脉说了一遍,余四爷点头叹息:人生无常时时变,世事如棋局局新啊。不过江湖规矩见者有份,我替你担保,你若仿造成功,须付我报酬。

大千道:我另仿一幅石涛与你,作为谢资。

两人皆大欢喜,握手成交。

两天之后,张大千如约将一幅仿造得天衣无缝的石涛的《江天山色图》物归原主。齐老板细细检查过后并无怀疑,后面那笔生意也顺利成交。

张大千得手后立即将真迹送回上海大风堂收藏,另外再仿造一幅石涛山水手卷送给余四爷。余四爷拿假画卖了个好价钱,两人各得其所,从此更加形影不离。

2

民国书画市场有种流行的说法:北方字画看天津,津门字画学北京。说的是京津一带清宫遗族众多,资源丰厚,字画收藏之风盛行。然而京津字画市场行情虽好,却有业界行家发出感叹:"十张所谓古画,却有十一张都是假的。"原来古代字画纸张较厚,有造假高手能将其揭开一分为二,这样十张字画就有了十一张之说。

还有将古代字画割开零卖的,一张整画一分为几,比如把山水人物局部与假画对换,题诗题款粘贴在另外的假画上,这样除了局部或者题诗题款是真的,其余部分都是假的。总之弄得真真假假花样翻新,即使鉴赏行家也应接不暇、真假莫辨。

如果说能工巧匠靠技术造假,那么张大千的绝招就在于笔墨摹仿。他那一杆笔简直巧夺天工、出神入化,有时临摹之作竟比真迹

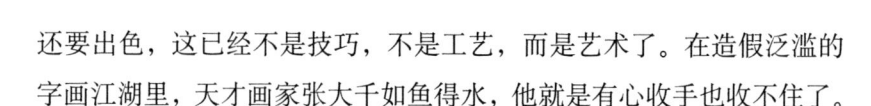

还要出色，这已经不是技巧，不是工艺，而是艺术了。在造假泛滥的字画江湖里，天才画家张大千如鱼得水，他就是有心收手也收不住了。

天津租界有个专营洋货的江姓富商，人称"江二皮"。他老子江水皮本是个靠走私违禁品起家的黑老大，趁清末乱世发了财，在租界买下地皮建起洋楼豪宅。到了江二皮这一代，头发也梳光了，指甲也修剪干净了，也出国外混过几年，话语间也夹杂几句洋泾浜英语了，不过究其出身来路终归有些口吃，所以尤好与王公贵族、上流社会交往，热衷于收藏宫廷古玩名人字画，往往豪掷千金也在所不惜。张大千那帧做了手脚的《江天山色图》便为此公收藏。一般来说，既然购得稀世珍品，便要发帖子广邀文人雅士、社会名流吟诗赏画，刻意弄出些幽思怀古和附庸风雅的动静来。

这天江府里来了两位不速之客。一位是老熟人，京城琉璃厂字画商齐老板。另一位是个年轻的南方画家，年纪虽轻却须发飘然，很有些仙风道骨的模样。

他们在主人带领下参观后花园，江二皮一路吹嘘假山是从京城某王府搬来的，紫砂鱼缸来自紫禁城，鱼兽石刻则是圆明园遗物，根雕盆景更是慈禧太后爱物等等。客人则报以礼貌微笑，听凭主人兀自炫耀一番。

来到书房，观赏主人字画收藏，南方画家的表情变得严肃起来。当他确认这位实力雄厚的收藏家所谓的藏品其实多为赝品时，禁不住大大表扬起主人的"眼光独到"和"高尚情怀"来。在那幅新近购入的《江天山色图》跟前，画家更是毫不掩饰地发出惊叹之声，相信他的赞叹一定发自内心而非做戏，因为无论从技术还是艺术角度来看，这幅临摹画都堪称上品，与真迹几无二致。当然真正权威的评委是时间——张大千去世后的二十一世纪，他的仿作拍卖价已不让原作。

江二皮得意道：这幅大涤子是我费好大劲才弄来的。你们看看题款——《江天山色图》，不是正好与敝姓氏应合么？天赐我也！

齐老板奉承道：石涛乃朱明王朝皇室贵胄，以您的身份和名气，配大涤子名画当之无愧呀。

江二皮连连点头说：正是敝人苦心。不瞒二位说，我有心建一座举世无双的苦瓜和尚展堂，眼下正闹心该取个什么名字才好。

大千微笑道：依我看，取"石涛堂"好。

江二皮一拍脑袋说：石涛堂！好——就是它了。

张大千乘势进言说：江先生财源广进，又有风雅海量，正好网罗天下石涛名画，实现宏图大愿非您莫属。

江二皮被吹捧得晕乎乎的，真以为自己成了石涛堂主。他对齐老板吩咐说：你与字画界朋友打个招呼，广告天下，就说凡是藏家出手大涤子字画，不论价格贵贱我都要。

齐老板为难道：如今市场上大涤子赝品极多，须得有人替江先生鉴别把关才是。大千先生本身就是石涛专家，但凡假货都难逃他的法眼。

三人一拍即合，自此张大千成为津门富豪江二皮座上客。竖起招兵旗，就有吃粮人，不出半年工夫，江二皮已经收购到手大大小小数十幅石涛字画，不消说这些"名作"皆出自大千手笔。

眼看"石涛堂"即将落成，大千皱起眉头来告诉主人，还得一幅丈二高五尺阔的巨幅中堂方才镇得住场面，够得上"石涛堂"气派。江二皮觉得有理，可是如此巨幅石涛山水哪里去寻呢？

消息传出，便有各地画商掮客纷至沓来，不消说不是尺寸不够便是鱼龙混杂，苦寻数月无果。江二皮怀疑道：大涤子有过巨幅山水之作么？若无的话，求购不等于缘木求鱼么？

张大千这才缓缓说道：我自然是见过的，才会对先生您推荐呀。

江二皮大吃一惊说：世上果真有此奇画么，你怎么不早讲呢？

张大千道：我就是要等等看，要是有人送货上门岂不更好。

江二皮便着急催问奇画下落，张大千告诉他，数千里之外的皖南山中有座广教寺，石涛曾在此出家修行。寺内珍藏有石涛巨幅山水，

为镇寺之宝，舍此，天下别无第二幅。

江二皮顿时泄了气，道：既是禅林珍藏，又是镇寺之宝，怎肯轻易出让与人呢？

张大千说：这座寺庙香火冷清香客稀少，皆因其修建于人迹罕至的深山老林中，也无供奉菩萨舍利子之类的禅林宝物，就算珍藏一幅大涤子又能怎样？香客信徒才不会为这幅画去上香朝拜呢！

江二皮觉得有了希望，转忧为喜道：你说说怎么办？

大千指点他说：如果先生您舍得捐善款修葺寺庙，重塑菩萨金身，修条石板路与山外相通，再从九华山请来高僧大德开坛讲经。做完这一切，您自然就是寺庙功德无量的大施主，住持会对您所做的一切感恩戴德的，那时再言明欲求石涛画不是顺理成章的事么？这就叫欲当取之，必先予之。

江二皮闻言大喜过望，决定照此办理。张大千就推荐琉璃厂的齐老板去督办这件善事。

数月之后，一切皆从人愿，江二皮广结善缘造福众生，付出天价买回据称是石涛大师的巨幅山水中堂，他对于这个功德圆满的大结局很满意。齐老板辛苦一番也获得不菲酬劳，余四爷乐见其成只赚不赔，而大千足足花了数十天才完成这幅大型临摹之作，准确说是一幅放大的石涛仿品。当然，这也令画家的摹仿水平再上台阶，达到一个全新高度。

3

常言道：人无横财不富，马无夜草不肥。张大千行走江湖一夜致富，飞来的横财令他见异思迁、乐不思蜀。

清末民初的顺口溜唱到：天下美食在粤海（广东），天下银票在晋中（山西），天下洋行在浦江（上海），天下享乐在帝都（北京）。

可见那时的京城正是享乐人生的好去处。

大千一生狂放不羁、天马行空，最推崇的人生榜样是唐代诗仙李太白。李白《将进酒》诗云："人生得意须尽欢，莫使金樽空对月。天生我材必有用，千金散尽还复来。"

好个千金散尽还复来！既然古有天才诗人放浪形骸、极尽风流，当今天才画家惊世骇俗、挥金如土又何妨？

于是就有那一干京城公子哥儿、酒肉朋友像苍蝇一样围拢来，于是就天天呼朋唤友出入青楼酒肆，日日相邀结伴赶戏院捧角，过起吃喝玩乐、声色犬马的奢靡生活来。

大千原非戏迷，更无戏瘾，在老家从不曾对川剧清音感兴趣，旅居沪上也不曾迷过越剧沪剧，但是入京后却摇身一变成了铁杆昆曲票友，原因盖非昆曲本身，而是迷上了哈尔飞戏院唱昆曲的当红女优小怀玉。

小怀玉乃江南苏州人氏，自小唱戏练功，身形婀娜眼波流转，一招一式皆传情达意，一颦一笑均连钩带电，加上一口媚死男人的吴侬软语，把个张大千迷得神魂颠倒、魂不守舍。自古名士多风流，不为金钱便为红颜。大千为取悦美人不惜天天赶会捧场，豪掷银子争点怀玉小姐的戏牌。娱乐圈盛行捧名角，那一班公子王孙与豪门阔少彼此较劲互不相让，争风吃醋和千金一笑的狗血剧本几乎天天都在上演。但是大千与那帮酒囊饭袋的公子阔少不同，画家将专为怀玉小姐绘制的《仕女图》赠予美人，感情的天平就悄然发生了变化，戏台上那双"美眸盼兮，巧笑倩兮"渐渐不再随波荡漾，而是变得心有专属情有独钟了。

很快，两人便花前月下山盟海誓，君有情侬有意了。大千常为怀玉小姐挥毫作画，而情人自是最佳模特儿。于是晨风朝露兮美人出浴，花前月下兮媚娘思春，这一时期画家的灵感与才华如江河喷涌、火山爆发，他力求人物画线条简练神形兼备，寥寥几笔便勾画出东方美人的万种风情和绝代魅力来。

怀玉小姐掳走画家的情，大千用画笔征服美人的心，他们双双

共坠爱河成为爱情的俘虏。当张大千要将这段情修成正果，也就是正式纳怀玉为妾时，他再次面临那道难以逾越的障碍。虽然当时京城纳妾之风盛行，但是大千要纳戏子为第三房却不那么简单，他是个遵从古训的孝子，因此家族意志就是横亘在他面前的大山。

他硬着头皮修书一封，恳求得到母亲和众兄长首肯。

结果毫无悬念，八弟的纳妾计划遭遇家族的激烈反对，母亲甚至怒斥儿子不忠不孝，引戏子入门是辱没张氏家风，若不改弦更张定派兄长们进京捉拿。

张大千的爱情小船遭遇搁浅，两人只得分手。

殊不料"失之东隅，收之桑榆"，情场失意的画家却在人物画创作上突飞猛进，收获了沉甸甸的创作果实。他笔下的仕女多情感丰富、生动传神，这批画作进入市场大获成功。名画家叶恭绰看过张大千的仕女画后由衷感慨：何为"曹衣出水，吴带当风"？当今蜀人张大千是也。

一时间大千人物画在京城名声大噪。

这段与梨园女优的短暂爱情只是画家情感生活中的小插曲，几年后张大千又不可救药地爱上了在天桥唱京韵大鼓的十九岁女伶杨宛君。此时画家已经名动天下，而母亲大人也已仙逝，尽管老家仍极力反对，他终于不顾一切如愿将其娶为第三房太太。

这当是后话。

4

张大千与溥二爷、余四爷日日出入京城戏院，坐包厢点戏牌，有人点头哈腰地伺候，完全是昔日豪门王府的奢靡生活气派。现在南方来的草根画家张大千也跻身上流社会享受荣华富贵了，前提当然是腰包里的银票足够多。

那时在京城混圈子，不会听戏捧角是件丢脸的事，所以上流权贵、名人雅士都舍得出钱点戏牌。此时大千的画已有行情,假画更是遍地开花,加上初入圈子更要面子,于是每看戏必抢着点戏牌,必花钱捧角,有次竟点了红遍南北的名旦梅兰芳主演的《打金枝》。

梅兰芳果然是位响当当的名角,唱念做打无一不精,那音色婉转不输娇娘,造型柔美身段婀娜多姿,把个金枝玉叶的升平公主演得出神入化、倾倒全场。大千疑惑道:一个大男人,怎可以比女人更像女人呢?

余四爷笑道:因为男人比女人更懂女人的缘故。

既然点了名角的戏,终场便要请吃宵夜,地点在京都饭店的御膳房。大家吃着花茶点心闲话刚才的剧情,纷纷赞叹天下绝色非梅爷莫属,梅爷不论唱腔、身段、戏妆、做派无人可比。

正说着话,梅爷从外面进来,即使卸了行头也依然光彩照人。大千心中喝彩道:好生养眼!不过倒是值得好好替他画张人物像。于是一边傻傻地望着,一边就在心中勾画起线条来。

正望得痴迷,只见梅兰芳对自己深深鞠一躬说道:八爷破费点戏,还要请饭局,小生在此谢恩了。

不愧是戏台上的当红名旦,连说话表情都是戏里的唱腔做派,大千还未说话,余四爷便抢着说:看看你们二位,八爷豪气美髯,活脱脱一个演武戏的黑头;梅爷天生丽质赛过天仙,大家今晚须饮酒作画,一醉方休才可。

大家都叫好,于是取来笔墨砚台,铺开纸来画画题诗。

大千不假思索,蘸墨挥毫一气呵成,众人细看时,原来却是一幅《假戏真做打金枝图》,那众星拱月的升平公主不用对号就是一个灵光四射的梅兰芳。溥二爷题诗戏曰:丽质天成娇公主,怎堪恶胆一鲁夫?余四爷接龙题曰:幸得梅生慈悲怀,管教黑头无地遁。

梅兰芳本是天资聪慧悟性极高之人,除登台唱戏外,兼修四书五经天文地理,乃至琴棋书画诗词歌赋无一不会。大千画中有种非凡灵感汹涌而来,顿时令他倾倒折服。天才之交即是心灵之约,只需一个会意眼神、一个彼此感应即可。梅爷当即提出向大千学画，众人起哄撮合，这黑头与公主便结下了笔墨缘分。

二人遂成终生朋友。

从此张大千成为不折不扣的京戏迷，并以梅派票友自居，天天呼朋唤友捧角唱戏乐此不疲，尽管他连北方卷舌音也说不好。直到许多年后移居海外，他时不时还要在家中穿戴起京剧行头来，扮一回武生黑头，自娱自乐过一把戏瘾。

当天才迷失自己后，他其实什么都不是。心灵渐失光芒，他便只是尘世中的一介平庸之徒而已。

5

二十世纪初叶，京津租界率先时兴一种猜诗谜和打诗条的赌博，称"搏戏"，就是雅赌。搏戏与今天猜灯谜、做藏头诗的文字游戏差不多，只是有局有庄，庄家称"诗社"，赌资大小自行议定。参赌者多为无所事事的前清遗老、士大夫阶级和上流风雅人士，他们都曾饱读经史学识不凡，自诩"谈笑皆鸿儒，往来无白丁"，骨子里却比卖力气的白丁更加空虚，因此搏戏之风一时间风靡京、津、沪各大城市。

张大千很快陷入搏戏不能自拔，照他日后的自我检讨是：余少略不检束，颇好搏戏……无日不往，无往不负也。

赌博自然不能只靠运气，因为运气不会总站在你一边；也不能靠小聪明，因为运筹帷幄的庄家肯定比赌徒谋划周全，所以没人保证只赢不输。"笑看云起云落"的只有两边抽水头的做局者。

这天大千又早早赶到诗社，赌局对手是几位声名显赫的前朝遗老，所以赌注也都下得格外大。张大千先赢几注，心中亢奋，看见有人拿出珍稀古董和字画来下注，就按捺不住加码，所以场面格外刺激。但是他的好运气很快用完了，接下来输得一败涂地，不仅身上的银票全输出去,还向庄家借了一大笔银票,转眼间又输得精光。

输红眼的张大千无路可退,此时他身上还揣着一件珍宝,那就是张氏家族的祖传之物——王右军《曹娥碑》。此卷宝物本不该带在身边,张大千平日用功临摹都避人眼目秘不示人,但是这天活该要出事,碑帖随身带着不说,还被他阴差阳错地带进赌场。

赌场无天良,如刑场无钝刀,即使"一失足成千古恨"的悲情戏天天上演,也照样有人前仆后继。接下来的赌局更像一场噩梦,赢家乘胜追击,输家一败涂地,张大千只得押上祖传宝物背水一战。此时他已无可救药,除了向魔鬼典当灵魂外别无选择。

最后的结局可想而知。当张大千两手空空走出诗社,天上正泼着豪雨,冰凉的雨水击打在滚烫的脑袋上也浑然不觉。他昏昏沉沉不辨方向,走在大街上犹如梦游一般。

有好心人叫辆黄包车把他送回住处,下车后却发现身无分文,只好脱了衣服抵车钱。回到屋子倒头便睡,这一觉直睡得昏天黑地不省人事,有人擂破门也听不见。

最后那人只得弄开窗子进来把他推醒,大千这才懵懵懂懂地坐起身来。那人冲他耳朵嚷道:八爷,不好了!

他说:什么好不好?我的东西怎么没了?

那人莫名其妙说:什么东西?——出大事了!

他这才恍然记起,自己昨天不仅输光了身上的钱,还输掉了那卷传家之宝王右军《曹娥碑》!

这一惊非同小可,眼前迷雾散去,只见一束明亮的阳光穿过窗户斜斜地打在地上,他认出面前这人就是琉璃厂字画店的熟人齐老板。齐老板说:八爷,津门江二皮知道您作假石涛骗他的事,派人上北平寻你来啦。

张大千反倒平静下来,他说:来又怎样?

齐老板急得要给他跪下,声音里透出哭腔来。他说:我说八爷您快逃命吧!人家已经放出狠话,要么赔钱,要么剜眼剁手割舌头,

您不怕今后吃饭没家伙吗?

张大千终于意识到问题的严重性了。可是他转念一想,自己逃走别人怎么办?齐老板还拖家带口有一大家子人哪。

没想到齐老板反倒松口气,他狡猾地笑笑说:只要您逃走就阿弥陀佛了,我往您身上一推不就得了?又不是我造假画。

张大千觉得这个商人很聪明,比自己聪明多了,简直是个天才。他想笑却笑不出来。人生在世,千万别自作聪明,别把自己宠坏了,否则一败涂地连后路都没有。他点头道:好好,我走,你替我想想,去哪里比较安全?

齐老板急得直跺脚,说:我说八爷啊,您怎么聪明一世糊涂一时?您当然应该回您南方老家呀。如今天下大乱南北割据,就是奉天张大帅也出不了山海关哪——我求您了,快快逃命吧。

张大千出门时望望天空,京城的天空乌云斑驳却有半边斜阳努力照下来,远处熟悉的故宫在他眼中也变得像座半明半暗的鬼城。"我本楚狂人,凤歌笑孔丘",年轻天才曾经满怀雄心壮志,欲在皇城帝都大展宏图闯出一番事业,但是当他奋力挤上乱糟糟的京汉铁路火车时却像个难民,心灰意冷两手空空。人生如战场,他输掉的不仅是钱财名声和传家宝物,更有支撑他信心和激情的那个精神目标。

汽笛长鸣,列车载着这个衣冠不整、心情沮丧的年轻人驶向夜幕掩护下的南方大地……

第十二章　长兄如父

1

与北方深陷精神危机的八弟张大千不同,二哥张善子自从决定弃官从文之后,就拿出当年救国救民的奋斗精神来刻苦习画。

这是一个知天命之年的中年人的从艺之路。

他自知天分有限且时不我待,因此目标明确全无杂念,天天勤奋创作、专攻画虎,自号"天下虎痴独一人"。功夫不负有心人,不出几年时间,"张老虎"的名气越来越大,"虎痴"不仅在国内画坛崭露头角,就连号称"万金油大王"的南洋富商胡文虎也专程登门求画,将虎画印在全球知名的祛暑良药"虎牌"万金油商标上。

一时间南北皆知"张老虎"。

画虎之难,不在摹形,而在于绘神。当时中国尚无动物园的概念,如欲得见兽中之王真身,你就要去到老虎出没的深山老林作观察,没见过老虎的人如何能画好老虎呢?据说北宋大画家李公麟为画老虎,就在深山老林搭个树棚,苦守数月终于得见老虎,由此笔下的百兽之王才威风凛凛栩栩如生。善子颇受启发,须知画家"眼前有千山",方能"胸中有奇峰",最后才能"笔下生丘壑",这就是生活与艺术创作的辩证关系。

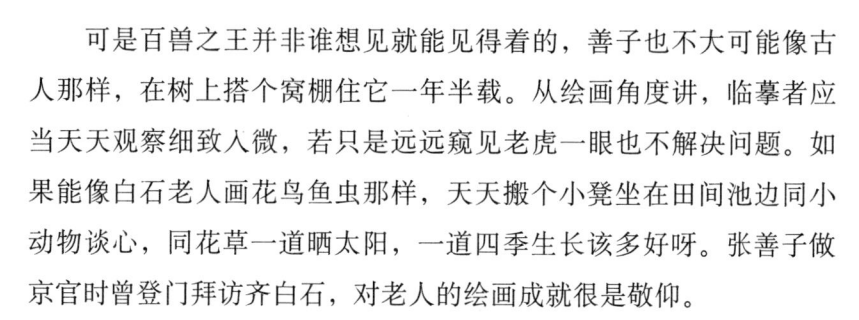

可是百兽之王并非谁想见就能见得着的,善子也不大可能像古人那样,在树上搭个窝棚住它一年半载。从绘画角度讲,临摹者应当天天观察细致入微,若只是远远窥见老虎一眼也不解决问题。如果能像白石老人画花鸟鱼虫那样,天天搬个小凳坐在田间池边同小动物谈心,同花草一道晒太阳,一道四季生长该多好呀。张善子做京官时曾登门拜访齐白石,对老人的绘画成就很是敬仰。

忽一日,江城武汉传来消息,时任鄂西驻军郝梦龄部意外捕获两只幼虎,郝将军与善子素有交往,来电询问"虎痴兄是否愿意收养?"

这才是有心栽花无心插柳,等于天上掉下个大金娃娃。善子大喜过望,机会千载难逢,他一面电告郝军长派专人看护好虎崽,一面连夜启程,水陆并进赶往武汉。

时值炎夏,武汉为南方著名的火炉,画家一路忧心忡忡,担忧溽暑天气或者人为原因致小虎有所不测。

果不其然,等善子赶到武汉,两只尚未断奶的虎崽均已气息奄奄、命悬一线,那些鲁莽大兵哪管小动物吃奶不吃奶,只管胡乱扔些猪牛骨头给它们就算完成任务。善子心疼之极,连忙请来汉口协和医院的洋医生抢救,好歹救活一只雌虎,另一只雄虎不幸夭折。

他为虎崽取名"虎儿",视若心肝宝贝,日日以牛乳、洋奶粉亲自喂养,待其身体康复后携之乘船返家。不料客轮拒绝虎崽登船,理由是怕惹麻烦,无奈之下他只好再次求助郝军长,最终成功搭乘一条军用船返回安徽郎溪林场,成就一段画家与老虎的世纪佳话。

这头活泼可爱的小老虎很快就成为张府上下的宠儿。

虎儿虽然仅有两三个月大,但是灵性之高,记性之好,领会事物之快,除了不会说话外什么都懂,简直令人叹为观止。比如它饿了会来求人,那眼神活脱脱就是一个吃奶孩子;它对待那些猪狗们的剩菜剩饭剩骨头根本不屑一顾,保持着与生俱来的高贵血统和王者尊严。它既不会忘记人类对它的加害与虐待,同时也牢记人类的抚养与恩惠。它不情愿的事情任何人都无法强迫它，但是只要它认同你，晚上就会悄悄爬上床来跟你挤被窝，还会拖着你的裤腿表达它的看法。一旦到了小狗、小猫、小鸡、小鸭面前，它立刻就恢复了百兽之王的威风，即便一声尖声奶气的呼啸也足以令小动物们魂飞魄散四处逃跑。

张善子与虎儿感情日深，他由此领悟出许多超越绘画的心得看法来：虎为百兽之王，绝不仅仅因为身高力大厮杀勇猛，更因为它拥有一个足够聪明的大脑，以及一颗包容丛林世界的心灵。老虎贵为山林之尊，它的一举一动都传递出大自然不可违抗的生命法则和信息密码，这与万物之尊的人类多有共同之处。他将自己对虎儿的观察和感情融入画中，将老虎与人类世界融为一体，以虎喻人，以人绘虎，由此绘出日后名声大噪的系列虎画《十二金钗图》。

就在善子绘画渐入佳境之时，老母曾友贞染病卧床，遍请名医治疗均不见效，他只得发电报急召在外地的兄弟家人火速赶回探视。很快，在外经商行医的丽诚、文修都赶回家中，唯独八弟大千没有音讯。曾母对跪在跟前的三个儿子流泪道：老八、老幺怎么不回来？他们一定把自己的老母亲忘了吧？我要是没能见上他们一面，你们父亲那里我是万万不能去的，去了怎么向他交代啊？

众兄弟面面相觑。

君绶蹈海殉情的噩耗一直对母亲隐瞒着，只是假托到外国留洋，路途遥远不得而归。善子禀告道：幺弟人在外国，那个漂洋过海的地方，没有一年半载哪能赶回来？八弟听说已在路上，您老人家好好养病，等到八弟回来孝敬您。

老人家信以为真，睡着了嘴里还在念叨老八的名字。可是老八人在北平，是否接到电报，回来与否却无下文，令三兄弟愁眉不展、无计可施。善子下决心道：我今晚动身上路，不信把他押不回来！

从偏僻的安徽郎溪到北平不仅路途遥远交通不便，一路骑马坐轿还要换乘汽车火车，从原始脚力到现代交通工具都要体验。更兼

南北军阀混战烽烟四起，善子北上将是一趟充满未知风险的艰难行程。但是为了老母心愿也别无选择，家人只好为善子收拾行囊，连聪明的虎儿也觉察出主人的异常动静，咬住善子裤腿不肯松口。

就在人们忙得不亦乐乎时，一个女佣颠着小脚赶来报告：二爷、二……来啦！

善子皱起眉头呵斥道：你添什么乱？谁来啦？

女佣立稳脚跟，才把话吐明白：八爷……八爷回来啦！

大家连忙拥出门去，只见一个长髯齐胸的青年男子风尘仆仆地走进家门。

果然是老八大千回来了。

2

大千归来令众人喜出望外，大家以为他是接到电报赶回来尽孝的，不料大千一头雾水，原来他是出逃回家避难的，只是时间巧合而已。

如今天才无敌放浪形骸的老八已经成了家族的一块心病，他的才华总是与恶名相伴。你看他们张氏一门，二哥善子事业有成闻名遐迩；三哥丽诚经历"撞船事件"破产后东山再起，是支撑家族经济来源的顶梁柱；四哥文修师从名医走上悬壶济世之路。正是三位兄长齐心协力，才撑起张氏家族的一片天空来。唯有老八张大千耽溺享乐不走正道，他在北方那些所作所为的传言虽令家人有所耳闻，但是干着急也没有办法。三位兄长看得明白，古今不乏"江郎才尽"的悲剧，杀死天才的凶手往往不是别人，正是天才自己。

但此时，老八回家就是喜讯，他们不及深谈，消息早已传到母亲房中。张氏兄弟都是出名的孝子，大千只一句：娘，八儿回来了。便哽咽跪下。

老人家没有作声，只从被窝里抖抖索索地探出一只枯手来抚摸儿子的脸，大千连忙接住母亲的手。这是一只什么样的手啊，干枯、僵硬、冰凉，像一段枯槁的树枝，难道这就是他曾经无比熟悉的母亲的手么？那双手曾经多么温润细腻，多么灵巧柔软，不仅哺育张氏兄弟姐妹多人，还能绣出白云飘荡的天空、绿草如茵的大地、色彩鲜艳的花卉和栩栩如生的小鸟来。母亲曾经拥有整个世界，母亲的双手巧夺天工无所不能。

如今母亲的世界一去不复返，这双手实在太老了，它们疲惫、干涩、没有生气，也不再灵活生动，而她的儿子也各自长大成人，都有自己的天空和海洋，不再需要母亲悉心哺育照料。可是身为儿子的大千可曾想过，如果缺少儿子的爱和孝敬，母亲那颗渐行渐远的心将会怎样地失望，将会被一片黑暗的冰水怎样无情地淹没呢？

张大千把脸贴在母亲手上，他哭了。

刹那间，童年的温暖感觉回到儿子心中，就像航船回到熟悉的港湾，冻僵的心灵渐渐苏醒。母亲就是母亲，只消一声叹息，一个眼神便直抵儿子的心灵深处，因为再伟大的天才也是母亲的儿子，也是亲情滋养的血肉之躯，也在娘胎里十月孕育一朝分娩。当这个误入歧途的天才受到亲情召唤，他的蒙尘良知被亲情之手擦拭之后，人性的光辉重新照亮他的内心世界，于是悔恨的眼泪滚落下来，渐渐润湿母亲那只毫无生气却被儿子攥紧的手。

从这天起，大千天天跪在母亲病榻前精心侍奉，既是尽孝弥补，更是闭门思过。

这天晨起，一缕金灿灿的阳光照进病榻，母亲唤他道：八儿，你来背我出去走走，我要晒晒太阳。

家中本来备有滑竿，但是母亲偏要儿子来背，于是儿子上前来背起母亲。母亲的身体轻飘飘的，简直就像一片云絮，一团快要抓不住的雾气。儿子一阵心酸，这就是自己的母亲啊，如果云飘走了，雾散开来，那就再也背不住了。

他们走进庭院，家人在那里布置好躺椅，但是母亲又摇头道：不，

我要去外面走走……我要让乡邻都来看看,我家老八回来了,我的儿子回来了。

大千顺从地背着母亲迈出大门。

这该是怎样一幅渗透人性光辉的图画啊。未来享誉世界的艺术大师背着他年迈体衰的母亲,母子俩的身影在二十世纪中国乡村的泥泞土路上踽踽而行,另外三个年长儿子则亦步亦趋跟随其后。母亲一路开心地同乡邻打招呼,老人骄傲地向大家宣布,是我家老八回来了!

大千听得出来,母亲恨不得向全世界发布喜讯,这一刻她老人家内心的满足和幸福充溢天地之间。母亲一辈子含辛茹苦生养儿子,又将生命化作乳汁点点滴滴哺育他们,这似海恩情儿子一生一世也无以回报,哪怕摘下天上星星也回报不了。儿子内心充满感动与内疚,他回来晚了,现在只要母亲高兴,他愿意背着母亲一直走下去,哪怕走到天涯海角,一直走到永远。

可惜的是,道路总有尽头,人生终有一别。

脸上有汗珠滴下来,母亲察觉了,伸出枯槁的手来替儿子擦去。她叹口气道:八儿,咱们回吧。

儿子说:我不累,背着您,走到天黑也不觉累。

母亲笑了,听得出她很舒心。老人轻声斥责道:傻儿子!哪有背人不累的,听娘话,咱们回家去!

回到院子里,大千搬来一只木盆,打好洗脚水,小心地替母亲取下裹脚布,然后跪在地上替母亲洗脚。

一只小木盆里盛着的不仅是热水,更是儿子热气腾腾的心意和感恩之情。母亲微闭着眼睛,表情宁静有如婴儿。老人家有生之年享受这番宝贵的天伦之乐该是多大的安慰啊。老人家从前对儿子的气恼和不满早已一笔勾销,儿子则轻轻替母亲按摩揉搓,口中嘘嘘地吹着气,生怕热水烫着母亲,或者惊扰母亲的香甜梦境。他愿意母亲做上一个世界上最长最深的梦,让这个梦托起母亲对于世事亲情的全部满足而无所遗憾。

不料母亲忽然睁开眼睛，她说：老八，你记得我的寿辰么？

大千恭敬回答：当然记得。母亲寿辰是农历十一月二十四日，儿当为母亲做七十大寿。

母亲点头道：八儿，你能答应我一件事情么？

张大千连连点头。

母亲认真说：今后好好和老二一起画画，不再东游西逛好么？

母亲的意思很清楚，儿子在北方那些荒唐事令老人家很生气，她担心自己不在了，儿子还会远离家乡继续胡闹。儿子规规矩矩答应道：是，母亲。儿保证听您的话。

此后一段时间，大千的行为举止果然收敛许多，与善子一道努力画画直到母亲去世。

3

母亲心情一好，病也有了起色，可下床去堂屋打坐。

这天她将大千唤到跟前问道：老八，那部祖传《曹娥碑》在你手中么？取来我看看。

老人从前是临过碑帖的，所以惦记着这本祖传之物。大千一时竟然张口结舌答不上来。

母亲怀疑道：莫非你……弄丢了？

大千连忙否认道：哪里的事。碑帖我原本带在身边，只是这次行程匆忙，放在朋友那边没有带回来。

母亲并不疑心，只是嘱咐他尽快找人取回，祖传碑帖应该放在家中，好让祖宗看见放心。言语中已有责备儿子不该私自带走的意思。

张大千口中诺诺，心头却如撞鹿，他知道自己祸闯大了。

这部祖传《曹娥碑》抵押给庄家时，当初疏忽并未声明几时赎回，日子一长花落谁家就很难说了。他连忙托人去向庄家打听，却被告知抵押物已经卖给典当行,而典当行卖给谁便无法查清了。

　　同时天津方面传来一个更加可怕的消息,江二皮已经得知张大千逃回南方,将派杀手南下追杀。

　　这下子张大千彻底没辙了,他不仅惹来一堆祸事缠身,赌输了传家之宝,还把祸水引向家里。一旦杀手果真追杀到郎溪来,岂不是一家老小也跟着受连累?

　　二哥善子看出老八愁眉不展茶饭不思,知道他揣着心事,这天便约了兄弟四人一道出门来登石佛岭散心。

　　石佛岭为皖南佛教名山,属黄山余脉,素有"小九华"之称。山势峻峭竹木葱茂,怪石嶙峋千姿百态,他们一路走走停停,也观山色,也赏美景,登地藏殿、盘龙寺、临大悲楼、祖师殿,走得累了,便在慧明古寺一株千年重阳木跟前坐下来歇脚吃茶。

　　僧人奉上茶水,善子指着盖碗里碧绿的茶叶说:你们看,这就是郎溪著名的朝廷御贡"瑞草魁"。唐代大诗人杜牧《题茶山》诗云:"山实东吴秀,茶称瑞草魁。剖符虽俗吏,修贡亦仙才。"

　　大家端起茶碗来品尝,果然满口留香,纷纷称赞好茶。

　　大千回忆起北京漂荡那段日子,竟然遥远得如同一场秋梦。他心里想,从前这朝廷御贡该是进了恭王府的,不知如今溥二爷能不能喝上瑞草魁呢?真是此一时彼一时,人生如梦世事如烟啊。

　　善子眼看八弟低头不语,便指着头顶上华盖如伞的古树提醒大家道:你们来看这株重阳古木,阅尽世事沧桑人间春色,虽树身已朽,却逾千岁不倒,依然郁郁苍苍枝叶繁茂,何故也?因为它的树根深扎于山石间,淬日月之精华,汲大地之灵气。如若做一棵草,便早已化为尘埃腐朽掉了。

　　丽诚心领神会,也点头道:二兄长说得极是。即以经商为例,如若只做投机生意,计较眼前蝇头小利,不看长远大计,便是那棵没根底的墙头草。只有诚实经营百年老店,市场才有你的一席不败之地。

文修也道：行医亦如修行，救人当如做人。医术无精，则救人无力；医德无行，则无力救人。此乃人生至理也。

张氏弟兄四人，平日天各一方，难得济济一堂各抒己见，但是老八偏偏心头有事，提不起精神来响应，不免有些冷落了众兄长的兴致。善子看他心病不轻，便起身道：你们都跟我来，有件天下稀罕之物不可不看。

原来山后有座巨石，高达丈余，看上去像只头重脚轻的纺锤。善子对大千说：你去用力推推看。

大千望望巨石，心想少说也有数万斤重量，仅凭一己之力如何能撼动分毫？但他还是用力去推那巨石，这时奇迹发生了，巨石竟然晃悠悠地动起来。

善子说：既然以八弟一人之力也能撼动，我兄弟四人一齐用力，试试能否将其推倒？

于是四兄弟一齐发力，偏偏怪事又发生了，那巨石反倒稳如泰山不动分毫。大千奇怪道：咦，明明刚才已经晃动了，怎么四人用力反倒不动了呢？

善子笑道：这就是天下奇观的"风动石"。表面看似悬在地面，细究起来你却发现它的根基入地甚深，最绝妙之处还在于，乍推即动，再推不移，就是上来一二十条壮汉也休想推倒它。

众人恍然大悟，啧啧称奇。

善子意味深长道：此石若无根基，一万年前早就垮掉了，轮不到今日你我来推它。做人当如是，若无深厚根基随波逐流，则无以立世，谈何君子立言、立德、立名三不朽？

他们重新回到古寺喝茶，气氛已不似刚才沉闷。丽诚直截了当说：八弟我看你心中有事，不妨说出来大家听听。

大千看见三位兄长都用诚恳关怀的目光望着自己，心中不禁涌出一片暖流，隔阂的坚冰渐至融化。他就将压在心头的重负一股脑吐出来。

兄长听完无不震惊,他们虽然猜到这个不安分的八弟一定在外面闯了祸,但是没想到祸事闯得如此之大,不仅赌输了祖传《曹娥碑》,还遭天津黑恶势力追杀。如此一来,不但病重的老母亲那边没法交代,还可能给家族引来杀身之祸!

善子道:古人云"是福不是祸,是祸躲不过",东躲西藏并不能弭祸消灾,你一害怕那冤家灾祸就不来找你么?我想就此告诉八弟一个做人道理,独木易折,树林难毁;兄弟齐心,其利断金。当你一人在外行事时应多想想家人,想想你的老母亲,你的兄弟,还有你的妻子儿女,老张家那么多人站在你身后,他们都是你的亲人,血脉相连荣辱与共。你的所作所为应当对得起他们,那么家族就会在你有难时伸出援手,替你遮风避雨。无论何时何地,亲情和血缘把我们捆绑在一起,任何力量都无法把我们分开。

兄长的肺腑之言令大千幡然悔悟,成长是需要付出代价的,天才也不例外。幸运的是,在他人生中有三位胸怀大志的智者兄长替他指引道路保驾护航,在他面临人生劫难甚至灭顶之灾之时伸出坚强援手。这种骨肉之情就如头顶这株古老的重阳木,为大千成长撑起一方遮风避雨和休养生息的天空来。

4

转眼间夏日已过白露为霜,天空出现南迁雁阵,地上已是一派落木萧疏的冷落秋景了。

这期间张大千专心在郎溪与家人团聚,也发奋攻书,闻鸡而起写字作画,白日里守着病榻为老母亲尽孝,或背母亲登山散心,或替老人熬汤洗脚。老人家逢人便夸我家老八如何孝顺,一生的辛劳都化作这一刻的甜蜜幸福了。

早在立秋前,二兄长善子便神秘离家不知去向,直到冬至将临,善子依然未归、没有音讯。母亲在饭桌上狐疑地问大家:老二这久不见人影,上哪里去了?

三哥丽诚忙答道:二兄长在南京做事的朋友,邀他去谋划政府大事了。

母亲失望道:难道我过七十寿辰,也赶不回来么?

文修说:二哥说过,他一定要赶回来为您老人家祝寿。

眼看母亲大寿临近,天寒湿冷,仍然挡不住张府一派火红的祝寿喜气。张家人摆起寿宴,搭起戏台,从凤阳请来戏班子连唱三天大戏,四邻八村的乡民都赶来看戏。老寿星高兴得合不拢嘴,她唯一的遗憾就是老二善子还是没能赶回来。

祝寿高潮是在傍晚,张氏兄弟率领妻小依次给老祖宗磕头献礼:老三丽诚孝敬的是一架德国手摇留声机,能为寿星天天播放她喜爱的凤阳花鼓和黄梅戏;老四文修孝敬的则是延年益寿的人间珍品东北人参和天山灵芝;老八大千早已准备好一对珍稀鹿茸,据说还是前清宫廷的御用之物,连慈禧太后和光绪帝都离不开它……

眼看祝寿已近尾声,宴席也冷了,看戏的也散了,说话的人也困乏了,这时却有一群裹着厚厚棉袄须发皆白的客人呼啦啦地闯进门来。为首者掀起皮耳帽子,众人一看不由大喜过望,原来正是他们翘首期盼的二兄长善子赶回来了。

善子身后跟着许多远道前来的客人,他向大家一一介绍:叶恭绰、张师黄、张目寒以及李祖韩、李秋君兄妹、谢玉岑谢稚柳兄弟等人,他们都是专程赶来郎溪为老人祝寿的。

有朋自远方来,不亦乐乎。

于是新一轮祝寿高潮再次掀起,客人纷纷送上祝寿贺词,献上寿礼,令老寿星欢喜得合不拢嘴。最后出场的二哥善子已经换上长袍马褂,口中称颂母亲大恩大德,恭恭敬敬长跪不起。母亲心疼道:你外出已有时日,路途颠簸劳顿,令我好生牵挂。

善子自责道:儿子不孝,令母亲挂记受累,今后一定不会再迟到了。

他取出祝寿礼物，那是一件装帧精美的物件，双手毕恭毕敬呈给母亲道：母亲大人日前向八弟索取祖传之宝王右军《曹娥碑》，儿专程代八弟取回，请您老人家过目。

张大千几乎不敢相信自己的耳朵，原来二哥外出这段时间，竟然把他赌输不知去向的《曹娥碑》寻回来了！

他的眼睛湿润了。

母亲并不知道个中隐情，她将碑帖舒展开来过目。这件祖传之宝她老人家不知道临摹过多少遍，熟悉得有如自家手掌。她高兴地嘱咐道：只要我还有一口气，便要时常过问它。我们老张家几经破败，已经没有留下什么东西，倘若祖宗留下的最后一件东西都要败光了，我还有何面目去那边见你们的父亲。你们记住，今后谁敢打它的主意，谁就是不肖子孙！

母亲的话有如惊雷，句句炸响在老八脑袋里，那是家族的警钟长鸣，更是祖宗的铁规戒律。

5

张善子替八弟寻找祖传之宝的经历十分曲折艰难。

他先赶到天津。善子曾在北洋政府为官多年，官至总统府咨议、顾问，财政部佥事乃至地方县长等，在北方官场人脉深厚。他费了九牛二虎之力总算将津门黑道势力摆平，解除大千被追杀的后顾之忧。

但是要找回《曹娥碑》却比大海捞针还要难。

因为此物已被层层转手倒卖，泥牛入海不知去向，一时间发现线索都比登天还难。而后就算你千辛万苦找到买家，别人肯不肯放手，或者开出多高天价也未可知。为此善子四处寻访，不知道吃了多少苦头，费了多少周折，从北方寻到南方，从北京、天津、保定辗转追到上海、武汉、广州，最后线索还是断了。连卖家也不知道买走《曹娥碑》的藏家为何方神圣，只听说是个来头很大的人物。

张善子几近绝望之时，偶然听说苏州网师园主人张师黄曾经见过《曹娥碑》，并盛赞其为无价之宝。善子大喜过望，当即赶赴苏州登门拜访。

张师黄虽为官宦之后，却酷爱书画诗文，尤喜结交文人，对张氏兄弟的画名亦有耳闻。两人一见如故大有相见恨晚之意。善子告知寻访《曹娥碑》一事，师黄当即领他去见东园一位神秘人物，他就是曾经在北洋政府以及广州、南京国民政府出任过高官部长的辛亥革命元老，大名鼎鼎的学问家、收藏家和书画家叶恭绰（誉虎）先生。

原来，叶先生便是收藏《曹娥碑》的神秘买家。

当他得知善子为寻家传宝物不远万里四处奔波时，当即慷慨允诺归还碑帖，并与众人一道赶来郎溪为张母祝寿。

善子感慨说道：祖传之物《曹娥碑》失而复得，终得在母亲大寿之日完璧归赵，完全受惠于誉虎先生的知遇之恩和侠义之心，今我兄弟感激不尽无以为报。我提议，今有我大风堂珍藏古代书画珍品多件，以及我张氏兄弟书画作品，先生可任意挑选作为补偿如何？

但是叶恭绰却坚持要将《曹娥碑》无偿送还，他谦虚地说：能在伯母大人古稀寿辰献上贺礼，当是恭绰今生今世之荣幸，绝无物物相易的道理。善子道兄若要强赠字画，岂非陷恭绰于不仁不义？一旦传出去不是名声尽毁世人不齿么？

张大千心中的惭愧如有鞭打。

一个享誉南北的文化大家用高风亮节给他补上了一堂对比鲜明的人生课。古语云："以铜为鉴，可以正衣冠；以史为鉴，可以知兴衰；以人为鉴，可以知得失。"他从叶恭绰坚持的人文品格这面千古大镜中照见自己的迷茫与缺失，从此幡然醒悟痛改前非，这当是张大千的悟性与造化。试想如果这位年轻天才坚持执迷不悟，二十世纪艺术画廊中还会有那个傲立于巅峰的巨匠张大千么？

从此张氏兄弟皆尊恭绰为长,他们的友谊一直保持到晚年不渝。

这时网师园主人张师黄开口了。

人称"士林奇人"的张师黄对眼前仁义相交的一幕十分感佩。他当场发出邀请,善子大千举家迁居苏州网师园,今后大家日日相聚,写字作画谈诗论文,岂非天下一大乐事?

张氏兄弟先是有些迟疑,似乎不敢相信这个从天而降的意外惊喜,再看张先生那双诚恳的眼睛,表明园主人的态度是认真的,来自网师园的邀请也是认真的。

于是大家一起欢呼起来,把盏干杯互道祝贺。

第十三章　崭露头角

1

苏州网师园乃江南文化名园之一，吴语"网师"乃指渔夫、渔翁，网师园隐喻退居江湖、打鱼作乐之意。该园占地十余亩，始建于南宋绍兴年间，已有八百年历史，历代园主皆为官宦士大夫或者社会名流，虽不及北方王府气势阔大造型豪华，却更具南方山水的玲珑秀雅和韵味天成。

民国六年（1917年），奉系军阀张作霖以三十万两白银购得网师园，将其作为寿礼赠予隐居江南的前清大员张锡銮。雄踞一方的张大帅何以要厚赠一个解甲归田的退休官员呢？原来张锡銮在奉天将军任上奉朝廷之命剿匪，他本可一举剿灭匪首张作霖，将其赶尽杀绝枭首灭门，却因动了惜才之心，亲赴匪巢说服张作霖率众投诚并加以重用。后来的历史证明，张作霖果然不负厚望，成为拥兵百万统治北方的"东北王"。张作霖终生将其奉为恩师，购园相赠以报再造人生之大恩大德。

张锡銮去世，网师园则由其子张师黄继承，他将园林一分为三，称内园（竹园），东园（石园）和西园（枫园）。内园为主人居所，叶恭绰借居东园，西园空余芍药圃、桂花厅、玲珑馆等处，正好邀

约张氏兄弟与家人居住。

以南宋名园著称的网师园本身就是一帧绝妙的山水画卷：亭台楼阁相映成趣，小桥流水游鱼争宠，夏日莲荷胜似美玉，冬来雪景不输断桥。正所谓"人在画中走，画在笔下留"，果然是处名不虚传的江南私家园林。

网师园时期遂成为张氏兄弟创作最为旺盛的收获季节。

兄长和朋友的关爱督促大见成效，亲情和友情令大千重新找回那颗迷失在灯红酒绿中的艺术心灵，理性的光辉重新照耀着天才画家的精神天空。他收敛起欲望，一门心思投入习字作画与钻研艺术的创作中。当大千的心灵重返艺术家园，他的才华与灵感便如东升旭日般喷薄而出，朋友们惊喜地看到，一旦他进入创作状态便心无旁骛，常常不假思索一挥而就，虽寥寥几笔却干净利落不留瑕疵，于是那些令人惊叹的神来之笔就如天外来客，将意趣非凡的创意和想象力栩栩如生地凸显在笔墨之下和画卷之中。即使以张大千晚年作品来作比较，他的这批早期绘画虽然笔法不够老道，技法单薄却更显意气风发青春逼人，更加才华横溢不加节制，在看似随意却浑然天成的笔墨线条之上，随处可见泼洒的灵感火花如夜空繁星一般灿然跃动。

大千属于那种创作精力极为旺盛的高产画家，一旦作画便废寝忘食、通宵达旦，创作激情有如江河奔涌一发而不可收，有时一天竟可创作多幅不同题材的画，把旁观者惊得目瞪口呆、难以置信。

眼见八弟走上人生正道，二哥善子终于感到一丝欣慰，他那颗悬起的忧虑之心也有所释然。"世有伯乐，而后有千里马"，如无伯乐的执着眼光，那匹千里马也许终老一生都在拉车。以此类推，一些看似平庸的拉车马也许本来也是千里马，只不过不走运，没有遇上伯乐罢了。画坛天才张大千的幸运在于，上帝为他安排了一个相伴成长的伯乐，他的名字叫张善子。

对网师园新环境深为满意的还有那个取名为"虎儿"的张氏家

庭成员，善子将它带至苏州报恩寺，皈依方丈和尚仰光大师门下，赐法名"格心"。佛法无边，普度众生，连百兽之王都皈依禅林得道升天，一时在当地传为佳话。善子题诗一首云：法惟佛大，兽惟虎毒。佛法通灵，虎亦驯伏。偎师而眠，俨同家畜。视靡眈眈，欲无逐逐。都此禅宗，宜早学佛。

皈依后的虎儿身份得以擢升，凡入大风堂学艺者，除拜师张善子张大千李秋君外，还须向虎儿叩拜，称"少师"。主人已不再将它关在铁笼子里而是任其在园内自由活动，虎儿与人结伴而居，获得一方奔走于灵与肉之间的自由天地。

2

网师园濒临太湖，风景优美气候宜人，张氏兄弟常常约了叶恭绰、张师黄一道往湖畔散步。

一天，不巧天不作美，乌云密布天降大雨，四人淋得落汤鸡一般，匆忙躲进湖边一间无名道观避雨。道长是个半聋半瞎的老道，捧出茶汤招待香客，他们看见这座古庙破败灰暗，庙台神龛上并无元始天尊太上老祖之类仙人，却供奉一帧陈旧蒙尘的水墨画像。待凑近细看不由得大吃一惊，原来却是一幅唐代画圣吴道子的自画像。

吴道子（约680年—759年），自称吴道玄，开山水画风气之先，史称"百代画圣"。吴道子人物画更可谓"冠绝于世"，擅画佛道人物，远师南朝梁张僧繇，近学张孝师，笔迹磊落势状雄峻，姿态生动而有立体感。曾在长安、洛阳等地寺观作佛道宗教壁画三百余间，情状各不相同。据说落笔或自臂起，或从足先，均不失尺度；写佛像圆光、屋宇柱梁，或弯弓挺刃，不用圆规矩尺，一笔挥就。所绘人物，后人便以"吴带当风"誉之。

四人当场就看呆了。

叶恭绰欢喜道：若为画圣真迹，逾数百年而不朽，当为无价之

宝了。

善子叹曰：我等精诚所至，得与画圣不期而遇，幸甚矣。

张大千观察细微，他说：此画必为吴道玄真迹无疑。你们看那笔法，人物面部以焦墨勾线，衣衫则状如兰叶，或以莼菜线条表现衣褶，令其有飘举之势，这便是典型的"吴带当风"，亦称"吴装"。

待向道长请教画像来历，不料老道打坐无言。张师黄悄声说：是真神何必有声？古人谓"桃李不言，下自成蹊"，我等是也。

避雨古庙，意外与画圣相逢，冥冥之中似有某种灵感传递信息。雨停风住，他们出得古庙，一路沉默不语。

快到虎丘古塔跟前，叶恭绰本是学富五车的鸿学大儒，历朝历代的绘画典籍读得烂熟，他忽然冒出一句：绘画界有句公论，自唐朝吴道玄以降，人物画皆无出其右者。三位以为公允否？

善子、师黄点头称是。

张大千却不置可否，微笑不答，说明他胸中自有丘壑，令那三人微有诧异。多年后大千旧地重游又往古庙寻访，古庙却在雷雨中被闪电劈中烧毁，令人扼腕叹息。

不出月余，大千精心描绘多幅人物仕女图来向叶恭绰求教。恭绰细看那些画作，似已得吴道玄神韵，不禁点头感叹称道说：江山代有才人出，各领风骚几百年。以弟浅见，大千道兄花鸟画虽有上佳之作，但不如山水，山水可追董（其昌）巨（然），则不如人物。若大千兄日后专攻人物画，以其过人才华及天赐灵悟，则"吴装"后继有人矣。

殊不知此言正合大千心意。

凡才华出众者，眼光自高胸襟自阔，大千年轻气盛笑傲天下，已视花鸟鱼虫为雕虫小技，自认为专擅人物画可独步天下。叶恭绰语重心长道：集我大半生阅历，欲通古今绘画之道，解人物画之奥秘，唯有一方化外之地不可不到，到了不可不拜，拜了不可不思，不想，不悟，不面壁。此乃集古今艺术大成之圣地也。

大千听得一头雾水，忙问：恳请赐教。

叶恭绰口中吐出两个字来：敦——煌。

这是遥远的敦煌第二次进入大千的艺术视野。前一次当在宁波观宗寺，谛闲法师指点迷津，敦煌为佛教彩绘壁画荟萃之地。人生有时需要铺垫和伏笔，因为那时候西北路途遥远难以抵达，沙漠戈壁令人生畏，加之大千年纪尚轻缘分尚浅，或者说精诚未至金石未开，因此要以圣徒的姿态走向艺术圣殿敦煌取经面壁尚待时日。

3

随着张氏兄弟入住网师园，大风堂招牌也亮出来，吸引许多南来北往的文人墨客前来驻足造访。溥心畬、于非闇、陈散原、王一亭、郎静山、谢稚柳、谢玉岑、李祖韩、李秋君、叶浅予、郑曼青、张目寒等等都是网师园的常客，加上叶恭绰、张师黄等人，一时间竟形成一个江南画派的文人圈子。

有一天沪上画家郑曼青来访，主人张师黄在榭湖亭设酒款待，恰好善子不在家，大千便以大风堂主身份作陪。客人比张大千还小三岁，幼时便被冠以"书画神童"的名头，多次获得秋英会斗画大赛第一名，画名已在大千之上。大千哪里肯服气，于是二人都有暗中较劲的意思。酒过三巡，主人提议行"诗酒令"，众皆附议，设诗眼为"春、夏、秋、冬"，规定输家连罚三杯。

叶恭绰抢先道：东城渐觉风光好，縠皱波纹迎客棹。绿杨烟外晓寒轻，红杏枝头春意闹。浮生长恨欢娱少，肯爱千金轻一笑。为君持酒劝斜阳，且向花间留晚照。

他借用的是宋代宋祁名句《玉楼春·春景》。

张师黄则以宋代杨万里《晓出净慈寺送林子方》相对：毕竟西湖六月中，风光不与四时同。接天莲叶无穷碧，映日荷花别样红。

众人喝彩：好一个"映日荷花别样红"！

郑曼青高吟唐朝刘禹锡《秋词》：自古逢秋悲寂寥，我言秋日胜春朝。晴空一鹤排云上，便引诗情到碧霄。

引来众人纷纷点头赞赏。

轮到张大千，他以柳宗元《江雪》应对：千山鸟飞绝，万径人踪灭。孤舟蓑笠翁，独钓寒江雪。

第二轮再起，直至各人将春夏秋冬各自轮遍，不许重复，这下子张大千感到吃力了，他在诗文方面到底用功不多，底子薄库存有限，一旦急用哪里背得出这许多古诗词？何况还有不许重复的苛刻条件。众人都笑起来说：背不出不要紧，作诗赋辞原创更好。

大千终于露出败相来，他一连被罚了许多酒，烂醉如泥自不用说，还丢人现眼狼狈不堪。

过几日善子回来，眼见大千情绪不高，又得知行诗酒令的事，觉得正好有些想法应与他谈谈。世之谓"人无完人，金无足赤"，如果一个人因了自己的短处而懊恼，那就意味着他已经站在通往成功的大门口了。

午后他约了大千来登虎丘塔楼。

凭栏远眺，只见太湖水天一色烟波浩渺，大千触景生情道：人境哪堪比天境？说境由心生，不如说境由天成，我心随境罢了。

此时佛塔之上有风吹幡动，耳畔传来阵阵风铃之声，善子说：《六祖坛经》讲一故事：一日有风吹幡动，一僧曰风动，一僧曰幡动。争论不已，各持己见。慧能笑曰：不是风动，不是幡动，而是心动。心动者，天地皆入我心也。

大千毕竟悟性过人，顿时心有所动茅塞已开。再看那湖光山色，鸥鸟翻飞帆影点点，皆入胸襟而来。

善子又说：今人绘画者，先以古人为师，无论怎样临摹仿造，你都是跟在古人后面亦步亦趋，那是学画的初级阶段。古人的老师是谁呢？当然是天地造化，只有以天地为师者，汲取大自然精华方能达到创新目的，跳出古人窠臼。

大千聆听兄长教诲，看得出他的内心很严肃，全无平时那种桀骜不驯的浮躁之气。

善子望着他说：我知道你对莲父（曼青）不服气，你二人年纪相仿，书画也在伯仲之间，但是他在上海经营已久，名气上却大过你。以我之见，你对水墨技巧的把握和运用略高一筹，而莲父却在诗文修养和创作构思上领先不少，总体而论，今日你尚不如他，若能虚心学习取长补短，则今后未必不如他。

大千安静地听着。善子从兄弟那双清澈的眸子里看到希望，那正是他所期待的心领神会。何为启智？就是开阔胸襟打开眼界，虚怀若谷更上层楼，这是事业成功的保证。

他还告诉兄弟：诗人陆放翁说，汝果欲学诗，功夫在诗外。诗画同理，欲穷丹青之妙，功夫亦在画卷之外。观古今书画成大器者，无不将诗艺、书法、绘画、金石（治印）四件视作一体，谓之绘画之道也。古人有所谓：诗者，画之魂也。无诗则画中无魂，笔枯无趣。书法与绘画同源同理，金石治印彰显画家个性，亦可视为书画同源的延续。有研究者说，诗、书、画、印四件构成一只木桶理论，无论哪块短板都将制约画家水平的提高，你明白么？

大千频频点点头。

虎丘一席谈令大千受益匪浅，兄长的苦口婆心收到成效。大家惊喜地看到，从前玩世不恭的八弟有了很大变化，他除了专心致志刻苦绘画外，每天还要临帖练字，吟诗作文和学习金石篆刻。张氏兄弟还专程前往有"书法圣地"之称的兰亭朝圣，悉心揣摩书圣父子碑帖真迹，感悟书法大师穿越时空的艺术神韵和创造力。当张大千把几乎能找到的大家碑帖都反复临摹和细心揣摩过后，便开始独辟蹊径自创书法体，将宋徽宗瘦金体的清秀飘逸与颜体的骨感力道结合起来加以创新，从此在书画界独树一帜，后人称之为"大千体"。

这是自张大千从艺习画以来的最好状态，他的精神面貌焕然一新，内心趋于坚定，理智趋向成熟，文艺修养和绘画水平全面提高，

这正是张氏家族所希望看到的一个生机勃勃、健康向上的画家张大千。

而对大千本人来说，网师园时代是其一生中最重要的成长阶段，画家由此告别那个轻率任性和肆意妄为的迷狂时代，从此进入潜心创作和自我修炼的艺术新阶段。

斯人有幸，家人有幸，画坛亦有幸矣！

4

秋高气爽之日，网师园外来了两位大名鼎鼎的画家客人，他们都是园主人张师黄的老友：一位是以焦墨画名满天下的黄宾虹，另一位则是海派领军大师吴湖帆。

有朋自远方来，不亦乐乎。

主客茶叙一番，提起誉虎（叶恭绰）先生借居东园，两人大喜，当即由主人领路前往东园造访。

经过西园湖畔小桥，忽听空中传来一声惊天虎啸，吓得两人腿脚发软，险些掉下水去。这可真是骇人听闻的一幕，青天白日，朗朗园林，山水如画，人在画中，何来百兽之王仰天长啸？幸得主人一把挽住惊魂未定的客人，才将他们带到叶恭绰的居所东园。

恭绰已经得知消息，笑呵呵地迎将出来，客人本来心存疑惑，却见主人心安理得处乱不惊的样子，以为自己多疑便不好开口询问。大家再次坐定寒暄，吃过本地名茶"太湖翠竹"，恭绰兴致勃勃道：敝处正好有幅新作想要讨教，不期二位大师光临，真是幸甚。

黄宾虹忙问：誉虎兄新近有大作么？

叶恭绰把头摇得拨浪鼓一般说：非也！敝人拙作哪堪二位费眼，等过目再说。

书房画案上果然摊开一幅水墨，画中人物却是号称人物画鼻祖的吴道子，就是那位"吴带当风"的祖师爷。两人都是大师级画家，不消说眼力非凡，一眼望去只觉得心头一震，已然灵犀凿通。那画纸上的吴道子只管笑吟吟地望着他们，果然一介飘然道士。子不语，心相通，满纸都是灵气非凡。

两人大惊，再要细看，却寻不到何人题款，说明这是一幅刚刚收墨的新作。吴湖帆赞道：此画若非出自誉虎兄之手，到底为何人所作？快引我等一见，实在难得。

黄宾虹也叹道：这等神韵，便是吴道子转世也难得一见。

张师黄叶恭绰只笑不答，这时听见外面有人大声说道：听说吴、黄二位大师驾到，有失远迎啊。

原来却是张善子赶来了。

他们原本相识，只是黄、吴二人并不知道善子也借居网师园，于是重新寒暄一番，善子便力邀他们往西园小坐。

推开与东园相通的木门，忽见一头斑斓猛虎迎面扑来，险些把张善子扑倒在地。客人大惊失色，只听见善子厉声呵斥：虎儿！不许胡闹！有客人来，你要懂规矩！快回去趴下！

老虎果然善解人意一般，乖乖起身离开，那眼神竟然无比纯善温顺，并无山中猛兽那种凶残暴戾的野性。客人连连称奇，才知道原来善子日日以真虎为模特作画，真乃天下一大奇事也。

玲珑馆原本是园主收藏古玩珍奇的休闲馆，现在已被改造成一间宽敞明亮的画室，只见画案上还有一幅未曾完稿的《迎风菡萏写意图》，画面线条简洁遒劲，那株含苞欲放的尖尖小荷竟如弯弓流星一般蓄势待发一飞冲天。留白处已有题诗曰：小荷才露尖尖角，谁道百花不如我？安得冲天得一怒，一世红颜也风流。

张师黄拍案叫绝：好一个小荷才露尖尖角！此画真乃诗中有画，画中有诗。更兼这书法了得，似得书圣神韵，展露大家气象也。

众人俱交口称赞。

吴湖帆转向张善子说：刚才已在誉虎兄那边见识一幅吴道子人物像，未曾题款署名，想必也出自善子道兄笔下？

黄宾虹也道：三日不见，当刮目相看啊。善子兄书画俱进，才艺果然了得，可喜可贺啊。

张善子眼见二人误会，连忙解释道：此画非吾所作，乃胞弟所画也。

两人俱感疑惑，他们倒是知道善子从前有个颇具才华的胞弟，可惜青春年少不幸蹈海殉情，此新闻曾一度在上海沸沸扬扬尽人皆知。莫非那个殉情的故事只是讹传，张家胞弟仍在挥毫绘画？

这时有个蓄着齐胸长髯的年轻人自外面快步进来，他与善子面貌长相如出一辙，只是更显年轻更具活力而已。黄宾虹似觉眼熟，一时却想不起哪里见过。年轻人连忙前来拜见画界长辈，自我介绍说：未能远迎二位大师，晚辈张大千失敬了。

吴、黄二人当场有些尴尬。

他们万万没想到，眼前这个被他们极力称赞的年轻人原来竟是那个让他们上当受骗、下不了台的作伪高手张大千！今个真的"不是冤家不碰头"啊。他们本想拂袖而去，怎奈主人张师黄一再劝和，老友叶恭绰打圆场说好话，善子再三替兄弟道歉，总不能不给大家面子吧？再说作为画界长辈和大师，起码的气度涵养总还是要有的，何况张大千知错认错，"年轻人犯错误，上帝也会原谅的"，所以两位大师也就顺势下台皆大欢喜。

一段画界的恩怨龃龉终于化解，绘画天才以假画捉弄人的故事也就此画上句号，从此张大千更加努力习画以重新赢回世人尊重。

5

大风堂主张善子养虎作画的故事传到外界，便有一些消息灵通的记者闻讯赶来拍下虎儿照片，配上刺激猎奇的文字，发表出去成为轰动一时的社会新闻。

张善子虎画名气大增，一些小报更是冠以"古今画虎第一人"

的大标题吸引眼球。舆论效应带升了市场效应,许多字画商纷纷登门求购,善子即使日夜辛劳也供不应求。

市场走红受追捧自是画家梦寐以求的心愿,最替善子高兴的莫过于他的兄弟大千。此时大千在市场上的名气大过善子,已有眼光敏锐的藏家看好大千作品的未来价值,专力收藏这支画界"潜力股",致使大千画价格一路看涨。而善子原本就是半路出家弃官从文,虽专攻画虎,然才气与功力毕竟有限,即使勤奋用功仍然"笔力有所不逮"。于是大千就常常替兄长画些陪衬,比如在老虎身后添些山水巨石的背景,补些花鸟绿树之类陪衬,配以二人书法题款题诗钤印,算作兄弟联袂作画。

如此一来,张老虎可谓"如虎添翼",看似老虎是主角,山水石头是陪衬,但是只要两兄弟共同题款署名,此画便被藏家看作是大千画,价钱自然也水涨船高。对此大千心知肚明,但是他深恐伤害他所敬爱的二兄长的自尊心,于是揣着明白装糊涂,甘为善子画虎当配角,绝不越俎代庖。

有一次一位熟画商专程赶来苏州收藏虎画,并邀张氏兄弟在"雅风阁"吃酒。席间善子不胜酒力酩酊大醉,先行回家休息,剩下大千也有六七分醉意,经不住别人当场撺掇,于是乘着酒劲挥毫狂舞,不一会儿便画成一幅形神兼备的《深山虎啸图》。

画商一看大惊,当场要将此画买下,大千却摆手笑道:画老虎……你得找二兄长……我不画老虎。

那人以为他不肯卖,着急道:我愿出双倍价格买下此画!

听他这么一说,大千的酒也醒了一半,到底禁不住金钱诱惑,当场便钱画两讫做成了这笔生意。

《深山虎啸图》面世后广受好评,观画人无不惊异于画作的气势与精美,感叹那百兽之王不怒自威、君临天下的王者气概,以及与灼灼虎威一样震撼心灵的画家豪气与才华。不久便有一种说法在市场上传开去,张大千画老虎才是前无古人天下无双。

于是登门购画的人络绎不绝，他们指名要兄弟大千而不是善子的老虎画，有人甚至不惜开出天价来求购。张大千为此懊悔不已，他明白自己一时糊涂犯下大错，那就是无意中伤害了自己最尊敬的哥哥，尽管他是出于一时酒后冲动和利益诱惑。

为了挽回影响并警示自己，张大千手书一副对联悬于玲珑馆外："大千愿受贫和苦，黄金千两不画虎"，宣示从此再不染指画老虎的歉意和决心。

张善子闻知此事十分欣慰。

兄长并不计较兄弟间的某种竞争，但是通过这件小事他却高兴地看到，自己和家族的心血没有白费，八弟开始懂得责任担当，懂得恪守文人传统而非一味追求金钱至上，这是他回归道德正途的成熟标志。

第十四章　天地吾师

1

转眼间又要过年了,"爆竹声中一岁除,春风送暖入屠苏。千门万户曈曈日,总把新桃换旧符。"苏州城内张灯结彩万家灯火,已然是一派喜庆气象了。

这天网师园来了个背着大包小包的怪人,束着怪异的长发,却穿洋装结领带,戴一副大墨镜,一进门就大呼小叫地嚷嚷道:老虎在哪儿呢?怎不见百兽之王呢?

惹得屋子里的人纷纷探出头来看他。

张大千正在伏案作画,被人打搅很不高兴,走出来呵斥道:这里又不是戏院,你咋呼呼干啥子嘛?

谁知怪人一见他,连忙摘下大墨镜来打量,前后瞅瞅,上下看看,仿佛他身上长出鳞片或者头上长出角来一样。大千恼火道:你看什么?没见过中国人么?

那人高兴起来,连声说:对对,没见过你这样的中国人。

大千觉得有趣,问他是谁,有何贵干?那人从口袋里掏出一张手帖(名片)递给他,上面弯弯曲曲都是洋码字。大千不识洋文,摇头表示不懂。那人又掏出一杆美国派克钢笔,手书几个草字递给他。

大千一看反倒吓了一跳，原来来人是上海滩大名鼎鼎的记者兼国际摄影家郎静山先生。

郎静山听说苏州网师园有人养虎作画，欲拍摄一组人虎相处的新闻照片，没想到一下子撞见长髯齐胸仙风道骨的张大千，令摄影家喜出望外。他正在寻觅具有汉唐古风的摄影模特，所以连忙捉住不肯松手，仿佛天上掉下个"踏破铁鞋无觅处"的大宝贝。

早在十多年前，大千在上海参观过"郎静山摄影作品展"。那是画家头次与来自西方的现代摄影艺术迎面相遇，可谓大开眼界印象深刻。他惊讶于照相机还原人物、自然和世界万物的能力，画面上那种近乎完美的湖水、波浪、云彩、海鸥以及如瀑布般飞泻的夕阳霞光，都恰到好处地表现出光影运用的艺术魅力，令他心有触动获益不浅，并从中领悟许多与国画艺术神韵相通的道理来。时有上海名家周瘦鹃为郎氏摄影展留言：郎静山竹枝一帧，裱以黄绫，题曰板桥画本，观其清影婆娑，宛然板桥道人手笔也。

从此他对郎静山心有仰慕。

当时西方照相技术刚传入中国不久，大千虽然是个传统水墨画家，本质上却极具时尚感和艺术前卫性。他凭借敏感的艺术思维意识到，绘画与摄影两者具有某种内在共性，只是各自借助的表现工具不同而已。他对这个刚刚出现在中国的新生事物很感兴趣，只是苦于无处拜师、无缘入门罢了。没想到郎静山自己找上门来，真是天赐良机缘分命定啊。从此两人一见如故以兄弟互称，开始长达半个多世纪的亲密交往。

郎静山生于1891年，长大千八岁，人称"照相机神童"。十三岁初次接触照相机和暗房技术，从此痴迷此道，一发不可收。他先后入《申报》《时报》做摄影记者，通过刻苦钻研和实践，终成享有国际声誉的摄影大师。张大千虚心拜郎静山为师，从摄影艺术中借鉴创作手法，汲取灵感并积累创作素材，收获不可谓不丰。而郎静山则向大千请教国画艺术，把传统水墨画的创作理念引入摄影，他还以张大千为模特创作拍摄了《松荫高士》《松荫静坐》《飞泉幽涧》《翠竹仙风》《松鹤延龄》等大批艺术照,这些作品一经发表立即在国内外引起很大反响。很多人都是从郎静山摄影作品中认识这位仙风道骨的中国画家的,张大千的社会知名度和影响力由此得以传播和扩大。

两个同样视艺术为生命的天才男人,都是各自领域最优秀的艺术家,一经结识便奉为知己互相学习,续写"高山流水遇知音"的现代版故事。两人将这种艺术合作和个人友谊一直保持到晚年,郎静山于1995年在台湾去世,享年百岁有五,存世作品中最珍贵的人物摄影就是各个时期的画坛大师张大千照。

张大千开始背起照相机来进行素材采集活动,这在当时的中国画家中可能是绝无仅有的先锋和另类,同时也意味着画家艺术创作进入一个全新境界,就是从"师古人"开始向"师天地"转变。其间他的足迹遍布南北数省的名山大川,拍摄大量社会人物、民俗风情和山川风景的素材照片。同时期他的绘画创作也可谓硕果累累,这与他拍摄积累了大量的照相素材密不可分。当他把照片送给郎静山过目时,摄影大师不禁连连称赞,建议大千举办一场私人影展。

张大千果真举办过一场小范围的私人影展,地点在上海外滩的一处公馆。他是二十世纪初期唯一举办过个人摄影展的中国画家,只不过影展反响平平,未给观众留下多少印象。

2

雨后初霁,云海沸腾,一道七彩佛光徐徐降临黄山。

佛光呈满月状,饱满而灿然,更令人啧啧称奇的是,光环犹如一面光可鉴人的铜镜,竟能照见山川景物和山崖上的人像。你若招手,镜中人便也响应,你若立定不动,那人影便也定格,你若躬身朝拜,那人便也作揖。于是你就听见一道风铃声在耳边絮语:这是你的灵

魂……人魂合一,可得超度。"

许多人相信这是佛祖显灵普度众生,眼前乃彼岸境界,便奋不顾身一跃而下,完成一生一世的受苦。

山崖得名"舍身崖"。

大千与其兄善子、友人恭绰及大风堂门生数人来黄山写生已有月余,这是他近年来三度登临这座天下名山,无论是有"四大奇观"之称的奇峰怪石、云海波涛、朝霞日出、佛光临界还是著名的黄山松、飞瀑流泉、珍禽异兽,无不令画家为之迷狂。在中国画界,历来便有"画黄山者得山,摹五岳者得岳"的说法,与铭刻在石崖上的"五岳归来不看山,黄山归来不看岳"的千古名言不谋而合。然未登五岳,怎知黄山之尊?所以张氏兄弟用了一年多时间遍游天下名山,专心从事山水写生和绘画创作。无论是东岳泰山还是西岳华山,也无论北岳恒山还是中岳嵩山、南岳衡山都留下他们的汗水和艰辛足迹,以及收获的厚厚画稿。他们还重返四川老家朝拜峨眉山、青城山,再乘船而下游历著名的长江三峡至江西九江,但是张大千却因一场意外的感冒发烧错过了登临庐山。原以为来日方长再行弥补,不料因为种种原因再也未能与庐山结缘,引为终生憾事。

大千世界,山川巍峨;浩浩神州,地广物博。当大千一行终于来到素有"华夏第一山"美誉的黄山时,他再也挪不动脚步了。每次重逢都如初相识,每次登黄山都如临仙境,黄山以巧夺天工的大美之境彻底征服了画家。他一生奉石涛为师,而这位自号"苦瓜和尚"的明清绘画大师便有"天地吾师""搜尽奇峰打草稿"的座右铭影响后人,并在黄山一住数年犹嫌不够,每每感叹人生短促而山川永恒。如今已过而立之年的张大千循着大师脚步来到黄山,当他用一颗安静的心灵倾听来自天地万物的声音,感悟人生与艺术真谛时,画家心中曾经泛滥的轻狂无知、放浪形骸和欲望泡沫统统都在岁月的岩石面前撞得粉碎。

一个人,当他懂得向时间低头之时,便是心智成熟之日。

在黄山七十二峰，张大千被一股近乎疯狂的力量拖拽着，进入一种痴迷忘我的临摹写生状态。他为黄山所吸引的原因只有一个，那就是来自内心不可遏制的创作冲动。画家天天日出而作日落而息，心灵游走于山峦峰谷之间，天地日月给予他滋养和力量，无论画了多少遍莲花峰、天都峰，约会过多少次光明顶、始信峰，他都觉得兴犹未尽。也无论怎样绘云海，画佛光，刻怪石，写黄山松，回回都有新意，次次都觉笔拙。真是峰峰有不同，山石生奇变，日月入我心，万物皆有灵。张大千由此感悟，何谓"天地为师"？个人渺小，黄山至尊矣，天地之广，自然之美，这是任何画家穷其一生来学习描摹也是远远不够的。

有时他会忽发奇想：自己出生时门外那个神奇道人也许就是石涛大师吧，他将肩上那头黑猿托付给自己，就是要让自己延续大师的生命继续画画。大师犹在，画笔在手，为此他将致毕生努力于画中而不敢懈惰，因为那头黑猿已经长啸于心，它与自己灵魂同在。

3

素有"群峰窗口"之称的北海是个写生作画的天然平台，从歇脚的茅草亭子望出去，只见山谷间云雾飘渺群峰荟萃，奇松怪石气象万千；丹霞峰霞光流彩、五色斑斓，始信峰雄踞险壑、三面临渊；而紫云、石床、九龙诸峰各有绝美姿态尽在目力远眺之中。

大千大呼妙哉，急忙铺开画纸作画。

不觉已画满六尺宣纸，待他铺纸再画时，才发现背后有人正在观看。观画者是两位相貌堂堂、气度不凡的绅士，年迈者着一件素白马褂长袍，须发皆白似有仙风道骨。另一位中年人中等个子，西服革履面相和善，一双内敛的目光稳如磐石。两人见大千似有不悦之色，便歉意地笑笑转身走开了。

第二天大千作画时那二人又不请而至，也不作声，也无搭讪，

只是极有兴致地一旁观看,看画家如何泅墨、用墨、水染、墨染、调色、运笔,不放过每个作画细节,还不时做个会意交流的眼神。不过他们的眼神颇含深意,全不像外行看热闹,倒像老中医在给人把脉诊断。

大千有些不高兴了,天底下哪有这样不识趣的人,天天都来看人家画画?就算没有偷师学艺之嫌,却也有令人生厌之扰。就在他准备向那二位下逐客令时,穿西装的中年人开口说话了。他上前施个礼表示道歉,并称因为先生作画实在太精彩,因此不揣冒昧一再观看,实在有失敬意,恳请原谅。

别人并未冒犯你却主动表示歉意,这就是谦谦君子了,大千反倒有些窘迫。你在黄山作画,这座天下名山又不是你的私家园林,哪有不许观看之理?何况二位先生年纪都比你大,长者只观不说,更显其尊重之意。"人不可貌相,海水不可斗量",山外青山楼外楼,你又焉知别人不是哪一路神仙呢?

这样一想,他连忙扔下画笔施礼道:看来二位先生皆是内行,在下献丑了,惹二位见笑。

口头上说的客套话,心中却并不以为然。黄山游客如织,偏偏这两人就是丹青行家?也许只是一种兴趣爱好,书画票友罢了。

这时一旁的老者说话了,他操一口浓重的湖南腔,慢吞吞说道:依我看哪,你那个山石焦墨皴法可追黄宾虹啰。山水写意嘛,似得石涛八大的笔法。画形于外而理于中,是为神韵也。年轻人还是蛮精彩的,才华难得哟!

张大千闻言吓了一跳。

他自然能掂出这几句话的分量,点评极精准,褒扬之中隐含批评提醒,他有种被锤子砸中心脏的感觉。但是大千年轻气盛哪里肯服气,极力争辩道:吾闻北方有白石先生云:学我者生,似我者死。老伯之言是在批评晚生摹仿石涛八大了?

老者笑而不答。

中年人缓缓说道:依我看来,先生的画极富才华不同凡响,但是君不闻："才庸者意拙，才富者笔拙"么？才华与画力当为鱼和水的关系；水丰可养鱼，然鱼多则水浊矣。

张大千何等大悟之人，只需轻轻点拨，便如拨云见日茅塞顿开。他知道今天自己遇上高人了。

一般人往往以为，天才之人才高八斗自视不凡，恃才傲物性格古怪，傲慢无礼难以接近，其实他们并不懂，真正的天才最有博大胸怀和谦虚态度。因为他们内心充斥着比一般人更加强烈的求知欲和饥渴感，能够更多更快和更大量地吸纳智慧寻求真理，这才是天才变得强大的原因。善子曾对弟弟说过：人吃饭是为了补充营养；如果拒绝吃饭就离死不远了。画家如果拒绝博采众长，他就死了，尽管他的身体可能活着。

大千慌忙躬身施礼道：晚辈失礼了。尚未请教二位先生尊姓大名，还望多多指教！

那两人未及答话，只听山道上传来一阵脚步声，原来是张善子、叶恭绰等人过来了。

他们见面都很吃惊，先是互相指着对方，随后爆发出一阵哈哈大笑，弄得一旁的张大千莫名其妙。善子指着那二人说道：八弟，快来拜会二位先生，真是有缘千里来相会，无缘当面不相识啊。

那二人恍然大悟道：原来是善子道兄的兄弟啊，才华了得，也叫我们大开眼界。

善子指着白袍老者道：这位便是赫赫有名的绘画大师齐白石老先生。另一位嘛，也是当下如雷贯耳的绘画大师徐悲鸿先生。

张大千目瞪口呆。

多年前他在北京登门拜访白石老人遭拒，在悲鸿那里也吃了闭门羹，但是时过境迁，命运却让他们在黄山不期而遇，真是"山不转水转"，同道者迟早总要转到一起的。他连忙说：多谢先生教诲，闻君一言，胜读尺牍，我乃蜀人张大千是也。

悲鸿先是吃惊，继而欢喜起来。他叫道：原来大千兄弟这等才

俊，果然天才无敌啊。今又专心致力于创作，不是可喜可贺的好事么？我看假以时日，当不在"明末四僧"之下，实乃江山代有才人出，后生可畏也！

没想到齐白石一听见"张大千"三个字却变了脸色，愤愤然甩手欲离去，却被众人急忙拉住了。善子赔礼道：八弟从前任性轻狂，不识时务，还请白石老人大度海涵。

叶恭绰也在一旁劝说道：大千兄弟纵有千般不是，如今迷途知返，勤奋研习书画，如能修得正果乃不失为画坛一大幸事。

众人纷纷劝说一番，白石老人方才转怒为喜，毕竟老人心存宽厚仁慈，年轻人也已知错改过，何况大千造假画也是过去的陈年旧事，也就化解隔阂，不再计较。

中国当代最重要的三位画坛巨匠齐白石、徐悲鸿和张大千意外相逢黄山，他们终日谈书论画精研艺术，自此写下一段画坛忘年交的历史佳话。

4

骤雨急停，阳光初露，山溪涨水，林间蝉鸣鼓噪一片。

大千沿着溪间小道散步，但见小小蝉儿悬于绿柳枝头荡秋千，那薄薄的蝉翼似动非动，鸣鼓之声高亢婉转，营造出一派万物勃发、山川唱和的诗情画意来。于是他心有所动，回去便挥毫作了一幅《绿柳蝉鸣图》。那蝉儿姿态生动，倒悬于绿柳枝头栩栩如生，满画面皆天地山川神来之笔，蝉鸣之声仿佛可闻。

大千画毕感觉大好，心想白石老人乃当今花鸟画大师，更是世所公认的画蝉高人，便携画前来请教。

不料老人竟连连摇头说：此蝉非彼蝉，蝉亦有千姿百态，可知为何？

大千瞠目，不知何意。

老人指点他道：你看这蝉儿，头小尾大，上轻下重，若飞附于粗大树干或栖落于挺立之荷叶莲枝，自可姿态各异不拘一格。唯有垂柳柔枝是个例外。因为柳枝倒垂且细柔晃荡，蝉儿需紧紧抱住才不致跌落，所以但凡附着于垂柳枝上的蝉儿一律都是头朝上尾朝下，绝无例外者，不信你可再去观察。

大千将信将疑，果然又到溪谷林间观察一番，始信白石老人之言不虚矣。

张大千与白石、悲鸿诸人朝夕相处，心悦诚服地得出一个结论来，即自己画花鸟不如白石，画人物不如悲鸿。白石老人笔下的花鸟鱼虫堪称天下一绝，而这些意趣非凡的鲜活生命全都来自老人脚下那片深厚的土地，他的绘画成就与其生命厚度有关。齐白石用自身的创作历程向后人宣示一个简单道理，那就是画家须以天地为师，生活是创作的唯一源泉。艺术无捷径可走，唯有老老实实勤奋刻苦才能助你一步步迈向艺术高峰。

对张大千来说，悲鸿的艺术空间更像是一座令人眼花缭乱的展馆，里面的展物更多来自西方世界，令他眼界大开、受益匪浅。

徐悲鸿虽然仅比大千年长四岁，但是他在书画道路上的起步却要早很多。他曾留学日本，二十二岁考入法国美术学校学习油画和素描，并游历西欧诸国，先后在法国、比利时、意大利、英国、德国、苏联举办美术展览和个人画展，致力于将中西绘画相结合，并将西方美术教育体系成功地引入国内来。悲鸿不仅擅长素描油画，而且国画功底同样深厚，无论山水、花鸟、走兽、人物、历史、神话皆可入画，意蕴深远落笔有神，尤其人物画的立体表现维度和空间感，以及丰富度、精准度等等，均是中国画的线条墨色所难企及的。

这就是山外有山，天外有天的境界。一个天才艺术家，当他认识到自身的局限后也就等于看清了山峰的高度。

此后数年，大千自觉地以天地为师，继续遍游名山大川，刻苦写生作画，创作了数以千计的山水人物画作。这一时期他的绘画风

格开始趋于成熟,其画作的市场价格也稳步抬升,渐渐得到绘画界一致认可。至此,不再有人拿怀疑的眼光看待张大千的绘画才华,绘画界也不再认为张某人只是模仿古人和仿造假画的高手。对此局面最感欣慰的莫过于三位兄长,他们苦心孤诣费尽心血,不就为了把这位天才八弟从邪路和深渊的边缘拉回来,不让他的才华白白浪费么?如今列祖列宗地下有知,也当欣慰有加含笑于九泉了。

用发展的眼光看,张大千在画坛崭露头角并不代表他的未来能走多远。古往今来,号称天才神童的艺术家多如过江之鲫,昙花一现者数不胜数,最终的成功者寥寥无几。那么张大千在艺术的荆棘之路上到底能走多远,能够抵达什么样的艺术高度呢?

他需要用一生时间来证明。

大半个世纪之前,一个眼光独到的预言家站出来说了一句石破天惊的话,令绘画界掀起巨大波澜。这位预言家见多识广、阅人无数、威望极高,学生弟子遍天下,其中不乏当代画坛大师和名家,但是他却惜字如金从不滥作点评,唯一例外便是对张大千做出一番大胆预判。

这个人就是中国画界泰斗人物徐悲鸿。

5

1935年春,京派巨擘名家齐白石等十一人联名为张大千画展作序,题目为《张大千的绘画成功之道》,对其创作成就虽多褒扬,亦有批评期待。

一年之后,也就是1936年夏,徐悲鸿为《张大千画集》出版题序,题目开宗明义为:《张大千——五百年来第一人》

此言既出,四海皆惊!

"悲鸿预言"出炉之时,"小荷才露尖尖角"的张大千只有三十六岁,而年长四岁的徐悲鸿本身就是绘画大师,无论其成就、名气和影响力均在大千之上,加之悲鸿学贯中西阅历丰富,不仅精通中外画史,也与当代中外名家交集甚广,人品高尚心气极高,因此绝难轻易为某人才华所折服。

再来看看何谓五百年光阴:上至明清,下至当代二十世纪矣。其间中国画坛天才荟萃、大师云集,且不论唐寅、仇英、"四王"、"四僧"、扬州八怪等等,就看当代齐白石、徐悲鸿、吴湖帆、陈师曾、溥心畬、黄宾虹、傅抱石、刘海粟、潘天寿、林风眠、李可染、吴作人等等,哪一个不是盖世奇才、身怀绝技?可是哪个又当得了"五百年来第一人"的美誉呢?

可徐悲鸿还是坚定地发出这个声音。

许多人对此抱有怀疑态度,更有人批评悲鸿所言过于轻率。"悲鸿预言"是否言之过早,是否无稽之谈,是否将沦为历史笑柄,或者是慧眼独具,一切皆需时间之手来揭晓答案。

中卷

第十五章　身陷囹圄

1

民国二十六年，即公元1937年，抗战爆发。

7月7日晚，驻扎北平城外的日军借口一名士兵失踪而对中国守军发起进攻，蓄谋已久的日本侵华战争全面爆发。

直到大批日军潮水般涌进北平城，通往外界的公路、铁路都遭封锁阻断，借居于城郊颐和园的画家张大千这才意识到大势不妙，他再想躲进城里去或者逃离北平却比登天还要难了。

大千是在两年前因为画展活动来到北平的，而后又被委任一个"故宫文物鉴定委员"之职，因此才决定留下来不走了。做出不回南方的决定并非一时心血来潮，而是因为画家意识到北平才是全国文化的制高点，皇城帝都的胸怀远非南方小城苏州可比。要说"故态复萌"也不准确，因为已经如日中天的天才画家远非从前那个闯荡江湖的北漂青年张大千，他不仅长了岁数，增添了阅历，更增加了精神和理智的厚度。

但是画家要抵挡来自外部花花世界的诱惑依然很难，因为真正的诱惑来自内心。将大千留在北平的原因很多，其中最重要一个因素，还是画家内心那根最容易松动的"情弦"再一次被无可挽回地拨动了。

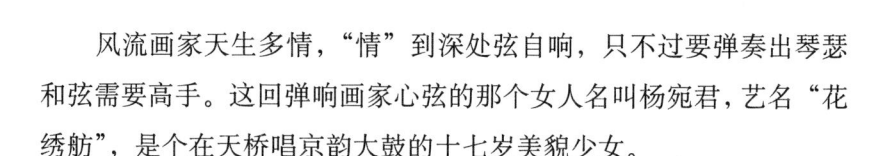

风流画家天生多情,"情"到深处弦自响,只不过要弹奏出琴瑟和弦需要高手。这回弹响画家心弦的那个女人名叫杨宛君,艺名"花绣舫",是个在天桥唱京韵大鼓的十七岁美貌少女。

此时张大千的社会地位已今非昔比,加之母亲过世老家已难约束,大千得以"冲破重重阻力"如愿以偿。据说老家开出的条件之一是不得将新太太带回南方老家,后来张家晚辈皆称呼杨宛君为"姨"而非"妈",便是一个证明。

张大千抱得美人归便乐不思蜀,"花绣舫"嫁人后也不再登台献艺,两人新婚出游到日本度蜜月,并且联袂出席各种社交场合。一个是名满画坛的天才画家,一个是能歌善舞的舞台名伶,一对才子佳人的天作之合自然广受关注,引来无数羡慕目光。他们还在风景如画的颐和园听鹂馆筑起爱巢:一个红袖添香听鹂作画,一个妇唱夫随咿呀票戏,日子过得花前月下浪漫如戏,夫妻恩爱胜过仙境。

有位哲人说过,心有多大,世界就有多大。此时张大千尚处在才华与欲望同时喷发的阶段,"人生得意须尽欢,莫使金樽空对月"。他虽过而立之年却未入"不惑",浮躁之气尚未洗尽,不懂得"失"也是"得",放弃便是收获的哲理,因此他的世界难免暂时被许多炫目的浮云所遮没。

随着日军破城,侵略者铁蹄踏碎了画家的缱绻美梦。

其实日本人进攻华北的风声早有传闻,大千在北平上层也有几个朋友,其中一个叫汤尔和的高官。此公曾留学东洋,做过北洋政府教育总长,与东京内阁高层关系密切。他曾言之凿凿地告诉画家,日本人决不会占领北平,"华北和平协议"正在签定之中,切勿轻信谣言云云。

张大千是个艺术家而非政治家,艺术家的优点就是思想单纯容易轻信。从主观愿望讲,他更倾向于信任朋友,朋友为什么要害他呢?当然他主观上更不愿意看到中日开战兵戎相见。他是个职业画家,靠卖画谋生,他的画价眼看节节攀高广受追捧,可是打起仗来谁会买他的画呢?何况他新婚燕尔,甜蜜的日子才刚开头,皇家园林颐和园真是个享受画画和生活的人间天堂,所以他宁愿像鸵鸟那样把头埋进沙堆里,一厢情愿地相信汤尔和所言,等待一纸"和平协议"给北平大地带来福音。

当然他不会知道,日本人进城没几天,那个言之凿凿的朋友汤尔和就摇身一变成了华北伪政权的头面人物,如此"交友不慎"险些断送画家的前程乃至生命。

画家张大千的世界很大,大到装得下江河湖海三山五岳;画家的世界说小也很小,小到只需一间画室即可。"觅得螺壳做道场,哪管天下兴亡事",只要炮弹不落到头上便与己无关。艺术家的内心世界好比水晶,纯度越高越有可能成就事业;反之那些闻风而动八面玲珑的人往往难成大器,原因盖由于他们太过精明的缘故。

然而画家可以不问政治,却不等于政治不找上门来。

当日本侵略者占领北平城,张大千竟然还没能意识到局势的严重性。进城的道路封锁,颐和园成了孤岛,他仍然心存侥幸,觉得战争阴云也许很快就会过去,那个"中日和平协议"一旦签定生效不就会雨过天晴吗?当然如果实在待不下去,他仍可选择携佳人离开北平到上海,在那里他的画作依然很受欢迎。他甚至天真地以为自己曾在日本开过画展,结识许多日本朋友,也曾受到日本媒体和观众追捧,自以为了解那个东海岛国,相信日本军队不会为难一个有名的画家。大和民族号称"东洋文明之邦",他不相信一向以彬彬有礼著称的东洋人转眼间就会变成杀人放火的强盗。

不幸的是,这回画家被证明错了,而且错得十分彻底。

2

日本兵进城后全城戒严,挨家挨户搜查抗日军人和"敌对分子",

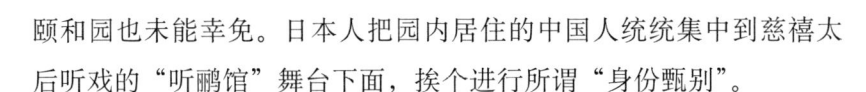

颐和园也未能幸免。日本人把园内居住的中国人统统集中到慈禧太后听戏的"听鹂馆"舞台下面，挨个进行所谓"身份甄别"。

这是画家张大千第二次遭遇被刺刀赶押着失去自由。

上一次遭遇还在二十一年前，当时他只有十七岁，还是个在重庆求学的高中生。那次绑架他的队伍是龙井口毕大爷的土匪，他们绑票目的是敲诈高额赎金，但是这回用刀枪劫持画家的却是来自东瀛的日本鬼子。

张大千看见这些刚刚入城的占领军，个个肮脏得像是泥淖里打滚的猪猡，许多鬼子兵身上帽子上还沾有血迹。他们把中国人当战利品，军官一声令下，士兵就凶神恶煞地冲上前来，用枪托刺刀把中青年男人赶出队伍，然后一个个检查，从头发梢一直检查到脚后跟。

张大千腰上也挨了几枪托。那个打他的日本兵很年轻，嘴唇上刚刚冒出浅浅的绒毛，但是揍起人来不仅手重而且老到，专拣人软肋打。他看见大千的长髯胡须就咧嘴笑了，笑的模样很丑陋，还试图揪下一绺来。这种公然羞辱令张大千很恼火，画家视人格为生命，他的自尊心像花瓶那样高贵而脆弱，但是花瓶毕竟不敌枪杆子，所以他只能敢怒而不敢言。此时空气中有一种叫作"恐惧"的病毒四处扩散，它无情地封住中国人的嘴巴。

日本兵绕到画家身后，冷不防猛踢他的小腿关节，他腿一软便不由自主跪在地上。日本兵哈哈大笑，一瞬间，画家心中那只花瓶被狠狠摔在地上，碎片四溅。此一生，大千跪天跪地，跪过祖先，也跪过父母，但是日本强盗却肆意将画家的人格尊严践踏得粉碎……

日本兵挑剔地检查他的脑袋，看是否有军帽箍过的印迹；又强迫他当众脱光衣服，检查双肩是否有步枪背带的勒痕，检查裆部有无行军磨痕，手指上有无老茧，稍有嫌疑就要当场捆起来抓走。

张大千那身与众不同的衣衫和飘飘长髯很快引起一个日本军官的注意。军官挎着武士长刀，大热天戴一副白手套，像个礼仪周全的文明人。他慢慢踱过来，前后左右地打量张大千，冷不防嘴里蹦出一句日语，张大千听懂了，他说的是"你是个画家？"张大千眉头一跳，摇头假装没有听懂。

军官嘴角露出一丝讥讽，说：我已经看出来，你，懂日语。回答我的话，你是个画家？

张大千眼看躲不过，只好点头承认。军官又说：你，到日本开画展？

张大千大吃一惊，莫非真的遇上个艺术爱好者？军官得意地点点头说：果然不错啊，我在东京见过你的画展海报。你这把胡须让我认出来了。

张大千高兴起来，暗暗庆幸自己走运。热爱艺术的人当是文明之人吧？他就像个溺水者顿时感觉有了希望。

军官又说：你，画室在哪里？

他以为军官要看画，主动示好道：就在前面院子里，我可以领你去。

谁知军官一瞪眼，厉声呵斥道：你站在这里，不许动！然后带领几个士兵直奔画家居所而去。

大千觉得脑袋好似被驴狠狠踢了一脚。古人早就说过，道不同，不相为谋。你能指望与强盗讨论艺术，跟狼群讨论美德吗？你以为艺术能够唤回杀人者的文明良知吗？张大千觉得自己真是愚蠢透顶，二十多年前被迫上山落草，做了一百天"黑笔师爷"，这回却又当了东郭先生，干了一回与虎谋皮的傻事……

不是世道太复杂，而是画家太单纯。画家只配生活在透明的艺术暖棚里，复杂的社会现实和残酷的战争对他而言，那是一座吃人不吐骨头的地狱。

直到晚间，日本兵才撤离颐和园，大千夫妇疲惫不堪地回到家里，画室不出所料被洗劫一空，眼前景象一片狼藉。日本军官果然是个艺术爱好者，他把那些有价值的字画和古玩掠劫一空，其中包括张大千刚刚完成的山水画和一只珍贵的宋代笔筒。但是令张大千暗自

称幸的是，他视若珍宝的古代字画藏品此时寄放在城内寓所，侥幸躲过浩劫。

此后大千被困在颐和园进退两难，入城不得，离开北平也不得。这段担惊受怕的日子堪比坐牢，唯恐日本鬼子再闯进家里来生事。不管白天黑夜，北平的空气中都有施暴的枪声回响，侵略者的暴行被人们用眼睛和耳朵记录下来，又通过嘴巴在城里城外迅速传播，于是画家的脑袋里每天都被暴力杀戮的血腥消息所充塞，比如日本兵闯进民居任意劫掠啦；东洋鬼子坐车不给钱还打死人啦；日本野兽集体强奸了颐和园隔壁卖猪肉小铺里的老板娘啦；"大有庄"粮店的小姑娘反抗不从，全家七口惨遭刺刀挑死啦……此类新闻沸沸扬扬如洪水猛兽，令人内心窒息度日如年。

这是公元1937年的盛夏季节，富饶的华北大地正遭受死神之手肆意踩躏，而画家张大千的生命天空注定将留下这段触目惊心的记忆色块。许多年后，人们在大师的泼彩画中常常可见浓墨重彩的猩红云团和血渍投影，相信并非画家信手而为任意涂抹，而是对岁月深处某种苦难记忆的精神折射和意识反馈。

3

好容易熬到立秋前后，戒严终于解除，大千夫妇得以返回北平城内府右大街居所。画家一时心气难平，他要做的第一件事就是去当面声讨那个两面三刀的朋友汤尔和。现在他明白过来，开战前这个家伙绝非不知情，而是在有意欺骗自己。

此时汤氏已在日伪政府担当要职，他一见到怒气冲冲的画家就笑起来，连声道好好，平安回来就好。

大千质问他：你为何讲中日绝对不会开战？我偏偏信了你的鬼话才受困至今，你该作何解释？

汤尔和两手一摊说：我从未骗过你，中日依旧亲善，并没有开战啊。

张大千怒道：你还睁眼说瞎话！日本人都占领了北平，满街都是东洋鬼子，你怎敢说还没开战？

汤尔和向他解释说：实在是大千兄你错了。日本帝国并未向我中华宣战，他们只是来帮助华北实现地方自治的。错在南京政府不肯让出北平，所以日本人发怒才动了炮火。一旦华北实现自治，日本人就要全部撤走。

张大千不懂政治，更弄不懂复杂的"华北自治"与中央政府的关系，他眼见汤尔和信誓旦旦，自己反倒犹豫起来。他说：好吧，不管你怎样说，我是要离开北平的。你得替我想办法。

汤尔和满口应承道：好好！当时我说过叫你不要出城，你偏不听，城里都很安全啊。你在城外过得怎么样？

张大千就把自己多日遭遇，以及耳闻目睹的日军暴行一股脑地倒出来。汤尔和连声道：竟有这样可怕的事么？我马上就去向日本司令官抗议，替中国人争口气！

但是没过几天，张大千的祸事就临头了。

几个便衣特务找上门来，对他说宪兵队长有请。问去干什么？回答说问几句话。张大千当场就觉得不妙，宪兵队岂是常人去的地方？如果只是问几句话，干吗非去那种地方问不可？

三太太杨宛君也慌了神，但是便衣个个杀气腾腾，她只得眼睁睁看着张大千被带走了。

这一去十多天也没能回家。

张大千被带进刑讯室，不消说这是座阴气森森的地狱，不用问话已令人不寒而栗。审讯者是个日本军官，他黑着脸，让人想起阎王殿的黑面判官。一个翻译官恐吓说，你必须老老实实回答太君问话，如果撒谎就是敌对分子，所有敌对分子都要受到惩罚，遣送满洲里挖煤做苦力。

接下来的问讯竟是他曾对汤尔和发过的牢骚。

大千暗暗叫苦不迭，心想现在否认也晚了，打自己嘴巴还不如硬着头皮顶着，反正那些都是事实，不信你日本人会把真事变没了！于是他心一横，就把那些话重复了一遍。

　　这下子捅了马蜂窝。

　　黑面判官生了气，命令把他扔进一间黑屋子关起来，说要等调查清楚再说。开头还扔进一两个猪狗吃的糠窝窝头，后来连猪狗食也断了顿，大千情知不妙，心想这样不明不白死去岂不是对不住自己？他一急脑子反倒清醒起来。日本人杀人如麻，弄死个犯人就跟捏死只蚂蚁一样，毁尸灭迹叫你人间蒸发，现在的关键是让别人知道自己下落，想办法出去要紧。

　　于是他对看守说要打电话回家，免得家人上宪兵队来哭闹找人。没想到看守居然同意了，张大千就在电话里暗示家人去向汤尔和要人。解铃还须系铃人，汤尔和是解救自己的关键。

　　汤尔和虽是日本人倚重的汉奸，可连他也觉得日本宪兵太过分，扣押张大千太没道理。张大千不过是个画家，也没有什么政治头脑，对日本人也没有威胁，于是他就去见一个负责情报的日本司令官喜多将军，请求他释放张大千。

　　喜多将军是个中国通，酷爱中国文化艺术，侵华期间把许多中国文物国宝都运回了日本。他也知道大千的画名，就答应帮忙同宪兵队接洽。

　　张大千虽未遭受到刑讯逼供非人折磨，却像被遗忘似的无人问津。适逢炎夏过后秋老虎发威，天热难耐蚊虫叮咬，加之隔壁就是刑讯室，犯人凄厉惨叫之声不绝于耳，竟比自家受刑还要可怕。张大千觉得再下去自己快要疯了。

　　日本人可能觉得对他警告敲打也差不多了，有天日本人带着翻译官走进来，要张大千在一张保证书上签字画押，然后释放他回家。

　　路上他叫了一辆车，黄包车夫悄悄问他：先生您没吃苦头吧？

　　他想了想，也不知道自己为何要被关十多天，也不知道没挨打受刑算不算没吃苦头，总之跟落海里险些淹死的经历差不多吧。黄包车拉到府右大街罗贤胡同十六号门前他才发现自己一文不名，那车夫热心肠，不收钱就离开了。

4

吃了这番惊吓，张大千决意闭门作画不问政治，"两耳不闻窗外事，一心只耕画中田"。但是偌大的北平已放不下一张安静耕读的画案，你不主动找事，不等于"事"不上门来找你。

没过几天，日本人又不请自来。

这回登门的不是凶神恶煞的宪兵，而是一个身穿和服、彬彬有礼的日本小老头。来客面目和善礼节周到，双手递上名片，告知说一向仰慕张先生画名，特来登门拜访。另有随从赶紧送上日式礼盒，里面有张大千爱吃的日本寿司和天妇罗。但是张大千的心一下子悬起来，因为名片上的中文汉字告诉他，来人就是大名鼎鼎的日本情报司令官喜多将军。

喜多操一口流利的中国话，虽然鞠躬敬语一样不少，但是他的微笑与和善同样令主人心惊肉跳。俗话说"无事不登三宝殿"，大千不知道日本人心里打什么主意。当黄鼠狼给鸡拜年的时候，聪明的鸡应该懂得这是灾祸降临的先兆。

两人开始坐下来喝茶，喜多将军出其不意地说：我听说张先生手中有批古代字画珍藏品，希望开开眼界，拜托了。

日本人说话的时候，那只细小的左眼微微眯缝，那是军人的职业化动作，他在向目标瞄准射击。张大千手一哆嗦，茶杯险些掉下地。

这批藏品是他花了半生心血搜集得来的宝物，不仅有上至汉唐下至明清的名人字画，而且有些还是国宝级文物，例如大名鼎鼎的《韩熙载夜宴图》，被他视若生命从不轻易示人。张大千对这批藏品口风极严，连家人也不轻易告知，所以他不能断定日本人究竟掌握多少线索，或者根本就是在讹他。

他镇定下来回答：实在抱歉，像我这样的画家，养家糊口都不容易，哪来多少钱买古董字画。

喜多的小眼睛又眯缝起来，干笑几声说：张先生的情况我们做过调查。你想必没有忘记日本商人江腾陶雄君吧？他也是本人的老朋友，讲过张先生你不少精彩故事，连我都很羡慕哦。

张大千又吓了一跳，心想日本间谍果然无孔不入啊。他庆幸自己已有多年没有同江腾陶雄打交道，所以自忖日本人对他的近况应该也不摸底。

喜多一边喝茶，一边观察对方反应。他话中有话地说：皇军知道张先生在日本国实习过，是帝国的友善朋友，所以没有为难你。你知道散布皇军坏话该当何罪么？不是被枪毙示众，就是关进黑牢，遣送满洲做苦力。

张大千表面诺诺不敢吭声，心里暗暗骂道：× 你个娘！老子快被你们这些杂种折磨成神经病了，你还在这里卖乖，好像施了多大仁慈似的。

喜多挥挥手，随从从文件夹里取出一份打印的字画目录递给他。原来这是早几年上海一家报纸关于大风堂张氏兄弟收藏古代字画的消息，并附有一份珍藏名录，现在却被日本人作为铁证来要挟画家。说明日本人情报搜集工作真的很厉害。

张大千头上出了冷汗，手心背心也汗湿涔涔。他的紧张表情自然没有逃过日本人的眼睛，以为击中对手要害，就得意洋洋地等待张大千缴械投降。

其实聪明过人的张大千并未认输，他从喜多的态度判断出来，就算日本人有了字画目录的情报，并不表明他们已经掌握这批珍藏品的下落，否则他们会来跟你白费口舌么？这样一想，心中便有了底。他装出害怕的样子说：大风堂确有一批古代字画，但是并非个人所有，为大风堂集体珍藏。这些年有的卖掉了，有的自然还在。

日本人的眼睛放出贪婪的光来,等待他的下文。张大千补充说:本人二兄长张善子是大堂主,这批字画藏品应该随他秘藏于上海大风堂内。

日本人干笑起来,用手在屋子里画个圈说:你别骗我啦,我知道这批画一定就藏在张先生这座房子里。

张大千面不改色道:将军如果不相信,可以任意搜查。我的家在南方,这里是临时租用的房子,如何会把大风堂珍藏品带到这里来呢?不过我倒是可以想办法把那批字画从上海取回来。

他的话合情合理,表情也很自然,日本人没有看出破绽,也没有搜查房屋,只是要他尽快取回那批字画。喜多出门时警告说:张先生千万别打主意逃走,否则你一定会为自己的念头后悔。

张大千看到罗贤胡同的巷子里已经出现陌生人影子,知道自己被特务监视了。他关上院门走回屋子,立刻瘫软在椅子上,这才发现衣衫已被汗水湿透了。

日影西斜,院子里有群雀鸟在枣树上聒噪,当他确信没有外人看见时才搬来一把梯子,登上去把头探进蒙尘的室内顶棚。这是北方老式平房常见的木头顶棚,里面光线很暗,依稀看见有两口箱子安静地堆放在角落里。

珍藏字画并不在千里之外的黄浦江畔,它们近在咫尺,几乎就藏在那位野心勃勃的日本将军眼皮子底下。

5

从这天起,张大千的噩梦就开始了。

几乎每隔一两天便有日本宪兵或者汉奸特务上门来"关照"那批字画的下落,弄得他心烦意乱不堪其扰。当然他不敢得罪日本人,一旦日本人起疑心来家搜查岂不坏了大事?他只一再推说上海方面正在打仗,交通阻隔邮路不通,兵荒马乱,家人联络不上等等。日本人自然也知道上海方向战事正烈，日军攻势并不顺利，后来也就不再那么死催硬逼了。

事实上作为走狗的汉奸特务比他们的日本主子更难对付，真个是"阎王好过，小鬼难缠"。这些为虎作伥的家伙每次进门总是找借口里里外外地窥探，一双贼眼四处打转。大千生怕被他们看出破绽来，总是赔着笑脸打发他们，汉奸提出索要字画，大千也就只好随便涂抹些桃红柳绿莺飞草长的画纸，胡乱写几个字应付他们。心想就算给阿狗阿猫揩屎尿擦屁股罢了。

随着战事深入和日军在华北、华中连连得手，侵略者的强盗本性暴露无遗。特务头子喜多深谙舆论宣传之道，懂得利用中国人来进行"中日亲善"的精神攻势，所以经常以华北伪政权名义举办文化活动，命令北平城里的社会名流、文化名人统统都要出席捧场。被"邀请"的人不许违抗命令，否则就会惹上麻烦吃不了兜着走。比如欢迎日本要人莅临举办京剧晚会啦；"天长节"为日本天皇庆生举行庆祝活动和书画展啦；还有为日军攻占中国城市举办的"祝捷"演出啦；如此等等不胜其烦。更有日本记者就像苍蝇一样围着人打转，举起照相机拍个不停，然后在报纸电台大肆宣传。社会名流还要被迫发表一些所谓感想，讲一些连自己都要作呕的违心话，总之日本人充分利用文化名人的社会知名度，拿他们做道具制造"中日亲善"的虚假舆论。

张大千不幸也在这些备受折磨的文化名人之列。

临近1938年元旦，日本军方又要举办"新年慰劳演出"，指定马连良、刘连荣、李多奎、谭富英、杨小楼、萧长华、金少山、叶盛兰、金潜庵等名角领衔出演，张大千等出席作陪。但是戏演到三分之一，台下观众借故跑掉了一半。不是戏不精彩，更不是演员技艺不精湛，台上都是名角，群星荟萃星光灿烂，那是难得一见的梨园盛会啊，但是被日本鬼子刺刀押着唱戏，那嗓子眼就跟生个疔疮一样难受，个个都跟死了娘老子似的哭戏，那个悲情啊，那个痛彻肺腑啊，真个是假唱也变成真哭。台下观众如坐针毡，这哪里是看戏，分明就是受刑罚。张大千也借口上厕所悄悄溜出门去，不料大门口站着恶煞厉鬼般的宪兵，那枪刺在月光下闪着寒光，吓得他心怦怦直跳，赶紧溜回座位不敢出大气。

这样战战兢兢如履薄冰的生活严重威胁了画家的精神安全，好比头顶悬把利刃，你还能一心一意画画么？你的灵感和激情能与死神共舞么？你能做到心如止水视死如归么？于是画家沮丧地发现，自己脑袋里那些一闪即逝的创作灵感早已如惊弓之鸟一样扑棱棱地吓跑了。

普通人的痛苦在于，人活着没有自由；画家的痛苦在于，人活着却画不出画来，这就等于生不如死。长此以往，他的艺术生命被腰斩，张大千就是活死人一个。就算若干年后中国抗战取胜，艺术天才张大千也将因战乱贻误，白白虚度黄金创作期，终成平庸匠人一个矣。

由于大千身陷北平音讯不通，内地报纸一度爆出"张大千被日本人抓进宪兵队""张大千坐牢待释"的新闻，甚至传出张大千遭虐待致死的小道消息。但是随着日伪报纸登出张大千出席沦陷区日伪活动的新闻照片，大后方舆论一片哗然，不明真相的报纸纷纷谴责画家与日本人同流合污卖国求荣，还有小道消息称张大千已经投靠华北伪政权，被委以要职等等，不一而足。

一时间张大千处在舆论漩涡中。

这是抗日战争初期阶段，南京大屠杀惨案震惊世界，日本人暴行已为世人所知，而张大千继续待在沦陷区就难以抹去污垢自证清白，天长日久他就是跳进黄河也难洗清。更大的问题在于，夜长梦多难保日本人不会发现他的秘密，那时候不要说珍藏字画不保，他和家人性命能否保住都是个大大的问号。

然而逃出沦陷区绝非易事，令他迟疑不决。

画家被日本人挂了号，特务对其住所实行全天候监视，他等于是个犯人，凡人逃跑就等于越狱。可是画家并非擅长行动之人，且拖家带口十分累赘，实施这种高难度行动不仅需要周密策划，还要具有坚强决心和破釜沉舟的勇气。

有一天，一位熟识的德国朋友来看望画家，偷偷带来几份香港出版的华文报纸，上面登载有关于张善子的新闻报道。大千读罢才知，原来二兄长已经恢复作为政治家和社会活动家的本色。国难当头，匹夫有责，他以画笔做武器，以其卓越的活动能力联络全国书画界同仁，四处呼号举办抗战书画义卖，进行募捐活动等等，已然成为大后方抗战文化的一面旗帜。

张善子辗转港、澳还跨出国门，到南洋各国举办书画赈济展，宣传抗日救国，为抗战募集资金。善子所到之处广受赞誉，他的爱国演讲鼓舞人心，抗日义举无不在当地华人社会激起巨大反响，舆论为之沸腾，华侨同胞纷纷捐款捐物支援祖国抗战。

张大千在报纸上还读到一段兄长对于身陷沦陷区的八弟的深切挂念和担忧：吾弟性刚直散淡，不谙政治，唯忧其为倭寇利用矣。

殷殷呼号，如在耳畔！张大千不由得泪眼模糊，内心的撼动可想而知！

家兄善子为民族生死国家存亡奔走呼号，"苟利国家生死以，岂因祸福避趋之"，这就是榜样的力量。张大千听见自己内心起了响应，那是一颗天才的艺术灵魂不甘压迫窒息发出的反抗呐喊。这是勇气的复活，力量的聚集，风暴的骤起。是"不画画，毋宁死"的决心轰然落地。如果说善子救国救亡出于民族大义，那么大千决心冒险"越狱"则表明心灵刚直不屈，画家的反抗代表一段全新生命历程的开启，非肉体求生，乃精神涅槃也。

"自古人生谁无死，留取丹青照汗青"。张大千要行动了。

第十六章　虎口脱险

1

1938年的中国战场，侵略军攻势已经显露出战线过长的疲态，中国军队步步为营决死抵抗，花园口决堤暂时阻止了日军南北夹击的脚步，战场渐呈胶着之势。

与此同时，野心勃勃的日本军阀又在满蒙边境试探苏军底线，结果连遭张鼓峰和诺门罕两场惨败。前线局势直接影响华北日军布防，北平城内天天都有军队开进开出，那些"大太君"（司令官）你来我往跟走马灯似的转动，喜多将军调走了，来了一个叫桥本的司令官，没过多久又换成了山田将军。战争形势造成日本人顾此失彼，尽管城内宪兵整天戒严，特务跟苍蝇蚊虫一样嘤嘤嗡嗡地乱飞，但是对平民百姓的监控还是松懈很多，而罗贤胡同那些便衣特务也都不见了踪影。

于是在这个风雨如磐、惊涛骇浪的战乱年代，看似戒备森严的北平城防出现一丝松动的裂缝来。

水混了，鱼的机会就来了。

2

海斯乐博先生就是那位带给画家报纸的德国朋友。

他是一家德国商行老板，常年奔走于东亚各国做生意，他的货物要从天津港入关，因此又对京津两地格外熟悉。海斯先生经历过一战，当时他只是个小兵，死里逃生的残酷经历把他从军人转变为一个虔诚的基督徒。来到中国便为古老的中国文化所倾倒，一次画展上有幸结识画家本人后，两人成为过从甚密的朋友。

海斯先生的世界观很丰富，也很杂乱，既信仰基督，又是忠诚的德国纳粹党员；既同情中国人民反对日本侵略，同时又拥护领袖希特勒和法西斯主义。他的轿车挡泥板上飘扬着趾高气扬的纳粹小旗，这在日本统治下的北平就相当于一张特别通行证。几个月前，当张大千被困颐和园时，海斯先生曾经驾驶着他的奔驰车穿过戒严的街道和城门赶来相助，因此唯有海斯先生有能力帮助画家实现逃离北平的"越狱"计划。

但是求助于海斯也有风险。俗话说"画龙画虎难画骨，知人知面不知心"，海斯先生毕竟是个外国商人，他为何非要冒着风险去帮助一个中国人呢？何况他还是与日本结盟的德国纳粹党员，万一在他友善面目的背后还隐藏着另外一副面孔，画家和家人都将死得很惨，甚至死无葬身之地也未可知。

大千为此犹豫不决顾虑重重。

此时大千四哥文修也因拜师学医滞留北平，大千悄悄找他来商议。文修沉吟道：海斯先生有什么理由非要加害于人呢？或者说会有什么原因促使他向日本人告密呢？

大千说：他可是个纳粹党员，经常以爱国者自居呢。

文修摇头道：海斯是个纳粹不假，他爱德国与帮助中国朋友并不矛盾，关键是他不喜欢日本人而同情中国人。何况他还是基督徒，热爱艺术和崇拜艺术家，我认为你可以信任他。

大千觉得有理。

文修又说：依我看，只要转移字画一事对海斯先生保密，只提出请他帮忙护送出城，还是有成功希望的。如若不抓紧机会，万一海斯先生回国或者离开北平，这条路不就断了吗？

于是大千决心已定，次日便找来海斯先生商量。

海斯是个高大肥胖的中年人，橘红色的皮肤很像前门全聚德的蜜汁烤鸭。他听完画家请求后并没有立即表态，而是像个表情凝重的法官大人那样抽起雪茄来。张大千的心不由得悬起来，如果德国佬拒绝帮忙，他只好像个溺水之人一样听天由命了。

海斯先生抽完雪茄后脸上才恢复了微笑，他郑重其事地告诉画家：张，你的确应该离开北平回南方去，这里不适合你……我愿意尽力帮助你。

张大千长长地舒出一口气来。

经过周密策划，他们决定将出城计划分为两步走：女人孩子出城相对容易，也不需要繁复手续，所以先将她们和行李送往天津，搭乘外轮到上海租界住下来。然后大千再设法离开北平，前往上海与家人会合。

这个计划必须仰仗海斯先生相助才能实现，张大千感激道：海斯先生，我该支付你多少费用呢？

海斯先生点点头说：你画十幅画留给我，这是你的费用。张，我会帮助你回到南方，这样你就能为你的国家和这个世界再好好画上五十年。

戊寅年农历端午将至的头一天，北平古城艳阳高照柳绿花红，罗贤胡同的街坊邻居看见一个金发红脸的大个子外国佬开着汽车来到十六号门前，将那家人的行李箱子塞进车屁股里，又让女人孩子挤进车厢里，随后这辆插着德国纳粹小旗的奔驰车便轰隆隆地开出胡同，驶上府右大街不见了，只剩下那家男主人还呆立在斜阳下远远挥手告别。

汽车出城遇有日本宪兵和伪军警检查，海斯先生的德国身份和纳粹小旗无疑都起了重要作用，加之车内只有女人孩子，因此检查者并不疑心，汽车得以放行通过。在天津码头，海斯先生把她们和行李送上一艘名叫"科隆号"的德国商船，然后挥手告别。德国人并不知道，他见义勇为帮忙运送的行李箱中暗藏一批价值连城的中国古代字画，其中包括那幅国宝级藏品《韩熙载夜宴图》。

两周以后，"科隆号"商船顺利抵达上海黄浦港，家属及行李均被朋友安置在英国租界。张大千收到报平安电报后不禁长出一口气，第一步行动顺利完成，他心中那块沉甸甸的石头也落地大半。

现在该轮到自己"越狱"了。

3

画家的出城申请却遇上麻烦，他被警告必须待在家里，未经宪兵队签发命令不得离开北平城一步。

此时北平城内所有社会名流和文化名人都上了日伪政权黑名单，沦为重点"保护对象"，一旦逃跑被抓住后果不堪设想。

张大千没辙了。

他与文修设想过多种办法，比如剃去长髯化妆逃跑，藏在汽车尾厢或者挤在难民中混出城去等等，都因为太过冒险而作罢。张大千是艺术家，他把尊严看得比生命还重要。天才画家有种与生俱来的艺术气质，这是一种天生的精神发光体，能把人的眼睛照亮，并非随便换件难民衣服便可遮掩得住的。更不要指望精明的日本人变成睁眼瞎，没有人敢拿自己脑袋开玩笑。思前想后，最后只剩下一条路子，就是去找昔日的酒肉朋友和大汉奸汤尔和帮忙。

在北平沦陷区，汤尔和已经是个数一数二的大人物，他的个人履历相当耀眼，早年毕业于日本金泽医专，后留学德国，获柏林大学医学博士，归国后创建北京医专（北京医科大学前身）任校长，历任北洋政府教育总长、内务总长、财政总长等内阁要职。这样一个声名远播的社会精英人物，政治上却是十足的投机家和亲日派。他早就主动投靠日本人，"七七事变"后当上华北伪政权"议政委员长"兼"教育部总长"，沦为遗臭万年的卖国贼。

做了卖国贼的熟人也是熟人，熟人总有些却不过的人情世故，张大千正是看准这一条才主动去找他的。汤尔和皱起眉头说：哎呀我说张老弟，你干吗非得回南方去？北平城里这么多艺术家，画画的、唱戏的、收藏古董的、做学问的都没走，就你一人待不下去么？南方还在打仗你知道不知道？等到日本人把南方也占领了，你再回家也不迟啊。

张大千连连摇头道：打不打仗那是你们的事，我一家老小都在南方老家，音讯阻隔不知下落，心里怎能不挂记得慌？将心比心，要是换了你就稳得住？

汤尔和悄声说：我是为老弟你着想啊。你看这南方战事，日本人攻势正猛，蒋介石节节败退，去年上海、南京都丢了，停火已是没有希望了。奉劝你不妨再等一等，待到明年形势明朗再走不迟。

张大千看穿这位老熟人兼大汉奸的用意，表面为自己着想，实则想扣住不放。他换种口气央求说：其实我也被逼无奈，你知道的，我要赶回上海有急事要办。

他取出几张准备好的南方报纸，上面刊登的战争新闻触目惊心，其中一则消息称：失踪已久的名画家张大千已遭日本人杀害。另一则报道更加耸人听闻：某大风堂弟子在上海举办"张大千遗作珍藏画展"。人还在，悼念活动已经热热闹闹地开场了。张大千换了一种愤愤然的口吻说：我要回去让他们看看，我张大千到底是人还是鬼？谣言一定要揭穿，不然国人皆以为我死于非命，岂不是让你们当局蒙受不白之冤？还有这个败坏我大风堂门风的小人，我一定要将他公开逐出师门，并将大风堂字画一并收回来。

张大千边说边观察对方表情。

汤尔和脸色果然起了变化，看得出报纸新闻起了作用。日伪政权向来重视宣传战，所以他答应把画家的申请去向日本司令官报告。

主子显然比奴才更加老谋深算，司令官亲自召见画家，假惺惺慰劳一番，什么张先生不辞劳苦，愿意赴上海助皇军戳穿反日宣传和谣言啦，张先生的画有助于中日亲善啦，等等。然后话锋一转说，张先生你可以回上海，但是必须有人为你担保。如果张先生言行有违中日亲善，担保人将被作为反日奸细严加惩处。

张大千心头一沉，顿感问题的严重性。

谁敢担保画家言行不带一点爱国情绪和火药味呢？万一今后接受采访或者群情激奋时讲出日本罪行，发表些热血沸腾的言论，或者参与抗日救国活动被报纸登出来，担保人将因此遭受连累甚至杀害，他的良心何以得安？并且在这个关乎身家性命的大事上，谁又敢站出来替画家担保呢？

四哥文修知道后安慰八弟道：日本人无非想用连坐法绑死你，但是你必须要走，夜长梦多越快越好。一旦日本人变卦，你就再也没有机会离开北平了。

张大千无言以对。

文修知道兄弟的难处，因为担保人是要用脑袋来承担风险的。他换了一种轻松口气对大千说：你看让四哥我来做这个保人是不是够格？反正咱们张家兄弟不用化妆就能演一出《狸猫换太子》，保管叫日本人真假难辨。

张大千嘴角挤出一个笑容，却不由得泪流满面。

十几天后，身陷北平沦陷区长达一年的张大千终于被允许出城，由此踏上一条浴火重生的漫漫归途。许多年后誉满全球的张大千在国外回忆自己的大陆亲人时动情地说：血浓于水，我的兄长都是我的守护神。没有我的张氏家族，就没有今日之张大千！

4

公元1938年夏，画家张大千注定苦难重重的逃亡之路始于足下。

他先从沦陷区北平出发，经由天津港登船前往上海，经过两周海上的风浪颠簸，终于在闸北租界与先期到达的家人顺利会合。

此时上海已经沦陷敌手，英美租界被外界形象地称作"孤岛"，而日本兵就在孤岛马路外面荷枪实弹虎视眈眈。四面楚歌的孤岛当然非久留之地，而画家的前两房太太和子女以及张氏家族都已由安徽郎溪迁回四川老家，因此画家谢绝朋友挽留，决心继续突围南下，直到抵达抗战大后方的四川，也就是那片熟悉的心灵栖息之地为止。

由于侵华日军全面执行封锁国民政府的"困死战略"，上海通往内地的水陆交通全部被阻断，逃离孤岛的唯一路线只有先乘船前往英国治下的殖民地香港，在那里再经由空中航线飞往西南大后方。开战以来，国内轮船停开，从上海开往香港方向的外轮就成为难民的"诺亚方舟"，而滞留港口的中国难民成千上万，可想而知，搞到一张登上"诺亚方舟"的船票是如何不易。

好容易托人弄到船票，可是等画家和家人赶到港口才发现，即使持票登船也不亚于一场搏斗，否则绝不会有人优雅地邀请你上船。等他们费尽九牛二虎之力终于挤上船，这才看见无论甲板上还是底舱过道，到处挤满了拖家带口的逃难人群。

难民操着天南地北的混杂口音，甚至还有黄头发犹太人和远东白俄。其实这些有幸挤上船的难民都非普通人，他们战前的身份也许是富甲一方的银行家、企业主、当铺老板和绸缎商，或者手握大权的高官显贵、受人尊敬的社会名流等等，如今这些上等人拥挤在肮脏不堪的机器舱或者煤舱的甲板过道上，个个面容憔悴衣衫不整。太太小姐们虽不忘在公众场合竭力维持往日的优雅仪态，但是仍难掩饰满脸愁容和惊恐神情。看得出人人都是经过一番挣扎，甚至死里逃生才得以登船的。有人两手空空一文不名，有的拎着一两件行李或者皮箱，皮箱里想必是些首饰黄金美钞外币甚至房契产权之类细软，带不走的却是他们往昔的荣华富贵和优裕生活。

随着汽笛长鸣，轮船缓缓开动，一股潮水般的心酸与凄凉涌上画家心头。

放眼望去，浦江两岸到处飘扬着侵略者的太阳旗，还有更多国人连同那片搬不走的血脉土地仍将留在沦陷区，他们将被迫在侵略者刺刀下过一种叫作"亡国奴"的悲惨生活。"覆巢之下，岂有完卵"？你可以不关心政治，不关心战争，但是政治和战争却无法不来改变你的命运。画家由此痛彻领悟，人生最大的奢求非锦衣玉食，非穷奢极欲，而是一种简单平静的生活。这种生活里没有炸弹呼啸，没有血肉横飞，没有枪炮轰鸣和空袭警报，只有无处不在的空气、阳光和水，它的名字叫"和平"。

他想起那首备受推崇的西方诗句：生命诚可贵，爱情价更高，若为自由故，两者皆可抛。沙漠中一滴水可救命，战争中一寸净土可立身，可画画，可致不朽，这便是画家不远万里孜孜以求的最大自由。

随着轮船驶出吴淞口，刀光血影的大上海渐渐抛在身后，船上人们纷纷松了一口气，张大千的心情也渐渐开朗。毕竟轮船已经驶往公海，侵略者的魔爪离开他们越来越远，噩梦留在过去，希望正在他们面前一点点显露出光辉来。这艘悬挂中立国旗帜的外轮满载人们对和平的梦想驶向没有战争的安全岛香港。

但是他们错了。

战争的恶魔并未远去，更大的海上噩梦刚刚开始。

5

这艘只有一千五百吨的"玛丽皇后号"英国混装船很快因为超载而不堪重负。

英国船长为了发战争财甚至把货舱也腾出来装人，货物不会有吃喝拉撒的生理要求，它们只会安静地待在原地，但是活人却不一样。船上储备的生活物资本来不多，沿海浙、闽、粤各地港口因为日机轰炸不敢停靠,开始船上还能供应食物和淡水,随着时间推移,吃喝拉撒都变得紧张起来。船上出现断顿断供,卫生条件急剧恶化,难民情绪也变得焦躁和抓狂,互相冲突甚至大打出手时有发生。

人生困境中的画家却表现出异乎寻常的自我克制。他吃得很少,甚至整天不吃东西,只喝一点淡水,也不与人交谈,只是一味地闭目打坐,把目光专注地投向自己内心。修行也许是保持精神定力的唯一途径,多年前年轻的张大千在禅林遁世中没能做到的事,如今在逃难途中做到了,因为苦难才是引导心灵禅悟的最好老师。

但是难民船毕竟不是修行之地,画家既难以超脱现实,更无法坐地成佛,他的精神注定要经历生死轮回和地狱淬火。

随着海面起了台风,更大的苦难降临船上。

台风连刮几天几夜,"玛丽皇后号"不得已躲进舟山群岛避风,很快船上有流行病开始蔓延。第一个被病魔夺去生命的不幸者是个只有几个月大的婴儿,他的小小尸体立即被印度水手抛进大海执行海葬。船上缺医少药,人们对疾病束手无策,因此一种失去理智的恐慌比流行病更加可怕地传播开来。在多数旅客要求下,船长同意对病人实行隔离,他们被拖进密不透风的底舱关起来,让这些奄奄一息的生命在绝望中自生自灭。但是隔离措施仍无法阻止疾病蔓延,于是船长下令把那些重症病人直接扔下海去。

诺亚方舟立刻变成了死亡之船。

至此悲惨的号哭声呼救声连绵不绝,甚至盖过船外的汹涌波涛和台风呼啸,成为笼罩在这艘死亡之船上空的黑色旋律。万幸的是,画家并未染上传染病,否则后世便不会有这个誉满天下的绘画大师,以及他留给我们这个世界纷繁多姿不拘一格的天才作品。

但是触目惊心的现实还是令画家内心遭受巨大冲击。

设想一下,要是换成另一位现实主义大师徐悲鸿,他无疑会将惨绝人寰的现实变成笔下喷火的作品,那将是人性最深刻的控诉与呐喊。但是苦难对于张大千的作用不是直接进入作品,而是如天降甘霖阳光雨露，点点滴滴渗入心灵土壤，最终转换成作品的另一种人格力量与美学品质。而后来画家对于理想目标的执着追求和不畏艰险的攀登也与这段经历不无关系。

阅历丰富造就内心丰富，苦难挫折造就内心强大，前提当然是你不能被苦难摧垮。对画家而言，生活永远是艺术创作的源泉，它造就出来的徐悲鸿更加社会化（现实主义），而张大千则更加审美化（浪漫主义）。

这便是艺术世界的法则。

半个多月后，难民船终于开到广东沿海。随着海面来往船只多起来，船上的扩音器通知说，距离香港还有半天路程。人们终于有理由松一口气，他们以为这趟苦难行程总算快要熬出头了。

不料船上忽然拉响警报，日本飞机飞临轰炸，幸好英国轮船上悬挂醒目的中立国米字旗，虽然免遭攻击，附近海面还是有一艘中国船中弹起火，船员纷纷跳海逃生。

自私的英国船长见死不救，下令快速离开不许停留。一些有正义感的乘客愤怒了，纷纷质问船长为何见死不救？那个外国佬耸耸肩道：这不是我的责任。我的责任是让我的船远离战争，否则你们都到不了目的地。

屠杀和死亡再次以群体祭祀的方式激荡画家心灵，尽管多数人都以悲痛的方式来宣泄感情风暴，但是张大千却变得更加冷静和深沉起来。他逼视自己内心，站在生与死的边缘地带拷问人生意义。画家追问道：绘画是什么？不是技巧，不是技术，而是内心。万物有灵皆为道，天地入心是为禅。绘画便是内心世界的体现。人心有多少杂质，画纸上就会留下多少秽物浊气。

生与死并无截然界限，逝者已然归入寂灭，所以活着的人比死人更接近死亡。当画家看清存在的本体，他就无限接近未来，接近艺术的本质。

他开始参悟了。

第十七章　千里跋涉

1

抗战爆发次年，中国沿海相继遭到日寇封锁，香港成为内地通往外界的最大国际枢纽，也是最大的难民中转站。

每天都有无数国人在这里涌进涌出，他们形成两股截然相反的潮流：或通过香港进入两广，再返回抗战大后方；或经由香港机场、码头出港，去往南洋各国甚至远到欧美避难。总之这座城市上空高悬的米字旗仿佛骄傲地提醒所有踏上这方土地的人们，大英帝国将为他们的去留提供永久安全保障。

张大千和家人刚刚踏进香港就听见天空响起飞机轰鸣，很快深圳河对面山上传来的爆炸声仿佛提醒他们，战争的魔鬼正在香港岛外虎视眈眈。这可不是个好兆头，让人有种忧心忡忡和危机四伏之感。事实上日本人没有放过这座城市，它距离沦陷敌手还剩下短短三年时间。

一些好心的香港友人挽留画家，毕竟香港不同于上海租界，它是大英帝国庇护下的亚洲国际安全岛。但是大千归心似箭，他婉拒友人好意决心立即返回四川，因为画家需要一方能放飞心灵作画的自由天空，而不仅仅是个避难场所。摆在画家面前有两条路线可供

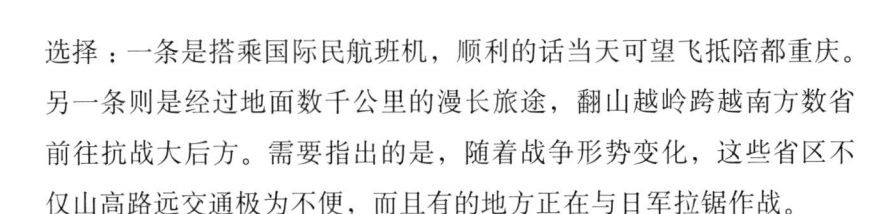

选择：一条是搭乘国际民航班机，顺利的话当天可望飞抵陪都重庆。另一条则是经过地面数千公里的漫长旅途，翻山越岭跨越南方数省前往抗战大后方。需要指出的是，随着战争形势变化，这些省区不仅山高路远交通极为不便，而且有的地方正在与日军拉锯作战。

张大千没有理由不首选空中航班。

抗战爆发后国内航班大多停飞，仅剩几条国际航线也时断时续，只有这条港渝航线还算畅通。执飞者为中国国航公司，航班为美国最新制造的道格拉斯DC-2型螺旋桨飞机，每天一班对开，载客量仅为十几人。当是时，乘飞机绝对称得上一种奢侈，港渝航线不仅资源稀缺一票难求，而且票价极其昂贵，以黄金计价相当于每张票一根金条。

大千与三太太杨宛君滞留香港多日，幸得友人相助，居然搞到两张飞往重庆的机票。据友人讲，若非航空公司某经理久仰画家大名，这票是无论如何也难搞到手的。

张大千便以一幅《荷塘月色图》相赠示谢。

1938年8月24日，执飞港渝航线班机为"桂林号"，载客十四人，机组四人。机长华莱士·伍兹，为公司招聘的美国飞行员，其飞行经验丰富，已在该航线执行过上百次飞行。

大千夫妇早早赶到香港启德机场，没想到托运行李时却遇上麻烦，由于飞机载力有限，乘客行李须人货分离，或交由货机运送，或走地面运输。货机说不准一月能有几班，而走地面更是没有期限，半年一年未见行李的事也屡见不鲜。

张大千着实犯难了，他的私人行李有两大箱，但是这些行李绝非普通生活用品，而是画家冒着生命危险保护下来的古代珍贵字画。姑不论这些字画件件价值不菲，单是张大千冒着生命危险与日本人周旋，最终千辛万苦带出沦陷区，他怎能放心另交托运呢？

三夫人杨宛君也在叽叽咕咕地发表意见，她的不满却是因为托运费贵得令人咋舌，等于再加金条买两张机票。

这个临时生变的原因阻碍了他们登机，虽经再三交涉，最后航空公司方面做出让步称，如果行李一定要同机运输，他们须去说服两位乘客放弃机票，以便腾出座位来堆放行李。

可是让别人放弃乘机无异于痴人说梦，你只消查一查乘客名单就会发现，他们个个都是大有身份来头的人物，既有中国交通银行董事长兼中南银行总经理胡笔、浙江兴业银行总经理徐新六、中央银行机要科主任王宇楣等著名金融家银行家，也不乏国民政府的军政要员和社会名流。人家哪个不是公务缠身行程紧迫，难道只有你画家张大千的行李重要么？

张大千彻底绝望了，他除了放弃机票别无选择。

2

张大千退票时说了一句连自己都觉得扫兴的话：权当作一回地面旅行吧，兴许还能画几幅好画呢。

一对幸运的商人夫妇立刻顶替了退票者的位置，他们办好手续就欢天喜地登机去了。

飞机在跑道上滑动起来，发动机的轰鸣仿佛提醒人们，这只大铁鸟即将振翅高飞前往重庆。大千夫妇守着一堆自己的宝贝行李，眼睁睁看着那架机身涂有"桂林号"机徽的客机从他们面前快速掠过，然后腾空而起向着西边的云彩深处飞去。

大千叹口气，他的目光还在恋恋不舍地追逐那架渐渐变小的飞机。他们本应属于这趟蓝天旅程的，只是命运阴差阳错地把他们留在地面上。若非行李绊腿，傍晚前后是该抵达重庆广阳坝机场了。

当然画家不会想到，这架没入云天的"桂林号"客机是再也无法飞抵目的地了，因为冥冥之中有只命运的大手已经将它引往永恒的极乐世界。

悻悻地返回住处，友人得知他们放弃登机后大为失望，以为画家夫妻舍不得花钱。朋友遗憾地埋怨说,兵荒马乱之际,还有什么比人更可宝贵呢?留得青山在,不愁没柴烧啊。

张大千只是点头,笑而不答。

不料当晚就有一个噩耗通过无线电波传遍四面八方:上午九时许,中航公司"桂林号"客机由香港飞往重庆途中,在广东中山上空遭受日军战斗机悍然攻击。机上人员除三人幸存外全部遇难。国民政府已经发表声明强烈谴责,渝港空中航线无限期关闭。

这就是震惊世界的"桂林号客机遇袭"事件。

张大千不由得惊出一身冷汗来。不知道是他保护了那些古画还是古画保护了他。人生有时真的是一种注定,舍此无解。

空中航线关闭,剩下唯有通往内地的地面路线可走。此时武汉保卫战已近尾声,有消息说日军将沿京广铁路乘胜南下,而另一路日军也加快进攻广东沿海的脚步。如果两路日军南下包抄广东,那么由香港返回内地的交通也将被切断。

大千再也坐不住了,他连夜托人办理从香港开往广州的船票,争取赶在日本人的铁钳攻势合拢前抵达广西。尽管香港友人力劝画家夫妇留居香港不必太过冒险,但是大千坚持要走,因为他那颗心早已飞回四川老家。画家只不过是去与自己的心灵会合罢了。

大半个世纪前的抗战初期,摆在画家张大千面前的归乡之路注定漫长曲折、险象环生,天空有日本飞机轰炸,地面江河纵横大山阻隔,在数千公里的辽阔空间距离上,人就是省略号里的一个小黑点。画家夫妻的命运足迹将一路向西延伸,先经水路抵达广州,再水陆并进前往广西,经由古人称之为"万山鸟道"的石板小径翻越湘桂边界的十万大山,然后继续朝着崇山峻岭云遮雾罩的云贵高原前行。他们还要循着古人足迹行走于千里茶马古道上,翻越重峦叠嶂人迹罕至的横断山脉,渡过激流汹涌的大江大河,最终才能抵达抗战大后方重庆。总之没有人知道中途将会发生什么,也难以预测画家的脚步是否能够抵达终点,但是有一点确定无疑,那就是他必须经受住这场来自命运的考验。开弓没有回头箭，画家必须达到目的，因为他此行非仅仅逃生，而是用脚步丈量自己的精神长度。

8月下旬一个台风过后的晴朗日子，画家夫妇带上那批视同生命的珍贵字画一道在维多利亚码头登船，随着开往广州的小火轮徐徐离港，画家开启了徒步穿越南方数省的艰难历程。

3

俗话说"千里之行，始于足下"，画家的足下之行刚刚开始便遭遇血与火的洗礼。

一切都不意外，却又不期而至。刚到广东佛山，画家乘坐的小火轮就遭遇日本飞机低空扫射，机枪子弹数度击中客舱，溅起的火星居然将大千衣衫烧穿几个洞。幸得船老大机警灵活，将船躲进一处江湾才摆脱日机追逐，逃过葬身江底喂鱼的厄运。

另一次更大的险情发生在西江六都段地方，日机投下的炸弹虽未直接命中轮船，但是爆炸激起的巨大水柱几乎将船掀翻。张大千被扑面而来的浪头打倒在甲板上，撞得一头一脸都是血。杨宛君看见画家脸色苍白眼睛紧闭几乎吓坏了，后经检查只是暂时休克并无大碍，这才放下心来。

一路炸弹呼啸战火燃烧，死神之舞如影随形，令张大千痛感个体生命在战争中的弱小与无助。他甚至有些后悔自己的决定是否明智，是否值得为此付出生命代价？如果当初不固执，听从朋友劝告留居香港，至少不用冒着生命危险去冲锋陷阵。他甚至开始考虑重新雇船返回香港的可能性，也许回头是岸还来得及。

然而等到这条走走停停的小火轮抵达广西地界的梧州时，沿海相继传来日军登陆虎门要塞和广州陷落的噩耗，瞬息万变的战争形势没有给画家留下机会，张大千只能继续向西没有退路。

更要命的是，北面战场也传来武汉沦陷日军南下的消息。这就

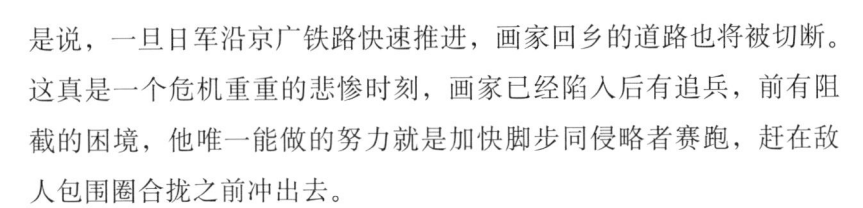

是说,一旦日军沿京广铁路快速推进,画家回乡的道路也将被切断。这真是一个危机重重的悲惨时刻,画家已经陷入后有追兵,前有阻截的困境,他唯一能做的努力就是加快脚步同侵略者赛跑,赶在敌人包围圈合拢之前冲出去。

路过广西一处地名大象山的观音祠,大千夫妇去向南海观音烧香许愿,祈求大慈大悲的观音菩萨保佑平安。观音祠看上去破旧简陋,仅有一老一少两位僧尼住持,太太杨宛君取下一串黄金首饰欲捐赠香火钱,不料却被僧尼拒绝了。

老僧尼合掌称谢:施主大慈悲,以我佛门之规,贫寺只受香火不收黄金,还请施主多多体恤。

张大千很惊讶,他说:战争期间,难有香客临门,弟子虔诚之心,老师父不肯通融么?

老僧尼诵经不答。

入夜,大千仰望头顶深邃的苍穹和一钩弯月,说不清内心因为什么受到触动,或者根本就与白天的观音祠无关。老僧尼一心向佛,连她的肉体都成为身外之物,所以才有简单而清醒的信心。一个凡人,如果他内心清醒目标明确,那么无论面临多么复杂的局面也会变得简单起来。

这样一想,画家面前的返乡之路变得坦荡起来,尽管前方依旧道路漫长充满未知风险与危机。

次日,大千夫妇继续沿江逆流两行。当小船通过一座公路桥时,恰好岸上有一支开赴前线的军队正在行进。士兵的身躯和步伐感染了画家,他觉得前面那些高山大壑也矮了许多。

画家勇气殊堪嘉赞矣。大千此行必将载入二十世纪的历史画册,试想如果他患得患失顾虑重重,则将身陷香港孤岛再无机会脱身,而三年后日军攻占香港,画家命运如何便未可知。更重要的是,大千的绘画生涯将缺失"青城悟道"和"敦煌面壁"这至关重要的两章,他还能否修成世界级艺术大师,取得举世公认的绘画成就便要打上一个大大的问号了。

苦难是一代人的必修课，它也是一座时代的产房，催生艺术大师的心灵净化与精神蜕变，使得画家对于绘画与人生的理解达到一个全新高度。

4

大千夫妇千辛万苦抵达广西柳州，受到了桂系将领李宗仁、白崇禧的热情欢迎。令他没有想到的是，老友叶恭绰、徐悲鸿竟然也在柳州。他们都是被战争洪水驱赶的难民，一路随波逐流地迁徙来到八桂大地。

徐悲鸿是个具有坚定信念和强大人格力量的画家，他带领数十名美专学生一路南下逃避战火，多次遇险均得侥幸逃脱。他的行动不仅深深打动了张大千，更是令他肃然起敬。

恭绰、悲鸿劝说大千夫妇暂时留居柳州，视战局形势变化再做安排，因为此时北方日军在满蒙边境张鼓峰和诺门坎对苏俄开战已遭惨败，中日战局如何发展有待观察。已有国人乐观地认为，日军如对苏俄宣战，对华攻势也许由此放缓，没准还会签署停战协议。

大家力阻大千西行还有一个理由，那就是出了柳州地面就到了平原尽头，前面就是巍峨入云的云贵高原和以"难于上青天"著称的千里蜀道。自古西南诸省不仅山高水险行路艰难，更兼深山老林，股匪盘踞强盗横行，行人客商生命财产难有保障。

张大千何以不知山高路险和匪患凶险，学生时代的惨痛经历犹在眼前，如果说天上的强盗飞机尚可躲避，那么地面的强盗你就防不胜防了。

一时间他踌躇不决。

这一天，他在报纸上意外读到一则有关张善子近期行踪的消息。

报纸说，画家张善子在重庆磁器口青年会举办了一场《正气歌像传》抗战画展，场面热烈群情激昂，现场画作被订购一空，所得款项全部捐赠抗战慈善会，用于资助无家可归的黄泛区难民。记者还透露说，张善子先生正在筹备一个雄心勃勃的环球画展，他近期将取道越南河内远赴南洋诸国举办抗战画展和募捐，然后转道印度洋和非洲前往欧洲，在法国巴黎的国家博物馆举办画展，宣传抗战和揭露日本侵略暴行。他还将横渡大西洋登陆美国各大城市举办巡回画展，在美国华侨中宣传抗日募集资金。张先生将用数年时间实施自己的环球壮举，向全世界宣示中国人民的抗战决心，可谓铁肩担道义，画笔绘千秋，可敬可叹。

大千一口气将报纸连读多遍，他感到面前这些冰冷的铅字渐渐活动起来，很快拼成一张熟悉的面孔。这个将用生命热血去感动中国乃至世界的艺术家就是自己敬重的二哥张善子。

年长大千十七岁的善子不仅是他血脉相连的胞兄，更是他的人生导师和精神榜样，他不仅用言语孜孜不倦地教诲兄弟走向成熟和攀登事业巅峰，更是不断用自己的行动来为大千做出榜样。"榜样的力量是无穷的"，西行路上的大千再次从兄长那里获得源源不断的勇气和力量。

可惜报纸并未说明张善子何时离渝出发，仅有"近期""即将"等等模糊字眼，而大千也无法与远在山城的兄长取得联系。如果他未能及时赶回四川的话，兄弟俩很有可能失之交臂。兄长一去经年万里迢迢，所以大千无论如何不能等待。他归心似箭，急切盼望赶在兄长启程前见一面。

两天之后，张大千夫妇谢绝友人挽留，再次动身赶往重庆。

5

出了柳州地面前往河池金城江，更大的考验开始了。

通往贵州的唯一公路已遭日机轰炸封锁，道路被毁桥梁炸断，行人只能选择步行或者骑马走小路。桂西十万大山五岭逶迤，山大林密小路险峻，虽然来自头顶的敌机威胁减少了，但是艰苦程度却大大增加了。

抗战时期汽油极度短缺，民用汽车都被军队征用，交通班车都被取消，"一切为了前线"不仅是口号更是具体行动。前往四川大后方的人们只能像古人那样与骡马挑夫结伴而行，一路餐风露宿晓行夜歇，加上老幼妇孺磕磕绊绊，一天最多也只能赶上三五十里地。一旦遭遇气候反复，天降大雨，山洪暴发，不仅山路泥泞坡道艰险，沟壑涨水人畜皆不得过，而且往往要耽误几日才能继续赶路。

一次马失前蹄，画家被摔下山沟，等到惊慌失措的人们找到失事者时，他竟然坐在松软厚实的苔藓藤萝上安然无恙。

战争是座大课堂，画家夫妇与来自天南地北的难民一道天天都在上课。他们用脚步丈量崇山峻岭山川大地，越溪涧，行小路，爬高山，过峡谷，穿山寨，宿旷野，直到交出一份合格的答卷来。入夜，人们燃起熊熊篝火，吃着最简单的食物果腹，在溪水里洗去一天辛苦与劳累，然后相拥着沉入梦乡。这是"头枕山峰数星星，耳闻林涛听狼嗥"的战争之旅，尽管前面的道路依然充满艰险危机四伏，但是人们并未失去信心，因为他们每天都在缩短与心中那座城市的距离。

进入民谣中所唱的"天无三日晴，地无三尺平，人无三分银"的黔东南地面，也就是盗匪横行之地，人们的心越加提起来。但是随着日子一天天过去，令人谈虎色变的强盗绑匪并未出现，眼看离省会贵阳越来越近，画家骑在骡子背上与人聊天。他乐观地猜测说，国难当头，土匪恐怕也抗日爱国了。

话音未落，一群荷枪实弹的蒙面强盗跳出来挡住去路。

这才是无巧不成书啊，好在枪炮轰鸣也见多了，飞机轰炸扫射也经历了，难民个个都是见过世面的人，哪会被这些舞刀弄枪的蟊贼唬住呢？一位教书先生据理力争，对强盗晓之以理动之以情，告诉他们日本人如何烧杀掳掠无恶不作，半壁河山沦陷敌手，中国人不要做亲痛仇快、伤害同胞的事情。

伤痛之处泪如雨下。

山大王泄气道：本大爷爱一回国，今天就不杀人了。但是买路钱还是要的，每人一元钱，这是规矩。

另一回在川黔交界的赤水河，行人再次遭遇打劫，张大千早已见惯不惊，懒得跟强盗讲大道理，索性让他们爱拿什么拿什么，连身上的衣服都被剥走了。好在南方天气炎热，画家穿得破破烂烂跟马夫挑夫也差不多，但是他的心情却不沮丧，因为无论损失什么财物他都不在乎，只除了被他看得比生命还要贵重的那批古代字画。好在强盗不识货，他们眼里只认得钱，那些价值连城的字画无人问津。

陪都重庆一天天迫近。

从逃出北平沦陷区算起，画家的脚步已经穿越大半个中国，从此张大千笔下不仅多了山川河海的壮丽雄伟，更增添了几分沉甸甸的社会内涵与人生重量。

川东的深秋季节，漫山遍野枫叶红了，落木萧萧白露为霜，历经千辛万苦的大千夫妇终于登上长江南岸的凉风垭山口。

一座满目疮痍的山城赫然出现在他们眼前。

第十八章　兄弟情深

1

1938年秋，原本以风景秀美闻名天下的山城重庆正在经历一场史无前例的人道灾难。

自昭和十四年日本天皇秘密下达"战略轰炸"诏书，日本飞机就开始对中国城市实施"无差别"轰炸。所谓"无差别"，就是不论军用民用设施，不管军队驻地还是和平城市一律同等对待，陪都重庆首当其冲。日本法西斯为摧毁中国军民的抵抗意志，出动飞机数量之多，投弹密度之高，持续轰炸时间之长，手段无所不用其极，远超几年后德国飞机对伦敦大轰炸的总和。

大千夫妇抵达重庆当日就遭遇日机空袭，一串串从天而降的炸弹和燃烧弹就为千里归来的画家举行一场特殊的欢迎仪式。张大千来不及躲进防空洞，只好蜷缩在路边的排水沟里，听着头顶炸弹撕裂空气的尖啸和震耳欲聋的爆炸，暗暗祈祷老天保佑不要让坏运气靠得太近。幸好这天日机空袭的目标主要在江北，画家虚惊一场毫发无损。

张大千原本特立独行性格超然，只管埋头画画不问政治。甚至在日军侵占东三省，全国抗日情绪高涨之际，他还堂而皇之携三太太杨宛君共赴日本度蜜月,引来国内批评的声浪。批评者认为,艺术家应有起码的爱国立场,在大是大非问题上不应糊涂。更有激进者抨击道,这是与日伪分子同流合污无异,简直就是卖国行径。

但是画家不以为然,也不跟人争吵笔战。他全然当作耳边风不予理会。有人告诉他国人的反对意见,他甚至感到很奇怪,说我结婚与他人何干?我爱上哪里度蜜月妨碍谁了?其实画家非不爱国,他是以自我为中心、我行我素惯了。

过去的将近二十个月,战争改变了画家的命运轨迹,同时也极大地丰富了他的人生。无论囚室黑牢的屈辱折磨还是做亡国奴的生不如死,逃出北平的惊险"越狱",以及轮船上的命若危卵,千里跋涉多次与死神擦肩而过的生死瞬间,这些重大的社会灾难要么足以压垮一个人,要么重塑他的灵魂。个人与国家、与民族是个整体,它们休戚与共血脉相连,没有人能够置之度外。对画家来说,这是一次至关重要的精神洗礼。它是张大千人生与精神成熟的分水岭。

于是在这个秋高气爽的山城傍晚,当天空的火烧云与地面熊熊燃烧的城市连成一片时,敌机突袭的警报终于解除。从防空洞里走出来的张善子吃惊地看见了一幕仿佛来自梦中的图景;一个长须美髯的熟悉身影风尘仆仆地穿过燃烧的硝烟,迈着坚定的步伐从远处向他走过来。他揉揉眼睛,看见有一束稀薄的天光从天空打下来,照耀在被战争蹂躏的山城废墟上,那是他思念的八弟张大千千里迢迢地走到他面前。

两兄弟紧紧拥抱热泪滚滚。

此时距离张善子远涉重洋还剩下半个月时间。

2

张善子举行环球抗战巡展,原计划除了原创的老虎画,还要带上一批与大千的联袂画作一并展出。可惜大千一直滞留北方音讯断绝，后来有消息说八弟已冒险出逃，此后没有下文。无奈之下他只好勉力独自赶工。

张善子贵有自知之明，他清楚自家短处，对于此次国际巡展来说，仅以一己之力创作的虎画显然分量不足，无论题材、内容、观感和艺术水准都有欠缺，如得八弟相助才会圆满。可是大千偏偏为战争阻隔不知下落，令他天天悬心牵挂。

在张氏家族中，善子最看重也最操心的就是这个才高八斗的张大千。古云"皎皎者易污，峣峣者易折"，讲的就是天才易受夭折的道理。八弟天马行空意气用事，颇有一杆笔包打天下的狂傲。他不仅担忧八弟的人身安全，更唯恐大千不懂政治经不起日伪利诱，一失足成千古恨，如此不仅是张氏家族的不幸，更令中国绘画界蒙羞。

现在天从人愿，奇迹毕竟出现了，八弟平安返回重庆，兄长的惊喜与欣慰可想而知！

在市区湖广会馆里，大千看到善子为环球画展所做的精心准备，仅创作虎画就达上百幅，其中不仅有代表作《十二金钗图》，还有《苏武牧羊》《精忠报国》《文天祥正气歌像传》等新作。这批作品意蕴深厚气势磅礴，看得出兄长孜孜以求的就是将政治抱负寓于绘画笔墨之中，大千甚为感佩。

俗话说"长兄如父"，善子岂止"如父"，他用言传身教为八弟树立做人的标杆，亦当如师也。

两兄弟彻夜长谈，大千对兄长诉说，自己所以下了极大决心冒险"越狱"逃出北平，皆是因为内心极度渴望画画所致。如今偌大一个中国，到处都被战争魔鬼蹂躏，就连北平、上海、香港那样的大城市也没法安下心来作画。且不说沦陷区形势险恶，就是身边的中国人，个个活得苟且畏缩，都做了亡国奴谁还关心艺术？谁还有心思花钱买你的画？你就是画得再好也无人欣赏。画卖不出去，就连生活也成了问题。正在苦恼彷徨，偶见报纸上有兄长消息，备受鼓舞由此辗转返川。

张善子微微颔首倾听。

他欣喜地看见,八弟已变得坚毅和成熟,他的表情相当克制,即使诉说那段备受日伪折磨的苦难经历时也未失去控制力,没有声泪俱下的激动,可见大千的内心承受力已趋坚强。而强大心智与意志力则是一切杰出人物必备之品质。

善子问他:你想过自己为何没有放弃吗?

大千承认自己面对敌人威胁时十分害怕,但是他心中始终有个声音在召唤,那是黑夜中唯一的光明所在,那就是画画。

善子点点头道:其实换了任何人都会害怕恐惧,这不要紧,关键是你听从自己内心的召唤,克服千难万险达到目的,说明你的内心力量走向强大。其实这段经历并未因你到达重庆画上句号,它的作用还将在日后的绘画生涯中继续显现出来。画家并不只是用画笔绘画,最终融入画中的将是画家的全部生命价值与体验。

当善子用自己的思想之舟直抵大千心灵世界时,他的全部努力就是用心血浇灌兄弟心中那颗天才的艺术种子,帮助它茁壮成长直至长成参天大树。

3

张大千的意外归来无疑是个天大喜讯,远在成都、内江的家人纷纷赶来重庆会面,亲人团聚皆大欢喜,那位年轻的三太太杨宛君也得以拜见两位四川太太。尽管从前有过"不得带回老家"的承诺,但是战争足以改变一切。更兼一路出生入死都有三太太相随相伴功不可没,张氏一门心怀感恩之情,于是三位太太不计前嫌和睦相处,从此互以姐妹相称。

大千则抓紧时间与善子联袂作画。他们共同创作了主题画《忠孝节义》多幅,以及《春聪图》《虎啸图》《飞虎图》等数十幅,皆由善子画虎,大千作山水云烟陪衬,或者丛林树木岩石花鸟等等背景点缀。两兄弟联合题款、题诗、共同钤印，配合默契天衣无缝。

　　三哥丽诚也从外地赶来与大千会面，他将自己经营的重庆振华布庄变卖，部分费用资助善子出国，部分则留给远道归来的八弟一家解燃眉之急。

　　大千对环球画展的热情与日俱增，有一天他忍不住对善子说：弟随兄长同往世界各国可好？既可当场作画义卖，兄弟齐心，利能断金；又可壮大我张氏兄弟画家声势，加强宣传效果。

　　想不到原先不问政治的大千心中还抱有这般激情和责任感，善子不禁为兄弟的变化感到高兴，但他沉吟片刻后摇头说道：虽然为兄巴不得与弟同行，但是细究起来却是利少弊多。此一去行程数万里，穿越三大洋四大洲，不知要耗时三五年还是七八年。再说眼下欧洲也传出德意将与英法开战的风声，此一去究竟是祸是福尚难逆料。兄长我已五十有六，渐入人生迟暮之年，能抓紧为国尽力就算扔在外面也值了。但是八弟你还年轻，还有要紧事去做，所以你绝不能去冒这个险。

　　大千被浇了一盆冷水，沉默不语。

　　善子又说：你我虽为血脉兄弟，但是个体差异甚大。八弟你是个天分极高的艺术家，而兄长我呢，早年投身辛亥革命，大半辈子出入官场仕途和权力圈子，虽然半路改道握笔习画，然我内心具有的政治情结不会改变，画笔不过是我忧国忧民的武器而已。此行环球画展是个形式，本质却是向全世界宣传抗战，这样的使命并不适合你。想想看，一旦你参与抗战活动的消息见诸报端，尚在北平的四兄文修当会遭受怎样的牵连呢？

　　大千心中淌过一道热流，兄长毕竟站得高看得远，他对兄长越加信服。

　　善子告诉兄弟，古有"栋梁之材不可填充于床榻，雏凤之声不可混淆于鸡鸣"之说，哪个画家不想成为傲视古今、名扬天下的艺术大师呢？但是这个远大目标不仅兄长我难以企及，古今绝大多数画家也无力达到，因为他们都没有得到上帝恩赐的盖世才华。走艺术之路其实很残酷，多数人无论怎样勤奋努力，终其一生只能跻身三四流水准，画画自娱或者养家糊口而已。但是天才艺术家却能毫不费力地超越他们，抵达"一览众山小"的艺术境界，我愿意相信八弟你就是这样的人。

这时会馆窗外传来施工的嘈杂声，一群工人正抓紧空袭间隙修筑防空掩体，他们看见一根根钢筋被编织成骨架，然后浇铸以水泥，原来抵御炸弹的坚固掩体就是这样建成的。

善子语重心长道：当今人称"画坛伯乐"的悲鸿先生对弟已有"五百年来第一人"的预言，悲鸿先生之眼力与见识无人能及，兄长我亦相信此言不虚。问题是仅有才华还远远不够，才华只是成功者的一条腿，而另一条腿就是坚定的目标和锲而不舍地努力。你看窗外这座掩体建筑，如果拿它比喻艺术的话，才华就是优质水泥，意志的力量就是钢筋，只有水泥与钢筋相结合才能成就一番伟业。我和丽诚已在道家圣地青城山为你定下居所，供你修身养性专心事画。当今中国不仅需要奋起抗战的街头画家，同样也需要为艺术献身的绘画大师。你记住，抗战不会延续一百年，但是大师的作品将流传千古。天下不朽的不是画家，而是作品。八弟你如今只有一个使命，那就是以禅宗修行和老聃悟道的面壁态度习画，你必须做一个不折不扣的艺术殉道者，以殉道精神献身艺术方不负我张氏家族的一番重托。

兄长一席谈令大千的精神天空充满智慧与理性的阳光。如果说从前大千热爱绘画完全出于本能，听从内心召唤；那么从现在起，他的理想已经超越名利，开始思考艺术的终极目的。

4

眼看画展准备工作接近尾声，善子笔下栩栩如生的老虎让大千记起苏州网师园那头可爱的"虎儿"，如今苏州早已沦陷敌手，不知它的命运究竟如何？

不料一提起"虎儿"，张善子就忍不住伤心落泪。

原来"八一三"淞沪开战，日本飞机连日轰炸苏州，张家人仓促外逃躲避战火。虎儿已是成年猛兽，无法随行外出，他们只好将它留在网师园的铁笼子里。

后来，随着日军攻占上海并且继续进攻苏州南京，人群逃难的脚步越来越远，虎儿的悲惨命运由此注定。虽然人们离家时为虎儿预留了多日的食物饮水，但最终它还是被活活地饿死了……

虎儿的悲惨遭遇令大千黯然神伤。战争乃万恶之源，不仅殃及无辜，连动物亦不能幸免。

眼看善子启程日期迫近，社会关注度持续增高，报纸连篇累牍地报道，政府要员频繁接见，各方名流宴请送行，社会团体集会造势等等，总之张善子的动向成为这一时期重庆抗战的社会热点。

大千先于二哥离开陪都重庆，他与家人一道前往川西平原的尽头青城山，在那里借居著名的上清宫静心悟道、写字画画。

人生总是如过客，时聚时分也怅然。

当大千登上开往泸州的小火轮时，他远远看见一个男人身影兀立在空旷的朝天门码头朝自己挥手，那是他敬重的二兄长张善子。寒风拂面，严冬已到，唯有热血未曾冷却。附近山头又挂出敌机空袭的黑灯笼，人们又开始跑警报，不久天空传来敌机沉重的马达声和防空炮火的射击声。

天地无垠，岁月无痕，张氏兄弟就在这个兵荒马乱的战争年代再次分手，他们沿着各自的人生轨道渐行渐远。令张大千万万没有想到的是，此一别他与敬爱的兄长张善子竟成人间永诀。

第十九章　青城悟道

1

　　川西青城山素以"道教圣地"闻名天下，山中古木参天修竹蔽日，古有"三十六峰""七十二洞""一百零八景"之说。山中遍布大小道观庙堂上百座，香火旺盛香客如织，历经千年而不衰。

　　时值初冬，沿一条细细的石板小径登上山顶，号称"天府之国"的成都平原便可尽收眼底：沃野千里，河流纵横，山川壮丽，江山如画。往北方尽头望去，浩荡岷江之上有座若隐若现的天堑无情地腰斩江流，于是便有数条青白色腰带从天际出发曲曲弯弯环绕在成都平原上，那就是两千年前蜀人治水创造的水利奇迹——都江堰。

　　勤劳智慧的川人先民花费两千年时光来绘制一幅人间美图，可恶的日本强盗却闯来肆意地毁灭它，炸弹腾起的黑色烟柱犹如恶魔之手野蛮蹂躏大地，瞬间将大好河山变成血流成河的人间地狱。

　　大千与家人借宿山顶上清宫文武殿，深山密林和千年道观为画家提供一处栖息心灵的遁世之所，于是日日与青灯神龛钟磬之声为伴，一颗天才之心拂去尘埃回归艺术。

　　"沫水悠然作乱流，味江难忘蜀醪投。平生梦结青城宅，掷笔还羞与君同。"乱世多豪杰，愤怒出诗人。一向超然物外的画家也将胸中块垒化作诗情,这是画家张大千献给故乡青城山的第一首诗。

历经战乱的画家很快找回灵感。他将一颗心置于家乡的山川河流之上,青城山不仅庇护归来游子的安全,而且慷慨地以高天厚土日精月华滋养他的艺术生命。"寒冬知冷暖,天灾识稷黍",画家牢记兄长的嘱托,日日与书卷笔墨为伴,潜心研习不敢稍有懈怠。对画家来说,战乱年代的最大奢望就是画画,当画家挥毫泼墨而不受炸弹和死亡威胁时,成千上万的前线将士正在为捍卫这种和平权利前仆后继浴血苦战,懂得这一点便懂得珍惜,懂得人生和世界。于是画家高歌:

"自诩名山足此生,携家犹得住青城,小儿捕蝶知宜画,中妇调琴与辨声,食粟不谋腰脚健,酿梨长令肺肝清,劫来百事都堪慰,待挽天河洗甲兵。"

画家的脚步踏遍青城山三十六峰,足迹遍布七十二洞,自云"搜尽奇峰打草稿(石涛语)""笑觅苦瓜不知足"。这一时期仅在上清宫作画便达千幅之多,其勤奋努力可见一斑。

但是没过多久,大千又坐不住了,他开始远足西南,云游巴蜀大地。在川北剑门关他写道:

"北去南来问石牛,蜀王引领五丁休,荡摇白日龙蛇怒,椎凿玄天鬼神愁,自是山川据形胜,谁言关塞限戈矛,诸君忍作新亭泣,一战犹堪扼此州。"

战争期间的张大千回归了一个平民艺术家的朴素本色,他离土地近了,便离心魔远了。此时,画家的生活十分简朴,布衣草鞋,安步当车,徒步穿行于高山大川与江河湖海之间。这期间他的足迹遍布抗战大后方的川东、川北甚至陕西汉中、河南洛阳一带,往往只要有口饭吃,有个地方遮风避雨倒头一睡即可,间或打个牙祭便成为天大享受。

由于战争封锁,大后方物资供应极为困难,画家可以忍受生活艰苦,却无法容忍绘事简陋、工具粗糙。简言之,文房四宝笔墨纸

砚须是"宝物",它们对于画家就像士兵手中的武器,绝不可马虎对待。

首先是锭墨。"墨为画之魂",墨分五色,除浓淡深浅外,墨锭不同则墨性各异。墨有油烟墨、松烟墨、精墨、粗墨、石墨、水墨之分,而大千素来对锭墨的要求极为严苛挑剔,如无可心之墨宁可不画也不肯糟蹋自己。好在有人向他推荐成都春熙路老号"胡开文"店,那里尚存少量明清御贡墨锭,令大千喜出望外。

战前大千专好使用北平"戴月轩"特制的湖笔,有时画一幅山水竟要用坏好几支,所幸成都胡开文店亦有毛笔精制工坊,几经调试,终于制作出令画家满意的各种规格的毛笔来。

中国自古有四大名砚之说,为广东"端砚"、江西"歙砚"、甘肃"洮砚"和中原"澄泥砚",而大千独爱端砚。如今广东、江西和中原都已沦陷,仅余甘肃洮砚可选。友人赠送画家一方四川本地"苴却砚",此砚取自川南金沙江峡谷中的苴却石,石色沉凝质地细腻,打磨成砚后莹洁滋润,发墨如油存墨不腐,比之四大名砚竟毫不逊色。待画家深入作了一番考究后才知,此砚竟于1909年选送过巴拿马万国博览会参展获奖,大千至此视苴却砚为"家乡宝",直到晚年还在使用。

文房四宝中,消耗最大、讲究最多且对绘画质量影响最大的便是画纸。有道是"天下画纸皆曰草,唯独宣纸可称玉",指的是宣纸作画可存放千年不朽,因此画界也有"宣纸为王"的说法。宣纸又有生宣、熟宣和半熟宣之分,从年代与质地层级又分为古纸、今纸、宫廷纸、御贡纸、定制纸、商用纸。画家大都有存纸备用的习惯,张大千在北平和上海家中就存有数量可观的明清宫廷御用宣纸和"清秘阁"定制宣纸。但是突起的战火毁了画家的生活,休说"清秘阁"已成云烟,就是宣纸产地安徽也遭沦陷。如无可用纸张,画家就只能像原始洞穴人类那样在岩壁上作画了。

老友晏济元告诉张大千,峨眉山脚下的夹江盛产一种质地高贵的"竹纸",它是以嫩竹为原料制作的手工书画纸,批量小、产量低所以鲜为人知。其纸质"肌细、油嫩、铁板（棉韧）、洁白、做手（整选）"，具有洁白绵密，浸润保墨的特点，书则骨神兼备，画则神采飞扬，不输"宣纸为王"的风范。

张大千将信将疑。

天下皆知宣纸贵，夹江竹纸谁人知？于是他抱着试试看的念头与晏济元前往夹江马村考察，结果令他大开眼界。原来夹江当地生产竹纸已有千年历史，从取竹到生产出纸多达七十多道工序，品质优良出众，使用结果果然不输安徽宣纸。

张大千大为振奋。他慷慨拿出一笔卖画的钱帮助造纸作坊添置设备，并亲自参与调整配方和工艺试验。经过数月努力，一款新纸终于面世，经反复使用后大千十分满意，将其命名为"夹江宣纸"。他又亲自设计防伪工艺，编上"蜀笺""大风堂监造"等水印字样，称"大千纸"。

由是"大千纸"名声大震。

直至晚年，流浪海外的张大千依然对家乡的竹纸念念不忘，称"徽、夹二宣，堪称画纸二宝矣"。

至此文房四宝齐备，但是大千心头仍有一个放不下的牵挂，那就是二兄长张善子环球画展的行踪动向。山上消息闭塞，有时过几周才能看到报纸，但是有关善子的一切消息报道他都不漏过，还会在饭桌上念给太太和孩子听。

随着时间推移，与世隔绝的山上生活开始令画家心生厌倦。不是他不珍惜远离战争的栖身之所，更不是不看重来之不易的画画权利，而是他需要心灵的深刻交流。这种交流是"为有源头活水来"，是新鲜血液和"吐故纳新"，是艺术家保持旺盛创造力的精神源泉。画家本能抗拒的是那种死水一潭般的平庸生活。平庸是一个可怕的敌人，它们会像无处不在的霉菌一样腐蚀艺术家心灵，令其渐至枯萎死亡。

问题是山上的生活像一堵厚墙，一日三餐生活像流水，画家对

自己不满意却不得不随波逐流，他为此很苦恼，很想突围却不知道路在哪里。于是他仰望星空念叨：二兄长你到哪里了？我得跟你谈谈，你知道，你的兄弟多么后悔没有跟你一道远行。

其实逃遁不是出路，悟道就是寻找心灵空间，画家须打开心灵牢笼才能重返宽广的艺术世界。

2

就在张大千隐居抗战大后方青城山悟道时，搭载画家张善子的轮船已经越过波涛汹涌的南中国海和马六甲海峡，穿越浩瀚无垠的印度洋并绕道风云变幻的南非好望角，终于来到万里之外的欧洲心脏巴黎。

中国画家要在这座享誉世界的艺术之都接受一场前所未有的考试。

考官就是众多的法国艺术家和以眼光挑剔著称的艺术观众。他们共同组成考官队伍要对"张善子、张大千中国画联展"进行现场大考，地点就在法国著名的国家大博物馆内。远道而来的中国画家张善子将向西方人展示传统水墨绘画的艺术魅力，总计一百八十幅画作分为"正气类""中国古圣别传类""四德类""山水类"以及"杂类"五部分，全部以传统挂轴方式（立轴和横轴）而不是西方观众熟悉的镜框装饰进行展览。其中人物画《文天祥》由蒋中正题跋"正气凛然"，《忠孝节义》则由国民政府主席林森题跋"乾坤浩气"，显示画家此行受到重庆国民政府的高度重视和推动。

艺术认知的要诀在于互相交流，沟通是融合的唯一途径。1933年徐悲鸿曾在巴黎当代美术馆举行个展，他用西画方式创作中国本土题材，因此甫一在巴黎展出即大受欢迎，引起轰动。

这回不同的是，来自东方大陆的中国画更具传统性，它们所呈现的是一种完全原汁原味和纯粹的东方绘画样式。对西方观众来说，这种完全陌生的审美体验结果如何不得而知，来自东方的古老艺术能否为他们接受还是个未知数。

画展开幕这天，出现在观众面前的中国画家身着一领丝麻马褂对襟长袍，脚蹬千层底方口布鞋，长髯齐胸神情飘逸。主办方介绍说：张先生擅长使用毛笔（不是鹅毛笔）写字作画，这种毛笔是选用最细的羊毫毛制作而成的。当然不止于羊毛，中国人还可将狼毛、鸡毛、鹅毛、鼠毛、貂毛、兔毛以及牛耳朵里的毫毛用作制笔。更绝妙的是一种由婴儿胎毛所制的毛笔，称"人毫"。画家每次绘画，往往都要使用多达十几支甚至几十支不同粗细的毛笔来完成。

欧洲观众一片惊叹。

随着观众进入展厅，人们的脚步在古老的东方水墨艺术面前流连，室内安静得像一泓波澜不兴的池水。由于布展仓促，这些水墨画均未制作法文说明，当然要将那些深奥的文言文题写的诗、跋和序言译成法文也非易事，弄不好还会画蛇添足另外添乱。善子果断决定将展画原样呈现，任凭观众用心灵去领会交流。

但是当画家的眼光捕捉到观众表情时，经验告诉他情况有些不妙，因为观众没有表情就是最大的表情。异域文化的隔膜像一层窗户纸，阻碍了西方观众的审美经验抵达中国画的艺术核心。

他必须捅破这层窗户纸，否则画展可能前功尽弃。

这时有人来向画家请教如何使用中国毛笔，他灵机一动有了主意。与其个别讲解不如现场演示，与其说话不如行动，张善子决定拿起画笔来挥毫作画，让西方观众直观认识中国绘画的全过程。

事实证明，这是一个十分及时而且明智的决定。

展方人员当场布置画案，香炉里燃起淡淡檀香，老式留声机开始播放上海天马影业公司灌制的中国古典丝竹音乐唱片《汉宫秋月》《霓裳曲》《春江花月夜》，中国画家便在一派悠扬的古典乐曲中登场作画。只见他手握一管大号粗管狼毫，饱蘸浓墨提笔运气，随着悠扬悦耳的音乐节奏投入创作。那支柔软的狼毫忽快忽慢地在宣纸上滑动,如同在跳一支优雅的纸上华尔兹。随着画面轮廓渐渐显现,画家又换成一只中号紫毫,微俯身躯细心勾描,观众渐渐看出一些端倪来,原来他画的是一头姿态威猛的下山老虎。待画家直起身来,只见他在画纸上龙飞凤舞地题辞书写:雄大王风一致怒吼,威撼河山势吞小丑!

观众以为画毕,纷纷鼓掌,谁知画家又从笔架上拣出一支貂毫圭笔。"圭笔"就是最小号毛笔,观众但见那笔细若发丝,笔尖毫毛更是若有似无,都瞪大眼睛盯了看,不知道画家还要干什么。只见张善子轻轻蘸了砚台中的油烟墨汁,将毛笔投枪似地掷于画纸之上,仅只两点,音乐声恰到好处地戛然而止,空气中唯留余音绕梁。

一双虎眼便炯炯有神放射出光亮来。

画虎点睛,老虎活了!

全场静默片刻,立刻爆发热烈掌声。

画展大获成功!

次日巴黎各家报纸都在显著位置刊登中国画家张善子在国家博物馆举行画展和现场作画的消息,盛赞中国绘画的奇妙与想象力"不可思议"。更有专家撰写专稿称,西方画家应向中国绘画学习"含蓄、多义性和留给观众的想象力空间"。

初战成功给张善子增添了极大信心,他心中油然生出一丝遗憾来:如果大千同行的话,兄弟联袂作画那才叫精彩呢。八弟运笔如飞落笔有神,将来如有机会,应让欧洲人欣赏到中国绘画的至臻境界。当然善子不可能知道,十多年后大千也将步兄长后尘来巴黎布展作画,并在法国和欧洲引起更大轰动。

中国画展好评如潮,连许多巴黎周边的外省观众也慕名赶来观展。时值二战爆发前夜,德国法西斯蠢蠢欲动,法国民众都生活在战争阴霾威胁之下,他们除在画展上欣赏到古老的东方艺术,还能感受到中国画家通过画面投射出来的人类的精神力量,那就是对不屈生命的礼赞和对战争苦难的抗争。

画展第一周意外地迎来了一群重量级观众，法国总统阿尔贝．勒布伦先生由政府教育、文化部长陪同亲临参观。总统先生不仅是位声望卓著的政治家，同时还具有深厚的艺术修养和鉴赏力。他兴致勃勃地观摩了画展作品，对古老的中国绘画艺术赞不绝口。总统还将一枚法国荣誉勋章当场授予张善子，以表彰画家为中法文化交流做出的不懈努力和贡献。

法国总统的赞誉助推了中国画展的参观热潮，画展不得不延展一周。次月，《张善子张大千兄弟巴黎画展》画册出版，现场销售一空，出版商不得不紧急加印供应市场。

画展期间，张善子还出席法国社交团体和华人华侨举办的多场社会活动，发表关于中国抗战现状和谴责日本侵略的演讲，呼吁国际社会和爱国华人以实际行动声援中国抗战。张善子的演讲在法国社会激起很大反响，有评论家认为，中国画家为法国和欧洲生存现状敲响警钟，今天之中国很有可能就是明日法国的现实重演。

不幸的是，该评论预言一语成谶。

4月，张善子乘船离开法国前往美国。

9月，德国入侵波兰，第二次世界大战爆发。再过八个月，法国沦陷。

3

当一艘名为"伊丽莎白号"的美国轮船载着画家张善子在横渡大西洋的波涛上颠簸时，远在中国四川青城山上的张大千却从家中负气出走了。

导致画家出走的原因并非什么大事，无非是些鸡零狗碎的家庭纠纷；但是画家出走本身却成为一件大事，一时惊动了整座青城山。大千栖身上清宫，原本是潜心悟道钻研艺术，以期悟出绘画真谛修得正果。然而事与愿违的是，时间一长，平庸的生活和接踵而来的家庭矛盾就如南方山林中的霉菌一样侵蚀他的精神，腐蚀他的激情，消解他的艺术创造力，令画家感到心灵窒息。他对自己的不满日愈加深，正如哲人所说，"不是在沉默中爆发，就是在沉默中死亡。"

他终于选择爆发。

家庭既是幸福生活的乐园，也是家务琐事与口舌纷争的泥潭。与画家一同在山上生活的家人除了三位太太，还有多达十多个年幼子女及佣人。俗话说"三个女人一台戏"，现在这台戏的主角都齐聚青城山的小小舞台，男主角则是她们共同拥有的丈夫张大千，那么这台家庭剧自然没有理由不"精彩"。

对张大千来说，"妻妾成群"即使不存在法律道德的障碍，但是要驾驭一大堆女人、孩子并从琐屑的家庭矛盾和人事纠纷中超然物外谈何容易？何况山外还在打仗，抗战还在艰苦卓绝地进行，日本飞机还在扔炸弹，画家的活动范围受限，既不能远走高飞，又无法甩手不管。于是画家只好在家庭生活的泥潭中越陷越深无力自拔，他的脾气越来越大，常常无端发火，使得这台家庭剧更加纠缠不清。

这天一早，女人又因为家庭琐事发生龃龉冲突，年轻的三太太转求"老爷子"庇护，但是脾气火爆的二太太不买账，争吵中她竟然操起东西打了张大千的手！这下子闯了大祸，张大千的手是用来画画的，这手为全家生计所系，岂能随便乱动乱打？"老爷子"当场发了很大的脾气，掼坏一只明代宫廷笔洗。女人真是不可思议的动物，她们嘀咕一阵很快达成和解，结成统一战线向脾气古怪的"老爷子"开战，尽管这位一家之主的"老爷子"刚满四十岁。

张大千哪里敌得过三张伶牙俐齿的嘴？他就如四川人所说"上了夹板"的老鼠，干脆一甩袖子摔门而出，也不知道躲去什么地方生闷气了。女人私下商议道：这种深山老林荒野之地，谅他也无处可去。等到饿了累了乏了，还不得乖乖地回来吃饭睡觉？

话虽这样说，直到天黑掌灯也不见人影，女人们这才慌了手脚，连忙唤了人来，连同上清宫的道士、居士还有做饭的、种菜的、打粗的佣人，统统出动点了火把到处找寻。

但是搜寻一夜，各处相邻山头和道观宫庙通通寻遍，也未见"老爷子"踪影。

张大千到底去哪里了呢？

青城山古树参天小路陡险，到处都有悬崖峭壁和迷宫般的原始森林，他真的要是迷路怎么办？万一跌下悬崖陡壁，后果不堪设想。更兼山中黑熊、虎豹、野狼等等猛兽众多，孤身一人如何抵挡？女人们面面相觑，她们终于发现祸闯大了，要是"老爷子"真有个三长两短岂不是毁了这个家，她们今后怎么办？一家老小谁来养活呢？

画家失踪的消息惊动了山下的县政府。张大千是名声在外的大画家，要是有个差池政府也不好交代，于是更多人被动员起来加入搜山寻人的队伍。

两天后才有人在一处破庙找到张大千。

等太太们闻讯赶来，只见"老爷子"枯坐地上，眼观鼻，鼻观心，他的面前是一尊破败的土地神像，两个人看上去很像一对默默相望的泥胎兄弟。四十八小时过去，白昼黑夜轮流交替，他就这样不吃不喝不睡地打坐，没有人知道画家内心在想什么，或者干脆什么也不想，就如闭关入定的老僧一般。

女人们被震慑了，个个面露愧色心生畏惧，她们至此感受到"老爷子"身上有种不可能碰的强大气场，这样的男人是绝对不可以拿气给他受的。女人战战兢兢地匍匐到"老爷子"跟前，轻言细语将他唤醒，然后指挥家人把"老爷子"抬上滑竿，小心翼翼地护送回家。

其实女人哪里懂得男人的心思？大千并非同女人怄气，他在生自己的气。

他对自己越来越不满意。一个日渐平庸的"我"，一个萎靡不振的"我"和一个创作欲望枯竭的"我"，它们日渐挤占了心灵空间。大千却对此无能为力。好比人不能拔着头发离开地球一样，他无力改变现状。

你如果要飞翔，就得有一双翅膀。

自从发生出走事件之后，三位太太都有如履薄冰的危机感。她们私下商议好，谁都不能再惹"老爷子"生气，不敢再跟他玩弄什么小心计、小把戏。她们生怕"老爷子"一怒之下不辞而别，或者在山洞里中了什么邪，或者干脆出家做了和尚，那她们才是大祸临头了。

但是她们很快又发觉"老爷子"身上起了某种明显变化，那就是他对家里的事越发态度模糊，越发心不在焉。并且对于画画也不如原先勤奋努力，总是捧着书本读，要不就是坐对莽莽群山独自发呆。

女人到底还是看不懂男人。此时她们的丈夫没有在山中迷路，而是在自己内心迷了路，四处彷徨找不到出路。

朱子云：半亩方塘一鉴开，天光云影共徘徊，问渠哪能清如许，为有源头活水来。艺术之源，为有活水。何为活水？活水在哪里？这个问号又回到画家思考的原点上。如果画家像头拉磨的驴，周而复始地重复着昨日的圆圈，那便是死亡之路。照此下去，当抗战结束时，即使画家还活着，手中依然握着画笔，但是他那颗生气勃勃的天才画魂已经死了。张大千将变成一个平庸无奇的画匠。

可是他怎样才能走出迷茫与荒漠的内心呢？

这年秋天，张大千忽然向太太宣布要去二百里外的峨眉山画画。峨眉山为中国四大佛教圣山之一。太太们心中都不情愿，这山那山不都是山么？看上去哪一座都差不多，何必长途跋涉地劳师远行呢？但是没人敢说出来，生怕再惹老爷子不快。于是经过一番忙乱准备，张大千带上年轻的三太太杨宛君，雇了毛驴挑夫就上路了。

一个多月后他们从峨眉山归来，张大千情绪仍无好转，还是快快不乐、没精打采的样子。另两位太太私下一打听，得到的回答更加令她们吃惊，原来"老爷子"一切依旧，白天该画画就画画，该吃饭就吃饭，夜晚该干哪样事一件不落，但他就是这么不开心，心事重重的样子。

女人们没辙了，她们认定"老爷子"病了，只好悄悄张罗问医，并在心中祈祷他快快痊愈。

4

战争期间生活艰苦物资短缺，无论粮食蔬菜鸡蛋肉类的价格都比战前翻了十几番，令山上的人们感到很大的生活压力。张大千日日粗茶淡饭。他让学生把字画带到成都、重庆出售，价格虽比战前大跌不少却也不愁卖。

生活的脚步就这样波澜不兴地走过去。

冬去春来，这天上清宫外来了几位客人，声称要见画家张大千先生。待大千走出来一看，不由得喜出望外激动不已，原来领头的客人正是苏州网师园老友叶恭绰。抗战爆发后恭绰一直留居香港，担任香港文华协进会会长，此番赴渝公干，专程前来看望张大千。

另一位则是成都"贲园"主人严谷声。严先生乃四川文化名人兼大收藏家，素与画家交好。张大千一生中交友无数，仅有少数人结为至交终生牵挂，书画家叶恭绰和收藏家严谷声即在此列。

还有一位风尘仆仆、个子高大的陌生人，他是国民政府监察院常驻西北甘、宁诸省的巡视官马文彦先生。马先生虽身在官场，却实为学富五车的文化人士，早对大千画名仰慕已久。

有朋自远方来，不亦乐乎？三几个文友，四五盏清茶，谈天说地论古今，辨诗析画道得失。对于深陷精神危机的画家来说，他们的到来恰如久旱禾苗迎来及时雨。大千当即命人去山下农家买来肥羊宰杀，取出醇香的"绵竹大曲"开怀畅饮。上清宫文武殿的油灯彻夜不熄，新朋老友的浓浓谈兴就如大锅子里翻滚的羊肉汤，香气扑鼻沁人肺腑，非一醉方休不忍离开。

众人分享了画家近年的创作成果，大家话题围绕其画作得失展开来。叶恭绰含蓄地评价大千近年绘画"新意不多"，其实无新意便是重复自己和退步的委婉说法，究其原因虽然祸根在于战乱，然与画家眼界屏蔽、思路萎缩和缺少创新冲动有关。

严谷声则以为"静"与"动"是一种相对的存在。古云"大隐隐于市",指的不就是闹中取静么?天近唯心知,地博唯人知;心静之人,闹市也是高山深谷的仙境。但是对艺术家来说,封闭阻隔就是心灵腐蠹,交流才有活水。他直言道:"户枢不蠹,流水不腐",唯心灵撞击方可产生艺术灵感的活水。

大千觉得众人的评点如根根银针直刺顽疾,心情为之一振。自己内心的种种郁积苦闷,症结不正在于此吗?天才的强大不在先知而在后觉,什么时候你拒绝博采众长也就变成顽石。大千表情虽然安静不置一词,但是他的胸中却如大海起了风暴,波涛汹涌浪花飞溅。

在客人看来,大千画作太过多面,人物、山水、花鸟、杂画一应俱全来者不拒,如此"全面开花"最易流于平庸。叶恭绰坚持认为,大千人物画乃其特长,独树一帜,所以他力主大千主攻人物画,山水花鸟辅之。

但是张大千却提出另一个问题来:自西画流入我国,便有"水墨"不如"油彩"之说盛行,在我看来二者各有长短。国画长于表现山水之深邃意境,不求形似但求神韵,而西画之长恰恰就在摹画人物,既画形又绘神。比如徐悲鸿的人物画汲取西画技法,已达神形兼备的完美程度,我辈如何才能做到与之比肩呢?

此言一出,众皆无解,因为这不是理论而是实践问题,就连深谙绘画之道的书画家、收藏家兼画论家叶恭绰也被难倒了。既然明知不可为而强为之,岂不是自寻绝路么?

自古以来,大师们追求的目标都是"会当凌绝顶,一览众山小",超越前人就意味着独辟蹊径和艺术创新。但是"前无古人"的路径在哪里呢?谁能提供一点点方向和目标,哪怕是最含蓄的暗示也好呢!

群山沉默,天地无声。一颗流星拖曳着稍纵即逝的尾巴从夜空中猝然闪过,那是冥冥中的上帝也在庄严思考。

此前一直凝神谛听的西北来客马文彦说话了。

马先生道：大千先生此言差矣。将中国水墨画与西画技法相结合非悲鸿先生始，千年之前早已有之，并已达技法完美与形神兼备之境界，何来无法超越之说？

此言既出，满座皆惊。

当其时，张大千在字画精鉴方面可谓见多识广名声远播，收藏界有"天下无二"之美誉，他对此亦相当自负，曾经题诗自云"能识真伪能辨矶，不悔古人不悔今"。抗战之前他受聘出任北平故宫字画鉴定委员，对皇家珍藏字画研究甚多，并且眼光十分独到，所以市场上流通的古画真迹少有他看走眼的。业界行家评论说："大千见多识广眼光甚高，其一是能辨识真伪，其二是能鉴赏优劣，其三则能追根溯源，找出古字画的来龙去脉，此乃天下精鉴第一人也。"

关于张大千辨识古本字画的种种趣闻轶事也流传甚广。据说有一次荣宝斋购入一幅几近腐朽的绢本山水古画，字迹墨色已经淡似近无，且无题跋留款与钤印，遍请名家无人能识，最后请到张大千来做鉴定。大千不出数日便确认此绢画为唐本，并且出自唐玄宗手笔，公布十大理由佐证此画乃唐代存世之唯一帝王珍品。

一时间业界为之震动，无不折服矣。

如果要说别人未有见识尚可，说张大千未闻未见中国历朝历代之绘画珍品，则等于批评圣贤无知一样。大千愣住了，他几乎不敢相信自己耳朵，虽与西北来客头次相识，彼此并不熟悉，但是能与恭绰、谷声结伴而行者自然非等闲之辈。"谈笑皆鸿儒，往来无白丁"，他相信对方也是位见多识广的饱学之士。但是马先生竟然当面说出这般令人震惊的话来，却是他无论如何没有料到的。

那两位老友却并不惊讶，都面带微笑看着他，说明他们持有与马先生相同看法，说明他们是有备而来胸有成竹的。于是张大千的耳朵竖起来，他于疑惑中抱有期待，在惊诧中准备等待客人一番宏论滔滔。

不幸的是，画家并未等来书斋里的大道理，而是一个炸碎黑夜的惊雷！

5

马文彦讲了一个"西行寻宝"的故事。

茫茫大漠,人迹罕至,相传东晋十六国时代,一队西行寻宝的僧侣被困沙漠多日。就在他们即将绝望之时,忽闻天庭传来悠扬的经乐之声,登上三桅山举目张望,但见前方金光闪耀祥云缭绕,隐约如现万尊金佛真身。他们认为这是佛的旨意,金光之下便为宝藏,于是僧侣留下来,在岩壁上开凿出第一座洞窟。此后一千多年,大批禅师高僧相继来此建洞修禅,书写宗教文化艺术的辉煌。

这个传说中的寻宝故事就发生在中国乃至人类艺术史上绝无仅有的千年宝藏——敦煌。

马文彦身为国民政府监察院驻西北最高文化官员,同时也作为具有深厚学养和眼光独到的文人学者,曾不辞劳苦亲临敦煌实地考察,获得过大量第一手资料。他告诉张大千,敦煌洞窟里不仅藏有文献典籍和经卷,更有数以千计的艺术瑰宝,那就是无与伦比的精美壁画和彩绘雕塑。它们已经在洞窟里沉睡了上千年,岁月成就了它们无可比拟的崇高地位。

他向画家郑重建议:去敦煌看看吧。去到那里观摩考察,一定不会令你失望的。

张大千脑际掠过一道闪电。

这是他第三度与"敦煌"迎面相遇。早年谛闲法师曾对徒弟讲起过"敦煌壁画";后来老友叶恭绰也讲过敦煌藏有大量佛经、文献典籍和艺术瑰宝,但是并未令他下决心前往考察。大漠戈壁、路途遥远是一回事,根本原因还是"幡动风动",乃"心未动"也。

但是这回不同。

此时天才画家正在陷入一种叫作"平庸"的人生困局,他明知平庸的生活正在像潮湿霉菌一样腐蚀自己的灵魂,希求解脱却无能,期待改变却不知何往。人生有时如棋局，陷入死结而无解，唯有等待高手出现方可破局。

历史的巧合恰恰在于，西北来客马文彦在一个恰当时间和恰当地点遇见了最恰当的人。大千苦苦等待改变，而马先生则负有把信息密码传递给画家的使命。

于是高手出现了，它的名字叫"敦煌"。

画家心魂大动。

凑巧的是，客人还带来一个消息：一位并不出名的年轻画家李丁陇经历千辛万苦于1937年抵达敦煌，带回数量不多的临摹画和写生作品，此时正在成、渝举办小型个展。

大千坐不住了，他当即与友人赶到成都观展。尽管年轻画家的临摹作品数量不多且有许多瑕疵，但亦可"窥一斑而见全豹"。这批作品透露出来的丰富信息还是令张大千激动不已。

当画家送走朋友重返上清宫时，天空中的阴云已经散去，红日冉冉升起。他快步登上青城山主峰遥望西边地平线，一颗心已经插上翅膀飞向风沙茫茫的西北戈壁。

——敦煌，我来啦！

第二十章　善子之死

1

张善子抵达美国已有半年时间。

与兄弟张大千蜗居青城山悟道不同,"虎痴"画家和激情四射的爱国主义者张善子不远万里远涉重洋,终于在太平洋彼岸抵达他人生事业的辉煌顶点。

首站是纽约时代广场。《张善子张大千兄弟画展》隆重开展,得到了纽约华人华侨鼎力支持。中国画家在美国举办画展宣传抗日,这在当地是个大新闻,所以侨胞纷纷把支持画展看作支持祖国抗战。报载,纽约画展开幕首日,上千华侨踊跃观展,其中不乏老人、妇女和儿童。张善子应观众强烈要求作了"救救祖国,救救孩子"的即席演讲,从"九一八"东北事变讲到"七七"卢沟桥事变,从上海"淞沪抗战"讲到首都南京陷落,惨绝人寰的南京大屠杀,三十万同胞沦为日本法西斯的刀下鬼,以及半壁河山沦陷,二万万同胞沦为亡国奴等等,动情之处潸然泪下、无法自已。演讲场面群情激奋,爱国之情如火山喷发,更有华侨在现场发起"爱我中国——一碗饭援华运动",即人人捐出一碗饭支援祖国抗战,当日募捐一万美元转交中国大使馆,购买医疗器材和药品寄往重庆。

画展大获成功。

张善子的新闻不断登上美国报纸，美国各界开始注意到这个中国画家到来的意义——尽管艺术不等同于政治，但是艺术完全可能承载政治和社会的使命。当其时，美国朝野都在思考一个迫在眉睫的难题，那就是美国能够逃避战争独善其身么？中国画家的到来具有某种警醒意义。他不仅让美国人民听见一个饱受战争蹂躏的古老民族发出的正义呼声，而且向这个奉行中立绥靖政策的大国高层敲响警钟。

张善子先后在芝加哥、费城、波士顿、华盛顿、洛杉矶、旧金山等地举办巡回画展，每到一地都激发起华人华侨的爱国浪潮，每场画展都变成抗日救国的演讲集会。很多观众赶来现场，与其说观画不如说聆听画家激情演讲。还有一些美国学校也邀请中国画家到校讲座，授予他名誉教授的头衔。张善子本身学养深厚阅历丰富，加上其激情澎湃言辞犀利，对抗战形势以及中日两国了解透彻，因此他的演讲几乎场场成功。

张善子一时成为美国有热度的新闻人物，画画反倒成了画家的业余活动。张善子将更大精力投入了抗战宣传和募捐。有人做过统计，张善子在美国演讲多达数十场，到场人数远多于画展观众。正所谓"有心栽花花不开，无心插柳柳成荫"，张善子的出名也带动画展走红，他的老虎画大受欢迎，订单如雪片般飞来令他应接不暇。如此优秀的成绩单足以令美国画家同行羡慕不已。谁都知道赢市场难，难于上青天的道理，何况还是在世界商业王国的美国，观众口袋里的美元并不那么容易掏出来，即便当红画家也未必有此魅力——后来张善子足足用了一年时间才把订货单画完。

张善子果然是个言行一致的爱国志士，他将卖画所得的二十万美元巨款全部无偿转交国民政府，用于支持前线抗战和灾民救济赈灾。

当张善子画展巡回到美国首都华盛顿时，一位衣冠楚楚的信使

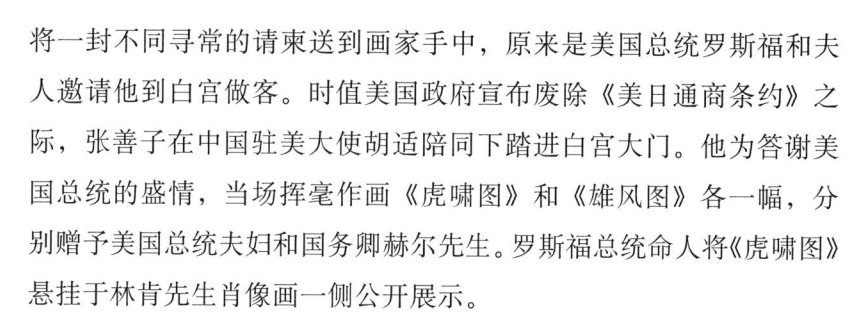

将一封不同寻常的请柬送到画家手中，原来是美国总统罗斯福和夫人邀请他到白宫做客。时值美国政府宣布废除《美日通商条约》之际，张善子在中国驻美大使胡适陪同下踏进白宫大门。他为答谢美国总统的盛情，当场挥毫作画《虎啸图》和《雄风图》各一幅，分别赠予美国总统夫妇和国务卿赫尔先生。罗斯福总统命人将《虎啸图》悬挂于林肯先生肖像画一侧公开展示。

张善子的美国之行大获成功，他的知名度继续攀升，不仅华人华侨尽知这位来自中国的"画虎大师"，就连美国总统夫人也应邀出席他的画展，还陪同他前往国会山发表演讲。

1940年秋天，当加州的橡树叶再度像火烧云一样染红双峰山顶时，离家两年的张善子决定启程回国。此时画家已经积劳成疾心力交瘁，因此他比任何时候都更加思念远在大洋彼岸的故乡和亲人。画家在旧金山码头告别了友人和送行人群，转身登上一艘驶往香港的美国轮船。时值傍晚，一轮夕阳渐渐西沉，举目四望，除了海天相连的地平线什么也看不见。但是画家知道，就在太阳落下的地方有一片被血色笼罩的辽阔大陆，那里正在遭受侵略，人民正在受难，那就是他苦难深重的祖国。

2

就在大洋彼岸的张善子动身回国之际，他的家乡，也就是抗战大后方正经受日本飞机"绞杀战"的摧毁，无论城市乡村都笼罩在敌机"无区别轰炸"的死亡阴影中。重庆连续发生惨绝人寰的"五四惨案""五六惨案""较场口惨案"等等，成都繁华商区少城公园、盐市口、春熙路、提督街、老皇城都遭日机反复轰炸，半座城市毁于大火，百姓死伤惨重。还有一次日本飞机竟然把炸弹扔到青城山下的道观，虽然没死人，但是引燃的山火却烧焦几座山头，令客居上清宫的人们惊恐好一阵。

但是张大千却对战争脚步的迫近充耳不闻，因为画家心中正在酝酿一个庞大的冒险计划，那就是深入数千里外的西北大漠去考察那座传说中的艺术宝库——敦煌洞窟。

消息传开，许多人纷纷赶来劝阻，因为以正常眼光来看，此次西行属于画家心血来潮和一时冲动，属于不理智、不计后果的冒险行为。当其时，敦煌仅只是中国地图上一个被茫茫沙漠和戈壁滩包围的地名，没有公路相连，也无交通工具前往，甚至远离村落没有人烟。何况抗战还在艰苦卓绝地进行，到处兵荒马乱物资匮乏，仅以画家一己之力如何能够深入那片遥远的不毛之地考察艺术呢？如果途中发生任何不测都将令其有去无回。

还有人指出，大西北戈壁号称"死亡之海"，不仅风沙茫茫寸草不生，而且气候恶劣瞬息万变。白天高温热浪能把人烤焦，入夜则滴水成冰天寒地冻，只消一支烟工夫就能把人冻成木乃伊。数百里区间没有人迹，连飞鸟和老鼠都没有，你能待得下来吗？

更有人警告说，河西走廊以西已经越出重庆政府实际管辖的权限，虽然名义上属于中国版图，那里却是历史上"五马"的传统领地。那一带还活动着令人生畏的乌斯满骑兵，他们就像死亡旋风一样来无踪去无影，锋利的马刀对异族闯入者从来都不客气。

家属亲友也纷纷加入反对画家冒险的行列。女人自有女人的思量，男人是她们的主心骨，是家中的顶梁柱，是生活的唯一来源和依靠。倘若张大千在外面冒险有个三长两短，她们偌大一堆女人孩子日子怎么过呢？

张大千车马未动舆论先起，几乎一边倒的反对声浪险些把画家淹没了。

要是换了别人，也许就此打消念头放弃冒险。人生苦短，何必放着青城山上的太平日子不过，非要去到人迹罕至的大漠戈壁搏命呢？退一万步说，就是等到战争结束和平降临那时再去不迟，不是也多一些安全保障么？

但是大千毫不为舆情所动。

画家的定力来自目标的明确。他到大漠深处不是看风景，而是治病，此心病只有敦煌可治。他笑道：幼时吾读《西游记》，唐僧师徒西域取经历经九九八十一难，最终功德圆满取回真经，这当是成功者的道路。当时心生羡慕，随那匹白龙马神游过西行不知几回。岂料人生早已天定，这次西域之行便是我张大千的前世轮回，只可惜差了一千年，不能与唐僧师徒做伴。此一行，休说离西天胜境天竺国半程都不到，就是离中国国界还远得很呢，有什么好担心的？

一番轻松谑言，便把那些纷纷攘攘的反对挡回去了。

画家卖掉部分古代藏画筹集资金，组织起一支西行团队，制定周详的任务书。由于抗战时期汽车都被军队征用，画家只能雇用一支浩浩荡荡的骡马队伍驮着粮食行李用具前往西域。古丝绸之路上遍布众多古迹名胜，诸如广元千佛洞石窟、洛阳龙门石窟、天水麦积山石窟等等，它们都已列入画家考察计划的目的地，因此画家预计自己此行当费时半年左右。

眼看启程日子迫近，年轻的三太太杨宛君横生枝节，她执意要随丈夫一道西行，宁受车马劳顿之苦也不愿与那两房四川太太留在青城山，内中原因不言自明。

这件事让张大千颇费踌躇。画家何尝不愿漫漫长途身边有女人共度寂寞长夜？但是此去千山万水、千难万险，岂是城里年轻女人吃得下的这份苦？但是三太太态度坚决毫不动摇，她声明愿与夫君同生共死，否则宁可返回北平老家也绝不独自留下来。

于是出发这天，人们看到在这支"西天取经"的队伍中多了一个面容俏丽的女性，她就是年轻女主人杨宛君。

3

当那艘搭载张善子的美国轮船横跨太平洋抵达香港时，正值日军大举入侵越南,切断了东南亚通往中国内地的交通干线滇越铁路。而在欧洲战场上,法国已经战败投降,英伦三岛正在遭受纳粹飞机狂轰滥炸,大英帝国摇摇欲坠、朝不保夕,因此作为英国殖民地的香港也笼罩在一片风雨飘摇、人人自危的暗淡气氛中。

此时香港的社会舆情和注意力都被随时可能爆发的战争吸引了,如果英国本土战败,作为殖民地的香港何去何从?日本人会趁机攻占香港吗?港人素以务实著称,英国殖民者教会了他们做生意赚钱,却没有教会他们如何应对国难危局,因此极少有人对张善子的到来感兴趣。

张善子一时身陷困境。

没有人想到,此时下了轮船的张善子竟然囊中羞涩身无分文,卖画的钱都捐给政府抗战了,自己却连吃饭住旅馆都成了问题。原本画家很乐观,路过香港热热闹闹开个画展,举办几场抗战演讲,接受媒体采访然后风风光光离港返渝,路费什么的还成问题吗?没想到此一时彼一时,媒体对艺术不感兴趣,香港绘画界自顾不暇,市民都以漠然的眼光迎接大洋彼岸载誉归来的抗战画家。

更要命的是,此前在美国的社会活动过于频密劳累,极大透支了画家的健康,归途中的张善子不幸被病魔击倒。他本来患有高血压糖尿病,此时又染上阿米巴痢疾,接下来肺炎发作高烧不退,几乎到了命悬一线的地步,因此当轮船途经夏威夷时画家不得不被人抬下船临时接受救治。

数周前还在美国受热捧风光无限,来到香港却遭遇冷遇无人问津,抱病在身的张善子深刻领会了人生的冰火两重天。幸好担任国民政府赈济委员长的老熟人许世英先生此时到港公干,惊悉善子被困后出面相助,替他募集到一笔机票款,画家这才得以登上返回大后方的临时国际航班,避免落难香港街头的悲惨命运。

飞机在中国上空绕了一个很大的圈子避开了日本飞机,几经辗转才在重庆白市驿机场徐徐降落。

画家张善子刚刚走出机场便被蜂拥而上的记者包围了。

镁光灯"咔嚓""咔嚓"闪个不停，前来欢迎的政府官员和市民用鲜花和掌声把画家淹没在热情与赞美的海洋中。面对自己至死不渝所热爱的故乡热土和父老乡亲，即便是独自环球远行的抗战勇士张善子也禁不住老泪纵横数度哽咽失声，他从心里发出的肺腑之声是：亲爱的同胞，我回来啦——我爱你们！

画家归来受到国民政府破格礼遇，各家报纸都以大篇幅报道他在欧美的环球抗战活动，被誉为"以画笔为武器向侵略者勇敢开战"的民族英雄。有报纸形容他是"一个人的全球抗战"。政府内部也传出将以文化部名义进行特别表彰和授勋的消息，更有坊间传闻，最高领袖夫妇很有可能亲自接见画家并当场予以嘉奖勉励。

张善子首开中国画家巡游世界进行抗日宣传的先河，并由此引起巨大的国际反响，当时便有报纸称，张善子对抗战的贡献"抵得上一个正规师"。画家由此被载入抗战史册，他的画作也被各地博物馆收藏，成为中国人民如火如荼的抗战历史的见证。

不妨设想一下，如果张善子人生中缺失抗战这个环节，没有只身远洋环球抗战的壮举，仅仅只是一个以笔墨为生的普通画家，他能否被人记住，他的"虎画"能否保存传世还是个很大的问号。这就是"时势造英雄"的道理。在中国这个传统深厚艺术家层出不穷的东方古国里，若非个别光芒四射出类拔萃的艺术大师或者其他原因，一般艺术家皆如过眼烟云，随着岁月流水消失得无影无踪。幸运的是，画家张善子被历史记住了，他的"虎画"也将与抗战岁月共存，这是历史给予艺术家的最高奖赏。

三弟丽诚和家族亲友都赶来重庆迎接张善子，然而此时善子心中最挂记的人无疑还是八弟大千。他向成都发去电报，约请八弟赶来内江老家会面，因为张善子心中已在酝酿一个更加雄心勃勃的计划，那就是再度赴美扩大宣传募捐的规模，这次他打算邀约张大千一同前往。遗憾的是，由于大后方通讯交通极度落后，直到他回到内江老家才得知张大千早已离开青城山的消息。而他的八弟此时正在远赴敦煌的考察途中。

张善子刚回到老家就病倒了，但是他还没来得及治疗，便有当地县长赶来报告特大喜讯：重庆方面通知画家火速回渝参加官方组织的双十节庆祝暨汇报活动，而最高领袖也将亲自接见画家本人。张善子心情激动，如果在公开场合披露再赴美国的宏伟计划，必将引发轰动和国人关注。局面大好，前途光明，对画家张善子来说，此生足够精彩！

张善子不顾病体拖累，满怀信心连夜赶往重庆。然而病魔已在伺机夺命。善子长期患有糖尿病以及肝、肾多种疾病，加之奔波操劳耗尽心力，他的身体已如一幢摇摇欲坠的危楼，地基早已掏空，稍有风吹草动便轰然倒塌。当人们将病人紧急送进重庆歌乐山脚下的宽仁医院时，画家已经出现深度昏迷和心力衰竭的危重征兆。尽管医院尽力抢救这位受人尊敬的爱国志士和知名画家，但是因为日本人重重封锁物资匮乏，医院甚至连消炎药葡萄糖针水都难得一见。人们只好眼睁睁看着这个曾经如战士般英勇不屈的画家倒下了，最终一去不返。

1940年10月20日，画家张善子归国第二周即溘然辞世。国民政府颁发命令予以褒奖。人们把他葬于重庆歌乐山南麓，与一位外国传教士为邻。

张善子千古不朽！

4

当歌乐山下的张善子生命弥留之际，他所牵挂的八弟大千正行进在千里逶迤的古蜀道上。

随同画家"西行取经"的队伍由十几匹骡马牲口和多名挑夫组

成,队中唯一的风景就是三太太杨宛君,另有儿子心智及弟子、助手孙宗慰,窦占彪,李复等多人。这支别具一格的队伍一路走走停停很是招摇,引来无数好奇眼光跟随。画家的行程往往很随意,遇上庙宇或者风景都要停下来休息,还要摆出画具来画画,有时日行三五十里,有时连十里地都走不了,不像西天取经的唐僧师徒,倒像后来兴起的观光旅游热。

途经广汉,大千又决定休整一天,因为他要观摩华西大学博物馆正在那里发掘的三星堆遗址。据说三星堆的发掘将会震惊世界,大千岂能错过。不料这时一个绿衣邮差赶来,交他一封几经辗转的电报,原来二兄长善子已经回国,约他赶往内江老家相见。

从广汉赶往内江,因为没有汽车只能骑马或者坐滑竿,一个来回最短也要十天半月,而他的考察队伍总不能原地等待,或者半途而废就地解散吧?尽管他内心巴不得马上与敬爱的兄长相见,但是考虑再三还是放弃了赶往内江的念头。他在写给善子的信中不无遗憾地说,恳请兄长至多再等半年,八弟一定赶来重庆与兄相会并举杯庆祝。

他哪里知道,病魔并没有留给他们时间,最后的重逢机会转瞬即逝,兄弟二人注定将为此抱憾终生。

队伍离开广汉后继续北上,天气转凉,出川山势越加陡险。途经著名的三国遗址白马关、落凤坡和庞统祠,画家抚摸数人合抱的张飞古柏,引发无尽的思古幽情。及至登临雄峙天下的剑门关,脚下便是一夫当关万夫莫开的古蜀道,更是令他激情汹涌浮想联翩。一千多年前,诗仙李太白在此慷慨高歌:噫吁兮,危乎高哉!蜀道之难,难于上青天!画家张大千抚今追昔,看苍山如海残阳如血,想古人登临今何在,不由得发出时光紧迫,无人不是历史匆匆过客的感叹。

在出川第一重镇广元,队伍来到著名的明月关古栈道和云遮雾罩的秦岭山脉,张大千决定队伍在此休整和补充物资,他要考察广元著名的千佛崖和皇泽寺。

千佛崖摩崖石窟造像始于北魏，距今已有一千五百年历史。石窟坐落在嘉陵江东岸高四十五米、宽二百多米的悬崖峭壁之上，重重叠叠达十三层之多，远看密如蜂房蔚为奇观。据清咸丰四年（1854年）的碑文记载，全崖造像达"一万七千有奇"，可惜在1935年修筑川陕公路时大半被野蛮施工所毁，仅存四百余洞，造像七千余尊。张大千边看边摇头，他对学生痛惜道：千年之存世宝物，竟被愚昧者毁去一多半，焉不知路可改道，洞窟造像不可再得也！

皇泽寺为中国古代唯一女皇武则天的祀庙，其前身创建于北魏；武后称帝，为纪念自己的龙兴之地，赐寺庙"皇泽"，寓意"皇恩浩荡，泽被故里"。寺内现存二圣殿、武氏家庙、则天殿、大佛楼等，不乏造型精美的亭台楼阁。殿内有一尊武则天金身真容石雕，雕像雍容华贵神态安详，头戴嵌有小佛像的宝冠，身着璎珞彩褂，袒露胸臂，一身佛门观音扮相。大千疑惑道：武曌既为人帝，当威武立世，普天之下莫非王土，岂有以观音菩萨扮相示人之理？

刚好有个游人听了随口答道：在国人传统观念中，帝王原本就是人神不分的，生前为王，死后为神不是么？

大千正与那人聊得热乎，一个绿衣邮差气喘吁吁地飞奔进来，手举一封加急电报到处嚷嚷：找张大千！张先生在哪里？哪位是画家张大千？

这是一封辗转多地的急电，拆开来只有短短几个字：善子病故！速来重庆！

张大千腿一软，顿时瘫坐在地下，吓得众人连忙掐人中揉心口，好半天才恢复知觉。他仰天长叹：二兄长啊，你千不该万不该，不等等你的八弟就独自走了，你好狠心哪！……

话音未落，已经泪流满面不能自已。

张大千在广元码头雇了一条木船，沿嘉陵江日夜兼程赶往下游

的重庆奔丧。

考察队就地解散，第一次敦煌考察计划无限期推迟。

5

等张大千千里迢迢赶到重庆，善子已经长眠歌乐山下，兄弟天人两隔终成永诀。

大千长跪不起悲痛欲绝，深陷于自责与后悔之中难以自拔。当初如果停下考察急赴内江，也许还能与兄长见上一面。现在一切都晚了，兄长近在咫尺音容犹在，两人却阴阳阻断无缘相见。

他在墓地旁边搭起一座简易草棚，独自守灵七日。

时间隧道暗下来，人心中的浮云散去，记忆的河流开始涌现。细细回想，在大千少年出道追寻艺术的曲折人生中，哪一步离得开兄长的关爱与帮助？哪个重要关口不是兄长及时引导，才令绘画天才迷途知返得有今日之成就？

在他身陷龙井口匪巢的危难之时，若非兄长修书官府相救，高中生张正权恐怕早成匪乱的刀下之鬼。

东瀛归来出家为僧的迷茫时刻，正是善子找到他并把兄弟带离消极颓丧的精神泥潭，支持他拜师学艺握起画笔来绘尽天下奇观。

当八弟为利欲所诱迷失于仿古作假的邪路之时，又是善子不辞劳苦费尽心血，不仅替他寻回祖传宝物《曹娥碑》，更是帮助兄弟找回失落在物欲世界的自我。

无论他耽溺名利场、欲望泛滥不能自拔，还是身陷沦陷区无力反抗之际，兄长都以自身的榜样行为激励兄弟，为他鼓足勇气指明方向。兄弟正是站在兄长肩膀上闯过了一道道难关，登上了一座又一座艺术高峰。从任何意义上说，兄长张善子都是大千的守护神。他像一支火炬，点燃自己来替兄弟照亮人生的道路。

这是大千的幸运，也是张氏家族的幸运。

如今这支家族的火炬熄灭了,令大千倍感寒冷孤独,他的悲伤和泪水像山间溪水一样总也流不完。他抬起头来仰望天庭,试图穿透那重厚厚的黑夜帷幕,因为他知道,在那重黑暗幕布的背后还有他的许多亲人,他们一定都在微笑地注视自己……

不知道过了多久,有人在他身边俯下身来,原来是三兄长张丽诚与嫂子罗正明上山来接他了。兄弟相见,张大千的悲痛更是犹如江河决堤,"泪飞顿作倾盆雨"!

丽诚告诉他,善子病重期间最念念不忘的仍然是八弟。他说创业者须先守成,绘画者须先做人,望八弟慎行之。

张大千的泪水又出来了,他哽咽道:大千只为赶路,竟没能赶上跪送二哥一程,真是狭隘自私,必将终生悔恨不已。

丽诚摇头道:八弟错矣。二兄长与我说道,敦煌是座艺术宝库,他也曾心向往之,得知八弟你竟然勇往考察,十分振奋。他感慨说成也大千,败也大千,八弟好自为之。

张大千心情复杂地点头,二兄长的理解令他感到一丝安慰。

丽诚又说:二兄长临终前嘱咐说,欲成大家者必先淡出;若为大师者必先修行。我八弟敦煌之行犹如西天取经也。此乃艺术之阳关大道,若八弟果然克服九九八十一难,必当修成正果矣!

人虽隔世,言犹在耳,大千正在琢磨兄长遗言,丽诚又交给他一件包袱说:那天他精神忽然好一点,连说身上冷,要我们抬他到院子里晒太阳。他盯着天上的太阳看了又看,那只手紧拉着我说,八弟其实什么都不缺,只缺少艺术精神,什么时候他学会把自己献给艺术,八弟就功德圆满了。他要我把这件东西交予你,直到后来撒手睡过去,再也没有醒过来。

张大千打开包袱一看,竟是张善子用过的文房四宝和画具,还有他精心保存的国外画展照片。睹物思人,哀心大恸,不消说善子一片苦心和期待尽在不言中。如果说有一种宗教仪式叫作"洗礼"的话,那么兄长张善子就是用生命的最后一刻为亲爱的八弟张大千

进行了庄严的精神洗礼。

张大千俯身朝兄长坟墓重重地磕了三个响头,然后头也不回地下山去了。

从此他再也没有来过歌乐山。

但是这座坟茔已经永远留在他心中,与他的大千世界共存。

第二十一章　大漠探幽

1

民国三十年（公元1941年）早春，西北大漠茫茫朔风劲吹，在这个黄沙漫天沙尘暴肆虐的季节里，人迹罕至的敦煌千佛洞（也称莫高窟）迎来了一支风尘仆仆远道而来的考察队伍。

唐代岑参诗云：北风卷地白草折，胡天八月即飞雪。王维名句更是千古传唱：劝君更尽一杯酒，西出阳关无故人。

即使时间的脚步来到二十世纪四十年代，西出阳关仍然如同到了世界尽头。千里大漠黄沙无边，古老戈壁满目苍凉，除了偶尔路过的骆驼行旅，哪有半点人间烟火的影子？唐诗有云：大漠孤烟直，长河落日圆。壮哉大自然，可惜无人喝彩。

当张大千拖着疲惫的双腿站立在三危山下时，千佛洞的景象令他怀疑自己是否站在了失败的边缘：层层开凿的崖壁洞窟全都破败不堪，有的已经坍塌毁坏，有的快要被黄沙掩埋。它们好像许多被岁月之手掏空的枯眼窝仰望苍天，又好像对来人诉说什么。远处耸立着巍峨入云的祁连山冰峰，一阵夹带沙尘的寒风刺穿衣衫，令他不由得打了个寒战。

画家心中漫过一片不祥预感的潮水。

当他们迫不及待钻进洞窟察看时，情况竟然比画家预想的还要糟糕：洞壁泥土早已剥落，只剩下斑驳不堪的壁画残迹，往里走光线黑暗，有人点亮火把，他才赫然看清一尊菩萨塑像只剩半截，头颅早已不知去向。洞壁曾经遭遇烟熏火燎，黑黢黢的什么也看不见，跟废弃的煤矿坑洞也没有两样。

一连察看三四座，洞洞皆然。张大千感到一股寒气从脚底冷到心头。佛众都说，念经要赶早，取经要赶前。他不确定自己是否已经来晚了，或者已经错过佛缘，如果这座传说中的艺术宝库与他失之交臂，那样将是佛对自己最大的惩罚。

画家打起精神来招呼大家就地宿营。

民工从骆驼上卸下帐篷和生活用具，人们点燃篝火烧水做饭。队伍中比出发时多了十几名全副武装的士兵，他们是凉州驻军马步青长官派来的武装警卫，由一个许姓排长统领。大千本不愿让这些大兵整天跟着，无奈马长官是个热爱文艺的积极分子，对大画家的意外到来分外热情，执意派兵保卫。马长官说敦煌一带乌斯满匪帮十分猖獗，安全自卫是头等大事，所以大千的考察队伍一路走来就像滚雪球一样越滚越壮大。

不料做起饭来也不顺利，水是从几里外的干河床砸冰取来的，柴火是捡拾山脚下的干骆驼刺，大家费了九牛二虎之力才点燃了，却只见冒烟不见火苗。水不开，面条就变成疙瘩汤，众人只好勉强果腹充饥。

入夜寒风刺骨，四面透风的帐篷无法保暖，近处沙坡头传来阵阵狼嚎。杨宛君到底是城里女人，哪里见过这种场面，禁不住瑟瑟发抖不敢入睡。张大千就着马灯夜读凉州借来的千佛洞典籍，但是典籍上的记载已与眼前的现实大相径庭，令他越发心神不宁。他们不辞劳苦赶来取经，难道佛祖留在这片戈壁沙漠的竟是一部无字经书么？

他心头被石头压着，直到下半夜才迷迷糊糊打了个盹儿。

天亮时被一阵士兵起床的吆喝惊醒，披衣走出，但见一轮红彤彤的日头已经探出弧形地平线,远近沙丘宛如镀上一层闪亮的金箔。正惊叹间,不期一股小刀子样的白毛风扑面扎来,割得喉咙锐痛。

新的一天开启,新的希望尚未露面,厨子就跑来报告说,泉眼冻住了,做不成早饭。大千心烦地呵斥说:你不会砸开冰洞取水么?

厨子委屈道:那冰面冻得跟铁板一样,兵大爷刺刀戳弯了也没能戳动呢。

大家只好饿着肚子工作。

继续检查下去,洞窟情况更加不乐观,就连数年前李丁拢临摹过的那几座也已遭到毁损,有的壁画塑像遭受风沙侵蚀面目全非,更多则是人为破坏。还有的洞窟显然成为放牧牲口的临时圈所,地上留下一层厚厚的牛马粪便。

史载,二十世纪初已有西方探险家相继到此劫掠,盗走大批文物瑰宝。而在北洋军阀主政时期,当地驻军竟然把千佛洞作为关押战俘的临时监狱,致其损失无法弥补。尽管画家阅读过相关典籍,对此已有思想准备,但是当他面对一片劫后余生的狼藉惨状时还是极为震惊,随之便是情绪沮丧。

天苍苍,野茫茫,戈壁滩上既无草原也无牛羊,只有呼啸而过的旋风卷起沙柱,像是许多戳破苍天的惊叹号。

沙尘暴来了。

2

沙漠气候反差极大,忽寒忽暑简直就像疟疾发作。中午烈日当头酷如炎夏,气温可飙升至四五十度;一旦乌云遮日便有大雪袭来,转眼间气温可骤降至零下二三十度。入夜,祁连山的冰川寒流封锁了戈壁,干河床中那一线泉眼立马被冻得结结实实。

大自然在用一种特殊语言与远道而来的人们对话。

许多人生起病来。张大千也因寒冻受凉发起低烧,但是更加令

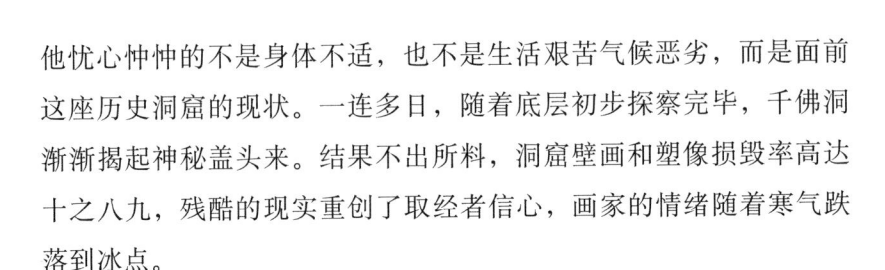

他忧心忡忡的不是身体不适，也不是生活艰苦气候恶劣，而是面前这座历史洞窟的现状。一连多日，随着底层初步探察完毕，千佛洞渐渐揭起神秘盖头来。结果不出所料，洞窟壁画和塑像损毁率高达十之八九，残酷的现实重创了取经者信心，画家的情绪随着寒气跌落到冰点。

临近中午，河床上冰块渐渐融化，太阳发威炙烤无遮无拦的沙漠戈壁，人们纷纷逃进帐篷里躲避高温。张大千连日考察精神倦怠，加之心情不好，他本想小憩片刻，但是三太太杨宛君又在他耳边唠叨起来。一路上女人已经心生悔意，毕竟她是个唱戏女优，向往的人生当在舞台上而非沙漠中，现在却跟着一群疯子样的大老爷们儿整天围着废墟洞窟打转。何况营地只有她一个女人，生理心理诸多不便难以言说，所以吵着要住到凉州城里去。见张大千不理她，又赌气要离开沙漠回内地去。

张大千烦道：你走你走，看野狼不撕了你！

三太太回嘴说：野狼撕了也比死在沙漠里做木乃伊好。

正在拌嘴，一个助手赶来报告说，营地急需增加运输物资的骆驼马队，否则无论粮食、饮水还是做饭取暖的燃料都将告罄。另外还须添置生活用具，比方专门在沙漠里取水存水的桶、罐、皮囊，野地做饭的炊具和御寒的牛毛帐篷，还有照明工具等等事先都未做准备，而队伍远道带来的物资却大都缺少实用性，比方一路上应酬用的礼品如笔墨纸砚、文房四宝和各种小玩意儿小摆设倒是占用了不少行李空间，其中还包括画家自用的奢侈品，如清代青花瓷三十二头餐具和名贵的宜兴紫砂茶具。

张大千正在挠头，营地又传来激烈吵嚷，原来是大兵与厨师发生纠纷。一个兵没吃饱，就把晚饭的馒头偷走了。这样的生活细节引发的军民矛盾并非首次，不久带队长官许排长发话说，如果军人生活得不到改善，他就下令撤回城里去。一旦军人撤走，不要说对付乌斯满匪帮袭击，就是赶走那些游荡在营地四周的狼群也会力不从心。

张大千面临军心动摇分崩离析的困境。

他独自来到三桅山的岩石阴影下打坐，近来他常常用这种方法修复乱糟糟的心情。此时画家看见太阳的热烈色彩涂抹在千佛洞的巨大崖壁上，很像是一部打开来的煌煌经书，而那层层排列整齐的洞窟便是经书上的神秘文字了。他觉得这些历经沧桑的古老文字肯定昭示着某种旨意，但是究竟是什么，他冥思苦想也难以破译。

他就这样枯坐着，不觉间竟睡过去。

忽然骆驼队的头目慌慌张张地跑来推醒他，连声说不得了，出大事了。原来有个民工躲在崖壁下面大便，忽见有条丈二长的大蛇鼓着肚子从他面前爬过去，然后蜿蜒着钻进崖壁最高处一座洞窟里去了。按照民工的迷信说法，蛇出洞就要出大事了，何况还是一条丈二长的千年蛇精，于是一些胆小的民工便鼓噪着要回家。

张大千听了这个"蛇精出洞"的故事不禁目瞪口呆。

愚者迷信，智者开窍，真是灵感之光显现啊。千年蛇精是一只上帝的神秘之手，引导天才破译这部煌煌天书之谜。画家由此醒悟到，既然大蛇栖息在高层洞窟，说明那里不易到达不受打扰，人为破坏和自然损毁的可能性较小。自己为什么总陷在底层洞窟的迷宫里走不出来呢？

大千豁然开朗。他马上指派助手到凉州城里找来工匠，又从外地运来圆木搭建起数十米高的木梯，他要亲自爬到最高层洞窟进行考察。

三桅山断崖绝壁胜似刀削斧劈，工匠好容易才搭建起一座摇摇晃晃的简易云梯。攀登绝非易事，助手先爬上去，系牢绳子然后拽着画家往上爬。大千年轻时患有肥胖症、恐高症，平时登高一准儿头晕目眩心跳加速，但是此刻他却顾不上害怕，一股舍命一搏的劲头上来了。人们都在下面紧张地注视着他，好容易等画家气喘吁吁爬上距离地面数十米的洞窟时，那身衣服早已被汗湿透了。

曾几何时，当年轻的张大千头次登顶黄山莲花峰时，自豪感、

征服感油然而生，那种云海飞瀑、奇峰日出的自然景观统统尽收眼底，这是上帝给予不畏艰辛的登临者的优厚回报。"会当凌绝顶，一览众山小"，讲的不仅是自然风景，更是人生境界。

现在他再次登顶。

不是物理高度，却是超越自身的精神高度，标志着天才画家即将迈出通往一个崭新境界的坚实步伐。

高处冷风嗖嗖，连太阳似乎都缩成了一团，真有"高处不胜寒"之感。当照进洞窟的最后一抹阳光在身后消失，画家面前渐渐竖起一堵黑暗的幕墙来。宇宙很静，空气中堆积着时间的陈腐味道，他们踏着厚厚的岁月尘土摸索前行。画家并不知道，他的脚步虽然很慢很慢，跨度却很长很长，这几步足以跨越一千年岁月长河。

画家的手终于触碰到一座坚硬的岩石墙壁。

助手点亮火柴，当光明的莲花刹那间绽放，黑暗的幕墙就"哗啦"一声垮塌了。勇敢无畏的画家终于完成了一次不可思议的穿越。他听见有个声音在耳边说，欢迎来到光明灿烂的盛唐时代。

这是一种惊心动魄的感觉。

展现在他面前的是一座精美绝伦的艺术宫殿：一群色彩艳丽的彩绘佛像历经岁月沧桑却毫发无损、光彩照人，四壁飞天仙女美轮美奂、熠熠生辉，虽然她们在时间长河里一刻不停地飞呀飞，不知疲倦地飞翔了一千多年，现在终于飞到画家跟前来了。

大千泪如泉涌。

他身体一软险些摔倒，连忙用手去扶住石壁，没想到洞窟里面还有暗道，连接着另一座更加高大辉煌的洞窟。

在那个神话世界里，几百个栩栩如生的仙女在天空飞翔！

这些人物造型之生动，形象之丰满，描绘之精美，色彩之艳丽，疑为天上有人间无，简直冠绝古今、举世无双！

张大千把自己变成一座雕像，他宁愿变成雕像也要与这些不朽的壁画永远厮守直到融为一体。这是画家从未有过的新奇体验。在伟大的艺术面前，人的肉体被压缩，精神却得以照亮，他后来形容自己除了震惊与渺小之外别无感受。他认为如此精美绝伦的古代人物画显然是外来的西方文化与古老的东方文化在丝绸之路上相结合的产物。马文彦说得对，这是一座沉睡千年的艺术宝库，它们成就了一座中国绘画艺术的喜马拉雅山脉。

张大千感到头晕目眩站立不稳，连忙坐在地上喘气，这不是高血压发作，而是被巨大的喜悦所击倒！

兄长善子说过，成功的大门往往只向坚持到最后一刻的那个人打开。古老的阿拉伯咒语"芝麻，开门"应验了。画家看见伟大的敦煌艺术如瑰丽宝石在时光隧道中闪闪发亮。

他的努力终获回报。

3

经过一个多月的入洞勘察，大千和助手逐一为洞窟编号，共编得三百零九座。仅就已探明洞窟的总体情况来看，情况并不乐观，已遭损毁和严重损毁的洞窟达半数以上，保持完好或者基本完好的不到三分之一，而且这些洞窟大多分布在中上层。从分类上讲，彩绘壁画较之于雕像相对保存完好，数量也更多，几乎从隋晋五代到盛唐元明都有。当穿越时光隧道的艺术杰作完整呈现时，在这座无与伦比的艺术高峰面前，张大千心悦诚服地低下桀骜不驯的头颅，高扬起灵魂的旗帜。一个天才艺术家，当他意识到自己的渺小与微不足道时，他的精神就变得高大起来。

大师与平庸者的区别在于：大师视艺术为生命，平庸者则欲壑难填。艺术家的心灵纯度有多高，他的艺术道路就会有多长。换言之，一个人在艺术道路上走多远不由他的年龄而是由他对艺术的忠诚度来决定的。

画家原计划的"西行取经"耗时三个月，加上来回路途不超过

半年，也就是观摩考察和开阔眼界之旅，顶多做个艺术朝圣客而已。但是当他从千佛洞的最后一座洞窟里走出来后，大千毫不犹豫地做出一个决定，那就是长期驻扎下来，逐洞临摹、一一绘制，将这些"藏在深闺无人识"的艺术瑰宝一幅不漏地复制下来，待到和平之日将其公之于世。

也就是说，画家要在敦煌立地成佛。

大千的决定一经向外披露，立即引发舆论大哗，称道者有之，质疑者有之，更多人却发出激烈的批评之声。因为时值抗战最艰苦的相持阶段，每个人都在咬紧牙关坚持抗战，天上有敌机轰炸，地上有前线将士抛头颅洒热血，因此在许多人看来画家的决定不仅十分轻率，而且简直就是拖抗战后腿。

有报纸载文批评说：天下兴亡，匹夫有责。一个名满天下的大画家不以画笔为武器鼓舞民众士气，反而躲进大西北戈壁沙漠，是否逃避抗战另当别论，他还要大动干戈对数百座荒凉洞窟进行重新描摹。试问眼下这样做对生死存亡的抗战有实际意义吗？

更有好事者替画家算了一笔账，指出这笔花费不菲的开支足够给几师官兵发一年军饷。他们痛心地指出，敦煌壁画已经在沙漠里荒芜了一千年，难道就不能再等一等，等到抗战胜利再来临摹有何不可呢？难道复制壁画比投入抗战更紧迫么？

但是画家不为铺天盖地的舆情所动。

张大千是个固执的人，何谓"性格即命运"？此可见一斑。他决心做个艺术圣徒，献身艺术事业，因此敦煌面壁就等于他的个人抗战，或者说画家的战场就在敦煌，没有人能够令他改变主意。其实做个艺术圣徒并不轻松，他清楚自己面临的挑战堪比上战场与侵略者作战，姑不论自己能否坚持到底，就是众人能否追随也是个问号，事实上后来的确不断有人因为种种困难悄然离去。如果失去众人相助，画家的雄心壮志就只是一座空中楼阁，他连那些陡峭的崖壁洞窟也难以上下。

他还面临资金短缺、人员不足、缺少临摹专业人才以及购置大量用具等一系列难题。

首先是队伍携带的绘画用具、笔墨纸张远远不够，需要返回内地采买。其次是敦煌壁画大都为彩绘，需要消耗海量颜料，但是颜料无处购买，需自己动手制作，这就需要精通制作颜料的画工和彩绘画师，否则无法完成大规模的壁画临摹。第三是生活营地物资短缺，担任运输的骆驼马匹太少，连短期生活都难以为继，谈何长期安营扎寨？如果要增加营地人员，则需添置帐篷和雇佣更多骆驼马队，还要在崖壁上搭建和加固木头通道，洞内解决照明设施，以及购买各种工具和日常生活物资等等，这都涉及一笔庞大的经费开支。须知敦煌坐落在人迹罕至的沙漠戈壁，所有物资都需从千里之外的内地采购，然后再经长途跋涉运进来，费用将比内地大出数十倍。更何况戈壁深处还有像死神一样到处游弋的乌斯满匪徒和游骑武装，他们随时都在威胁着营地安全，而沙尘暴、干旱、严寒和瞬息万变的恶劣天气都将成为画家和他的队伍必须经受的严峻考验。

三太太得知丈夫的决定后，吃惊得眼珠子都快要掉下来了，她质问道：不是说好三个月吗？

大千回答说：我已经改变主意。

三太太说：你认为……这样做值吗？

丈夫告诉她，自己已经下定决心，要在此地"闭关面壁"。如果她忍受不了可以先走。

三太太沉默片刻，问他要待多久？

大千回答：也许三五年，也许更长。

于是年轻的三太太离开他住到凉州城里去了，后来又被委派返回四川筹办过冬衣物。

再过几个月，那个以泼辣能干闻名的内管家二太太黄凝素临危受命，不远千里从四川赶来助丈夫一臂之力。事实上她的到来有效改变了营地后勤和生活管理的混乱状况，成为丈夫打开局面走出困境的得力助手。

艺术圣徒张大千的幸运还在于，他身后还有一群忠诚于艺术且具有献身精神的追随者，他们的名字是孙宗慰、窦占彪、李复、刘力上、萧建初、张比德、张心智、张心澄、谢稚柳，以及藏族画师昂吉、格朗、三知、小乌才朗和杜杰林切等。他们意志坚定不离不弃，成为画家"西天取经"的忠实信徒和捍卫者。

4

经过数月努力，工程队在凉州组建起来，骆驼队也壮大了，营地得到扩展和加强。此时画家面临的燃眉之急也是最大的难题，就是筹措经费。

钱非万能，没有钱万万不能，此乃古今良言。

试想数百座洞窟，数以千计日日夜夜地彩绘临摹，除了海量绘画材料消耗和后勤物资保障，画家身后还必得有多支队伍像机器齿轮那样天天转动，方能维持营地日常生活和保障洞窟临摹工作顺利进行。这是一种个人行为而非国家行为，这些日复一日、旷日持久的消耗都意味着一笔天文数字的经费开支。如果换成任何一个艺术家恐怕只能望洋兴叹了，哪怕你再有雄心壮志也无济于事。之前那位年轻画家李丁陇深入敦煌，只临摹少量壁画而去就很说明问题。因为画家不是财政部长，他的画笔也不是用来开支票的。

那么张大千的底气从何而来呢？

画家还是有些筹资手段的，他本身即为身家不菲的大收藏家，大风堂所藏字画珍品颇丰，加上大千画也有相当市场号召力，因此他认为自己应有实力来支撑勃勃雄心。然而令他始料不及的是，战争这个魔鬼不仅毁掉中国人的和平生活，更毁掉了中国的经济。大后方百业凋敝举步维艰，饿殍遍地民不聊生，所以当画家把藏品向钱庄抵押借款时，没想到昔日价值连城的古代字画竟然跌落到连战前几十分之一的价格都不到。这就是说，张大千的身家财产至少缩水百分之九十以上。

张大千别无选择，就算咬牙割肉也忍痛出手，当他卖掉自己的多数藏品后，所需资金仍然缺口甚巨。这个巨大的金钱窟窿拿什么来填满呢？

就在张大千为筹款绞尽脑汁、无计可施时，重庆方面传来一个好消息：三兄长丽诚通过重庆公司多方努力替他筹集到一笔款项。张大千不禁心潮滚滚感激涕零，血浓于水，兄长再次雪中送炭为他增添力量与信心。

可是即使上述款项加在一起尚不足所需资金的零头，也就是说，画家和他的队伍省吃俭用可能也坚持不了几个月，更遑论三年面壁了。走投无路的张大千不甘退缩，他还剩下最后一条突围之路，那就是挂牌出售自己。

张大千找来熟悉的画商和收藏家商议"信用筹款"。

这是画家祭出的最后一张王牌，因为在四川乃至全国书画界、收藏界，"张大千"三个字都堪比钻石级信用卡。通俗些说，信用就是钱，不是向银行拆借，而是向市场和个人出售期货。

画家坦诚对老朋友以实情相告，他说敦煌壁画的价值无与伦比，这是一座未曾揭开面纱的艺术宝库，自己决心深入沙漠戈壁面壁修行，以数年时间临摹和复制所有壁画。他还将自己临摹的几幅飞天草图和水墨画向他们展示，没想到当场引发众人争抢围观的地震效应。试想举世无双的敦煌壁画一旦华丽现身将有怎样的市场前景呢？何况它们都出自绘画大师张大千之手，相信每个稍有商业头脑的人都不难回答这个问题。

再把眼光放长远一点，当战争结束，完成敦煌面壁的张大千携带大批登峰造极的彩绘临摹作品重出江湖，情形当会怎样呢？它必将如惊雷狂飙一般横扫市场，轰动整个绘画界、收藏界，打破艺术市场的旧有格局，而张大千的市场地位也将大幅飙升，远远超越所有同时代

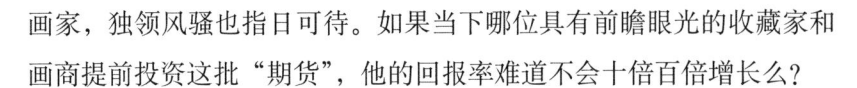

画家，独领风骚也指日可待。如果当下哪位具有前瞻眼光的收藏家和画商提前投资这批"期货"，他的回报率难道不会十倍百倍增长？

与其说好运气再度站在张大千一边，不如说市场力量助了他一臂之力；与其说市场成为画家最后的救命稻草，不如说敦煌艺术的强大魅力征服业界精英。多位有眼光有实力的友人纷纷向画家伸出援助之手，替他凑齐所需的巨额经费。

于是我们看到，在画家张大千通往艺术世界的成长之路上，关键时刻总有许多人挺身而出施以援手。有人说天才都是幸运儿，总是受到上帝眷顾，其实这话只说对了一半。另外一半则是如果你自己不坚持、不努力，那么运气永远不会站在你一边。

张大千即为一例。

5

张大千奔走于四川盆地与大西北之间，他需要克服的最后一个困难，也是最大的拦路虎，就是发掘敦煌壁画的彩绘技术，重现敦煌艺术的千古魅力。

敦煌壁画之于中国画的意义在于，它提醒人们，中国传统绘画并非都是单调的水墨线条画，唐宋之时不仅有"画谱"，更有"色经"相传。只有当后来文人画兴起才将国画的路子越走越窄，终至于仅存画谱而色经失传，所以从严格意义上讲，国画已经走进一个死胡同尚不自知。身为传统画家的张大千最先意识到这一点时倍感震惊，这也是他决心要在敦煌"面壁三年"，做个真正的艺术圣徒的主要原因。悟性极高且善于学习的张大千决心要补齐自己的绘画短板，重新回炉再造，像个艺术学徒那样从头开始学习调制色彩和彩绘制作。

有学者指点他，以彩绘壁画闻名天下的青海塔尔寺与敦煌壁画有着某种血缘联系，大千通过对比确认其言不谬，因此决定不远千里亲赴青海藏区求助。他要租借几位技艺高超的画僧前往敦煌，同他一道复制那些流传千年的洞窟壁画。

但是画家的请求却遭到寺庙断然拒绝。

作为藏传佛教格鲁教派六大寺院之一和黄教圣地的青海塔尔寺，规模庞大历史悠久，并以精美绝伦的宗教壁画、酥油花和堆绣闻名，世称"塔尔寺三绝"。据说宗喀巴建寺之初便立寺规若干，其中一条便是寺内僧人概不外借，后因寺院之间时有合作之需，这条规矩更改为限"宗教合作"和"青海界内"。敦煌属于甘肃地界，且非寺院间的宗教合作，因此要将塔尔寺画僧借出青海且租期长达三年，这简直是凡夫俗子的痴心妄想。

无奈之下，张大千只好转求老友张群。

张群时任国民政府行政院副院长兼四川省主席，他不仅是国民党内举足轻重的元老级政治家，更是一位书画兼修的行家。张群极为看重张大千的绘画才能，对其敦煌之行也颇多照应，比如大千考察敦煌时他就分别敦请西北战区司令胡宗南、甘肃省主席鲁大昌等予以关照，因此才有画家一路绿灯平安无虞。

但是租借画僧这个难题就出大了，毕竟藏区寺院的事情不归政府管。张群通过青海省主席马步芳联系到一位手眼通天的关键人物，他就是时任黄河水利委的赵守钰委员长。

赵守钰原为西北军将领，曾受国民政府委派护送九世班禅回藏视察，因此极受藏区寺院尊敬。由他出面以青海马主席之名与塔尔寺沟通，声言租借画僧是为了抢救敦煌的佛教壁画——首先排除非宗教活动这个最大障碍，剩下地域限制问题则可避重就轻。

这已是谈判的艺术了。

寺院方果然碍于马主席和赵委员长的面子，又听说此事来头颇大，有重庆中央政府指令，于是口气松动。同时，寺院也非不食人间烟火之地，禅事终究也是人事，于是便由一位寺院总管出面打圆场说，甘肃青海都是佛地，弘扬佛法总是功德无量的善事，特殊事情可不必拘泥于地界。

张大千终于如愿以偿。

他以每月支付每名画僧五十块大洋（银元）的重金租借了昂吉、三知、格朗、小乌才朗和杜杰林切五人，他们各自的专长分别是制作天然植物和矿物染料、缝制画布、打底、描金、上色等等。有了画僧相助的画家有如步行取经的唐僧骑上了白龙马，收服三徒弟，他的西天朝圣的宏伟蓝图终于万事俱备只待开工了。

6

让我们看看这位走在二十世纪取经路上的圣徒张大千吧。

他看上去相貌宽厚其实内心刚烈，性情冲动却自我克制，性格豪爽又心思细密，敢于铤而走险也不乏粗中有细地精于计算。总之我们在画家身上看到了一种冒险家才有的精神光芒不时闪现出来。

相较于同时代齐名的大画家齐白石、徐悲鸿，我们从三人的性格差异中尤可看到命运走向的对比：白石老人一生尽在南方的河湾水乡行舟唱晚，他钟爱的乡土生活和小鱼小虾造就了他的人文风格与艺术情怀。北京沦陷后他闭门绘画洁身自好，用"画如其人"来完成一个职业画家的人格塑造和艺术定位。悲鸿青年时代到西方求学游走世界，得中西艺术融合风气之先，本有希望成就一代画坛宗师的伟业，不幸偏逢战乱、民族危亡，后来又在政治旋涡中身不由己，以至于偏离他所热爱的艺术探索渐行渐远。

纵观大千一生，正是这种捭阖纵横、大起大落的性格令他不甘沉沦脱颖而出，我们看到关键时刻他的选择总是与众不同，比如不肯苟且偷生而是冒死"越狱"，终于逃出北平沦陷区；比如在青城山住得好好的却偏要倾家荡产不计后果奔赴敦煌"西天取经"；再比如后来革命爆发，他选择离乡背井闯荡世界等等。由此可见，"性格即命运"的真理总是在某些关键时刻闪射出耀眼光辉，它犹如上帝之眼，教会我们睁开眼睛看人生。

第二十二章　敦煌面壁

1

公元1941年夏天，当张大千再次从兰州朝着河西走廊的千里戈壁进发之时，他身后已经不再是十几匹骆驼、十几个人的单薄队伍，而是一支由七八十只马匹骆驼和众多人员组成的浩荡大队，每头牲口背上都驮着小山包一样的绘画材料和生活物资。

荒凉的千佛洞外不再沉寂，安营扎寨的队伍将热腾腾的生气注入戈壁荒原，喧闹的鸡鸣狗吠和人畜声浪把古老敦煌复活的信息传得很远很远，于是连天空盘旋的苍鹰和地上路过的狼群都惊奇地停下脚步，久久注视着三桅山下发生的改变。

工人在陡峭的崖壁之上和洞窟外面架起结实的木头通道，可供画家和助手安全地上下通行。营地上搭建起许多结实的牛毛帐篷，还修了一间厕所，两个专职厨师在厨房忙碌准备一日三餐。当然还有专门的驼队负责从城里运来粮食、菜蔬和燃料，就近水源地盐碱太重，于是一支由十多匹骆驼组成的驼队每天专程前往三十多里外的观音井运水，每隔一两个月，便有一只更大的驼队定期从兰州运来营地所需的补充物资。总之在这个风沙和干旱肆虐的生命孤岛上，正是号称"沙漠之舟"的骆驼为人们搭建起一座通往外界的生命桥梁。

正式开笔这天，彻夜未眠的张大千指挥人们做好一切准备工作。卯时一到，朝霞初露，弧形地平线犹如一卷画纸渐渐舒展开来，画家亲率众人鱼贯入洞，他们点亮准备好的油灯和蜡烛，备好绘画纸张工具，弟子和助手搭起画架，悉心清理壁画表面的污损灰土，力图将画面原貌呈现出来。

一切就绪，张大千净手焚香，心怀虔诚地拜了天地菩萨，又拜祖宗先人，再拜那些不知名的古人画工前辈，正是他们创造了辉煌的敦煌艺术却不为世人所知。礼仪毕，展开笔墨纸砚，小心翼翼地描下浓墨重彩的第一笔。画家的谦卑姿态表达了来自内心的神圣愿望，那就是要像个小学生那样老老实实学习，一笔一划着墨上色，乃至于从头学习一切与彩绘有关的艺术和技能。

一天下来，大千几乎累瘫了，被助手搀扶才走出洞来。这是学习的代价，更是学习的姿态，唯此不足以常学常新。

几天过去了，有弟子见老师十分辛苦，便劝他把临摹这种又苦又累的脏活儿交给弟子来做，老师动动嘴指导即可。

但是大千不同意。他严肃道：如果我不动手，便永远学不来如此伟大的色彩描绘和人物画技巧。我将被艺术拒于门外。画家的天职不是做老师，而是做学生，在伟大的艺术品面前，人人都是学生。谁敢说给敦煌当学生不是一种幸运呢？

真正的艺术家应当是这样一种心地单纯的人，他心怀谦恭，专注于献身艺术为己任。当敦煌之门向张大千开启那一刻，他的世界即被一束来自天国的神圣光芒照亮。光明普照大地，林中百鸟歌唱，草原鲜花盛开，乐声回荡天地。画家那颗曾经饱受世俗熏染的心灵得到净化，他感到一种挣脱束缚的愉悦与自在。

世俗的世界渐渐远去，人间的喧哗纷扰和滚滚红尘已经留在昨天，尘封的敦煌洞窟无比宁静，唯有超越时空的艺术存在。那些飞翔千年的壁画人物与朝圣者的灵魂共舞。

母亲曾经这样告诉儿子：你是一头黑猿的化身，但是你从哪里来，要去哪里，无人可知。

从前母亲不知道，儿子也不知道。

现在他忽然悟了。

他相信黑猿来自这片净土，艺术王国就是它的归宿。

2

赤日炎炎，戈壁滩气温高达四五十度，画家常因汗水濡湿画纸而影响作画，甚至发生中暑昏厥的事故。但是张大千拒绝助手白天休息、夜间作画的建议，因为夜间作画色彩失真效果不佳，而他一旦钻进洞窟便如迷途之人，常常连吃饭也不见人影。二太太黄凝素只得用竹笼装了饭菜亲自送进洞去。

转眼间数九寒冬到了。

大西北戈壁的严寒就像世界末日，天寒地冻滴水成冰。茫茫大漠上，无遮无拦的白毛风如同万千头狂怒的野兽呼啸而至，凛冽寒气如传说中乌斯满匪徒的马刀，毫不费力便可刺穿厚厚的棉衣，将人的五脏六腑冻成冰柱。营地四周天地阻绝人踪绝迹，人们只能蜷缩在牛毛帐篷里烤火取暖。

张大千却日日入洞作画，不敢丝毫懈怠。

墨汁颜料结成冰，以热水慢慢化冻作画，手指冻得握不住笔，想办法以羊毛线缠裹在手指上，仅留关节处活动。"艰难困苦，玉汝于成"，肉体磨炼就是对心灵的砥砺，心中有盏灯就有光明与力量。洞窟里不仅是人生战场，更是一个艺术圣徒不断悟道和飞升的必由之路。

随着时间流逝，细心的人们发现画家正在悄悄发生一些改变，他身体消瘦了许多，头上爬出几丝不易察觉的白发来，脚下依然生风，嗓门依然洪亮，目光却变得格外地专注与宁静。他对待艺术精益求精，哪怕一笔一划不满意也要重来。他向藏人画师虚心请教，这种学习态度使他在钻研彩绘方面突飞猛进。其实大千并非不懂色彩，悟性

极高的他在日本学习印染时对色彩学有过钻研，只是那时候无用武之地而已。人生有时就是这样，"有心栽花无心插柳"，命运提前用那段不如意的留洋经历替画家做好铺垫。

张大千已经不是一条肤浅喧嚣的溪流，而是一座敞开胸怀接纳四方来水的湖泊，他开始聚集起自己的广度与深度来。

二十多年前，一个名叫张正权的天才青年愤而出走，但是他最终选择了拒绝皈依，因为他的心距离菩萨太远，就算肉体遁入佛门，那颗心却在尘世徘徊，所以年轻人不肯轻易交出享受世俗生活的权利。

现在不同了，画家甘愿把自己当作祭品奉献给艺术圣坛，因为他的心灵已经完成了艺术之神的剃度和受戒。

一个艺术家，当他终入忘我之境时，便是他的灵魂得道飞天之日。他像那匹传说中的行空天马，直向辽阔无垠的宇宙太空飞奔而去。"坐地日行八万里，巡天遥看一千河"，这是何等气势，又是何等的人生之大幸！

自从画家举起画笔临摹壁画那一刻起，现实的世界就不存在了，他的灵魂里只有栩栩如生的飞天群像。何为"闭关修行"？身心合一，神形合一，人画合一是也。一切外在的物质无关紧要，唯有精神与艺术相通。画家朝圣的那尊女神优美地飞翔于奥林匹亚巅峰之上，她的名字叫"缪斯"。

与二十多年前那个愤世嫉俗的青年不同，如今画家匍匐下的是世俗中的肉体，奉献的则是一颗经过净化与感悟的心灵。

天才非先知先觉。大家悟天道，世人悟常道，愚者无悟道。唯悟性使然。

这天中午，营地厨子照例把送餐篮子准时送到洞窟外面——画家天不亮就进洞工作，他严禁外人入洞来打搅他的工作——但是等到晚餐送去时，却发现午餐没有动过，已经结成冰块。厨子不知道洞里发生何事，连忙回来报告二太太黄凝素。等到太太赶去一看，原来张大千仰面躺在地上，画纸斜斜地铺开在石壁一侧，他眼睛虽然睁着，但是眼珠却不会动，也看不见来人，活生生一副殉难者的模样。再仔细一看，他的眼角居然还挂着一滴泪珠，已经结成冰晶，仿佛画家的灵魂已经追随那些石壁上的飞天使者去了西天极乐世界。

太太慌了神，连忙呼唤丈夫名字，只见大千眼珠动了动，这才连忙翻身坐起来。原来他画着画着就发现一个天大的秘密，壁画人物之所以如此形神兼备神采飞扬，以至于千年不朽，原来壁画在对人物绘像时与传统国画大不相同：国画讲究以形绘神，以简绘繁，欣赏的是线条而非人物，一句话就是不求形似但求神似。事实上国画人物因此十分简陋草率，形不似何来神似？皮之不存毛将焉附？这不是颇有自欺欺人的味道么？如此一想，脑子顿时开了窍，仿佛推开一扇进入密室的小门，越往里走世界越大，一不当心就走了神，短暂地变成一具会呼吸的木乃伊。

后面我们还会看到，张大千将循着这条密室通道继续追踪，不达目的誓不罢休，他必将收获敦煌给予悟道者的丰厚回馈。

如此走神之事越来越多，以至于太太担心丈夫一不当心真的走"丢"了，再也无法返回人间。所以她不辞辛劳天天亲自送饭入洞，督促丈夫进食休息。

此时大千的心灵世界已经大开大合，借禅宗佛祖之水，濯世俗凡尘之足，革心洗面以入顿悟之境。人生短促，生命永恒；肉体易腐，艺术永恒。一个人如果拒绝宗教进入心灵，他就是拒绝艺术，也就无法真正与艺术境界相通。

哲学（美学）是艺术的宗教，而宗教则是艺术家的哲学。

3

戈壁滩的短暂春天降临了，河滩上出现几株奇迹般顽强开放的小白花，天空也终于见到北飞候鸟的过往身影。

在这个春日温煦的日子里，太阳像往常一样准时为敦煌的人们送来问候，画家营地也跟平常没有两样，人们按部就班去完成一天的工作：运水骆驼准备出发，马队要往凉州城里去运给养，一群民工则被分派去十几里外的河滩捡拾柴火。洞窟里的临摹工作也在紧张进行，大千正在勾线画草图，藏族画师研磨矿物染料准备上色。

就在这个没有一丝异样的春日上午，一声刺耳枪响从大漠深处传来，子弹尖啸着掠过营地上空，于是静谧的空气就像玻璃天花板那样"哗啦"地碎了。

一个助手惊慌失措地报告：不好了——土匪来啦！

好比潮头撞上礁石，"轰隆"一声粉身碎骨。张大千飞扬的神思好一阵才被拽回地面上，戈壁的黑色魔咒变成了现实。

原来担任警戒的士兵发现远处有几骑疾驰而来，他及时辨认出那正是传说已久的乌斯满骑匪，于是当即开枪示警。骤起的枪声虽然赶跑了土匪，不消说也暴露了河滩上的营地位置。

形势顿时紧张起来，一个有经验的民工说，乌斯满骑兵是来侦察情报的，不久便会有大队土匪前来劫营。

乌斯满骑兵是盘踞在河西走廊阿尔金山一带的哈萨克游牧武装，善骑善射十分凶悍。出于历史原因，他们不仅与汉人官府作对，而且大肆袭击汉人居民和过路商旅，当地人听到"乌斯满骑兵"无不谈虎色变、心惊肉跳。

早先营地驻有一排马家军官兵，不仅天天站岗警戒，还在战壕里架起一挺机关枪，搞得如临大敌很是紧张。但是久未见土匪踪影，那些大兵便无所事事生出许多矛盾，加之吃喝开销甚大，张大千就向马长官告状把队伍撤走了，只留下两个兵放哨警戒。张大千是个艺术家，对军阀队伍的恶习不大看得惯，何况营地一直太平无事，也未见打家劫舍的事件发生，所以就乐观地以为所谓"乌斯满匪徒"也许只是个传说，他们未必真敢大张旗鼓前来袭营。

不幸的是，土匪当真来了。

学生时代的张大千有过遭土匪绑票的经历，而今他已是名满天下的艺术家，不难想象，假如历史重演，这些盘踞河西走廊的骑匪就该大发横财了。他们抓到的将不是一只肥猪儿，而是一头"大象"。

张大千忽然后悔起来。

俗话说"养兵千日，用兵一时"，不养兵何以用兵？要是那一排荷枪实弹的大兵布置在营地四周，机关枪也虎视眈眈地架在工事里，大家的心不就会很踏实，营地不就高枕无忧了么？可见得做事不能冲动，任性总是要付出代价的。但是世上绝无后悔药可卖，"早知今日，何必当初"就是这个意思。

眼下要紧的是，怎样应对才是明智之举，才能化解当前危机？紧要关头，两个大兵自告奋勇去城里搬救兵，他们解释说这是当兵的职责，不等大家同意便翻身上马兀自跑远了。当人们眼睁睁看着两骑身影消失在山岗背后，有人才嘀咕一声：这下可好，连一个兵也没有了，谁来保护营地呢？

张大千如梦初醒。是啊，派谁报警不行，非让扛枪打仗的兵去呢？转念一想，士为知己者死，别人不愿意为你拼命，你能押着他不成？

于是他说：天要下雨，娘要嫁人，随他们去吧。

好在两个兵走得慌张，留下一支步枪和几颗手榴弹来不及带走，但是营地上都是搞艺术的和民工，却没有人会放枪。情急之中，有个外号"瘸子"的运水工挺身而出。他是个四川人，退伍老兵，在河南与日本兵作过战，那条瘸腿就是在战场上炸残的。瘸子是大千半道上"捡"来的，当时他病饿交加几乎倒毙，画家出于同情收留了他，没想到关键时刻不起眼的运水工成为营地唯一的救星。

人们紧急行动起来，将生活用品和贵重物资做了疏散转移，骆驼马匹也被赶到鸣沙山背后隐藏起来。人们撤往崖壁高层的洞窟躲藏，同时拆掉部分木梯通道，这样即使土匪发现他们时也难以爬上来。而那个英勇无畏的运水工则携带武器，骑了一匹白马在山岗上奔驰跑动，刻意弄出些扬尘和动静来迷惑乌斯满匪帮，上演一出现代版

的《空城计》。

渐渐地，空无一人的营地就被一片诡异和死寂的气氛笼罩起来。

4

远在一千多年前的三国时代，蜀国战略家诸葛亮敞开城门请君入瓮，自己则现身城头焚香抚琴，终于吓退司马懿十万大军。这个流传千古的《空城计》故事早已成为文学经典和传统戏目，但是谁要在现实中刻意模仿却可能造成一场悲剧。试想只要有个不信邪的家伙硬要闯进来看看，大家不是只好乖乖束手就擒么？

有人怀疑说：这样……管用么？

张大千反问道：谁还有更好的办法吗？

没有办法的办法自然就是最好的办法。有时候人们不得不把命运交给运气来裁判，不是因为聪明而是出于无奈。只有偶然性才是拯救他们的上帝。

时间的脚步慢下来。太阳把云彩的影子投射到崖壁上久久不动，好像在考验人们的耐力和信心。每个人都清楚当下的危险处境，"乌斯满土匪"就像面目狰狞的死神，它的影子正在慢慢逼近人们的心脏。

画家坐在洞窟深处的石头上，他觉得自己内心像座年久失修的破仓库，里面挤满纷乱杂念的小老鼠。在他的头顶上，那是一尊被称作"至尊护法神"的韦陀大神雕像，菩萨神像年深日久面目有些不清，看去似乎也有些惊慌失措的意思，因此连四周的壁画也难免传染上了恐惧的气氛，飞天仙女不像舞蹈而是在乱纷纷地夺路逃跑。

营地陷入绝境是不争的事实，"空城计"只是权宜之计，是一层窗户纸，一旦捅破土匪会毫不犹豫地杀光他们，将营地洗劫一空。唯一的希望在于搬来救兵。可是救兵会不会及时赶来？何时赶来？"空城计"能够糊弄土匪多久？答案都在天上。奇怪的是，一向自诩定力强大的自己竟然也方寸大乱难以自持，那些钻进心里的小老鼠如同过狂欢节一般四处乱窜鼓噪,弄得他六神无主心跳如鼓。

他对自己的状态很不满意。

说到底恐惧死亡也还是个俗人,须知"尽人事者顺天命",这是智者的力量,也是一个人内心强大的精神武器所在。何谓"三千大千世界"者,当年逸琳法师赐予弟子法号仅只是一件外衣,真正的袈裟穿进心头却非易事。唐三藏西天取经闯过九九八十一难,他最终修炼的就是精神上这袭袈裟,而今张大千面对九九八十一难时,他发现自己内心那袭袈裟十分薄弱,缺少足够力量支撑起精神的天空来。

心愚之人,灾难未至信心自溃;大智之人,纵然无法消灾祛祸,却足以战胜自己。偈语有云:"物由心造,事由心生,心若乾定,物我两忘。"若抵达这一层境地,他便是大彻大悟的圣人了。

张大千渐渐集结全部内心力量,他要寻求进入一种超越自我的境界。于是画家吩咐助手为他准备画笔颜料,点亮蜡烛铺开画纸,然后坐在地上开始临摹彩绘壁画。

海上风浪远,心中明月生。绘画的本能犹如一双强壮有力的翅膀,赋予画家超脱乱世纠纷去凌空飞翔的力量。头顶之上,韦陀大神绽放出神秘的微笑,仙女仍在岁月的天堂飞翔,画家感到心中一片澄明宁静。破仓库没有了,小老鼠无影无踪,那是一片自由宽阔的天空,来自天国的阳光照耀大地,艺术的灵感与启迪如鲜花绽放、百鸟争鸣。

画家果然超然作画无他无我,他的镇定对人群发生了作用,于是这艘风浪中的命运小船不再乱成一团,人们安静下来等待奇迹发生。

这天张大千作画灵感倍出,他的心灵也在同飞天仙女一道翩翩起舞,直到完成整幅临摹后才满意地放下画笔。他惊讶自己对于彩绘艺术的领悟如此心有灵犀,仿佛已经曲径通幽般进入了一座人间胜境,日后他的绘画里不再限于黑白两色,而是造就了一座繁花似锦美不胜收的彩色世界。

当他回到现实世界，洞窟外面早已经漆黑一团，原先那些乱糟糟的避难人群也都不见了踪影。他这才记起白天曾有乌斯满骑兵前来袭营的险情，连忙询问助手，别人告诉他，救兵已经赶到，土匪逃走警报解除。为了不打扰他画画，人们悄悄离去没有惊动他。

其实敦煌遇险的经过远不似这般轻描淡写。乌斯满骑兵根本没有理睬山岗上的"空城计"，他们挥舞马刀长驱直入地杀进营地，劫走运水的骆驼和许多生活用具，并且一度逼近人们的藏身之处。埋伏在山岗上的运水工果断放枪和扔出手榴弹，延缓土匪搜索和进入洞窟的脚步。事实证明正是瘸子的英勇之举拯救了营地，他为援军赶到争取了宝贵时间……

张大千重重吐出一口气来。

佛经中有个故事，讲的是有人救了路边一只快要渴死的乌龟，多年后当这人被一棵倒下的大树快要压死的时候，一只神龟赶来替他驮起大树。因果相循，环环相报，"瘸子"就是那只赶来拯救营地的神龟。

不幸的是，这位受人尊敬的运水工在一次运水途中遭遇沙尘暴，人们再也没能找到他的下落。

营地遭袭事件发生后，胡宗南专门派来一连士兵担任警戒，还挖了战壕和野战工事。这回张大千吸取教训搞好军民关系，只是他的预算支出中又多出好些费用。

许多年后，新中国成立，乌斯满匪帮被彻底剿灭。匪徒供认说，当年乌斯满首领确曾有过夜袭千佛洞的计划，只是由于士兵守卫严密，没有找到机会下手。

5

民国三十年（1941年）秋，时任国民政府监察院长兼大书法家的于右任、书画家谢稚柳、北大教授高一涵等人不远千里来到敦煌，他们是专程前来视察千佛洞壁画的,顺便看望在此临摹壁画的老友张大千。

时值正午,戈壁滩酷热无比,空气颤动热浪翻滚,当贵客们被带进一座狭小洞窟时,出现在他们面前的一幕简直难以置信:一个几乎看不清模样的人赤膊仰面,或半卧于岩石,或匍匐于地下,因洞内地方局促,画纸则铺陈于侧,所以他只能以这种艰难扭曲的姿势摹绘悬于洞顶之上的壁画。作画之时,那些颜料墨汁纷纷溅落,或洒于头上,或溅于脸上,但是他毫不介意任其污染。当客人看见这人时,他的脑袋斑驳面目模糊,很像是戏剧杂耍中的重彩丑角,听见有人进来他连忙爬起身,咧开一排白齿朝他们打招呼。

他正是客人的共同朋友张大千。

大家十分感动,敬意顿生,画家的状态最能说明一切,同中国大地正在发生的艰苦卓绝的抗战一样,张大千在沙漠戈壁和寂寞洞窟中向艺术高峰发起的冲击丝毫不亚于一场战斗——这是艺术家一个人的战争。

张大千连忙擦净头脸,穿上衣服出来陪客。他兴致勃勃向他们介绍说,洞窟虽非画室,但是千年以来的古人都是这样在洞窟中绘画的,以至于绘出举世无双的彩绘壁画,试想他们作画何等之艰难?而今自己仅只是临摹而已,远不及古人辛劳之一二。

张大千晚年也有对于这段敦煌经历的自述:"大千磅礴坐卧其下者几及三载,燃脂握管目营手追其间,门人子侄以及番僧匠史各佐厥事,祁寒盛暑劳苦相勉……"(见谢家孝著《张大千的世界》,台湾征信新闻报 1968 年出版)

国民党元老于右任早已慧眼识珠,他同另一位元老张群一样,极为看重大千的绘画才能,认为他是当代难得一见的绘画天才。但是张大千毕竟年轻,能否创造奇迹和成就大业有待修炼与造化。古云"诚于中,形于外,故君子必慎其独也"。"慎独"是儒家修养的最高境界,也是艺术家精神修炼的最高标准。至此于老不仅看到大千在绘画艺术上的长足进步,更令他欣喜的是,画家身上渐渐汇聚了一种全新的精神气质,那将是脱胎换骨和破茧化蝶的前奏。

谢稚柳是专为挚友大千而来的。

他熟悉大千的每一幅重要作品,对画家的点滴变化都了如指掌。但是这回他发现老朋友变陌生了,那种狂放、恣意和我行我素的艺术风格变得内敛起来,时时都要兴风作浪的任性和世俗欲望仿佛被化解了——湖面结冰波澜不兴,湖底深沉内容丰富,这就是艺术聚集的厚度与含蓄的美学境界。在朋友眼里,画家的笑容中透出一种光明大气,一种如孩童般的天真烂漫,那是渐臻纯粹的艺术家的高贵气韵,当然还有宽广豁达的眼光、精神与胸怀。

此时的友人开始真正读懂张大千,读懂天才身上渐渐显露的大师气象。

天才未必成大器也,但是大师者必定是天才。

当张大千将自己彻底献身艺术圣坛之时,他就实现了精神上的自由与解放。肉体放在哪里无关紧要,心灵须有归宿。欲望就像地上的杂草,若不及时剪除便会泛滥成灾。悟道是对生命本体的参悟,面壁则是对精神世界的自我修炼,须唯此,心灵才能找到通往艺术和人生境界的路径。

最早意识到大千绘画天才并加以正确引导的领路人正是他的兄长张善子。善子曾云,吾弟不忧画才,唯忧其玩物丧志难堪大用矣。

佛说,集三千小千世界成就一个中千世界,集三千中千世界成就一个大千世界。毫无疑问,张大千已经开始成就一个属于自己的大千世界。

于右任离开敦煌时断言,大千必成大器。谢稚柳则在报纸撰文指出:张大千来年出山,必成天下第一人。而在多年以前,素以"中国画界伯乐"和独具慧眼著称的绘画大师兼美术教育家徐悲鸿盛赞张大千为"五百年来第一人"。相信上述看法绝非溢美之词,而是一种共识。当画家张大千在敦煌面壁三个寒暑轮回之后,他具备了上述可能性。

第二十三章　大师归来

1

1943年夏，张大千因为经济原因提前结束在敦煌的艺术临摹，遣散营地人员，画僧原路送返青海塔尔寺，自己则与家人门生一道告别敦煌，沿着古老的丝绸之路返回四川。一路上画家还要绕道安西境内的万佛峡，以及著名的麦积山石窟考察观摩，再取道陕西汉中入川，历时三年的"西行取经"终于画上一个圆满的句号。

与来时画家队伍驮载的都是画具、粮食和生活用品不同，那时候他们面前只有茫茫戈壁和看不到尽头的取经长路，但是经过三载艰苦砥砺，张大千终于取回连车马也装不下、载不完的人生收获和艺术真经。

大千西归的消息立即成为后方报纸新闻，闹得西北沿途动静很大。许多喜欢热闹的市民还有政府官员、缉私警察、报馆记者都对这支取经队伍格外关注。他们感兴趣的原因多种多样，大多与艺术无关，而与负面的社会传闻有关。因为自从张大千赴敦煌面壁以来，社会上关于画家的负面新闻和小道消息一直爆料不断，诸如"盗窃国宝""破坏敦煌壁画""走私文物"等等爆炸性新闻和话题屡屡占据报纸显要版面。

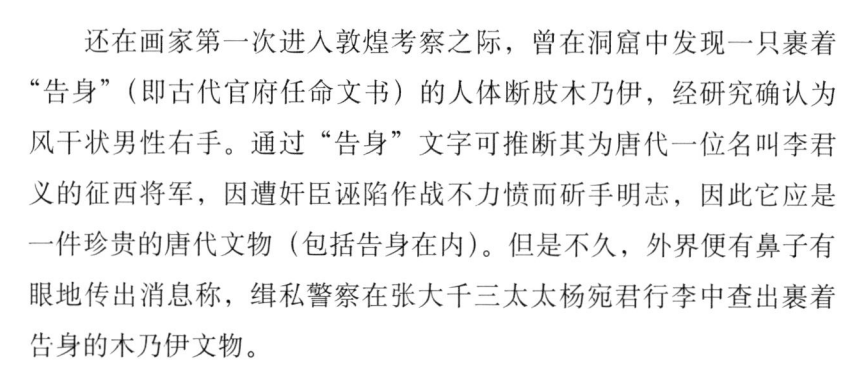

还在画家第一次进入敦煌考察之际，曾在洞窟中发现一只裹着"告身"（即古代官府任命文书）的人体断肢木乃伊，经研究确认为风干状男性右手。通过"告身"文字可推断其为唐代一位名叫李君义的征西将军，因遭奸臣诬陷作战不力愤而斫手明志，因此它应是一件珍贵的唐代文物（包括告身在内）。但是不久，外界便有鼻子有眼地传出消息称，缉私警察在张大千三太太杨宛君行李中查出裹着告身的木乃伊文物。

于是"盗窃国宝"的流言不胫而走。

有关这段无头公案的事实真相，除画家本人公开声明予以澄清外，并无官方言论予以说明。倒是后来出版的台湾有关史料表明，大千离开敦煌返川前夕，适逢"敦煌艺术研究所"成立，张大千亲手将唐代木乃伊、告身以及经卷残片一并移交首任所长常书鸿。但是有关"张大千盗窃国宝"的负面传闻并未就此消散，它像一个挥之不去的鬼魅阴影跟定了画家，直到多年后还为一些小报提供消遣谈资。

大千远赴敦煌期间有求于人的难处甚多，无论衣食住行、安全警戒、民工征集、饮水燃料运输、粮食蔬菜肉食供应以及采买材料看病救急等等，大都离不开当地政府的支持。当时河西走廊西端的敦煌、安西、张掖等地远离中央政府，但是县、区行政机构建立完备，国民政府任命的各级官员也都到位行使权力，按理说国家权力的链条当在正常运转之中。

抗战之初的张大千画名在外，京沪画界已有"北齐（白石）南张（大千）"之说。名气是把双刃剑，它带给画家红利的同时也难免令其为盛名所累，其中一大烦恼就是应酬不暇。官员索要字画，俗称留"墨宝"，你能不给面子么？每到一地，如不留下字画你能走得了路么？其实画界有条不成文的规矩，"索人字画等于抢人"，因为画家靠写字卖画为生，你去白吃白拿人家字画不等于抢人么？可惜多数官员不懂这个道理，他们以为画家有求于己，所以专门指名索要字画。一旦索画者众多,画家如何应酬得过来?所以许多画家都在自家门上贴出明码实价的"润格",等于抢先将白吃者的嘴堵上。

张大千身陷北平时吃尽遭勒索之苦,那些大小汉奸特务、日本官员个个都来强行索画,不给不行,尺幅小了不行,画得敷衍还过不了关,否则祸事即刻找上门来。画家终至于心力交瘁不堪忍受,这是他宁可拼死冒险也要逃亡的原因之一。而另一位京城画家齐白石则锁了院门躺在床上装病,他老人家宁可不卖画也绝不低头弯腰应酬。凡此种种,也算得上"为名利所累"的一个版本吧。

大千初到西域之时,当地官员闻风而动趋之若鹜,倒不是他们真有多少艺术修养或者对画家心存景仰,而是慕名赶来索要字画。有些官员又很贪心,一幅尚嫌不够,转身又来索第二幅,还附带许多要求,比如尺幅要够大,画面上山水人物要多,还要赋诗题字,书赠某某台兄雅属、糊壁之类抬高自己。张掖有个县长,大约觉得画家在敷衍自己,理由是画面上只有一两支荷花,竟要求添加两只鸳鸯,指定一只为红色,另一只为绿色。画家忍无可忍,毕竟敦煌不是沦陷区,中国县长也不是日本宪兵特务,所以当场拂袖而去不予理睬。

与官场打交道是门大学问,其深奥程度绝不亚于数学和哲学。恃才傲物的画家张大千对此一窍不通,何况古来还有"阎王好交,小鬼难缠"的说法呢。

不肯迁就的事情多了,张大千就与当地官场结下了"梁子(四川话,结怨之意)",画家恶名也悄悄传播开来,许多磕磕绊绊的事情也随之发生。这些防不胜防的拆台作梗多是暗中发生的,没有台面上的把柄,理由也都冠冕堂皇。你明明知道这是故意刁难却哑巴吃黄连,如鲠在喉有苦说不出来。

还有种种关于张大千的流言蜚语,如盗窃国宝啦,走私文物啦,破坏敦煌古迹啦,原产地都在西北当地官场。它们如同一阵阵平地卷起的戈壁狂风一样,伴随画家一路走来再也没有停息过。

所以当张大千离开敦煌启程归川,沿途重重关卡道道盘查,每过一地都会受到当地官员重点"照顾"。虽未查出违禁走私物品,但是鸡蛋里面挑骨头的事情还是层出不穷。张大千不得已多次电告重庆张群、于右任,恳请中央政府过问后,情况才有所好转。

2

1943年秋,当张大千和他的团队从西域动身返川时,战争天平已经朝着有利于中美盟军的方向倾斜。盟军在太平洋转入战略进攻,曾经猖獗一时的日本飞机在中国天空渐趋消失,取而代之的则是往来于"驼峰航线"的盟军运输机,以及从内地机场起飞前去轰炸敌占区的中美空军机群。

艰苦抗战七个年头的中国人民终于看到地平线上透出的胜利曙光。

张大千提前在广汉解散队伍,他本人则避开媒体与公众视线悄悄上了青城山,开始总结清点"西行取经"的收获与得失。

三年面壁,张大千已把敦煌壁画的精华尽收眼底,他和助手总共收获彩色临摹画达二百七十六幅,另有大批未上色的线条画(草稿)和原创画。这些画作凝聚了画家的心血和学习探索精神,具体见证了画家西行的取经成果。这批临摹画不仅还原度很高,色彩绚丽、极其精美,而且不乏对原作的修复和补充,因此更加栩栩如生美妙绝伦。每件作品都是经过张大千和助手一笔一划地勾线描摹草图,再与藏族画师共同着色完成,有的画是用多张画布拼接缝制而成,有时绘制一幅画竟要费时数周,可以想见这是一项多么浩大艰巨、前所未有的工程!

线条画则是画家预先在纸上勾出的草图,因为时间仓促来不及绘制到画布上着色,因此作为样稿保留下来。按照画家想法,它们有朝一日将被复制到画布上,经过着色加工彩绘后公之于众。可惜画家的愿望没能实现，后来这批线条画大多流失民间，有的被藏家和爱好者收藏，有的保存在各地画廊和博物馆中。

创作画则是画家以敦煌壁画人物和宗教故事为题材创作的系列作品，其中尤以《飞天》《仙女》《仙乐舞蹈》等等最为著名。这批人物画不仅跳出从前张大千笔下人物的局限性，形象丰满生动传神，而且色彩艳丽雍容华贵，颇得盛唐人物画的真传神韵，它们成为张大千画风华丽转变的标志之作。

张大千脱胎换骨矣。

一些嗅觉灵敏的字画商人听到风声纷纷前来打探，欲求一睹这批神秘作品的庐山真面目，但是张大千一律闭门谢客。尽管画家早已负债累累，但是他并不急于将这批心血之作变成商品。他精心挑选出其中五十六幅临摹画，委托朋友带往印度艺术研究院去做鉴定，希望能够证实敦煌壁画与印度宗教绘画的渊源关系。另外二百二十幅则秘藏于青城山上清宫，严加封存不为外人知晓。

张大千返回青城山后，主要精力仍然放在对敦煌壁画的整理上。对画家来说，离开敦煌只意味着完成考察，而艺术面壁和修行远未结束，那是一生一世的作业，仍需时时修炼和自我沉淀。这一时期他潜心尝试进行彩绘人物画和青绿山水的创作，这就是说，张大千的目标不仅是超越自己，更要突破传统国画黑白二色的水墨局限。毋庸讳言，这是一条全新的起跑线，他在向一个全新的绘画高度发起冲击。

从社会发展的角度讲，战争年代的画家为艺术奋斗很可能是不合时宜的，或者注定是个悲剧。因为艺术家应该是和平时代的宠儿。艺术之花无比娇艳脆弱，经不起战争的腥风血雨无情摧残。试想如果中国抗战再进行十年二十年，天上飞机轰炸，地下血肉横飞，城市变成废墟，乡村饿殍遍野，人们连生存都难以保障，张大千们还有出头之日么？他们的画作会有人来关注么？他的奋斗还能进行下去么？他充其量会将这些呕心沥血的作品用来抵债，或者藏之深山，

一任盖世才华如草芥般白白腐朽。当战争和灾难横行之时，人们首先需要吃饱肚子而非审美。生于这样的战乱时代，无论对国家民族还是对艺术家都是天大的不幸。

幸运的是，上帝开眼了。

3

1945年8月，日本天皇宣布投降，艰苦卓绝的八年抗战终以胜利宣告结束。和平降临之日，便是大千黄金时代到来之时。

这年画家刚好四十六岁，身强力壮功力深厚，且经敦煌之行的艺术磨砺与面壁修行，他对古代绘画艺术的研究早已超越了技法技巧的层面，升华到一个"上下五千年"和"苦苦求索"的精神境界，这便是"继承"之道。

张大千敦煌之行的另一个重大收获是重新修补了一门色彩绘画课，领悟了色彩之于绘画的重要性。他从头学习色彩运用和着色技法，修复了传统国画只有"画谱"没有"色经"的残缺，打破了明清传统文人画的局限和狭隘，走出了"中国画路子越走越窄的死胡同"（法国画评家之语），为其后来的"衰年变法"和人生绝唱埋下伏笔，这便是"创新"之道。

"继承"与"创新"是两只强劲有力的翅膀，载着画家在艺术王国自由翱翔。这便是哲学意义上的"自在"之境上升到"自由"之境的过程。

蓄势待发的画家张大千一如千回百转的长江之水终于冲出三峡口，必将一泻千里势不可挡。他在青城山作《喜浪摇荷图》一幅，挥毫题诗云：**夫喜收京杜老狂，笑嗑胡虏漫披猖；眼前不忍池头水，看洗红装解佩裳。**

画家心中压抑太久的艺术冲动和创造力如地火汹涌，如岩浆喷发，他以前所未有的速度推出一大批令人耳目一新的作品。据画家回忆录称，一日两画、三画甚至多画都是常事。

画家的艺术爆发宣告一个绘画史上的"大千时代"横空出世。

抗战胜利后的张大千相继在成都、重庆、西安、北京、上海、香港、台北等城市举办个人巡回画展，展出敦煌临摹画与画家新近创作的探索画作，一时间轰动南北绘画界。画家精力充沛生机勃勃，画风雄健神采飞扬，他手中那杆画笔简直出神入化，无论山水人物还是花鸟鱼虫皆神形兼备栩栩如生，令刚刚经历艰苦抗战的国人耳目一新如沐春风。画展所到之处好评如潮反响热烈。

人们惊讶地看到，时隔八年，当抗战的硝烟刚刚散去，一个从前只靠挥霍才华和模仿古画来博取名利的年轻画家已不复存在，那个为人熟知的虚荣浮躁、急功近利以及放浪形骸的登徒子张大千不见了，代之以一个端庄厚重、大气磅礴的天才画家张大千。大千终于破茧化蝶修成正果，好比一股曲曲折折的山涧溪流终于流入大海，肤浅的躁动消失了，喧哗归于宁静，代之以大海的宽广与深沉。

小丘不见了，一座耸入云霄的高山站起来。

总之"西天取经"归来的张大千画风大变，笔端显出沉郁厚重、含蓄不露的大家气象。譬如从前他笔下的"仕女图"多为窈窕淑女美人折桂之类，更有不少挑逗与轻浮的意味，往往失之浮华与肤浅，折射出画家心态流于世俗与媚俗。西归之后再画仕女人物，不仅线条极为流畅笔力遒劲老道，色彩饱满层次丰富，对人物面部刻画尤其细腻生动，而且在女人丰腴的体态中也透出一种端庄贤淑和悲悯慈祥的高贵气质来。这当为画家心胸扩展与精神升华所致。

有业内人士留下观感：观今日之大千画展，其对绘画之感悟已入化境，更兼笔力了得，实乃今非昔比也。

作为同行的画家更是惊异于张大千的华丽变身，他们意识到张大千在用行动证明一个简单道理，那就是，八年时光一个艺术家可以走多远。于是有人发自内心赞叹道：八年抗战，多数画家仅以字画糊口谋生而已，更有人早已弃艺另投，浑浑噩噩者众，坚守者寥寥。

唯大千君一枝独秀也。

还有报纸以"凤凰涅槃""浴火重生""凤毛麟角"等等词汇来形容张大千的横空出世，断言他的全新画风带给中国绘画界的冲击不亚于"美国飞机在日本岛投下的大炸弹"。

更有理论家、评论家认为：张大千已经当之无愧跻身于古今国画大师之列，上可追吴道子、石涛、八大，下可比肩当代齐白石、徐悲鸿、吴湖帆、黄宾虹，且后发之势强劲，未可限量也。

一位富有文化远见和洞悉力的法国文化学者阿比达夫在研究了张大千画作之后为巴黎的杂志撰文写道：我相信这位中国画家的前途将十分远大，在他的画作中已经清晰地表现出某种势头，那就是他不满足于中国绘画的技法技巧和墨守成规，而要力图打破历史凝固下来的僵死线条，将古老的中国画与某种世界潮流相融合。这样的画家有理由值得我们期待。

著名书法家、诗人兼教育家沈尹默题诗礼赞：三年面壁信堂堂，万里归来须带霜，薏苡明珠谁管得，且安笔砚写敦煌。

4

就在张大千画名如日中天广受关注之际，一片不祥之兆的阴云也悄然袭来，渐渐聚拢在他的头顶。

俗话说"好事不出门，坏事传千里"，"个子有多高，地上影子就有多长"。你张大千名气越大，便越是有人愿意来揭你的老底，你的社会地位越高，人们对你的个人隐私、家庭财产、男女关系乃至于道德污点的兴趣就越大。这片不祥阴云就是旧事重提——画家张大千盗窃敦煌文物和破坏壁画两宗罪。

两年前有关画家张大千在敦煌盗窃国宝、走私文物和破坏壁画的传闻时有见诸小报，因为尚处在抗日战争生死关头，人们的注意力都被如何抵御日本侵略和那些足以改变民族命运的大事吸引了，画家行踪去向并未引起太多反响，顶多是文化圈茶余饭后的谈资而已。

但是战争结束，形势便不同了。

张大千大红大紫富甲天下，他成了待价而沽的亿万富翁，其画价一路水涨船高，据说一幅山水能买下成都半条街。画家的走红重新唤回人们对于一些小道消息和街谈巷议的记忆，于是一家专刨狗血新闻的小报便不惜重金雇佣"狗仔队"，千里迢迢赶往敦煌沿途追踪采访。当然他们不是为了报道画家如何面壁三年终成正果，而是收集张大千破坏、走私敦煌文物和盗窃国宝的证据。

新闻的生命在于"喜新厌旧"，老生常谈是媒体的毒药，各地报馆自然没有理由不欢迎这颗应运而生的新闻炸弹。一时间国内多家报纸乃至港台和海外华文媒体都推波助澜地转载记者的调查，放大张大千金字招牌后面的"肮脏面目"。可以想见，当张大千被画迷包围追捧，当画家如明星般在艺术舞台上大放光彩之时，那些报纸和"狗仔队"射出的暗箭具有多么致命的杀伤力！

一石激起千层浪，一时间社会舆论沸沸扬扬，画家形象如折翅天使訇然倒地，他变成了一个面目可憎的"恶魔"。

1948年，社会舆论终于发酵到政府层面，"张大千敦煌事件"正式提请司法调查。

7月，甘肃省议会通过议员郭永禄等十人联名提案，敦请国民政府教育部"严办借名网利破坏敦煌古迹之张大千"，并由议会电请甘肃省的立、监二委提案弹劾，建议对张大千刑事追责。也就是说，一旦"十议员提案"批复核准，张大千将被司法起诉，面临没收财产、锒铛入狱的牢狱之灾。

但是一个令人吃惊的事实是，"十议员提案"发起人也就是十位省议员均未对提案内容做过调查，也未提供事实证据，甚至无人询问过证人或者当事人。他们发起联合提案的依据都是道听途说和小报刊登的消息。

教育部不敢怠慢，立即组织专人进行调查。

经过长达半年调查取证，调查组认定甘肃省议会提案举证罪名不实，所谓盗窃国宝、倒卖和破坏文物等罪名实属子虚乌有。教育部正式复电甘肃省议会：画家张大千在千佛洞并无毁损壁画情事，不予追究。

随后有敦煌国大代表（前敦煌筹备委员会委员）窦景椿、敦煌艺术研究所所长常书鸿出面为张大千辩诬，对"十议员提案"的不实指控做出澄清。《西北日报》还以"张大千何许人也"为题，刊登对窦、常二人的采访，以及二人的书面声明和公开讲话。

次年，甘肃省议会做出"张大千在敦煌千佛洞并无毁损文物之情事"的正式结论，"十议员提案"被驳回。

一场轩然大波渐趋止息。

5

虽然发生在大半个世纪前的官司已经终结，但是以客观眼光看，画家张大千的敦煌之行还是为历史留下了些许瑕疵和遗憾。

根据百度搜索的词条"敦煌莫高窟"记载：

"1940年，张大千在此描摹壁画时，发现部分壁画有内外两层，他便揭去外层以观赏内层，这种做法后来引发了争议，直到现在依然争论不休。1940年至1942年，国画家张大千两次赴敦煌莫高窟临摹壁画，在那里逗留的时间加起来约一年多，剥损壁画的事情就发生在这期间。张大千剥损的壁画总共约有30余处。莫高窟第130窟是敦煌最具代表性的石窟之一，窟内26米高的佛像是敦煌第二大佛。张大千剥损的壁画位于进门甬道，据介绍，他首先剥去第一层的西夏壁画，然后又剥去第二层的晚唐壁画，如今人们只能看到最下面的盛唐壁画，而盛唐壁画因前人覆盖时为了增加泥土黏合力，已被划得面目全非。甬道的墙上，清晰地留下了他层层剥画的断面。

据记载，这座石窟历时 29 年才筑成，平均一年掘进一米，而张大千在短时间内使它大大改观。如此典型的被他剥损壁画的石窟还有第 108 窟、454 窟等。"

需要指出的是，张大千赴敦煌时间应为 1941 年至 1943 年，而非 1940 年至 1942 年。这段公案至今未有定论，学术界对张大千的功过是非也各持看法。但是随着时间流逝，相信历史终将得出一个公允结论。

下卷

第二十四章　乾坤巨变

1

公元1949年，初春的江南本是"烟花三月下扬州"的大好季节，到处莺歌燕舞柳丝吐翠，然而战争的脚步逼近长江两岸，给江南的大好春光蒙上了一层阴影。

大千年初赴香港和澳门举办个展，3月末飞来上海和苏州筹办画展。由于北方战局不利国军连连败退，谣传国民政府已经开始秘密迁都台湾，因此南方各大城市人心惶惶，大千画展虽如期举办却暗淡收场。不仅观众寥寥，报纸媒体亦无响应，就连从前趋之若鹜的画商、收藏家也一反常态兴趣大减，因为人们的目光都被共产党即将渡江的大事件吸走了。

中国大地上即将诞生一个代表劳动阶级的新政权。

对张大千来说，时值人生黄金之年，正是画家创作井喷、佳作迭出之际，动荡的时局却像一头拦路虎，无情地阻断他的前行道路。好比一个勇敢的登山家，好容易攀登上冰山雪脊，远方的珠峰在向他招手，不料天气突变地动山摇，可怕的雪崩发生了。

历史巨变不仅行将改变中国的未来，更将深刻影响每个国人的命运。"忽喇喇似大厦倾，昏惨惨似灯将尽"，摆在画家面前的选择是：

国民党垮台你怎么办？你将何去何从？

画家不是政治家，没有政治主张，从本质上讲，画家天生属于自由主义者。大千热爱绘画与享受生活，他本能地排斥官场，但是他从不拒绝应酬官员。因为他知道官员朋友能够为自己免除许多不必要的麻烦，所以这是一个懂得经世之变和为人之道的艺术达人。

但是站在1949年历史十字路口的画家面临一个很大的困惑，那就是他对即将上台的共产党一无所知，或者就像盲人摸象，不知道这头大象主宰的世界对他意味着什么，是好是坏？是福是祸？

早在香港二月画展期间，他收到朋友的神秘口信，告知有个神秘人物要与他见面。究竟何人何事对方没有说，只叮嘱是个重要人物，叫他耐心等待。大千心中好像闯进一头小动物来，搅得他一整天忐忑不安。

次日有人领他来到香港郊区一幢普通的住宅小楼。

在一间陈设朴素的屋子里，一位气质儒雅的老太太站起身来同他握手，这个神秘人物原来就是大名鼎鼎的国民党左翼领袖廖仲恺先生的遗孀何香凝女士。

此时何女士已届七十一岁高龄，她除了本身是国民党元老和左翼代表人物外，同时还是一位成就颇丰的女画家，擅长工笔花鸟，尤以刻画松、梅、菊著称。张大千面对眼前这位德高望重的大人物有些惶惑，他与何老有过一面之交，何老完全可以邀约自己在画展相见，不必像搞地下活动一样弄得人心情紧张。

但是很快地，他从对方表情中看出了一种非同寻常的端倪来，因为老人那张清癯脸庞上放射出一种几如圣女般的光芒来。张大千心头一动，他猜到老人一定不是邀请自己来讨论切磋画技，而是负有某种来自北方的重要使命。

果然，何香凝开门见山告诉他，国民党政府即将垮台，共产党领导的人民政府即将建立。何老询问他：大千先生打算何去何从？

张大千无以回答，他反问道：何先生有何高见？

何香凝坚定地说：我是一定要到北平去的。

张大千受到感染，心情渐渐放松下来，何香凝同他讲了许多有关人民政府的政策主张。对于张大千来说，这些主张都是闻所未闻的新鲜事情，他觉得局势改变也许并没有传说中那么可怕，尤其是对于像他这样靠卖画为生的艺术家更是如此。

何香凝转入正题，她说自己受北方一位重要人物委托，转告大千先生一个口信。何香凝并没有解释"重要人物"是谁，口信内容则是邀请张大千前往北平出席即将召开的第一届全国政治协商会议。何香凝补充说，张先生的朋友徐悲鸿、梅兰芳等等都将与会。

张大千吓了一跳。

这个重大邀请来得猝不及防，他还没有做好思想准备，不知道该不该接受这个足以决定自己与整个家族命运的政治邀请，于是面露难色顾虑重重。

此时蒋介石虽然在北方战场兵败如山倒，但是南方各省毕竟还是国民党的天下，"南北分治""划江而治"以及"国共第三次合作"等等传言甚嚣尘上。如果中国真的划江而治，华夏大地出现两个隔江对峙的国家政权，张氏家族和家人都在南方的四川，他却去到遥远的北平出席共产党会议，会有什么好结果吗？何况他对共产党还完全不了解，对卷入政治的后果也十分担心，画家的本能告诉他，在政治上站队要冒很大风险，画家应当关心画画而不是其他。

他只好嗫嚅地告诉对方，自己一时无法决定；不是拒绝来自北方的好意，而是他需要返川与家人商议。

何香凝有些惋惜地望着面前这个才华横溢的中年画家，艺术家非政治动物，要他们在两个政权斗争之间做出选择实在有些强人所难。老人话题一转告诉他，自己有个小小的提议，请张先生为毛泽东主席画一幅画。

这回张大千没有犹豫。

其实大千赠画也是要冒极大风险的，如果该画不慎落入国民党

特务手中岂不等于私通共产党的铁证？由此可见大千虽然婉拒出席北平政协会议，但是他还是愿意通过赠画向共产党领袖表达敬意。

他问：画什么题材好？有具体要求么？

何香凝请他自己做主。

张大千稍一思忖，便挥毫泼墨画了一幅《墨荷图》。此画高132厘米，宽64.7厘米，画面干净简练，寥寥几笔即画出荷枝劲朗卓立，荷叶舒卷自如，另有掩映于荷影中的白莲一朵，以及大幅留白供人想象驰骋。画家随后在左上角题款云："润之先生法家雅正己丑二月大千张爰"。

一个多月后，何香凝秘密启程赴北平参加筹备政协会议，后来当选全国政协副主席。许多年后有史料解密，那个委托她带口信的"重要人物"就是周恩来总理。

张大千书赠毛泽东的《墨荷图》现存中南海毛泽东故居，为国家级艺术藏品。

2

解放大军渡江的隆隆炮声将张大千从苏州赶回四川老家。

一夜之间，南京解放的号外就像中国大地刮起十二级台风，把人们头脑中最后一点对于国民党政府的幻想无情刮走，就连不问政治的老百姓都明白眼前正在发生的事情，那就是没有什么"划江而治"和"现代南北朝"，历史没有悬念，国民党的江山玩完了。

对于躲在成都金牛坝家中的张大千来说，即使不出门也能清晰听见历史巨变的脚步声。国民党兵败如山倒，公路上天天都有向南溃败的军队，这就意味着共产党很快就会举兵入川。国民政府已不再遮掩迁台，政府要人、达官显贵纷纷争先恐后迁往那座遥远海岛，画家仍然打不定主意何去何从。古云"识时务者为俊杰"，何谓时务？待在家中以不变应万变？还是顺应潮流去北方，参加尚在筹备中的政协会议？事实上，要让艺术家弄明白复杂的时政之变，就像小学生面对高等数学那样困难。但是有一点画家很明确，就是他更愿意留在家乡画画，追随国民党举家迁台却是连说服自己的理由都没有。

但是令张大千心神不宁的却是有关共产党的种种传言。

虽然画家从未与新政权打过交道，但是共产党在北方农村搞土改的传言却时有耳闻，什么残酷斗争地主啦，没收富人财产啦，打土豪分田地啦等等。张大千虽非剥削阶级，也非官僚资本家，但他却不是穷人，不在受苦人之列。张氏家族拥有价值不菲的资产与土地，画家的生活也一向奢侈，抗战后他又娶了第四房太太徐雯波，他的书画一再创出天价，收藏家、画商趋之若鹜，总之是收入丰厚财源滚滚，他的生活就是比之大官僚、大资产阶级也不逊色。

画家凭着直觉从新政权那里嗅出一丝有威胁的气味来。

他弄不懂的问题是，如果共产党要革他的命，为何还要邀请他到北平出席全国政协会议呢？是不是说明他对新政权不了解，存在许多误会和误解呢？

日子在犹豫观望中飞快逝去。

秋天到了，雁阵南飞，张大千又接到一个来自北方的秘密口信，那是他敬重的好友徐悲鸿特意转告的：全国政协会议已经胜利召开，共产党领导的新中国将正式宣告成立。大千先生虽然未能出席会议，但是友人们都很挂记他，中共领导人周恩来先生提出给张大千保留政协委员的位置，以后还要邀请他当全国画家协会主席。

共产党表达了足够的善意和耐心。

悲鸿的意思十分清楚，就是希望老朋友认清形势，留下来与人民政府合作，不要为失败潮流裹挟，做一个被历史抛弃的垮台政权的牺牲品。

张大千为之心动，于是决定先去北平看看再说。

然而就在他悄悄准备北上的时候，一个军官匆匆赶来，将一封

军用急电送到他手中。

电报是老友张群打来的,告之务必速来台一晤,有要事相商。

他抬起头来,军官站在门口并没有走,他以为那人还有什么事。不料军官做个邀请的手势说:我奉命来接张先生,飞机已经在新津机场等候。

几小时后,一架军用运输机腾空而起,飞向数千里外的台湾。

3

当张大千乘坐的军用运输机在台北机场徐徐降落时,海峡对面的解放大军已经进入福建和两广地面,国民党的撤台行动已经变成一场名副其实的逃难狂潮。一切能渡海的交通工具,无论军舰、货轮还是渔船舢板,无不爬满蚂蚁一样的士兵和逃难人群。在狭长的海岛沿岸,无论机场、码头还是港口、公路,到处都是从大陆溃败的军队,到处塞满堆积如山的武器物资。而更多随军家属、难民以及各省达官显贵、地主豪强、富商巨贾等等,如今扶老携幼拎着大包小包,如黄河灾民一般流浪街头,凄凄如覆巢之卵,惶惶如丧家之犬,叫人看了不由得凄凉丛生。

张大千心中暗暗伤感,他想,莫非自己也要落到这般流离失所的境地不可吗?

画家享受了国民政府的特殊待遇,不仅老友张群出面热情接待,连总长陈诚也在百忙之中设宴款待。席间这位手握军政大权的大人物向他保证说:台湾防卫固若金汤,不必担心共产党渡过海峡;何况美国人将派来强大舰队协防台湾,国民政府不日必将反攻大陆。总之就是极力劝说画家来台。

张大千低头不语。

陈长官的承诺显然不能打消他的顾虑。都说"耳听为虚,眼见为实",他虽然是个画家,对政治和打仗是个外行,但是眼下事实却表明，共产党既然能攻占大陆，岂不能席卷小小台湾吗？国民党手握百万大军尚且丢掉江山，谁能保证他们不会放弃弹丸之地的台湾呢？画家非政权中人，不必非要追随哪一方，但是他却需要一片和平净土安身立命。大千对海峡对面这座陌生海岛毫无印象，他更热爱自己的家乡四川，那片热土才是自己的血脉之根。一个艺术家，为什么非得受政治裹挟，非得远走天涯四处漂泊呢？难道留在大陆就不能画画吗？他找不出合适的理由说服自己，因此留乡的心思反倒渐渐清晰起来。

陈诚是个武将，不懂得文人心思；张群却是个学养深厚的政客，与文人同属近亲。他显然已经看懂画家心曲，所以宴请之后他忽然问张大千说：当年你为何要去敦煌？

张大千莫名其妙地反问：我何以要去敦煌，岳军老你不是更清楚吗？

张群点点头道：因为你是张大千，不是别的什么画家。张大千就得天马行空。你是匹千里马，就当驰骋万里草原，拉车马只好任人劳役。这就是张大千，你必须为画画而生。我说的对吗？

张大千的感激之情油然而生，一股热流涌出心头，他连声说：知我者，岳军老也！

张群正色道：但是你不懂政治！你躲避政治，不等于政治不会找上门来。共产党号称杀富济贫，实行集体供给制，每人每月五元生活费，你过得了这样的穷日子？就算不没收你的财产，社会上没有了富人，谁来买你的画？谁又买得起你的画？说到底你的画需要有钱才能欣赏，没有富人你就算画了天底下最好的画又有什么用处呢？你有四房太太，十几个子女，你靠什么养活他们？

一连串问号戳中了画家的心病，张大千终于明白，原来这就是一些天令自己惴惴不安的症结所在。

大千在国民党内有许多高官朋友，如张群、于右任、张学良、陈诚、胡宗南等等，他的儿子心智还娶了甘肃省主席鲁大昌的女儿，两人结下儿女亲家，种种历史原因令画家与这个败走台岛的旧政权有着千丝万缕的联系，这不能不是他的极大顾虑。想想看吧，万一共产党追查起来，他能说得清楚，脱得了干系吗？人生如过独木桥，若非大势所趋，他何必要在非此即彼的两难中做选择呢？

但是他仍然心存疑虑，共产党向自己发出善意邀请，未必一定要与自己过不去。华夏大地高天厚土沃野千里，弹丸之地的台湾算什么呢？一座蕞尔小岛，今后做得了安身立命之地吗？

连张群也回答不了这许多问号，一切都得由时间来回答。可是时间不等人，走或留，国或共，家乡或异乡，大陆或海岛，张大千必须做个果断取舍。

就在这时，一叶来自舟山群岛的孤舟颠颠簸簸地渡过波涛汹涌的台湾海峡，不早不晚驶入张大千的命运路口。一个失魂落魄的熟人的出现决定了张大千的命运。

他就是北平恭王府的皇族画家溥心畬。

张大千知道溥二爷向来居住在北平。他深居简出不问世事，即便日伪占领时期也未影响这位旧皇族的优越生活，此时他何以气急败坏衣衫褴褛地现身台湾？溥心畬虽为皇族却是个安分守己的公民，全靠祖上留下的财产和写字卖画为生。他的字画气质高贵技艺精湛，自成一派名气很大，外人往往千金难求。他身居皇城不食人间烟火，远离政治党派、社会团体，算得上一个独善其身的隐士艺术家。张大千不明白，远离政治的溥二爷何以冒险逃出北平，逃来偏处一隅的台湾？难道共产党要革他的命不成？

溥心畬仰天长叹：说来话长，天不容人啊。

原来北平城里搞起轰轰烈烈的"肃反"运动，溥二爷虽不问政治，但是他的父亲终究是清朝王爷，堂弟溥仪不仅是清朝末代皇帝，还投靠过日本人，做了罪大恶极的伪满洲国皇帝。他本人占有大量帝王财产，所以理所当然被归于反动阶级之列，沦为革命运动的对象。溥心畬不得已化装出逃天津，冒着生命危险在海上颠簸数日，侥幸抵达台湾，大难不死。

张大千疑惑道：二爷以画画为生，当与布衣无异，何以遭此横祸？

溥心畬怆然涕下说：我全家被扫地出门，财产没收、斯文扫地，还要接受下人的批判斗争。有个厨子质问我，你天天吃着山珍海味，你劳动了么？还有人将画笔折断，掷于地上道，你手中这支笔是为哪个阶级服务的？

张大千愕然。

至此画家明白，他其实无可选择，命运早已注定。

大千道：岳军老，我须尽快赶回四川，我要赶在共产党入川之前把家人接出来！

4

毕竟人算不如天算，等到张大千返回四川，战争的脚步已经推进到距离成都仅有一步之遥的川中腹地。

国民党所谓"坚如磐石"的牛皮大话不堪一击，解放大军两路包抄兵临城下。当时四川境内仍有数十万国军，另有各级地方政府和中央派驻机构多如牛毛，还有数不清的军政大员、高官显贵和他们的庞大家属队伍，再加上掌握实权的地方军阀、腰缠万贯的富商豪强、银行家、企业主，形形色色的名门望族、社会名流、知名人士等等，他们都是国民党政权的共生物，共享"一损俱损一荣俱荣"的命运前途。如今树倒猢狲散，前途没有了，灭顶之灾就在眼前，唯一的出路就是逃往台湾。但是通往两广福建的地面道路已被切断，成都又不临海临边，于是深陷内陆夹缝的人们只好把求生的目光投向空中，盼望海峡对岸派飞机来把他们接走。

可是台湾哪来那么多飞机呢？

南方各省相继失守，大陆各地纷纷告急，国民党原本就飞机不多、运力吃紧。就在大千返川之际又爆发震惊中外的"两航起义"事件，原国民政府两大航空公司"国航""央航"同时宣布反蒋起义，十二架大型民航客机相继从香港飞往北京投诚，给本就捉襟见肘的国民党空运队伍致命一击。

远在西南内陆的成都就成了孤悬一线的"孤岛"。

天空隆隆来往的飞机明显减少，民航公司宣布停运，虽然时不时也有台湾飞来接人的军用运输机，但是机场重兵把守戒备森严，那些荷枪实弹的大兵都非当地军警，而是从台湾派来的宪兵。只有持特许证的乘客方可进入机场登机，而特许证须由台湾行政院核准，再经空军司令和胡宗南长官联合签字方能生效。据说成都有个富豪悄悄出价二百两黄金买通机长，遂在行李舱获得一个位置被夹带到台湾，后来事情败露就地执行枪决。

张大千懊悔不迭，如果提早一两个月做出决定，哪能拖到如此困境之中呢？当然后悔也无用，命运不相信眼泪。原本在台湾时他同意举家迁台，他的一大家子人口足够装满两架飞机，为此画家得到张群、陈诚的亲口保证，动用西南战区胡长官的军车帮他把字画、古董和财产从陆路运到香港，而他和家人则由空中飞港，再与地面队伍会合至台。

然而解放军的神速脚步打破了画家的如意算盘，地面无路可逃，唯有空中一条生路。

1949年的初冬格外寒冷，此时距离成都易帜的历史性时刻还有短短一个月，龙泉山下的炮声已经隐隐可闻，张大千和他的家人却还困在家中无计可施。什么叫作"热锅上的蚂蚁"？相信此时画家当深有体会。当然热锅上的动物还很多，远不止大千一家老小。令画家无路可走的原因除了飞机太少外，更重要的原因则是那些有权有势的大佬豪强太多，轮不到他和家人登机，此时要弄到一个登机特许证竟比登天还要难。

眼看到了12月中旬，画家好容易通过张群、陈诚和胡宗南的关系获得两个登机特许证，这与他从前的计划相去甚远。这就是说，画家必须放弃所有家人、子女与财物,仅能与一人共同亡命天涯。

这真是一个残酷的命运判决。

万般无奈之下,大千决定带四太太徐雯波登机去台,留下包括发妻曾正容、二太太黄凝素、三太太杨宛君和膝下十几个子女与儿孙在内的众多亲人,还有两位敬爱的兄长张丽诚、张文修,以及张氏家族若干子侄辈滞留家乡。生离死别之际,他用这样的话安慰家人:一旦时局好转,或者我在外面安顿停当,我将接大家出去一同享福。

这是一个丈夫和父亲的心里话,虽是实情,倒更像表决心,说明连他自己也未必有信心。可惜画家不是书写历史的胜利者,他既不能左右形势,更无法预测未来发展。一个令画家没有想到的事实是,这句话竟是他与亲人的诀别之言。

去新津机场登机头天,幼女心沛忽然生病发起高烧来,张大千眼看幼女饱受病痛折磨于心不忍,临时决定放弃部分随身行李,而这些行李中都是他从敦煌带回来的草稿、创作和临摹画,遂换得军方同意将幼女抱在怀里登机。

在飞机起飞的巨大轰鸣声中,画家望着脚下急速后退的城市和初冬阳光下依旧绿意盎然的家乡大地,他听见自己那颗结实的心脏"砰"的一声炸裂开来。那种撕裂的感觉像被子弹击中,少年时代有过一次,那是在头上。

这次在心头,直至痛彻骨髓。

5

飞机像一叶孤舟在茫茫云海之上漂荡,发动机的吼声单调而无助,同机人都是国民党元老、中央委员、省主席和将军级大人物,他们个个面如死灰沉默不语。当飞机飞越台湾海峡的时候忽然云开雾散,画家看见宽阔的海峡如同一道深不见底的伤口,无情地将大陆与海岛分割开来，于是他明白，也许今生今世再也没有机会与亲人团聚了。

张大千泪如雨下。

此去茫茫三十载，哪堪回首，故乡亲人皆在明月中。

这是画家的不幸，抑或是艺术的……大幸？

时间将回答历史的提问。

第二十五章　背井离乡

1

1950年的台湾一团乱麻。

国民党阵脚未稳惊魂未定，岛上挤满人心惶惶的败兵和难民，解放军攻台的传言如阵阵台风袭来，引发人心浮动、草木皆兵。台湾曾被日本强占达半个多世纪，光复后不过四五年光景，尚未来得及恢复建设，就连"首府"台北也没有几条像样的马路，称得上真正的化外之地和穷乡僻壤。

许多人在台湾看不到希望，他们虽然不认可新政权逃离大陆，但却不甘心困守海岛为一个失败的国民党政府做陪葬，于是纷纷收拾细软打起行李再度出发，或远涉重洋迁徙到地球另一端的天涯海角落脚，或就近在东北亚、东南亚华人众多的国家侨居。张大千也被裹挟进这股二次迁徙的浪潮中，但是出人意料的是，画家没有选择移居日本或者美国，而是来到南亚次大陆的文明古国印度客居下来。

许多人都为画家的决定感到吃惊，因为此时印度刚刚宣布独立，不仅经济落后百废待兴，而且无论文化、宗教、地域还是民族传统都与中国迥异。画家何以偏要选择这片与中国差异甚大的前英国殖

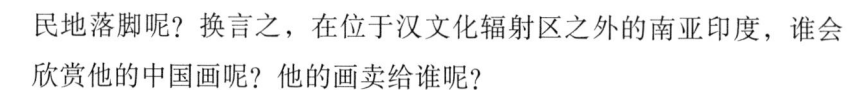

民地落脚呢？换言之，在位于汉文化辐射区之外的南亚印度，谁会欣赏他的中国画呢？他的画卖给谁呢？

画家沉默不语。

张大千的到来还是在印度华人圈引起了小小的轰动，一些华侨自发赶到港口迎接画家，接着举办了一系列画家个展，媒体采访和侨领宴请等等活动，也让画家很是风光热闹了一阵。

但是画家的脚步并未在华人较为集中的加尔各答或者经济发达的孟买停留，也未止步于印度的文化政治中心德里，他到处走走停停看看，好像一路寻找什么东西。当他把印度著名的佛教圣地菩提伽耶、竹林精舍、祇园精舍、灵鹫山、那烂陀等等一一寻遍，最终却流露出失望的神情来。

陪同友人不解，问他：张先生找什么呢？

他回答说：一件遗失的东西。可惜没有找到。

多年后画家披露心迹，原来他幻想印度也该有座敦煌，那样的话他就找到了归宿。可惜他错了。世界上只有一座敦煌，它在遥远的中国西北，从此就永远留在画家梦中。

张大千一行继续沿着恒河东岸向北行进，最后来到与中国一山之隔的著名山城大吉岭。

大吉岭位于世界屋脊喜马拉雅山南麓，高耸入云的冰峰雪岭连成一道逶迤不绝的银色高墙，自然风光极为优美壮观。这里还是闻名于世的红茶产区，风靡西方的"印度红茶"多产于此。更为重要的是，大吉岭自古就是连接中国与南亚的通商口岸，来自北方中国的客商马队在这里进出活动、络绎不绝。

画家立刻被这里的美景迷住了，他迫不及待地取出画笔作画，一连画了两三个月都没有画够。但是细心的朋友发现，画家常常都要朝着北方的冰峰雪岭出神，仿佛他的心思并不在画上，而是像风筝一样飘向很远很远的雪山那一边。

没人知道画家在想什么。

有一天他忽然认真地对一位当地华侨朋友说：你闻到这是什么味道？

友人耸耸肩膀回答：刮风吧，峡谷里风真大。

张大千固执地说：不对，你再闻闻，真的有味道。

友人疑惑不解，他嗅着鼻子说：青草？树木？牛羊？村庄？或者是山上茶园的味道？

大千叹道：想必你是闻不出来了，身在异乡为异客，你是习惯了——让我告诉你，这是我家乡的味道。我闻到了山背后家乡的味道。

言语间眼眶湿润了。

友人恍然明白，原来画家犯了思乡病，他心中堆积着浓浓的乡情，风景固美，然而家乡才是画家停步不前的原因。在面前这座世界屋脊的雪域高山背后，那是画家的故国家园，那里有他苦苦思念的亲人和妻儿，还有他父母和祖宗的血脉之根。家乡是什么？是人的精神栖所，是心灵回归的那片泥土，家乡的一草一木都长在画家心中了。

张大千在大吉岭租了一幢木屋住下来，成为一个名副其实的"望乡者"。

2

流浪大吉岭无疑是画家人生中最为暗淡无光的日子。

支撑他与孤独和思乡作战的强大武器是画笔，因此即使躲在喜马拉雅山下的小木屋里舔伤口也勤奋作画笔耕不辍。

大吉岭当地原住民多为尼泊尔人、锡金人和孟加拉人，也有部分中国藏人，他们同画家的关系好比油和水，因此中国画家在他们眼中只是一个性格孤僻的怪人。这里地处偏僻交通不便，与外界联络全靠书信电报，还有一份来自加尔各答的华文《新侨报》，能给画家吹来些许外面世界的新风。他也尝试过给国内写信，但是这些信件需要经过香港中转，再经国内层层审查，于是如泥牛入海回音全无。

此时大陆政权易帜不久，海外对共产党政府传闻蜂起，小道消息满天飞，互相矛盾的报道和耸人听闻的流言层出不穷，听得人心惊肉跳真假莫辨。于是困守在喜马拉雅山脚下的中国画家天天闻着风中的家乡味道，心灵饱受思乡之苦的折磨，用他自己的话说，就是"好端端有家不能回，有亲不相认，惶惶然如丧家之犬也"。

但是生活并未眷顾这位浪迹天涯的游子。

长期以来，大千画作的买家集中在国内，随着画家出走，他的最大损失莫过于失去了赖以生存的字画市场和拥趸。画家以画画为业卖画为生，失去市场也就断了生计来源，连吃饭也成了问题。中国画在南亚印度基本上没有市场，所以画家不得不托人将画带到遥远的港台日韩出售，以维持他和家人及随行人员的庞大生活开支。

不料天有不测风云，多事之秋的1950年，东北亚再度成为世界上最危险的火药桶。中国大陆炮声未息，台湾海峡又现刀光剑影，而朝鲜半岛更是陡生变局，随着震惊世界的"朝鲜战争"爆发，美国与中国相继出兵厮杀，一时间大半个亚洲包括港、台和日本都笼罩在"第三次世界大战"的恐怖阴影中。

战争是扼杀艺术的恶魔，乱世出英雄却埋没艺术家。港台字画市场一片萧条，即使名家作品也无人问津，更遑论卖个好价钱。对于深陷经济困境的张大千来说，字画市场的衰败无异于雪上加霜，一向生活奢侈挥金如土的画家已经沦落到不得不靠借钱度日的地步。

当初张大千仓皇出走时几乎等于净身出户，多数藏品字画都留在成都家中，仅有极少珍藏品随身携带，如传世名画顾闳中《韩载熙夜宴图》、董源《潇湘图》、黄山谷书《张大同手卷》等。画家专门刻有一枚细朱方印"南北东西只有相随无相别"，加盖钤铭题记，表明其为视同生命的珍藏宝物。尤其是那幅堪称国宝级的《韩载熙夜宴图》回到画家手上纯属巧合。抗战期间因为筹集敦煌考察经费，他曾将此画忍痛出手，抗战胜利后张大千在北平看好一处王府豪宅，议价一千两黄金成交，恰好此时有个熟识画商告知，津门有位隐名卖家欲将《韩载熙夜宴图》出手，要价为一千两黄金。张大千连夜赶去看过，认定此画正是自己曾经收藏过的顾闳中真迹，于是毫不犹豫地放弃王府转而买回这幅心爱的国宝藏品。

张大千热爱生活，更爱艺术，此事可见一斑也。

收藏界历来有"活人不如死人，死人不如古人"之说，只要人活着价格就上不去，人一死价就高，所以年代越古价格越高。在字画市场一片萎靡萧条之时，唯有古代字画还有一片小小蓝天。

张大千不得不振作精神面对生存危机，他必须努力解决生计问题，将画卖出去挣钱吃饭养家糊口才是头等大事。

3

张大千又开始重操旧业。

这次仿古与三十年前在上海、北平初出茅庐时大不相同，当年跟随三老师学艺，毕竟画技生涩章法凌乱。如今大千功力深厚画技高超，笔力当不在原作之下，此番出手不妨看作画坛大师对于古代名画的重新演绎和老曲新唱。

1951年岁末，张大千亲往东京举办画展。

一位相识的华人富商闻讯特地从新加坡赶来，他看中的正是名画《韩载熙夜宴图》，欲出高价买下。但是张大千把他悄悄拉到一旁暗示说，这些画都是要卖给日本人的。朋友恍然大悟，感激之余买下两幅大千创作的《青绿山水》走了。

大千在日本各地多次举办巡回画展，那些名画古画大多被日本画商和收藏家高价买走。多年后有种无法证实的说法传开来，在日本各地艺术馆和私人收藏的所谓"中国明清古画"，十之六七出自张大千之手。

大千的勤奋努力很快改变了初出国门的困窘，他毕竟画技高超底气充足，除了自身实力超群，多年来积累的画名也是一块响当当的金字招牌。再加上众多实力派名家如齐白石、徐悲鸿、黄宾虹等人都被阻隔国内，令张大千少了许多竞争对手。他的画作在经济萧条的港台和日本市场不仅坚持下来，而且一枝独秀。

隐居印度大吉岭的张大千好像一片无根的云彩，或者一只离群索居的大雁，绕着中国大陆转来转去却难以找到归宿。他的行踪惹得外界纷纷猜测，有说张大千不肯留居香港台湾，除了躲避战乱和远离政治旋涡外，他还为自己预留了一条回国后路。

也有人说，张大千落脚大吉岭是为了就近对国内形势进行观察，实属"身在曹营心在汉"。

还有一些港台右翼报纸甚至诋毁道，张大千对大陆政权抱有幻想，一旦时机成熟，他准备重返大陆当政协委员。

如此等等，不一而足。

其实画家在等待什么只有自己知道——艺术家不是政客，他没有必要伪装自己待价而沽。失去家园的张大千更像一颗风中飘荡的蒲公英种子，他在等待自己的一颗心从云端落下来。

这一时期画家诗情大发，作诗无数，正好应了古人"诗言志""悲愤出诗人"之说。比如其中之一：

浓绿堆环尚嫩寒，春来何处强为欢？故乡无数佳山水，写与阿谁着意看？

故山猨鹤苦相猜，甘做江湖一废材，亭上黄茅吹已尽，饱风饱雨未归来。

再如：

暂留残喘此山陬，赁庑聊为避地谋，插鬓居然有黄菊，正冠何用羞白头。举家悔背长房说，折蕊难将殷七求，鸡犬一时都死尽，雾迷烽乱望神州。

一个意乱情迷、彷徨不定、灰心失望和饱受思乡之苦的画家情愫显露无遗。

张大千蜗居世界屋脊南麓大吉岭，一住就是两年多，除了依旧勤奋作画和临摹写生外，其间也多次出行港、台、日本、新加坡等地。此时的画家看上去依然精力旺盛行色匆匆，他豪爽、幽默、激情四溢，欢声笑语一如既往，但是细心的朋友还是发现画家眼睛深处始终笼罩着一片阴云，那是心灵上无法愈合的伤痛和悲哀。

一只迷途孤雁在国境对面的异国他乡久久盘旋不去，春去秋来日复一日，它的哀鸣谁能解？

这年秋天，大千意外收到一封香港中转的国内信函，来信落款令他大吃一惊。原来此信是当代国画泰斗齐白石老人寄给他的。根据大千回忆，白石老人信中所云除了问候外，多为讲述自己近况，生活身体均好，颇受政府照顾，担任职务与获得荣誉林林总总。直到末尾才婉转提出，自己很缺钱用，务请大千在海外代卖两幅画作。老人说，希望能卖到一百美元。

张大千忽然掩面哭起来，泪涌如泉。

他听见自己那颗飘荡的心从云端里沉重地跌落下来，疼痛像浪花一样层层溅开来。

他终于等到了答案。

张大千没有替白石老人卖画，而是托人汇去一百美元。在1968年台湾出版的画家自传《张大千的世界》中，他首次披露这件鲜为人知的秘闻轶事。

次年印度大吉岭地震，张大千毅然决然卖掉传世名画五代董源《潇湘图》和顾闳中《韩熙载夜宴图》，如割须断袍一样与往事决裂，收拾行囊携家人远走高飞。殊不知这只是"抽刀断水水更流，举杯

浇愁愁更愁",画家带不走的仍然是他梦中的乡土乡音,割不断的则是心中无限深广的记忆思念。

孤雁终于远行了。

画家再次为自己选择的栖息地坐落在地球南端的极地,那是真正的世界尽头。他们搭乘的航班几经辗转,横穿广阔的太平洋和印度洋,飞越漫长的赤道线,然后在南美大陆的高山极地之国阿根廷徐徐降落。

4

画家寻找家园的过程一波三折。

大千举家来到万里之外的南美洲大陆南端,他先在阿根廷首都郊区小镇居住一年,因为种种原因再次动迁,几经徘徊寻找,终于在巴西华人聚居较多的圣保罗郊外牟吉城定居下来。画家自购土地百余亩,历时数年大兴土木,建起一座纯正中式风格的园林宅院,取名为"八德园"。

中国古代有"四维八德"之说,四维即礼、义、廉、耻;八德为忠、孝、仁、爱、信、义、和、平,皆儒家纲要之本。但是画家摇头否认,他的解释别具一格:此园多柿树,中医有"柿子七德"之说,曰益寿、多阴、嘉实、味甘、叶肥、色美,画家自添一德,曰"柿叶泡水可治胃病",实为八德也。

无论"八德"如何解释,"八德园"在巴西横空出世还是引起轰动。人们走进这座散发出浓郁东方文化气息的古典园林,犹如置身园主那个遥远的东方母国一样。张大千毫不掩饰这是自己的得意之作,他完全依照自己对于家乡故国的思念之情修建而成,其中不乏对沱江边上那座小山村、苏州网师园、郎溪张氏故居的记忆进行再创作,总之这就是画家在巴西的故乡复制品,尽管此故乡已非彼故乡。

画家自行设计,自行画图,亲自选定材料,还常常指挥工人施工。

有次因为亲自动手搬石头而损伤眼底血管,后来险些酿成大祸导致眼睛失明。四川内江多竹林,他便在园中遍植竹木,奇花异石比比皆是,再以人工造景筑起一座假山,上植百年古松一株,取明朝两京五部尚书秦金诗云:"芙蓉秀云孤松岭,亭子分明傍仙境",得名"孤松岭"。园外引入清泉蓄成人工湖湾,放养天鹅、鹭鸟、孔雀无数,分别修建水榭亭台五座,取名"五亭湖"。他因出生时有"黑猿转世"之说,故一生钟爱养猿,在"八德园"内豢养长臂猿十数头,人与猿朝夕为伴乐此不疲。

在时间的长河中,"八德园"渐渐变成一个传说,它像茫茫大海漂泊的一叶孤舟,载着游子之心浪迹天涯。它既是大千梦中的故土故乡,又是画家回到现实中栖息的生命家园。

大千不仅倾力打造"八德园"的汉风古韵,在日常居家生活中也一丝不苟地追求国粹精神。他与家人说四川话,吃川菜,喝家酿白酒,饮盖碗茶,听中国戏曲唱片,穿中式服装,行中式礼仪,宛如生活在古风犹存的中国内地乡村。大千一生只穿长袍马褂和千层底布鞋,不穿西服不穿皮鞋不打领带,他固执地将"八德园"打造成一座寄放游子心灵的城堡,以此对异国文化的包围和侵淫说"不"。

然而现实的力量毕竟强大。

有次圣保罗当地侨领慕名来访,侨领是个二代华裔,早已西化,西服革履摇文明棍,国语也说得不连贯,当然这并不影响他对故国的热爱之情。两人把盏言欢流连多时,侨领对画家艺术造诣极为钦佩,离别时他对主人说:张先生……我识过。

张大千吃惊道:我们从前见过面吗?

侨领连连摇头说:你很像,我的……爷爷。

张大千迷惑好一阵,终于恍然大悟。原来他是说,他爷爷刚来美洲也跟画家一样乡音未改长袍马褂。张大千感慨地想,岁月真是无敌啊,你看看,这些中国人的后代连中国话都说得跟外国人一样了。

可是自己未来会怎样呢？

就算"八德园"再像四川老家，再有故国情调，那也不过是一座孤岛而已，因为他不能自欺欺人，自以为可以对抗岁月的力量。不管画家主观意愿如何都回避不了一个事实，那就是这座城堡迟早都要"陷落"，于是他有了危机四伏的感觉。

张大千扪心自问，你的中国画还能这样画下去吗？

出国之后的张大千虽然尝试在阿根廷、巴西、美国、加拿大举办个人画展，但无非是在唐人街和华人圈子卖画而已，难以获得西方主流社会认同。事实上无论他在中国名气有多大，艺术排名有多高，他只是个传统的中国画家，他的艺术方式与西方人对绘画的认知还有很大距离。中国画家怎样才能让西方社会认识自己和中国画的价值呢？再进一步说，画家张大千和他的中国画面临的最大挑战在于，他是否应当融入西方社会？该怎样融入？他有足够的勇气吗？他需要怎样改变自己？传统国画是否能够在世界艺术之林中获得一席之地？

太多挑战和困惑困扰着画家。

张大千是在中国土生土长的艺术家，传统文化是他的血脉之根，一旦改变自己，要么削足适履，要么重新移栽。这棵树会不会因水土不服而枯萎死亡呢？

总之这是个摆在大千面前远远超越个人生存问题的历史命题，它关乎人类文明的相互交融和碰撞进化——打不开东西方交流这道门，张大千即使身处海外也只是个中国画家；跨过这道门槛，张大千将跻身世界画家之列。

命运已经在画家心中播下嬗变的种子。

古云"失之东隅，收之桑榆"，比喻晨起的挫折有可能孕育晚到的成功。中国哲言如"塞翁失马，焉知非福""祸兮福所倚，福兮祸所伏"等等，讲的都是生活和历史的辩证法。张大千在时代变革面前选择出走，他当然失去了很多，比如家乡、亲人、名誉、地位、财富、人脉等等，但是他能收获什么呢？画家抉择对于后半生意味着什么，祸还是福？失败还是成功？希望还是沉沦？格格不入还是彻底变革？

谜底留在时间老人手中。

5

改变的契机出现在两年后。

1956年初，画家在东京举办《敦煌临摹画及张大千近作》画展，这天来了一位不同寻常的客人，他就是巴黎卢浮宫博物馆馆长萨尔先生。萨尔先生仔细观看了画家作品后，当即以个人名义邀请张大千到巴黎卢浮宫举办画展。

大千却有些犹豫。

他从未去过享有"世界艺术之都"美誉的巴黎，那是西方绘画的大本营，他承认自己对于西方绘画不大看得懂，尤其是眼下盛行的现代派绘画，更是令人眼花缭乱，什么"先锋派""野兽派""印象派""感觉派""立体派"等等，层出不穷。他不明白西方人为何要这样画画，画这些画又有什么意义。他甚至怀疑所谓"先锋画家"是不是疯子，脑袋是不是出了什么毛病？如果西方人将这些乌七八糟的东西也奉为经典、视作神圣的话，他去巴黎办画展有什么意义呢？

恰好老友来访，他就是日本画家梅原龙三郎。

此君在日本影响颇大，梅原早年留学巴黎，为法国印象派大师雷诺阿的关门弟子，以大胆吸收西画技法来创作日本画著称，人称"画风最古怪的日本画家"。但是与许多崇洋媚外的日本画家不同，梅原先生却是个有思想和独立见解的艺术家，他既不盲目崇拜西画，也不妄自菲薄日本绘画，而张大千就是梅原最为推崇的中国画家之一，尊为"东方画圣"。梅原得知张大千的顾虑后，便以自己学画的经历和感受为例，鼓励他大胆挺进欧洲。正因为巴黎是世界绘画艺术的中心,所以它应有足够胸怀接纳各种画派包括中国绘画,而西方绘画中也有许多宝贵经验值得中国画家汲取,因此这应是一次东西方艺术融汇交流的大好机会。

张大千正是从梅原口中第一次听说有"西方怪杰"之称的画坛大师毕加索的名字。梅原留学法国时不仅与毕加索相识,还对许多毕氏轶事如数家珍,他取出一本有毕加索签名的精美画册与张大千分享。

面对毕氏的立体现实主义,张大千满脸困惑道:我素来不懂西画,这个毕加索更是把人画得跟妖怪一般,不知何意?有何美感可言?

梅原解释说:东西方绘画艺术,表面看似风马牛不相及,几乎无法沟通,但是加以细细品味研究,你就会发现其实原理相通。这就是"神"与"形"的关系。中国有句古语:"艺术之道,万流归宗";西方也有哲理"条条大路通罗马",讲的都是同一个道理。

张大千频频点头。

"万流归宗"者,"宗"便是大道也。因此他需要去到巴黎和欧洲看看,深入西方艺术的大本营考察,就如同当年不畏艰险去到敦煌取经一样。这回他要取的真经在欧洲,巴黎就是西方人的敦煌。

张大千觉得脑袋里有扇窗户被人推开了一条缝,几许轻风徐徐沁入,令人有种心旷神怡之感。真是"听君一席话,胜读十年书"啊,他很奇怪,自己认识梅原君这些年,怎么从未听他讲过这么多有关西画的事呢?

梅原委屈说:你从前也没问起过关于西画的事情啊。

张大千挥笔写下一句辛词:众里寻他千百度,蓦然回首,那人却在,灯火阑珊处。

两人大笑。

画家接受萨尔先生邀请,定于夏天前往巴黎为《张大千个人画展》揭幕。

第二十六章　东张西毕

1

1956年夏天，风光旖旎的地中海张开热情的双臂拥抱八方来客。令大千始料不及的是，他的双足刚刚踏上欧洲大陆，便遭遇一场绵延数百年的西方文艺复兴运动的洗礼。命运真是个完美的向导，它不动声色地引领画家走向又一次面壁悟道的西行之路。

文艺复兴发源地意大利最先向中国画家敞开大门。

张大千先后观摩了米开朗基罗、拉斐尔、达·芬奇等众多西方大师的经典作品，以及收藏在各地艺术馆、博物馆和教堂里的壁画、绘画和雕塑，还应邀观赏意大利歌剧，出席交响音乐晚会等等。西方艺术的恢宏与博大给中国画家留下了深刻的印象，尽管张大千的国学修养相当深厚，他还是清晰地感受到外来文化的叩门声。好比他已把中华文化铸成一座心中的万里长城，从前城门却是紧闭的，他从未意识到需要敞开心胸开门纳客，更不用说主动邀客入内。

走出国门的现实逼迫画家不得不直面西方艺术的辉煌成就，当他产生许多思考和共鸣时，交流的城门也就渐渐开启。从这个意义上说，画家幸莫大焉，他固然失去很多，但是命运终将补偿他更多。

面对世界大师的传世作品，张大千长时间驻足品鉴，他那双原本精光四射的眼睛收敛起光芒来,神态庄严表情肃穆,原本性格外露的脸上也呈现出一种惊讶和如饥似渴的思考神情,表明画家内心正在进行强力充电。

有个记者采访画家,问他如何看待中西方人物画的区别?

张大千忽然反问人家:你拉过二胡吗?

记者困惑摇头。

画家说出一句深思熟虑并且意味深长的话来:如果说中国画家拉的是二胡,那么西方画家就是小提琴手。

画家年轻时候拉过二胡,他开始从两种艺术和文明的比较中领悟自身的优劣和局限性。

2

在世界艺术之都巴黎,中国画家与达·芬奇的盖世名作《蒙娜丽莎的微笑》和《岩间圣母》迎面相遇。

大千看到,西方大师以无与伦比的创作向世人宣示绘画艺术的强大表现力,他将西方人物画的成就推向一个难以企及的高度。在时隐时现的宗教阴影中,那个名叫"蒙娜丽莎"的西方少女向世人展示了谜一般微笑,她身后种种引人遐想的模糊景物几乎无限扩张了画家所要表现的社会宗教意义和时空维度。

这是一个天才画家对艺术进行的超时空拓展,他创造了一个属于时间的艺术世界。数百年来,一代又一代观众人群都从画面中获得直抵心灵的感受;有时少女舒畅温柔,有时肃穆安静,有时则略含哀伤,有时显示出讥嘲和揶揄的神情。人物画表情变化如此丰富,历久不衰堪称奇迹。

另一幅《岩间圣母》则成为史诗般宏大叙事的范本。

天幕拉开,一束神秘天光宁静洒下,在岩石间布满鸢尾花、银莲花、紫罗兰和一些蕨类植物。年轻的圣母玛利亚一只手温柔地搂抱幼婴约翰，另一只手则伸向儿子耶稣，天使乌列面向观众，画面中人物肢体语言变化多样，表现人物不同的心灵状态和情感变化。

张大千看出来，这位受人敬仰的西方大师还赋予花草、岩石、流水和景物灵动的姿态，以此烘托气氛，暗示人物的心理和情绪，这一点与"万物有灵"的道家思想和中国山水画的创作理念不谋而合，但是在技法上却非线条写意而以色彩写实。此外，西方大师还运用了类似中国"晕染法"的涂染技法，以一种烟雾状笔法模糊处理明暗之间的过渡，着力描绘被岩石间潮气所包围的人物面庞，刻意营造出一种笼罩画面的神秘气氛。

张大千就像一位技艺精湛的民乐演奏家，此刻他坐在台下聆听西方交响乐团的精彩演奏，心中电闪雷鸣彩虹频现。

馆方人员还告诉他，达·芬奇先生是个从不知足的画家，直到晚年还力求艺术革新，他在构图法、明暗法、透视法和心理描写等方面均有影响后世的独到见解和应用。他还曾把透视法细分成线条透视、色彩透视、浓淡透视等等，取得超越古今的伟大艺术成就。

张大千觉得心中被什么东西击中了。

艺术总是相通的，大师的心灵更是彼此靠近，相距千年也会"心有灵犀一点通"。他暂时还说不清击中他的是什么，也许是云端一道闪电，天边一个惊雷，水湄一道彩虹，地平线上一抹霞光，总之那一击在他心中已经激起阵阵回响。当然他不知道，那是一粒来自西方世界的艺术种子，落入心田迟早都会生根发芽，结出新的艺术果实来。

在另一位野兽派绘画大师马蒂斯名作《戴帽子的妇人》《舞蹈》《音乐》等作品跟前，大千驻足凝视良久，然后抛出一句令在场人大跌眼镜的外行话。他十足自信地说：我敢肯定，马蒂斯先生是学过敦煌壁画的，不信你们看他素描的线条，都与敦煌如出一辙。

但凡熟知马蒂斯身世的学者专家都知道，马氏本人到过非洲，却从未踏足亚洲，更无缘抵达"藏在深闺无人识"的中国敦煌。这

是个简单常识,何来"马蒂斯学中国敦煌"之说呢?中国画家的话似有张冠李戴和故作惊人之嫌。

张大千不做解释,笑而不答。

卢浮宫馆长萨尔先生不愧是位享誉世界的文化学者,他对中国画家的敏锐直觉极为赞赏,他对众人解释说:敦煌艺术本来就是东西方艺术交流的产物,比如马蒂斯先生推崇备至的非洲洞穴艺术、绘画艺术早就传到中东以及印度,当这条文化带再向东延伸,通过敦煌这个节点与中国文化发生联系,于是诞生了今天被称作"人类艺术高峰"的敦煌文化。从这个意义上讲,马蒂斯先生画中有许多与敦煌相通的基因就不足为怪了。

众皆信服。

张大千从野兽派大师马蒂斯画中嗅出敦煌壁画的气味,正好说明中西文化都是"万流归宗"的产物。至此大千不仅胸襟大开而且信心十足,那种"西画难懂"的心理障碍渐至消除。

打开"城门"的张大千迎来许多尊贵的西方客人,他们都是中国画家相见恨晚的老师和朋友。如果大千一生一世与他们失之交臂,当是他最大的悲哀和不幸。

大千叹曰:世界之大,天外有天,山外有山,我辈幸甚。

3

"张大千临摹敦煌壁画暨近作画展"在卢浮宫东方馆如期展出,观者踊跃,好评如潮。西方业界和媒体对于来自中国的传统绘画和艺术精品表现出极大兴趣,予以高度评价,画展也因此推迟闭幕,以答谢观众热情和厚爱。

张大千还亲临现场表演中国山水绘画,一张看似普通的淡黄色宣纸徐徐铺开来,画家将浓淡不一的墨汁和青绿颜料分别泼向纸面,任其漫漶浸染。数分钟后,只见画家右手挥毫龙飞凤舞,不到半个时辰,一幅令人拍案叫绝的《青城烟雨图》便展现在观众面前。

接着画家又选取一只小楷,左手持笔题诗一挥而就:

> 看山还是故乡青,而今能画不能归;平生梦结青城宅,托思丹青归故里。

这便是张大千表演的独门绝技——右手绘画,左手书法,两者互为表里殊途同归,令其诗情画意到达浑然一体的境界,足见画家功力和技艺已到炉火纯青的地步。

张大千又将一方名为"青城客"的篆刻印章蘸上朱红印泥,恭恭敬敬钤印其上,于是乎诗(词)、书(法)、画(描绘)、印(篆刻)四位一体互相映衬,写意山水一气呵成。

人群中爆发了热烈的掌声。

这些金发碧眼的西方观众跟随画家的笔墨走进古老的东方艺术殿堂,他们开始领略到中国传统绘画独特而强大的文化魅力。

欧洲媒体对于中国画家纷纷不吝溢美之词。

法国《费加罗报》称:中国画家的独特展出是一扇文明窗口,它让欧洲观众看到在那片遥远的东方土地上,艺术之树是以怎样的方式郁郁常青的……

《世界报》记者发自巴黎:中国画家以他不可思议的方式为我们展示一种古老文化的奇迹,绘画、诗歌、书法和雕刻(钤印)四位一体,才能完整地诠释画面的整体内涵。

英国《泰晤士报》:画家张先生以他的个人方式为我们提供了另一种文明参照,那就是艺术的多样性与独特性。树林与花园并存,小溪与江河并流,地球的生物多样性完全能够向我们解释艺术多姿多彩的道理……

美国报纸则把张大千的绘画艺术与西方现代派绘画相提并论,称其"向观众提供了巨大和超乎逻辑的多样性与想象空间"……

也有一些挑剔和批评的声音，比如《巴黎艺术时报》记者就撰文对中国传统绘画的表现力提出质疑。他认为东方绘画运用的手段过于简单，色彩过于单一，缺少色彩缤纷无穷无尽的变化，对物象的传达过于固定和程式化，景物大都显得雷同。尤其人物画更是如出一辙：平面、单薄、模糊、没有立体感，不讲求光影效果和空间层次，甚至连解剖学比例都很失调。

更有一家美术杂志发表专业评论尖锐指出，中国绘画的功能似乎必须借助其他文化手段诸如诗歌、书法和篆刻等等来加以提升，说到底，中国绘画的本质是在画"文化"，而非绘画本身。

这是张大千头一次听到如此尖锐的批评之声，这种批评已经超越画家本身而是直指中国传统绘画的弊端，并在画家心中引发一场前所未有的大地震。

长期以来，学习国画就是继承传统和膜拜古人，鲜有人对古人经典乃至于国画传统持批评态度，甚至连想都不敢去想。毫无疑问，张大千是传统的坚定捍卫者，传统是画家的根，试想失去传统张大千算什么呢？所以他捍卫传统就是捍卫自己的艺术价值。但是当真理的光芒照亮画家的精神天空时，他开始明白一个道理，向真理投降不是示弱，而是重新获得捍卫传统的权利和力量。

一场壮丽的头脑风暴终将产生。

相信这是历史的必然，也是大千走出国门的终极意义所在。

文明冲突是文明崛起的必要前提，就像印度板块与欧亚板块相撞最终崛起了壮丽的喜马拉雅山脉一样。

4

画展期间有个小插曲，画家偶然听人讲起，有位身份特殊的观众前来观展，拍下许多照片，直到离去时才被工作人员认出来。起初张大千并未在意，因为现场观众很多，谁来观展也不用大惊小怪，但是当一个熟悉的名字钻入耳朵时他便愣住了。

这个人就是大名鼎鼎的现代立体派绘画大师毕加索。

大千在日本画家梅原那里不止一次听到过有关毕氏的绘画故事，他很想与这位画风怪诞的西方大师当面交谈，听听他对画展的感受看法。凭自己直觉猜测，这位毕先生也许同中国绘画有着某种联系，不然他何以专程前来观展拍照呢？凭毕氏的名气和地位，与中国画家做一番交流当然不是难事，他为何又要悄然离去不留痕迹呢？这是"落花有意，流水无情"吗？

工作人员看出中国画家的遗憾，便不以为然地告诉他，人人都知道毕加索先生是个怪人，他想怎么做就怎么做。既然张先生想见他，为什么不去找他呢？

张大千连忙向工作人员打听地址，那人告诉他，毕加索就居住在法国南部尼斯的加州城堡。

张大千有意亲往尼斯拜访毕加索。

他请在法国颇有人气的华人画家赵无极予以引荐，谁知赵无极连连摇头道，别人的事尚可，唯独此君万万使不得。因为毕氏名气太大，休说一般人不予理会，就连法国内阁部长和总统先生也不一定能够随时约见。你大千先生也是东方画坛巨擘，身份非同一般，一旦被他拒绝岂不难堪？万一让那些无孔不入的记者得知消息登出去，"张大千遭毕加索拒见"，岂不让我们华人同胞脸上无光？

虽然朋友的话句句都是实情，张大千还是不肯死心。

他又搬出萨尔馆长帮忙，谁知萨尔馆长还是跟赵无极一样摇头婉拒，不愿去碰这个钉子。他还好心劝告张大千，在我们西方人眼里，这些大艺术家都跟火星上掉下来的怪物一样不可理喻。

张大千终于生气了，他不是恼火别人，而是生自己的气。他为什么非要托人呢？难道就不能直接去敲开毕加索的大门吗？既然你毕加索不请而至观我画展，还拍走许多照片，我张大千就不能跟你见个面，说说有关绘画的事情吗？来而不往非礼也。就算你是天下

最不可理喻的怪物，我也要见识一下你的庐山真面目。

这样一想，便把那些繁琐的东方礼仪扔到脑后，径直前往尼斯城去见毕加索。

尼斯城是欧洲著名度假胜地，濒临地中海，阳光灿烂风景优美。当地人都知道，毕加索在尼斯城外购买一座庄园大加装修，取名"加利福利亚城堡"，如无预约飞鸟都难入内。

大千就请翻译先给毕加索打了个电话，告知中国画家张大千专程造访。对方是个助理或者秘书之类女人，公事公办地答复一定转告，并无多余言语。

张大千望着酒店里那架老式电话机，心情有些郁闷，心想这个老毕真是不近人情，谁知道这个"转告"会让他等多久呢？

不料几分钟后对方电话就打过来，还是那个助理，告知毕加索先生正在邻近的戛纳出席一个陶瓷艺术展，他希望在那里与张先生会面。大千喜出望外，不管哪里见面，有回音就好。不就谈谈绘画，至于有那么难吗？

等他们匆匆赶到戛纳，那个陶瓷艺术展已经开幕，只见观众拥挤人头攒动，主办方刚一宣布毕加索先生到场立即引发拥挤。当一个穿火红衬衣的胖男人甫一亮相，便有无数狂热的崇拜者像潮水一样涌上前去。他们包围画家，签名拍照叫喊拥抱亲吻不一而足，好像艺术展的主角不是瓷器而是毕加索本人一样，让张大千见识了西方观众的疯狂和无理性。

大千也是经历过疯狂场面的人，只是东方观众感情宣泄较之西方人含蓄，只能称作小巫见大巫。他感叹道：原来毕加索也是只猴子啊。

此言点石成金，当为名人座右铭。

大千一行被人潮渐渐挤到一边，虽有心却无力，眼看离那位西方大师越来越远，但是他的目光还是捕捉到毕加索一个瞬间表情。毕氏那双山鹰般的尖锐目光惊鸿一瞥，刚好与人流中的张大千目光隔空相遇，虽然只有短短一瞬，但是两位艺术大家已经心领神会。张大千身穿中式长衫马褂，一副齐胸美髯在西方人群中十分抢眼，毕加索目光如流星凌空掠过，然后各自分别被滚滚人浪吞没。

戛纳之行未得践约。

一行人刚刚回到饭店，来不及沮丧电话铃就响起来。翻译拿起话筒惊讶得合不拢嘴，原来竟是毕加索先生亲自打来的，他向中国画家深表歉意，说在戛纳身不由己未能如约。为了弥补遗憾，他正式邀请大千夫妇到"加利福利亚城堡"作客。

张大千喜出望外，这真是"山重水复疑无路，柳暗花明又一村"，他终于敲开了毕加索的城堡大门。

次日，当一辆载着大千夫妇的汽车开到城堡门口时，出现在大门外迎候的是个身穿素色花格衬衣打领带的欧洲绅士。张大千不禁愣住了，因为他听说毕加索在家里从来不穿上衣。

但是这个礼节周全、彬彬有礼的绅士确确实实就是世界画坛巨匠毕加索。

5

两位艺术巨人的手终于握在一起。

这年欧洲画家毕加索七十五岁，而中国画家张大千五十有七，两位画坛大师的命运轨迹因为一次画展偶然交集在一起。尽管尼斯之行只是一场私人性质的会面，但是两人的巅峰对话仍具有文化前瞻的历史意味，直到大千晚年，这段"东张西毕"的交往轶事才在画家自述中得以披露。

这天中午，他们在城堡中共进午餐，喝了法国红酒和中国白酒。饭后两人继续交谈，内容涉及绘画、生活、读书、旅游、民族文化与风俗等诸多方面。在张大千看来，毕加索一点也不古怪，他性格天真得像个孩子，直率得令人吃惊。

他告诉张大千：我最弄不懂的，就是你们许多中国人，为什么都要跑到巴黎来学艺术？

张大千以为翻译搞错了，经证实原话如此。巴黎是西方艺术文化中心，是西方人的"敦煌"，这还能有什么错吗？他请毕加索解释一下。毕加索不假思索道：不要说法国巴黎没有艺术，就是整个西方包括白种人都没有艺术。

这简直是张大千听到的最为离经叛道和惊世骇俗的言论，如果此言出自年轻艺术家之口，他一定会被认为是个口出狂言、故作惊人之态的文艺愤青。

可是对方却是世界绘画大师毕加索啊。

毕加索顺着自己的思路滔滔不绝地说下去：这个世界上有资格谈论艺术的，第一是你们中国人，第二是日本人，当然日本人的艺术也来源中国。第三就是非洲黑人。除此之外，白种人有什么艺术？所以我最莫名其妙的就是，为什么那么多中国人和东方人非要跑到巴黎学艺术不可呢？

言下之意，你们东方人为什么那么不自信，你们对自己的传统艺术弄懂了么？

张大千无言以对。

这段原话被记录在台湾征信新闻报出版的画家自述《张大千的世界》一书中，出版时间为民国五十七年即公元1968年。

毕加索又从屋子里捧出一本厚厚的画册来请中国客人指教，张大千这才得知，原来这位红遍西方的绘画大师一直在悄悄自学中国水墨画。明眼人一看便知，他模仿的是齐白石的花鸟鱼虫，只是技法思路仍带有明显的西洋油画痕迹，给人不伦不类的感觉。张大千毫不客气地指点他一番，由于两种绘画的工具不同，理念也不尽相同，画技方法自然也各异。毕加索用西方画笔涂抹中国画，当然很难领会国画神韵，而且国画素有"书画同源"之说，还要讲究"墨分五色"，即浓淡层次均表现不同意境和内容，而且诗、书、画、印缺一不可，也需时日慢慢体会。

毕加索果然天赋超人悟性极高，一点即透，他很快就对中国画的线条、墨色、构图、层次和留白的运用颇能领悟其妙处。两位绘画大师交谈甚欢，后来在主人邀请下，他们一道来到城堡中的园林草坪参观散步，相互拍照留念。据说毕加索平生最不喜欢别人给他拍照片，但是这回破例高高兴兴同客人一道合影留念。

这天还出现个小插曲，秘书通报有两位预约的意大利客人来访，他们都是收藏界有名的人物。毕加索回答让客人留在客厅等候，自己则兴犹未尽地陪中国客人参观收藏品。

主人见客人对一幅自己青年时代的炭笔素描很感兴趣，上面那个人物头像三分像神七分像鬼，长着一脸大胡子，细看竟有几分神似张大千。主人解释说这是传说中的《西班牙牧神像》，还问画得好不好？客人无从知道西班牙牧神是怎么回事，暗地觉得倒跟川剧中的"鬼脸壳""幺蛾子"差不多，又不好扫主人的兴，只好随口回答好、好。不料主人一高兴，当场取下来慷慨相赠，还挥笔题款"D.C.Chang"及画家签名。

这可是个出人意料的大礼包，时值毕加索在西方画坛如日中天，他的作品件件都是天价，而这件青年时代的早期炭笔素描价值几何可想而知，由此可见毕氏的率性和中国客人在其心目中的特殊分量。后来张大千投桃报李，回赠一帧精心绘制题款签名的《墨竹图》，此作亦当价值不菲。

后来这幅毕加索签名的《西班牙牧神像》曾被人开出天价求购，均被张大千拒绝。大千交往过无数名人画家，但是他对自己与毕加索的交往最为惬意，一生中引为自豪。此画珍藏于张大千画室中，成为这段"东张西毕"的旷世佳话的难得见证。

第二十七章　衰年变法

1

1967年，大千在给三哥丽诚信中提及自己近况：近三年各处求医治疗目疾，愈治愈坏，几乎失明，但仍以卖画为生，模糊影响，以心使手，真写意而已。

事情起因还得追溯到五十年代在巴西建造"八德园"，有次画家亲自动手搬运石头，用力过猛引起眼底血管破裂，导致一只眼睛几乎失明，另一只眼睛视力急剧衰退。大千还患有心脏病、糖尿病，以及十二指肠溃疡和胆结石，但是所有疾病的打击加在一起也不及眼疾可怕。换句话说，其他疾病暂时剥夺不了画家作画的权利，但是眼疾则会立即终结画家的艺术生命。这对于正处在事业鼎盛期和酝酿"衰年求变"的张大千来说，不啻于一场噩梦猝然降临。

其实大千眼疾早有症状，都是晚期糖尿病引发而来，而"糖尿病"的起因则拜饕餮口福所赐。早在国内时，"大千美食"之名在艺术圈无人不知。他不仅天生好吃，而且会吃会做，简直就是个全能美食天才。大千自创菜谱无数，诸如"葱烧大乌参""干烧鳇翅""口蘑鸡片汤""成都狮子头""粉蒸牛肉""大千烧鱼"等等在美食圈名声远播，有人专门将其收集起来，汇成菜系称"大千菜谱"，并一度流行。

但是世界上的事情都是祸福相依因果相循，口腹之欲带来的恶果之一就是画家过早患上痛风症糖尿病，渐次引发一连串后遗症并发症，待到花甲之年已经疾病缠身难以治愈，于是才有眼底血管破裂和视力模糊的打击接踵而至。

随着画家在国际上知名度提高，大千画作广获好评，屡屡受邀到世界各地博物馆艺术宫举办个展，名气如日中天获奖无数，甚至连最保守的西方评论界和艺术杂志都盛赞他为"东方第一大画家"。然而画家心中清楚，一旦失明，就等于音乐家的世界没有声音，马拉松健将失去双腿，而他的余生中除了漫漫长夜再也不会有五彩朝霞冉冉升起。

张大千多次远赴欧美和日本求医，但是收效甚微，现代医学技术只能暂时控制病情，却无法帮助他修复血管和恢复视力。大千一度为此深感痛苦和绝望，他宁愿失去生命也不愿失去画笔，如果他活着却无法画画，那将是个比生命终结更为可怕的现实。

虽然人的肉体难以对抗病魔，但是一颗强大的心灵却足以战胜死亡。

有一天，画家与友人来到圣保罗餐馆就餐，大厅有人演奏钢琴。那是一支气势恢宏、充满乐观精神、不屈不挠而且直击心灵的乐章，令他情绪大受感染以至于忘了进餐。一曲终了，客人纷纷起身鼓掌致敬，他这才发现演奏者竟然是个双目失明的盲人。盲人竟能演奏出如此不可思议的作品！惊叹之余友人告诉他，盲人演奏的乐曲就是有名的《命运交响曲》，它的作曲家是个聋子，名字叫贝多芬。

有个关于贝多芬的故事流传久远：有人为身患重病的作曲家演奏钢琴曲，他听完后很久才说，真好，没有一丝杂音。贝多芬除了留下一批伟大的音乐作品外，还有一句名言流传于世：我要扼住命运的喉咙，它休想令我屈服。

瞎子和聋子的音乐故事极大地震撼了画家的心灵，他忽然觉得这些身体残缺的艺术家都同自己有些关联。自己仅仅有些疾病而已，他们却是在同命运的恶魔搏斗。

张大千看见有一群伟大的人物朝自己走来,他们都是不完美的人,人人都有缺陷,但是他们都拥有一颗完美和强大的心灵。

贝多芬耳朵失聪,但是他的内心世界从未失去旋律,瞎子钢琴家虽然看不见密密麻麻的键盘,但是他熟悉每个键盘就像熟悉自己的孩子一样。因为在他们心中永远都有一架美妙的钢琴在演奏,所以真正的艺术家一定不是用身体而是用心灵进行创作。

音乐家的故事犹如吹响了生命的号角,给画家色彩斑斓的内心世界增添了英雄交响乐的激情旋律,画家听见自己精神的天空电闪雷鸣轰响不已。相信艺术家的心灵原本都是相通的,就像江河与海洋,山川与平原,天空与大地彼此相连一样。

一位哲人说过,榜样的力量是无穷的。

世界从不缺少榜样,缺少的只是一颗向往榜样的心灵。

2

夏夜,一场来自大洋深处的热带风暴降临南美洲。

巴西小城牟吉的天空电闪雷鸣暴雨如注,犹如世界末日来临,睡梦中的张大千被窗外滚过的隆隆雷声惊醒。

此时已近黎明,小城忽然停电,屋子伸手不见五指,一切人类活动的迹象都被黑暗之手抹去。画家摸索着披衣出门,仿佛受到冥冥中某种神秘灵感的召唤,他来到假山高处的亭榭向远方张望。

八德园里那些造型精美的古典园林、假山湖景以及亭台楼阁统统都淹没在漆黑一团的夜色中。在画家眼里,此时的天地犹如一幅海量浓墨泼翻的巨幅画纸,浓重的墨色填满画纸空间,层层浸洇浓到极致,再也分不出层次效果来。

这便是墨分五色的死穴,称"壅墨"。

观天如观画,这样的画纸只好扔掉了。老人正要失望,忽然东方天际有了动静，仿佛有支大笔随手一抹，便在浓墨中抹出一线跳动的亮色来。

这一抹亮色是那么鲜活，那么灵光四溢生机勃勃，它在迅速扩大，好像传说中的赤鲸正在翻江倒海遨游天地，又像极了一艘古老的红帆船从天边破浪而来。亮色很快渗入墨色，幻化出种种难以预料的奇妙形态，总之这抹代表了力量与灵感的亮色击破了浓墨，与其交融成一幅意蕴厚重的神奇图景。

虽然眼前只是大自然天光初露的奇妙晨景，但是它在画家心中激起的巨大回响却无与伦比。这是达·芬奇的"层层晕染法"？中国古代的"泼墨法""泼彩法"？也许都是，也许都不是。但是有一点可以肯定，那就是画家那颗天才的心灵已经意识到某个重要时刻正在迫近。

大千屏息静气，继续领受来自天地的神秘启示。

大自然的神奇图画还在继续演绎，随着天边惊雷滚动，画纸上倏地跳出千万条狂舞的金蛇来，它们扭曲放纵千姿百态，既朦胧又清晰，既单纯又复杂，既华丽又朴素，如此完美丰富的境地远非人类想象力能够到达。

它们是上帝的杰作！

老人不由得热泪盈眶，命运的奇迹终于显现，"绘画之道，不拘一格"，他知道自己苦苦寻求的那个东西终于有了答案。它们近在眼前，虽然转瞬即逝却被画家思维之网牢牢捕捉住。

那就是仿造一幅上帝的杰作！

他飞快返回画室，借着晨曦迫不及待挥毫作画，他将大团的墨汁泼洒在画纸上，任其层层浸淫开来。然后不厌其烦地一遍遍涂抹亮色，直到亮色浸入墨色，再将赤红与青绿重新涂抹其上。

几日后，一幅具有突破性意义的《山园骤雨图》问世。

虽然画家描绘的仍是热带风雨中的八德园景致，但是他一反从前习惯的传统水墨画手法，首次大胆进行了酣畅淋漓的创新：将墨

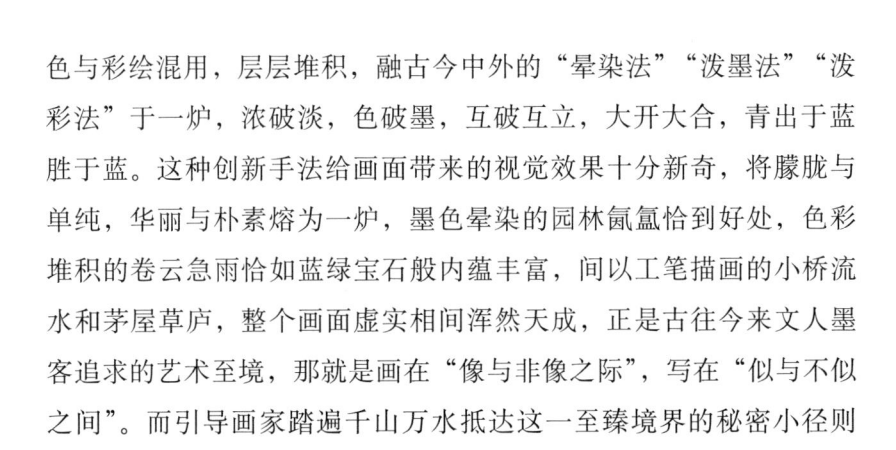

色与彩绘混用，层层堆积，融古今中外的"晕染法""泼墨法""泼彩法"于一炉，浓破淡，色破墨，互破互立，大开大合，青出于蓝胜于蓝。这种创新手法给画面带来的视觉效果十分新奇，将朦胧与单纯，华丽与朴素熔为一炉，墨色晕染的园林氤氲恰到好处，色彩堆积的卷云急雨恰如蓝绿宝石般内蕴丰富，间以工笔描画的小桥流水和茅屋草庐，整个画面虚实相间浑然天成，正是古往今来文人墨客追求的艺术至境，那就是画在"像与非像之际"，写在"似与不似之间"。而引导画家踏遍千山万水抵达这一至臻境界的秘密小径则是——"由心入境"，"以心写画"。

他将这种手法称之为"破墨法"和"破彩法"。

张大千掷笔大笑，当晚一醉方休。

3

纵观古往今来的艺术史，多数艺术家都在盛年之际达到巅峰状态，盛极而衰然后走上一条下坡路，正所谓"人到中年万事休"。这是一条不以个人意志为转移的普遍法则，与"生老病死""四季更替"等自然规律相对应，鲜有人能够例外和创造奇迹。

奇迹毕竟还是有，尽管都是独特个例，就像圆月不会天天有，自然奇观也难得一见一样。

俄罗斯作家列夫·托尔斯泰中年成名，写作出影响深远的《战争与和平》《安娜·卡列尼娜》，晚年写作《复活》时，初稿连自己也难以卒读。他认为此稿"松弛、乏力、语言浮泛，像个梦游者"，他甚至怀疑自己还有没有写作能力。五年后的某一天，当老人在田野和村庄散步时，忽然从一幅农人劳动的画面中捕捉到灵感。他在当天日记中写道：刚出去散步，忽然明白《复活》写不出来的原因……

老人将原稿推翻重作，前后费时十年，修改多达三十余稿，《复活》终于横空出世，终成不朽杰作，被称作"俄罗斯的良心"和"文学史上最伟大的作品"之一。

晚年顿悟,重现辉煌,甚至更上层楼,创造艺术新高峰,这是人类艺术史上难得一见的奇迹,也是艺术大师修成正果的终极标志。

古人谓之"衰年变法"。

公元1919年,五十六岁的湖南画家齐白石定居北京,原先他醉心于八大山人、石涛等人风格画法,冷逸有之富贵不足,并不受画坛看好。他自此反省转变画风,自创红花墨叶新画法,"一花一叶扫凡胎,墨海灵光五色开令","扫除凡格","远凡胎",要求自己必须"超凡之趣"。其后画风日臻成熟,终达炉火纯青之境。理论界多将白石老人"衰年之变"视作成就中国画坛大师的分水岭。

另一位与白石老人齐名的国画大师黄宾虹则以七十高龄重新悟道,终于独辟蹊径画风丕变,创造以"黑""密""厚""重""亮"为特色的焦墨山水画派,在中国现代绘画史上自成格局独立一家,成就一座风格独特的水墨画艺术高峰。

仅比张大千年长四岁的天才画家徐悲鸿则因颐年不足,壮年之时不幸撒手人寰,悲乎哉!如果造物悲悯,再予悲鸿二三十年光阴,如果徐先生有幸主宰自己命运并专心致力于他所热爱的绘画事业而不为社会政治原因分心,以他超凡的才华、学识和中西绘画功力,我们完全有理由相信悲鸿的"衰年变法"不同凡响,那也将是中国绘画史上一次壮丽的凤凰涅槃!

可惜"如果"永远只是如果。高挂天边的壮美彩虹,落到地上只有泪水。

也许所有艺术家都将面对一堵亘横心中的高墙,它是艺术家人生宿命的阴影,多数人注定无法逾越而就此止步。仅有少数才华出众并且坚持理想、不懈追求的艺术家有可能获得超越,他们创造的奇迹将为艺术史增光添彩,成为照亮人类精神天空的闪亮星座。

张大千曾把自己的创作分为三个阶段:"师古人""师造化""师我心"。用他自己的话说就是"以心使手,真写意而已"。画家大彻

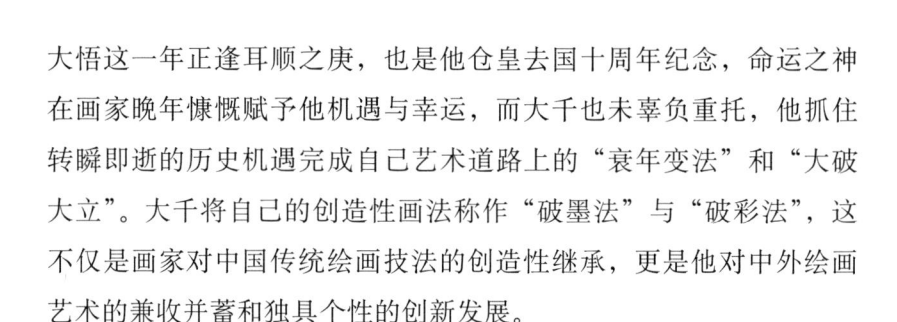

大悟这一年正逢耳顺之庚,也是他仓皇去国十周年纪念,命运之神在画家晚年慷慨赋予他机遇与幸运,而大千也未辜负重托,他抓住转瞬即逝的历史机遇完成自己艺术道路上的"衰年变法"和"大破大立"。大千将自己的创造性画法称作"破墨法"与"破彩法",这不仅是画家对中国传统绘画技法的创造性继承,更是他对中外绘画艺术的兼收并蓄和独具个性的创新发展。

一位当代名家这样表述对大千画的评价:中国绘画源远流长博大精深,名家名作灿若星空数不胜数。当代画人,学其一二已属不易,师承六七成即为名家,得其精髓者,当无愧于大师也。如果何人还能为国画艺术增光添彩,创新(发展)一点新鲜东西,注入一两点新鲜血液,他当属不朽。

4

三十年代在四川青城山,曾有一位仙宫道长为画家占得一卦,称其"须远走天涯漂泊四海,方能修成大器"。据说当时大千一笑了之并未当真。

不料一语成谶,仙宫道长的神秘预言应验了。

曾有台湾记者与画家讨论如下话题:如果1949年画家未曾出走,后半生命运将会如何?很显然,这是个颇具凶险意味的陷阱,潜台词指向就是,看看那些"右派画家"和"反动知识分子"的下场吧。但是画家表情淡定、妙语相向,他说:我这个人向来相信人命天定,就像火车沿着铁轨奔跑一样。如果你硬要跟老天作对,你这列火车不是出轨就是跟别人撞在一起。

张大千失去了很多很多,但是他却获得了整个世界。

值得庆幸的是,我们民族终于拥有这位不懈攀登的艺术巨匠张大千,他属于中国,同时也属于世界。

中国幸甚。世界幸甚。

第二十八章　故土难离

1

张大千病倒了。

画家自幼身体强健精力旺盛，亦随二兄长张善子习武练功，用他的话说"像条不惧风浪的铁甲快船"。事实上大凡成就过人的艺术家都有强健体魄做后盾，即使像齐白石这样好静不好动的精瘦老人，身体仍然结实得像根铁棍，所以九旬天年还欲再娶。不幸的是，走南闯北的张大千还是被无坚不摧的岁月之手击垮了。

铁甲快船漏水了。

老年大千患有糖尿病、心脏病等多种疾病，随着人生暮年的阴云渐渐遮盖天空，那些接踵而至的并发症后遗症就像躲在暗处的小偷，它们伺机而动大肆偷窃画家的健康，打劫原本属于他的快乐幸福，令老人的晚年生活变得备受折磨虚弱不堪。

病榻之上的老人更加思念远在地球另一端的故乡和亲人。

二十世纪七十年代也就是"改革开放"前夕，中国大陆国门紧锁壁垒森严，与海外亲友联系仅靠书信往来，而一封家书往往要在路上耽误数月甚至更长时间。除了路途遥远外还有道道关卡阻拦，比如海关检查、组织调查、政治审查等等，信件被没收更是家常便

饭，这段历史是今天生活在开放时代地球村的年轻人难以想象的事情。那时偶尔收到一封海外来信简直就是奇迹，常常令人欣喜若狂喜极而泣。

张大千出国后重新与国内取得联系的时间大约在1957年。此时画家已在巴西定居，去国离家也达八年之久，可以想见他初次得知家人音讯是何等激动和乡情潮涌！此后便有断断续续的家书与问候抵达，鸿雁传书约有十几年时间。

1961年，画家在给三哥张丽诚信中写道：

三哥赐鉴：

老年弟兄天各一方，不得相见，惨痛万分！月初经过香港，曾托一门生兑上美金五十元（合人民币一百二十元）。度此信到时，此款亦当收到，外寄砂糖二公斤、花生油五公斤、花生米二公斤、红枣一公斤、肉松二公斤、云腿四罐。则云一月半或两月方可寄到，不知去年在巴西所寄食物收到与否？……今晨弟媳由巴西转到一月二十四日（腊月初八日）哥手示，拜读再三，哭泣不已。老年手足但求同聚，不计贫苦。

弟之近况尚可慰，弟于万里之外，每年卖画可得美金万余（合人民币三万上下），只是人口稍多，足够家用，无多积蓄而已（保罗夫妇及子女共五人，澄澄、满满、牛牛、阿乌、朵女、满女、丑女共七人，弟同弟媳二人，一家共有十四人，果园有柿子树一千五百棵，每年可收四五千美金）。万望哥与三嫂申请同时出国，来香港会晤，斯得与哥嫂见面，决计同回。若哥嫂不能同来香港，则弟亦决不归矣！

……三嫂是我们家里的一位老嫂子，弟小的时候，穿衣做鞋洗澡，都是她照料的，弟真是当她同母亲一样。现在弟成名了，无以报答，只希望今生今世能多见几面……

请哥嫂保重和继续申请。敬祝平安万福！

弟目疾未加重，尚可写画，祈释念。

　　　　　　　弟　爰叩头上言　五月二十九日

　　画家寄出此信时并不确切知道家乡正在发生什么变故，他只是从国外报纸的报道中听说，他的亲人可能正在经受一场大饥荒的折磨，因此尽其所能地往家乡寄出钱款、营养品与食物。当然画家这杯远水解救不了亲人们的近渴，因为那时确有一场史无前例的天灾人祸来势凶猛席卷全国，即后来所谓的"三年自然灾害"，而地处内陆的"天府之国"也就是人口和产粮大省四川首当其冲。史学界有一种说法是，这一时期该省人口非正常减员数量惊人。

2

　　距离成都金牛坝大千故居不远的北郊有座风光秀丽树荫蔽日的磨盘山公墓，平时人迹罕至气氛阴冷，只除了传统清明节和亲人忌日才有许多热闹的香火气息。这座依山而建的墓园里有一片特殊墓地，入葬者须有副省以上级别，等于另一个世界的高干别墅。

　　只有一座坟茔例外，逝者没有级别和头衔，是个名为"曾正容"的普通家庭妇女。立碑者也非配偶和子女后人，落款为"四川省博物馆"。

　　人们不禁有了疑问，曾正容何许人也？为何享有特殊待遇？为何由博物馆而非亲人出面立碑？

　　当人们把目光转向墓碑背面，疑问得以释然。

　　原四川省博物馆副馆长、书画家魏学峰先生题写的墓志铭道明原委。

　　　　曾正容，一九〇一年生于四川内江，幼入私塾，略通文墨，一九二〇年与国画大师张大千先生成婚，育有一女心庆，长

年勤劳持家，敬老教子，一九五三年将大千先生所临近两百幅敦煌壁画等珍品捐赠四川省博物馆，为民族文化留下一笔宝贵遗产，一九六一年仙逝，其高尚品格，如竹如兰，铭曰：大千风雅总无伦，摹绘敦煌半壁春，赖有家人襄义举，琳琅遗墨得收存。

曾正容者，大千发妻也，张母曾友贞的远房侄女，也就是那场令青年大千遁入空门做了百日和尚的包办婚姻的受害者之一。鲜有人进入过这位独守空房的中国农村女性的内心世界，她生前为名人丈夫的耀眼光环所遮盖，身后也独自一人长眠于此，个中况味令世人感慨。曾氏一生中唯一一件自主决定的惊天大事就如墓志铭所言，向四川省博物馆捐赠出"近两百幅"价值连城的大千字画，如今该馆专门建有《张大千陈列馆》，其中多件书画作品均为镇馆之宝。曾氏功莫大焉。

与大千命运关联的妻室也命运各异。

二太太黄凝素比张大千小八岁，1922年完婚时年仅十五岁。黄氏面容姣好精明干练，性格强势且略懂画事。据《张氏家谱》载："善伺公意，甚得公欢。虽不善理家庭，而伺公书画，俾公点墨不遗。"黄氏共为大千生育了十一个儿女，但是自从丈夫从北方娶回三太太杨宛君后，"由来只听新人笑，几时听得旧人哭？"身为旧人的二太太的失落与寂寥可想而知。抗战胜利后黄氏迷上麻将牌局，继而与一个年轻小职员邂逅相识，再后来毅然与画家离婚再嫁。她的命运与风靡一时的新女性榜样、易卜生戏剧《玩偶之家》中的娜娜相似。再婚后的黄凝素离开成都定居山城重庆，生活幸福夫妻和睦，儿孙绕膝家庭美满，得享高寿无疾而终。

三太太杨宛君艺名"花绣舫"，曾在北平天桥唱京韵大鼓走红一时，加之生得清新委婉眉目传情，自是最受画家宠爱。然而花开自有花落时，抗战胜利后画家迎娶新人，三太太地位一落千丈。杨宛君一生无嗣,后来独自返回北京生活。"文革"中遭受抄家冲击,后终老何处已不可知。

四太太徐雯波乃画家之女张心瑞的中学同窗和闺蜜,因与画家熟识进而拜师习画,终至于堕入情网喜结连理。徐雯波随张大千出走异国他乡漂泊世界,是画家后半生最重要的助手和伴侣。2004年仙逝于美国。

与明媒正娶的四位太太相比,最落寞的红颜知己当数人称"百岁千秋,天作之合"的女画家李秋君。

画坛才女李秋君一生空有两个苦苦厮守:一个是她心中的真命天子张大千,另一个是她手中那支描绘水墨丹青的画笔。然而1949年大千去国后一去不返渺如黄鹤,而她热爱的画笔最终也未能握在手中。1966年"文革"爆发,秋君自不能幸免,她于动乱中的1973年病逝。多年后画家才惊悉噩耗,寄托哀思云:彼一生曾蒙无数红颜厚爱,然与三妹相比,六宫粉黛无不黯然失色。

子曰:鸟之将死,其鸣也哀;人之将死,其言也善。

呜呼!哀哉!

3

张大千在家书中继续倾诉衷肠:

丽哥明嫂:

自三年前于巴西寄呈彩色照片数幅,未得回示,遂未再函叩安。近三年各处求医治疗目疾,愈治愈坏,几乎失明,但仍以卖画为生,模糊影响,以心使手,真写意而已。不知今日哥嫂健康如何,修哥病已复原否?……兹寄上二小画,便知弟目力之衰也。得回示后当再寄上也。二月十八日遥祝哥嫂双寿。回示交香港李祖莱先生转,为祷。

荷花一张请转四叔，罗侄附叩。

八弟爱叩头

此信写于阴霾满天的1967年初，信中内容表明大千已经三年时间未收到大陆亲人的来信，心中充满种种不祥的预感。

此前西方世界已有种种风声传闻令人胆战心惊，中国大陆似乎天灾人祸不断，比如五十年代的"土地革命""公私合营""没收私产""反右运动""大跃进""人民公社"等等，六十年代"三年自然灾害""四清运动"接踵而至，牵涉人事面甚广，几可覆盖整个社会。那么画家的亲人是否也在运动劫难之列呢？每念及此，大千自云："每每揪心，时时挂记。"

然而他不知道的是，此时四川老家的张氏家族，包括他的两位兄长、子侄以及三房妻儿都已经不可避免地沦为运动对象，纷纷跌落社会底层；多人蒙冤划为右派或者打成反革命，人人自危命运堪忧。三哥丽诚夫妇已随儿子心义下放四川简阳一处偏僻乡镇；四哥文修战战兢兢行医糊口。覆巢之下，岂有完卵？而这一切累及张氏家族的人祸皆与出走国外的张大千有关，真是"祸福皆由画家起，荣衰全因大千论"。

4

命运打击远不止于此。

就在画家忧心亲人命运的同时，一场更加疯狂的"文化大革命"拉开序幕，他的亲人包括子女儿孙皆因"反动画家张大千"在劫难逃，遭受抄家、批判、游街、管制等等残酷斗争无情打击，就连念中小学的孙辈也被戴上了"黑五类子女"的帽子，打入另册无一幸免。

1974年，张大千从美国发出寄往大陆的最后一封信。

三哥三嫂赐鉴：

今年来不得音讯唯略从祖莱七弟处得知一二，稍慰寸心。而老弟兄久久不得相见悲痛何足言也。弟四月初度，翌日即得心脏病入院二周，始转危为安。已而胆石复发，胆略愈，十二指肠又患溃疡。自起病至今，忽忽四月矣，百事皆废，行走亦须人扶掖，各方友好，信续信断。昨日忽得七弟转来兄亲笔小字细书及九侄函示，知阖家平善。病愈一年命作兰花水仙，半年来不亲笔纸，本手生强尽心墨竹一幅，行笔知弟心情虽快而手不听使唤，奈何奈何。

兄之不能出国与弟之不能归同一情况，言念及此，中心如割矣。七弟不久将来省弟。家中所须，当仍托其照料也。心健侄（注：心健为大千小儿，信中以三哥丽诚口吻称呼）十年无音讯，想已死矣。兄有否闻，倘有所闻望告知，弟决不为此伤痛也。

弟　大千爱

此时大千已年逾古稀七十有五，去国也有整整二十五载，人生易老岁月无情，从前那个美髯飘飘的天才男儿已不复存在，出现在人们面前的画坛大师是个须发皆白、步履蹒跚的皓首老者。而远在大洋彼岸的中国大陆，祸国殃民的"文化大革命"还在继续，华夏大地已是万物凋敝废墟一片。张大千不知道的是，他的多位亲属包括他的四哥文修已经辞世，而他每每悬心挂念的小儿子张心健，由于"文革"惨遭斗争迫害已经自杀多年。这些噩耗被人们刻意加以隐瞒，或者说因为大洋阻隔无法告知重病缠身的老人。

但是老人那颗敏感的心岂会毫无觉察？他已经在心中做出自己的推断。厄运分明是个人无法掌控的，就连老人对自身命运也是身不由己随波逐流。

在历史面前，个人只是一粒沙子而已。

随着时光流逝，面对大陆亲人的沉默，老人渐渐接受了推定的

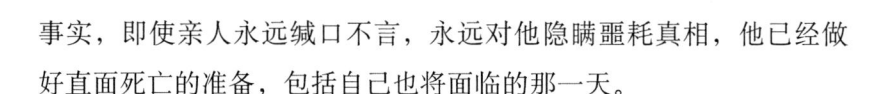

事实，即使亲人永远缄口不言，永远对他隐瞒噩耗真相，他已经做好直面死亡的准备，包括自己也将面临的那一天。

四季相循，生死相依。佛说，死亡非人生终结，而是新生开始。

5

老人的乡愁滔滔不绝，就是比作大江大海也绝不逊色。

大千除了在信纸上与国内亲人进行有限交流外，更是无处宣泄自己的无尽思念。然而不久，就连这样几年才有一封的鸿雁传书也中断了，从此他再也无法得知大洋彼岸的亲人消息。

仅存的国内家书成为画家的精神寄托，他时常拿出来反复阅读，有时一个字都要反复咀嚼多遍，信纸揉搓成纸片，内容早已背得烂熟，真可谓"家书抵万金"啊。乡愁是一坛埋在心田深处的陈酿，时间越长滋味越浓烈，但是对多数人来说，除了"借酒浇愁愁更愁"外还能怎样呢？最终醉成一摊烂泥也无解。

时间又是乡愁的催化剂，如岩浆在地壳下面奔流聚集能量，它总归要找个突破口得以爆发宣泄。对画家来说，这个火山口除了画画还能是别的什么呢？

张大千总归要爆炸自己。

第二十九章　艺坛主盟

1

1976年,年近八旬的张大千终于结束四海漂泊的游子生涯,从美国迁回台湾定居。台岛距大陆仅一海之隔,也算得上重归故土叶落归根吧,于是画家天天都能闻到海峡对岸飘来的家乡气味。

他在台北外双溪亲自选择地基,修建起一座川西民居风格的宅院,取名"摩耶精舍"。

此时画家在国际上名望极高,在台湾更是处处受人顶礼膜拜,就拿当年毕加索在欧洲的风光相比也不落下风。台湾政坛高官、上流人士和画界同仁无不以与大师交往为荣,熙熙攘攘令画家不堪其扰。在这种几如黄袍加身的舆论旋涡和荣誉光环之下,画家难免心生感慨,名利这东西是把双刃剑,既是美酒又是毒药,让人爱恨交加心情矛盾。

一天老友张群登门拜访,他身后还跟着一位不速之客,直到进门后张大千才大吃一惊,慌不迭地趋前恭迎。原来张群领来的贵客非平常人也,而是中华民国的"总统夫人"宋美龄。

蒋夫人屈尊登门拜访,除了讨教画艺,更提出要拜大师为师。

按照传统说法,如果画家同意收徒,便可侧身人称"帝师"的

那类显贵之列，身为"国母"之师，这该是怎样天大的荣耀啊。何况张大千叶落归根，重新成为中华民国的子民，将"总统夫人"收归门下当是一笔今生享用不完的政治资产。

然而张大千却以眼疾为由婉拒，推荐另一位擅长水墨山水的台湾画家黄君璧替代。宋美龄虽未从愿却表示理解，时有携画前来"摩耶精舍"走动，张大千也尽心尽力予以指导。

外界对于张大千未肯接受宋美龄拜师一事议论纷纷，事实上张大千一生收徒无数，何故独不肯接受蒋夫人拜师？有人猜测说，这是因为张大千名气太大，不愿背负攀附权贵沽名钓誉的恶名。还有一种说法是，宋美龄画功太差且喜张扬，所以画家不肯收她为徒。

这些话都没有道理。

张大千名气再大也只是一介平民，他一生交往权贵大人物无数，何以偏偏接受不了"总统夫人"宋美龄？另从习画角度看，宋氏悟性并不低，并且画好画坏都是学生的事，大千门徒中不及宋氏者比比皆是，画家婉拒应该另有隐情。

多年后大千偶然透露心曲，他表示自己在美国时曾听说蒋夫人求贤若渴，欲拜溥心畬为师未果。溥心畬为满清皇族贵胄，生性孤僻高傲，国民政府正好是清王朝的掘墓人，他不肯接受宋美龄拜师情有可原。自己虽为草根出身，然骨气岂能输与没落贵族？

他还补充说，我收学生是要磕头的，莫非要叫"总统夫人"三跪六拜不成？

平民自有平民的道理。相信画家的经验无关乎气节，而是源自生存智慧。

2

在绘画界，张大千对画具的苛刻挑剔远近闻名，其中尤以画笔为最。

他曾在日本定制过一种罕见的"牛耳毫"画笔，据说制作此笔的牛耳毫毛只有苏格兰黄牛耳内才有，更有一种无法考据的夸张说法是，约需两千五百头黄牛方能采集到一磅牛耳毫。据台湾作家高阳在《梅丘生死摩耶梦》一书中说，当年张大千花重金好容易弄到一磅，委托全日本制笔最有名的"玉川堂"和"喜屋"两家笔店代制，费时数月后终于精制而成五十支牛耳毫毛笔，取名为"艺坛主盟"。

"艺坛主盟"者，既指该毛笔为牛耳毫毛所制，也毫不隐讳使用此笔者当如执艺坛牛耳。此笔不仅数量稀少品质优良，而且名头响亮霸气十足，显示画家唯我独尊的王者气概。大千对此笔极为珍爱，从不轻易示人，仅有个别有幸获赠此笔者都非平常之辈，其中就包括赫赫有名的西方大画家毕加索。

然而岁月不饶人，昔日笑傲江湖天马行空的"艺坛主盟"张大千垂垂老矣，他的身体每况愈下重病缠身，一只眼睛几乎失明，心脏病时有发作，糖尿病并发症好像可恶的讨债鬼，时时赶来催逼折磨老人日渐衰弱的身心。画家虽不服老雄心犹在，那颗灵魂还在天空驰骋，然而身体却难从人愿。这年春天他不幸跌了一跤多处骨折，因此出入医院和与病床打交道已成为生活常态。

画家深切感受到人生冬天的残酷。

老人出院便念念不忘提笔作画，一旦入画便痴迷其间忘记一切。家人担心他的身体，严格限制作画时间，老人偶尔获准挥毫写上一幅小画，或者题书几笔行楷便如小孩子过年一般欢喜。更多时候，画家却成了自己画室的客人，坐着不动，只看不画，仿佛画室另有主人一样。

淡出画坛与淡出画室是同一个道理，他早已把整个人生交给了画室，或者说画室里装得满满的都是画家的人生，就连每张宣纸里都吸附着他的生命气味。他每天都习惯来这里走动，摸一摸熟悉的纸笔，闻一闻呼吸了大半辈子的砚台墨香，然后坐在椅子上闭目神思神情黯然，仿佛跟这些朝夕相伴的老伙计默默道别。

这是老人的仪式，他在跟自己告别。

曹操诗云："老骥伏枥，志在千里，烈士暮年，壮心不已。"一代帝王曹孟德的雄心壮志可谓远大矣，可是时间还是打败了他。一匹掉光牙的老马连站起身来都难，谈何"志在千里"？人生悲哀莫过于美人迟暮英雄白头，空有雄心却无力施展。人生更大的悲剧却是，当你用一生奋斗来练就绝世武功，但是你的身体却无情地抛弃你。

画家哀鸣不已，心中漫过冰冷的潮水。

天才少年张大千，他从横空出世雄踞画坛到不堪一击的稻草人，这个过程仿佛只有短短一瞬，好像一眨眼他的美好时光都被人偷走了。

这个"贼"的名字叫时间。

时间才是真正的强者。它傲视万物击败一切对手，然后毫不留情地抢走曾经属于你的一切，包括你的奋斗、才华、荣耀、地位、健康和骄傲，只将一颗尚在苟延残喘的雄心留给你。但是要不了多久，你的心脏也将冷却，变成一个永久冻僵的句号。

老人想得最多的问题还是，仁慈的造物还能关照自己多久？即使上苍不吝厚爱，他老人家留给自己作画的余暇绝对不会太多，说不定哪天睡下就再也醒不过来。人生如残灯，灯干油尽是看得见的事，所以必须抓紧时间再做点什么。

可是画家还是没有想清楚，这个"做点什么"到底是做什么？完成某个心愿？某笔心债没有偿还？老人一生有过太多心愿、心结和遗憾，可是都与这个"做点什么"无关。于是这个想不明白的问题成了一块心病，像块大石头压在心上，令老人精神上有了沉甸甸的负担。

他小时候听老人讲故事，讲的是有个能工巧匠为天神建造宫殿，完工时发现缺少一颗镶嵌在宫殿顶端的七彩宝石。工匠为此苦苦焦虑寝食难安。有一天天神出现了，他告诉工匠宝石就藏在他身上，但是需要最坚定的意志和勇敢无畏的信念方能取得。只要稍一犹豫，宝石就会变成石头。

这颗宝石就是他的心脏。

工匠毫不犹豫地掏出自己心脏，当他把鲜红的心脏镶嵌在宫殿顶上时，一刹那间五彩晶莹的光芒照亮天地。

工匠用生命点亮世界，他永恒地化入自己的作品，成为作品中最美的那一道风景线。

公元1980年，命运的天神再次出现。

这次与天神对话的人不是工匠，而是画家。

他就是八十一岁高龄的张大千。

3

日本侨领李海天是画家张大千交往多年的朋友，他在横滨经营一家颇有影响的"重庆饭店"，大千经常光顾下榻，令李老板脸上有光倍感荣耀。李老板属于那种对艺术景仰有加的企业家，不仅对画家礼节周到有求必应，还常常馈赠贵重礼品。商人自然在商言利，李老板厚待画家就有近水楼台先得月慕名求画之意，大千哪能不懂中国人的经略处世之道，便也投桃报李以画相赠。发展到后来，画家甚至专程赴日为李老板作画，李海天亦在饭店备有大千专用画室，提供优厚条件供其潜心创作。大千晚年创作渐少，李老板不惜高价收藏。两人这样亦友亦商的密切关系一直保持下来，李海天渐渐有了名气，他在日本侨界专以收藏大千画著名。

随着日本经济复兴，李老板生意越做越大，在横滨投资兴建一座五星级假日皇冠国际饭店。这家豪华饭店完全按照中式传统风格装修，大堂宽敞气派，仅照壁上就需要装饰一幅长达10.8米，高1.8米的巨型画作。中国人历来讲究面子，巨型画作就是饭店的脸面和名片，李老板焉能不格外看重？

有人建议广而选之，包括油画、日本画、水粉画以及中国画都

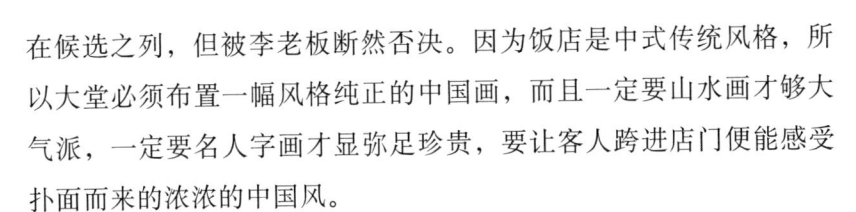

在候选之列，但被李老板断然否决。因为饭店是中式传统风格，所以大堂必须布置一幅风格纯正的中国画，而且一定要山水画才够大气派，一定要名人字画才显弥足珍贵，要让客人跨进店门便能感受扑面而来的浓浓的中国风。

当李老板心中确定这个想法，便不难圈定未来画作的来源，它应当出自"摩耶精舍"主人，也就是世界艺术大师张大千之手，舍此别无合适人选。当然前提是这位耄耋之年的国画大师能够允诺。好在李老板刚得到一个最新消息，大师已经病愈出院，于是携了厚礼飞往台北慰问。

李老板名为"慰问"，实为订画探路，张大千一生闯荡江湖广交朋友，性情豪爽不拘小节，通常对熟人买家有求必应，当场画幅小画，题两笔字，或者对方留下一笔订金，或者来日取货都不计较。但是这回不同了，李老板看见面前这位八十一岁的国画大师身体状况相当不乐观，走路需人搀扶，说话气虚体弱，甚至连眼力也模糊不济，心中不禁暗暗叫苦不迭。这才叫天公不作美啊，要是早几年大师尚无身体之虞当功德圆满，如今看来他的如意算盘注定要泡汤了。

东瀛来客的表情变化都被画家看在眼里。

老人何等悟性之人？虽疾病缠身，体力精力大不如前，但是依然思维敏捷心明如镜。他从李老板进门那一刻便知他无事不登三宝殿，商人来登门能有什么事呢？无非求字画罢了。但是老人实在心有余力不足，再说家人也不会允许他接受订画，因为他们担心他什么时候又得抬进医院去。

李老板内心纠结如坐针毡，那句话在喉头上打了几个转还是没有决心吐出来，他顾左右而言他，只谈自己投资兴建假日皇冠饭店的事，比如横滨最高的现代建筑啦，日本第一座五星级豪华饭店啦，中式传统风格突出中国文化氛围啦，等等说了许多。不料画家一句话就把李老板打回原形，老人问：你是说，进门需要一幅大尺寸山水？

李老板呛住了，只好连连点头。

张大千又问他：多大尺寸？怎样安排？

李老板心中一喜，觉得有了希望，但是他绝对不敢奢望老人抱病出工，因为创作如此巨幅的山水国画，就连健康之人也非易事。他随口降低要求，将大型巨画改为四连幅山水屏风。

张大千断然否定说：要不得啰！那样多局促，不成气候！

李老板嗫嚅道：本来嘛，当然啰，想请您老赐一幅……大型山水，可是看到您老……

张大千突然冒火了，他呵斥道：我的身体是我的事，关你何事？你究竟有何计划，有何要求，若不愿说就请回去！

李老板只好将计划预案和盘托出，静候画家定夺。

有如天光石火一闪，张大千听见自己心头那块巨石轰然落地，原来一直折磨老人的根本不是什么病痛，也非死亡降临，而是苦苦等待的一个机会！

他在等候最后的挑战。

张大千一生都在迎接挑战，唯独缺少一次终极爆发。画家一生作画三万余幅，大大小小长长短短都有，好的差的众说纷纭，临摹创作人物山水无所不包，唯独没有一幅装得下自己一生艺术探索，容纳得下整个大千世界的山水巨作！

也就是说，画家要为自己做个总结，他要画个圆满句号。

一个毕生追求艺术完美的画家，如果一生缺少总结，他的艺术世界将是不完整的，是一串省略号而非句号。

现在，命运之手终于敲门了。

机会是个可遇不可求的神秘之物，就像渔夫苦苦守待的鱼儿，它埋伏在水底下什么时候咬钩并不由渔夫来决定。而当这条神秘的鱼儿猝然咬钩之时，老人明白自己无法拒绝——不仅仅是诱惑，而是这幅前所未有的旷世巨构其实早已存在于心，它是画家用了漫长的整个一生来酝酿构思而成的，只是来不及把它描绘到画纸上面而已。

老人一生都在建造那座宏伟的艺术宫殿，他距离完美收工只差那颗镶嵌在宫殿顶上的璀璨宝石。现在该是他把鲜红的心脏掏出来奉献给艺术神殿的时候了。

李老板没有料到自己运气如此之好，简直就跟被头彩砸中脑袋一样晕头转向。接下来他顺利地同画家签订购画合同，并留下数额不菲的订金然后满意离去。

多年后坊间有传闻说，李老板向画家开出的是一个前所未有的天价，还有人猜测那笔合同金额高达一亿日元以上。

4

古今以来国画皆以尺幅论价，高宽各一市尺称"一平尺"，通常画面有一二十平尺就算得上大画，而李老板定制的山水画折算下来有将近一百八十平尺，堪称国画中的"巨无霸"。张大千此前画过的大画要数《长江万里图》，整幅长达二十米，高半米，远不能与此画相比。对一个八十一岁高龄且重病缠身的耄耋老人来说，这个任务之艰巨和挑战之严峻堪称前所未有。

国画大师复出的消息一经披露立即引发广泛热议。

大师是社会名人，一举一动自然备受关注。人们七嘴八舌各说不一，有批评说画家是不是财迷心窍，为挣钱连老命都拼上了？也有人诋毁说画家挥金如土花钱如流水，负债累累入不敷出，所以不得不抱病挣钱还债。还有人惋惜说，张大千本有可能流芳千古，可惜晚节不保堕入金钱泥潭难以自拔；更有人质疑此画必为应景之作，定将半途而废难言成功。

不消说，家人的态度也是一边倒地不赞成，太太徐雯波更是极力反对，以老人抱病之身去赶作那样的巨幅图画，简直等于找死。家人的劝阻无疑出于关爱，此时大千早已是身价过亿的国画大师，他的名气如日中天蜚声海内外，他的画作在港台和日本一再创下天价纪录,更何况画家不仅在美国、巴西和台湾尚有多处房产,家中还有众多价值不菲的珍贵字画和文物收藏,实在犯不上为钱拼上老命。

但是画家的一句话镇住了所有人,他说:我不画画,活着干啥?

金钱可以买到画,但是买不到画画的张大千。张大千是为画画而非金钱活着,这是两者的区别。

古希腊阿波罗神庙中有句名言:人啊,认识你自己吧。张大千用了一生时间来认识自己,垂暮之年他可以对自己说,老伙计,我已经认清你了,我知道你想要什么。

关于这幅未来的山水巨构将以何种题材入画也成为学界人士和民众猜测的话题。有人说应以"三山五岳"为题,也有建议将台湾宝岛日月潭、阿里山入画的,还有说应绘一幅《神州万里图》,总之议论纷纷各说有理。据说最初李老板提出的构想是画一幅《万里长城图》,他对中国长城那种睥睨天下、雄峙一方的伟岸气势情有独钟,唯此华夏奇观才够得上为他的五星级饭店增色。

但是画家一句话就把他噎回去了。

画家说:长城固然雄伟殊绝,但是国画之本在山水,有山无水怎能称作山水画?莫非你要我在长城脚下添条长江不成?

李老板听出画家自有主张,只好噤声。

好友出于关心老人身体,提议他将旧作翻新做一幅《长江三峡图》,因为大千七十岁时在巴西曾作绢画长卷《长江万里图》,淋漓尽致地表现出画家的才华造诣,被誉为画家的"世纪巅峰之作"。他对家乡的三峡题材可谓烂熟于心,几可提笔成画。

但是老人谢绝友人好意,他说:我已经画过三峡,炒冷饭会叫人看不起的。

后来有个来自画家身边的消息透露出来,一位助手私下告诉记者,先生曾经有云:"自诩名山足此生",可见得他老人家是一定要画山的。以山为主,山水相依,方能体现他老人家的人文情怀。至

于哪座山倒也说不定。据我所知，老人家最钟情的是黄山，"五岳归来不看山，黄山归来不看岳"，他老人家几登黄山的故事早已经尽人皆知呢。

助手的猜测自然有些道理，可惜助手不是画家，他对画家的理解还差得很远。

不久后张大千再因心脏病发作住进医院，几周后出院静养。

一个春雨蒙蒙的晚上，老人对几位前来探视的至交老友宣布说：我决定画一座山……了却此生心愿。

神秘的盖头终于要揭开了。

大家都以为，那座故国之山的名字应该叫作"黄山"。不料画家停顿片刻，口中吐出两个字来却令他们大为惊讶。

画家说：庐——山。

老友以为听错了，都道：不对，是黄山吧。

张大千摇头说：我的确要画一幅《庐山图》。

大家愈发迷惑，不禁面面相觑。

众所周知，大千学画之时，他的老师曾熙先生曾将石涛老人名言"搜尽奇峰打草稿"赠予他，石涛以绘黄山最为著名，也就为青年张大千绘画定下了基调。后来画家的脚步踏遍三山五岳，画笔也绘遍天下名山，尤其是多次登临黄山作画，他的《黄山图》早已成为国画的经典之作。张大千将中国山水兼收并蓄地容纳于胸，滋养心灵也润泽笔墨，所以他的国画世界里奇峰林立、怪石嶙峋，名山大川汪洋恣肆。但是有个令人遗憾的事实却是，张大千从未登过庐山，一个"不识庐山真面目"的画家坚持要画云遮雾罩的庐山是何道理？他作何考虑呢？何况老人暮年重病缠身，两岸且为滔滔海峡阻隔，就算现在上庐山补课也为时已晚。

张大千眼见众人疑惑，他转向摄影大师郎静山道：郎兄你知道，如果你眼前无山，你的相机一定拍不出山来。世之所无，则影像皆无，这个道理对吧？

郎静山点头称是。

张大千笑道：绘画与摄影不同之处便是，我虽未登临庐山，但是此山早已长成于我心中。东坡诗云：横看成岭侧成峰，远近高低各不同，不识庐山真面目，只缘身在此山中。我身虽未亲往庐山，但是我心常常神往游之。古人云："心中有，笔下才有。"大道如天，我心已得道，则师我心而已矣。

画匠绘形，大师造山；画匠师物，大师师心，这便是大师与匠人的本质区别。心中有则世上无，谓之"师我心"——这当是艺术的最高境界。一言以蔽之，未来这座"庐山"非现实中的庐山，而是老人心中念念不忘的故乡之山，华夏之山。老人要"造"的这座山，它将老人一生遍游之神州大地、名山大川集于一体，集心中千山万壑于一身，造就一座旷世大美之山，故国故乡之山，因此这座山乃是画家张大千心中唯一的圣山。

然而众人的疑虑并未打消。

道理是一回事，作品能否成功，能否为世人接受是另一回事，或者沦为人生败笔终生遗憾也未可知。艺术从来就是这样，吹尽黄沙始见金，仁者见仁智者见智，最终靠作品说话，以作品论英雄。画家心目中的庐山最终是个什么模样，巨型画作能否如其所愿，抵达"似与不似"的艺术臻境，进而成为大师人生的经典之作。

一切都要待《庐山图》面世方才揭晓。

5

无论外界对《庐山图》如何议论纷纷，画家的准备工作却是实实在在地展开了。

他首当其冲的大事是改造房子。

绘制长度将近十一米，高近两米的巨画，"摩耶精舍"的画室实在太小，连一半都装不进去。画家也想过很多办法，比如到外面

租一间大仓库作画室,可是画家年老多病,出外不仅多了劳累而且十分不便。也想过分段创作,一幅幅画好再连接起来,但是那样将大大影响构思的连贯性和整体性。实在无计可施,他干脆痛下决心,请人把画室四壁统统拆除,连柱子也拆了两根,再与客厅连通,改建成一间足以容纳巨作的超大画室。

他还在盛产红木的菲律宾定制一张长三丈余,阔七尺多的巨型画案(工作台)。当这张超级画案运抵台北时把所有人都吓了一跳,它的面积实在是太大了,几乎等于半个羽毛球场。后来人们看到的情形则是,画家常常因为够不着画,不得不被人抬上画案去伏案作画。

最后还需解决的难题是纸张材料选择。

画家为此颇费一番踌躇。中国古代有"千年陈丝不如草"的说法,指的是绢画易朽,不如宣纸保存更长。从技术角度讲,大千自然更熟悉宣纸,作起画来更得心应手。

但是他最终还是决定放弃宣纸,改作丝绢画。

助手学生大感不解,大师何以选用并不十分擅长的真丝熟绢作画呢?合同并未指定非用丝绢不可呀,选用宣纸不是更有把握和轻车熟路么?万一稍有闪失,不但一世英名毁于一旦,而且还要留下不可弥补的终生遗憾。但是此时最懂张大千的非他自己莫属,画家的决定并非心血来潮一时冲动,而是透露出老人决意要将"衰年之变"进行到底的雄心壮志。

丝绢不是纸张,所以质地更加细密结实,看上去更有质感,更能增强富丽堂皇的效果,所以中国古代宫廷画家以及日本画家更喜欢采用丝绢作画。画家更深一层的细密用心在于,丝绢比传统宣纸更能承受不同颜料和墨汁的反复晕染,质地上比较接近西画的画布。他欲将自己苦心钻研多年对中西绘画的心得以及"泼墨泼彩"和"破墨破彩"之技法淋漓尽致地运用其中。他要将自己的"衰年之变"尽其所能地呈现于此,再造一次大千辉煌。

不妨换句话说,这是老人吹响的最后一次集结号,他将集毕生之力冲击"五百年来第一人"的历史高度,绘制中国画坛前无古人的扛鼎之作,惊世之作!

确定采用丝绢后,剩下就是采购问题。论丝绢质优者,当数中国"四大绢"即苏绢、湖绢、湘绢、蜀绢无疑。但是囿于海峡两岸尚未完全开放,且张大千去国已有三十余载,对于国内丝绢已经生疏,因此决定派人到日本定制巨幅东洋丝绢若干。

他还开出各种款式毛笔数百支,定制墨锭以及各种染料清单,通过香港关系去函中国大陆和日、韩等国广泛采购。

公元1981年,当各类采购定制的绘画用具和材料陆续运回台北,万事俱备,画家便将开笔吉日定在7月7日,即中国抗战爆发四十四周年纪念日。画家自云道,选定"七七"开笔有两层含义:一是庐山为中国抗战圣山,国民政府对日开战的决议和宣言都是在庐山会议做出的;二是此日恰逢农历小暑,显示农忙季节即将开始。画家寄希望于这幅旷世巨构因艰辛劳作而喜获丰收,与天地万物蓬勃交融,得日精月华之哺育荫庇。

"七七"当日,画家邀请至亲好友至"摩耶精舍"见证开笔仪式,计有国民党元老张群、少帅张学良、摄影大师郎静山,以及国民政府前高官王新衡等十数人。只见须发皆白的老画家身着暗花提纹府绸长袍马褂,亲自将一小瓶取自庐山瀑布的清水注入云龙纹饰的硕大古端砚中,再以一方珍藏的明代宫廷徽墨徐徐研磨。少顷,待墨汁已然如漆,画家再取来一支拂尘,将清水缓缓泼洒于布置好的巨大丝绢之上。画家的动作看上去十分潇洒随意,仿佛花匠在浇润盆花,佛门高僧点化芸芸众生的脑袋一样。

待到清水渐渐浸淫丝绢画卷将干未干之际,助手赶紧将一杆拖帚大小的巨笔递给画家,那笔少说也有十几斤重,据说唐代"草圣"张旭、怀素醉书狂草之时舞弄的便是这种大家伙。众人正要担心,老人却运足气饱蘸墨汁挥舞起来,开头几笔竟然不像重病在身的垂暮老人。待到一番狂草之后,老人气喘吁吁站立不稳,被人扶到椅

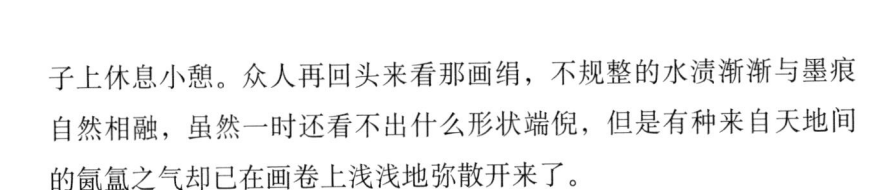

子上休息小憩。众人再回头来看那画绢，不规整的水渍渐渐与墨痕自然相融，虽然一时还看不出什么形状端倪，但是有种来自天地间的氤氲之气却已在画卷上浅浅地弥散开来了。

开笔仪式至此结束。

众皆鼓掌，既为老人喝彩，更是良好祝愿。

其实不必猜测，画家邀请一众好友见证开笔仪式可谓用心良苦。老人既是新开画卷重上征途，更是意在与众老友诀别矣。谁知道这一去漫漫长途他能否坚持到底呢？万一力不从心中途倒下，那就等于提前跟大家告别。

这是真正意义上的"壮士一去不复返"。

壮哉大千！壮哉《庐山图》！

第三十章　人生绝唱

1

开笔当日张大千便喝醉了。

画家心情一澎湃就多喝了几杯，导致心脏病发作连夜送往医院抢救，此事绝非吉兆，预示画家日后任重道远风险多多。一个多月后画家才被允许出院，这时他已经被专职护理严格看管起来，一天二十四小时不得自由行动。老人很是郁闷，抗议说自己像个坐牢的囚犯。

更多时候，画家不是挥毫作画而是把自己变成一座雕像。

他面对眼前的空白长卷陷入长考，老人满头稀疏枯槁的白发就像是许多醒目的问号。他常常一坐就是几个小时，很像哲学家思考宇宙终极毁灭，数学家在解一道挑战人类的世界难题。这种庄严肃穆与画家年轻时那种一泻千里和舍我其谁的狂放气势相去甚远。表面看，老人虽然少了叱咤风云的动作，却多了"吸纳万物于胸中"的厚度与安静，这当是艺术大师应有的成熟胸怀与大器局。

老人大量阅读庐山资料和历史典籍，力求下笔精准和细节丰富。比如有关庐山典故"虎溪三笑"，讲的是晋朝高僧慧远和尚驻庐山东林寺，名士陶渊明、陆静修常去拜访。慧远送客止于溪畔，常闻虎啸，

因名为虎溪。一日因论道相投不觉过了溪，破了平日之戒，三人大笑，后人筑亭于溪畔，取名"三笑亭"。

张大千欲将典故入画，他画了林间虎溪和三笑亭，又画了高僧大士三人行而论道，后来又将三人减为二人，最终成画时画面并无人物，而是改为两块形状奇异的岩石。这一修改可令世人窥见画家创作思路的变迁轨迹，即庐山不应局限于某个朝代，它应当集自然万物于一身，与天地同在，与日月同辉。如果《庐山图》局限于典故和人物便"小"了格局，尽管画家个人十分偏爱这个历史典故。

这便是"不著一人，尽得风流"之故。

随着时间流逝，横滨李老板的假日皇冠饭店一期早已完工，他赴台行程越发频繁，名义上说是探望问候画家健康，实则是向画家催画。客户当然有理由及时拿到自己的订货，何况它还是一幅艺术大师的旷世巨构，但是几番来台他都不得不失望而返，因为随着画家住院频率越来越高，作画进度也就越来越慢，最后慢到几乎看不到进度。但是李老板却不敢贸然催促，眼下这个重病缠身的八旬老人已经拼着老命赶工绘制，你还能要求什么呢？

在"摩耶精舍"，李老板看见老人伏在一张巨型画案跟前作画，他每每画上几分钟就得休息一会儿。由于画案实在太长太大，画家不时还得被助手抬上桌子，然后趴在画案上作画。此时的艺术大师尽显老态，眼睛也不好使，握笔的手时常发抖，画家糟糕的健康状况就如一座风化的泥塑，一不当心就会轰然垮塌，所以他画上几笔后就不得不被人抬下来进行护理。

若非大师身后有一支庞大的后勤团队进行全天候、全方位立体保障，完成这幅鸿篇巨制的画作将是不可想象的。这些保障人员一天二十四小时不离左右，既有太太徐雯波和家人瞪大眼睛监护，也有助手替画家做好各种辅助铺垫工作。还有医院派来的保健护士，备有全套急救设备如氧气袋、血压计、输液瓶和硝酸甘油药片等等，她们就像消防队员一样随时准备现场施救。

这就算得上一个战场了,如此场面无异于战士冲锋舍生忘死,画家已将个人生死置之度外,货主李老板还敢发出什么声音来呢?他只好安慰老人一番,说些言不由衷的客套话,比如不急不急您慢慢画,您老身体要紧,饭店工程还有二期三期,画几年都没关系。

老人只是疲惫地笑笑,不答。

有一天,时任台湾"总统"的蒋经国公子蒋孝勇来访,蒋公子亲眼目睹名满天下的艺术大师作画的艰辛备至与搏命场景,不禁大受感动。蒋公子虽不懂画,也难提个什么建议,但是当他看到老人被人抬上抬下地趴在画案上作画,不仅辛苦劳累而且极不方便时,便有心助画家一臂之力。他请来自动化工程师量身定制了一套与画案同样大小的机械卷轴,可将整幅画自下而上徐徐收卷和自由移动,这样就免除了老人爬上爬下作画的后顾之忧。老人对此十分铭记,每每对人道及,感激之情油然而生。

就这样,即使跌跌撞撞跟跟跄跄,大千老人几乎完整地演绎了乌龟与兔子赛跑的古老寓言故事。他用乌龟的爬行与生命的衰亡法则赛跑,每时每刻一步不停,顽强而坚韧地抢先爬到终点。他又像一条四面漏水危情严重的小船,争分夺秒地驶往大海彼岸,终于抢在沉没之前抵达目的地。画家拖着病体艰难攀登,每前移一寸便距离心中那座圣山近了一步。

老人迈动蹒跚脚步,终于走过了三年漫长的岁月之路。

2

公元1983年新年钟声敲响不久,从"摩耶精舍"传出一个喜讯,国画大师张大千呕心沥血的旷世巨作《庐山图》基本完工。

说"基本"完工,是因为该画创作大体完成,只剩下几处细节待定和部分修改工作要做,以及画卷上的诗词题跋钤印等等尚在酝酿中,所以距离大功告成还需一段时日。

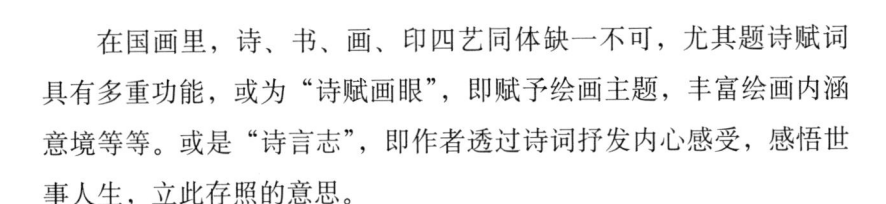

在国画里，诗、书、画、印四艺同体缺一不可，尤其题诗赋词具有多重功能，或为"诗赋画眼"，即赋予绘画主题，丰富绘画内涵意境等等。或是"诗言志"，即作者透过诗词抒发内心感受，感悟世事人生，立此存照的意思。

张大千选择后者。

古往今来，文人墨客抒写庐山的诗词歌赋不计其数，其中最为著名的当数苏东坡的《题西林壁》：横看成岭侧成峰，远近高低各不同。不识庐山真面目，只缘身在此山中。毛泽东亦有《七绝·题庐山仙人洞照》风靡一时：暮色苍茫看劲松，乱云飞渡仍从容。天生一个仙人洞，无限风光在险峰。张大千从未登临庐山，却将庐山化为心中的众山之王，成功将其绘制于鸿篇巨构中，这就使得他很为自己的成就自豪。

张大千题诗云：

不师董巨不荆关，泼墨翻盆自笑顽。欲起坡翁横侧看，信知胸次有庐山。

张大千一生天马行空我行我素，题诗题款从来一挥而就，别人如何评说他从不在意，反正画家一贯自信满满，恃才傲物睥睨天下。

但是这回他的作风却有了改变。

大千请来一众老友虚心求教，结果招来众人异口同声的批评。看看吧，"不师董巨不荆关"，这是对待古人的态度么？还有后面三句皆不够稳重，简直就是自负轻率和少年轻狂的翻版，缺少画坛主盟的虚怀若谷与博大胸怀。

张大千果然从善如流，另起炉灶精心打磨，最终问世的《题庐山图》便是我们今天看到的二首：

从君侧看与横看，叠嶂层峦纱霭间。仿佛坡仙开口笑，汝

真胸次有庐山。(其一)

　　远公已远无莲社，陶令肩舆去不还。待洗瘴烟横雾尽，过溪亭前我看山。(其二)

　　其实稍懂文学的人都不难品味出，前面弃用的那首尽管意蕴欠深厚，文笔也稍显直白，但是尚存张大千的自信与任性。后两首则四平八稳老气横秋，尽露雕琢之痕。

　　天之骄子张大千垂垂老矣。

3

　　在张群建议下，大千新作《庐山图》在台北历史博物馆预展，新作尚未题款钤印，预展的目的是征求社会各方意见，以利最后修改定稿。画家一生举办个展无数，这次绝对算得上唯一例外，从前他从不把半成品示人，就像模特或者演员不上完妆定好型绝对不会登台表演一样，说明久病中的画坛大师已从"天才意气"过渡到"虚怀若谷"之境，而那些满满当当的自信与骄傲也渐渐随风而去。

　　预展效果十分轰动，整个台湾乃至海外舆论都被震撼了，博物馆人头攒动水泄不通，观者闻风而至趋之若鹜。画家多次亲临现场向观众致意，他受到人们狂热膜拜，如果不是因为老人年事已高病体孱弱，重现毕加索在法国戛纳小城被画迷疯狂追捧那一幕并非没有可能。

　　观众爆发的巨大热情如同洪水冲击着老人早已被岁月蚀空的躯体和岌岌可危的健康，他在享受人们欢呼致敬的同时也在不知不觉中耗尽最后的生命能量。尽管人们知道画作修改定稿尚需时日，但是民众对于艺术大师的狂热崇拜还是与日俱增，只要画家出现在哪里，哪里就会出现人群骚动，为此张大千不得不花费更多精力来为名人头上的炫目光环付出代价。

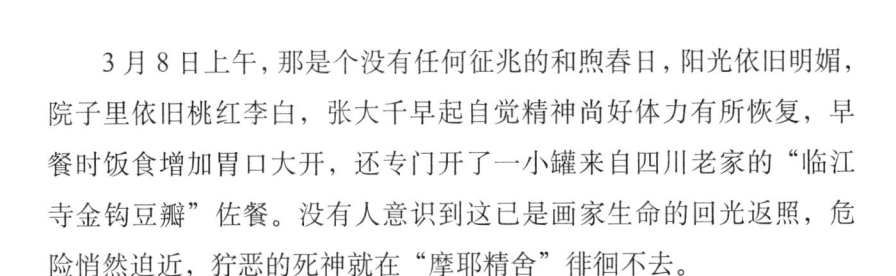

3月8日上午，那是个没有任何征兆的和煦春日，阳光依旧明媚，院子里依旧桃红李白，张大千早起自觉精神尚好体力有所恢复，早餐时饭食增加胃口大开，还专门开了一小罐来自四川老家的"临江寺金钩豆瓣"佐餐。没有人意识到这已是画家生命的回光返照，危险悄然迫近，狞恶的死神就在"摩耶精舍"徘徊不去。

上午十点，画家本欲静心修改《庐山图》，不期友人来访请大师签名留念，老人只好放下手中工作，就着画案为客人挥毫签名。

如果时光倒流十年，谁会把举手之劳的签名当作一件什么难事呢？但是对于病入膏肓的老人来说，他无疑在为盛名所累和荣誉加身买下致命的最后一单。当画家签到第十本画册时，他再也签不动了，老人握笔的手忽然停顿下来，然后渐渐向下垂落，仿佛毛笔变得很沉重，简直令他不堪重负一样。紧跟着老人皱起眉头，表情也迟钝起来，好像忘了什么字，也似乎要努力抓住什么记忆一样。只见他的目光吃力地越过人群，投向那幅尚未最后完工的《庐山图》，因为那是他生命的最后一站，也是他眼看就要到达的人生顶点。但是老人的目光渐渐模糊起来，一种绝望的神情像乌云一样涌出来遮盖了天空，他明白最后一步是再也走不完了，于是有种深深的遗憾和恋恋不舍的表情凝固在老人深长而缱绻的目光中……

老人这一刻的表情变化和微小动作并未被注意到，人们热烈崇拜的并非一个垂死的生命而是画家头上的巨大名望和耀眼光环，于是老人心中响起的最后呐喊就被淹没在滚滚红尘和现场人流的嘈杂之中……

老人轰然倒下。

一座山倒下了，再也没有站起来。

4

老人在医院急救室走完了人生中最后二十八个日日夜夜。

尽管医院动用了当时最先进的医疗设备和药物支持一个能量耗尽的生命与死神殊死搏斗，也尽管画家坚强得就像一位拒绝投降的守城将军，但是随着时间一分分逝去，无奈连他最忠诚的部下——握笔的双手，洞察秋毫的眼睛，敏锐的耳朵和嗅觉，生动表达的语言以及身体各部位器官也纷纷背叛了他。弥留之际，老人像一棵折断的大树那样庄严而安静地躺着，大树即使停止呼吸也无法让人忽略它的存在，于是老人那具被白色被单覆盖的躯体就产生了一种令人触目惊心的效果，很像一幅最后的遗作，让所有活着的心灵震撼不已。

虽然身体已弃，但是老人并未离开这个世界。他的灵魂还在恋恋不舍，脑电图的电波曲线表明，老人的大脑细胞还在活动。

没有人知道一个即将远行的老人会有什么思想活动，就连号称最先进的人类高科技也无法抵达一颗头颅所拥有的精神世界，但是我们宁愿相信，此刻老人已经摆脱病体羁绊和世俗事务的拖累，他获得了绝对意义上的自由。如此的话画家张大千就能重新变得脚步轻盈心灵如风，他可以毫不费力地随风而行，跨越海峡回到魂牵梦萦的遥远故乡，回到童年时代那个地名叫作"内江"的川中小城，还有坐落在城西安良里象鼻嘴堰塘湾村的张氏老屋。

母亲临盆之际门外来了游方道人，道人肩上蹲只黑猿。那黑猿一跃而入，于是母亲梦醒诞下男婴，取名正权。"黑猿转世"说见证了一个天才少年的生命起点……

孩提时代张家很穷，穷到小正权常常挨饿哭喊，多亏童养媳三嫂子罗正明天天背着他到村里讨奶水，还把烧熟的红薯根咬烂了一口口喂进他的小嘴。长兄如父，长嫂如母，哺育之恩堪比大江大海永志不忘。如今兄嫂们已经在天堂里温暖地注视着他们的八弟……

大半个世纪前的中学暑期，那段黑色记忆仍然散发着惊心动魄的死亡气息。

匪巢龙井口小山村，看似凶恶的匪首毕大爷，美丽而野性的青

春少女美姑和她弟弟亮娃儿，他们与中学生的偶遇就像是人生旅途的一场短暂约会。无论你愿意与否，你的人生之约都是冥冥之中预定的命运，你必须如期赴约无法取消……

在冰雪皑皑的金刚山下，一朵异国小花如傲霜寒梅亭亭玉立，她有一个好听的名字叫春红。朝鲜少女池春红的如花笑靥永久地开放在中国画家心中："今生无悔今生错，来世有缘来世迁。笑靥如花堪缱绻，容颜似水怎缠绵？"道不尽的一世情缘啊，真个是人生如梦，如梦……

父亲大人张怀忠，母亲大人曾友贞，还有二兄善子、三兄丽诚、四兄文修及家人迎面而来，大千赶紧跪下叩头。"身之发肤，受之父母"，父母生养之恩永世难报。三位兄长都比八弟大出十几岁，如无二兄长的心血培养与呵护领路，三兄长无私鼎力支持，四兄长挺身而出做人质，他张大千怎能有今生之光宗耀祖的盖世成就？他也许早就倒在了上海的名利场上，淹没在北京的烟花巷和生死赌局中，或者身陷日本侵略者牢房惨遭毒手。如今三位兄长都与他相拥而立，四个张家男人，一个模子刻出的脸型，一色的美髯飘飘，一样的笑容姿态，看上去像极了同体四胞胎一样……

天路迢迢，水路滔滔，父母亲人都在云端那一头无言地注视他。通往天国之路遥远而漫长，他愿意留在故乡，留在温暖而熟悉的张家老屋，永远不要离开……

老人终于疲倦地睡过去了。

监测屏上的脑电波渐渐拉成一根直线，病人看上去面容安详宁静，更像一个熟睡的婴儿。最后一丝笑意从心灵深处浮上来，就像最后一个旋涡从湖底浮上水面，渐渐凝固在老人那张饱经沧桑的脸庞上。

湖水封冻，冰面留下许多喧哗的浪花痕迹……

公元1983年4月2日，画家张大千与世长辞，享年八十四岁。

大师西去，缈如仙鹤……

尾声 "五百年来第一人"

1

大千辞世，《庐山图》的最后修改戛然而止，给世界留下了一幅有缺憾的经典之作。然而古往今来不乏不完美的艺术杰作，有时缺陷也是一种美，甚至比之完美之作更加具有艺术魅力，比如世界著名雕塑"断臂维纳斯"便是一例。

据说画家修改计划中的内容当为，画面左方小孤山及对应山头，其间还将添加一座山间草亭。另外题款题名钤印画章均未上画，还有一篇酝酿中的长篇题跋尚不及完成，这也是画家本人最为看重的部分，由此透露老人一生心曲沧桑，作为外界研究张大千的第一手材料。只可惜这些补遗工作统统未及完成，成为画家留给世间的一串无法填补的遗憾。

有业界行家评论说，《庐山图》可能不是画家最精致的作品，但却是画家最精彩的作品。画家"以命搏画"，精彩一搏足矣。

古今中外，鲜有画家死在自己画中，大千是也。

画家将生命融入绘画，抹红一片透迤云霞，点染一道瑰丽晨光，化作画里一道山川，一座景物，此乃永恒也。大千以画为人生起点，亦以画为生命终点，其实烈士捐躯未必都在战场上，三尺画台亦有

忠魂大义。画家以身殉画献身艺术，同样堪与青史留名、千古垂范。

《庐山图》的最终归属成为画家身后的热门话题之一，民众强烈要求将此画留在台湾而非流落东洋。台湾故宫博物馆及时向定制方提出收藏该画的建议，最终几经周折，横滨华侨李老板深明大义，同意放弃与画家生前所签合约。尽管台湾政府做了必要的经济补偿，这番义举还是令李老板蒙受难以估算的损失。

呜呼！

三千大千世界功德圆满，大千足矣。

2

民国二十四年也就是公元1935年春，北方画派领军人物齐白石等十一位画界名家集体为《张大千画展》题序如下：

大千的绘画成功之道

　　大千绘画之成功，固然因他生于四川。环境中山水奇险而雄壮，日相狎楼，蕴在胸襟；又富于艺术之天纵才思，兼以不断用功，始得有今日之成就。

他的大风堂珍藏，有历代名画数百件，得以纵览百家，不拘一体一格与派别，都下过一番苦功，尤其得石涛、八大、石溪、渐江、大风、冬心、新罗各家之奥秘。融会贯通，撷取古人精华，去其糟粕，一笔一划，无不意在笔先，神与古会，用笔纵横。浑厚、苍润之气韵，融合南、北宗于一炉，自成蹊径，而达到神化高峰，毫无一点拘率之迹象。

加以近十年来，大千游历名山大川，游踪所致，莫不涉足于穷山荒谷、断崖绝壁、古刹长松之地，领略风雨晴晦真趣，采大自然之景为画材。如石涛所云："搜尽奇峰打草稿。"故大千之画，一切布局设色，无不匠心独运，直以造化为师，来自写其心中宇宙境界。又如恽南田欧乔跋画所云："一草一树，一丘一壑，皆灵想所独辟！"

　　大千临摹古画之功夫，真是腕中有鬼！所临之青藤、白阳、石涛、八大、石溪、老莲、冬心、新罗各家，确能乱真。尤其仿作石涛，最负有盛名。不特笔墨神韵，和石涛真迹同，题字图章、印泥纸质，均丝毫逼肖，天衣无缝。大千当作是游戏之作，在好友面前绝无一点隐晦；而一般画商与好古藏家，得着石涛画本之稍精者，莫不诧叹惊讶发生"这是否大千所做？"之疑问。然而大千所作之石涛，固已散遍世界，颠倒国内外之鉴赏家矣！

　　如今，现当代不乏人物画家，而中国绘画，本以画人物为最重要，大千有绘画天才与精深造诣，今后如再致力于此，定为近代中国放一异彩，为中国艺术接续光荣历史。对大千殷殷待之。

陈宝琛　傅增湘　齐白石　陈半丁
周肇祥　于非闇　溥心畬　溥雪斋
徐鼐霖　成多禄　俞陛云
民国二十四年春　于故都北平

齐白石等京城泰斗巨擘集体发声力挺南方画家张大千，标志着占据中国画坛主流地位的北方画派终于对这个横空出世的天才画家的认可与接纳。

　　有趣的是，细细品读序文，不难发现个中滋味繁复曲折，褒中有贬，叹中带酸，将这群画界大佬们对于张大千的复杂心情表现得淋漓尽致。比如赞叹张大千的才华，用尽天下溢美笔墨，无论怎样

形容都不为过，这当是"师古人"与"师造化"之功了。接着笔锋一转，叹曰其模仿石涛和古人字画无不以假乱真，以至于"散遍世界，颠倒国内外之鉴赏家"，则令人会意一笑，这就是明褒暗贬的春秋笔法了。

文章蕴含更深一层良苦用心，则是昭告世人，张大千本是个石头缝里蹦出来的孙猴子（黑猿转世），大闹天宫的弼马温，不守规矩不按套路出牌，所以颇有规劝其改邪归正之意，"好好画人物画"，"殷殷待之"。

总之这是篇难得一见的历史文献，为后人读解大千绘画成功之道提供了另一种独特视角。

3

齐白石等人集体发声之后一年多，也即公元1936年夏，徐悲鸿为《张大千画集》题序云：

张大千——五百年来第一人

夫独往独来，啸傲千古之士，虽造化不足为之囿，唯古人有先得我心者，辄颠倒神往，忍俊不禁。故太白天人，而醉心谢朓，吞纳画霸，独颂赞罗郎。此其声气所通，神灵感召，有不知其所以然者。

大千以天纵之才，遍览中土名山大川，其风雨晦暝，或晴开佚荡，此中樵夫隐士，长松古桧，竹篱茅舍，或崇楼杰阁，皆与大千以微解，入大千之胸。

大千往还，多美人名士，居前广蓄瑶草琪花，远方禽兽。盖以三代两汉魏晋隋唐两宋元明之奇，大千浸淫其中，放浪形骸，纵情挥霍，不尽世俗所谓金钱而已。虽其天才与其健康，亦挥霍之。生于二百年后，而友八大、石涛、金农、华岩，心与之契，不止发冬心之发，而髯新罗之髯。其登罗浮，早流苦瓜之汗；入莲塘，忍剡朱耷之心。其言谈嬉笑，手挥目送者，皆熔铸古今；荒唐与现实，仙佛与妖魔，尽晶莹洗练，光芒而无泥滓。徒知大千善摹古人者，皆浅之乎测大千者也！

壬申癸酉之际，吾应西欧诸邦之请，展览中国艺术。大千代表中国山水作家，其清丽雅逸之笔，实令欧人神往。故其金荷藏于巴黎，江南景色藏于莫斯科诸国立博物院，为现代绘画生色。

大千蜀人也，能治蜀味，兴酣高谈，往往入厨作羹飨客，夜以继日，令失所忧。与斯人往来，能忘此世为二十世纪，上帝震怒下民酣斗厮杀之秋。

呜呼，大千之画美矣！安得大千有孙悟空之法，散其髯为三千大千，或无量数大千，而疗此昏愦凶历之末世乎？使丰衣足食者不再存杀人之想乎？

噫嘻！

悲鸿
二十五年　夏

徐先生之言惊世骇俗！

与那群京城名宿画坛泰斗曲曲折折的心思不同，徐悲鸿心怀坦荡无私无畏，他以欣喜和赞叹的心情向世人昭告，一个世纪天才已经横空出世：五百年来第一人——张大千是也！

众所周知，悲鸿不仅身为绘画大师，更兼中国美术教育的拓荒者和开路人，学贯中西阅人无数，素以眼界开阔和治学严谨著称。悲鸿先生人格刚直从不为五斗米折腰，其教育思想和创作成就已经影响了中国美术界几代人，无论才学地位还是人格品德皆有口成碑。

大半个世纪之前，眼界极高才华横溢的徐先生为何单单对张大千如此推崇？他是不是结论太轻率，"语不惊人死不休"以至于看走

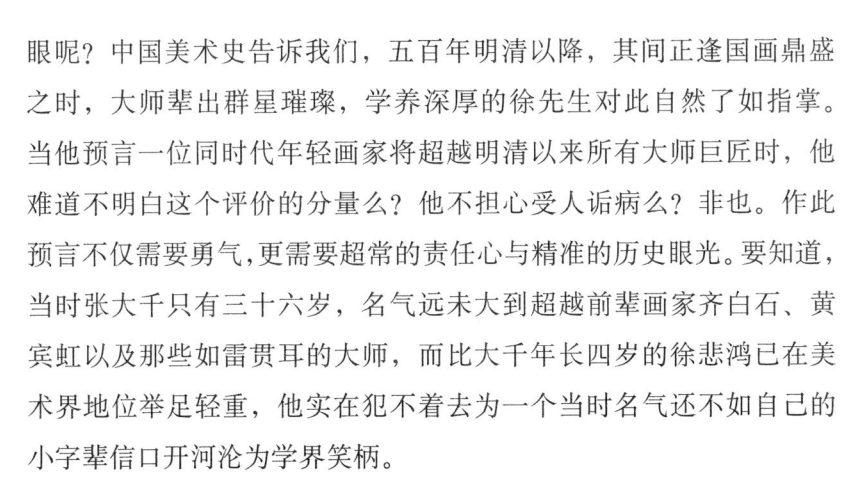

眼呢？中国美术史告诉我们，五百年明清以降，其间正逢国画鼎盛之时，大师辈出群星璀璨，学养深厚的徐先生对此自然了如指掌。当他预言一位同时代年轻画家将超越明清以来所有大师巨匠时，他难道不明白这个评价的分量么？他不担心受人诟病么？非也。作此预言不仅需要勇气，更需要超常的责任心与精准的历史眼光。要知道，当时张大千只有三十六岁，名气远未大到超越前辈画家齐白石、黄宾虹以及那些如雷贯耳的大师，而比大千年长四岁的徐悲鸿已在美术界地位举足轻重，他实在犯不着去为一个当时名气还不如自己的小字辈信口开河沦为学界笑柄。

悲鸿一生只走过短短五十八个年头，这是大师一生中仅有的一次超级预言。悲鸿于1953年去世，他到底没能看到历史对其预言的验证，但是相信大师在世之日已对此论抱有充分信心，就像他对自己作品抱有信心一样。

当二十世纪的历史落下帷幕之后，张大千已经用超越前人的绘画成就证明悲鸿先生的预言绝非虚妄之语，他站在了当代中国绘画艺术的高峰之上。相信如今多数国人都已知晓并认可绘画大师张大千的艺术成就。但是对历史来说，这还远非终极答案，由于历史和政治的种种原因，争论还将继续下去。

最终答案出炉也许还要等五十年，或许更长。

4

有人这样评论中国二十世纪的绘画大师：

白石老人一生闭门作画心无旁骛，点石成金佳作迭出，可谓"画比人精彩"。

徐悲鸿人生曲折大起大落，他毕生致力于中国美术教育，用一生奋斗见证中国美术事业的发展历程，堪称"人比画精彩"。

张大千一生追求艺术创新与绘画至境，他的人生一波三折精彩纷呈，堪称当代艺术家中的传奇人物。他为世界留下大批宝贵杰作，为人类艺术宝库增光添彩，称得上"人与画都精彩"。

许多历史定论都是在争议中写就的。

等待结论需要时间，从这个意义上说，时间是最好的裁判，也是最终的评论家。

2013年3月—2014年11月18日　初稿
2015年8月　二稿
2015年12月末　三稿
2016年2月25日　四稿
2016年3月23日　五稿
2016年5月5日　完稿
于成都麓山居所

后记　我为什么要写张大千

　　1968年岁末，姐姐初中毕业赶上最高指示发表，她与同班两位女生都因出身不好被发配到眉山县条件最艰苦的盘鳌山区当知青。我爷爷是大资本家，姐姐自然在劫难逃，另一位邱姐姐，长辈是被镇压的地主分子，而张姐姐则有个"反动透顶的画家爷爷"，名字叫张大千，至今仍"逍遥国外"。

　　这是我第一次知道画家"张大千"大名。

　　张家小弟与我初中同校，加上邱弟弟，我们三个小小男子汉便相约假期去到山区，帮姐姐们干些粗重农活儿。两年时间，无论春种秋收，插秧割麦，晒场打谷，种菜碾米，大家一同挥洒汗水，播下辛劳的人生种子。

　　记得那年腊月三十，为了赶上县城末班火车，我们夜里两点钟就摸黑上路，每人手中高擎一把燃烧的向日葵秸秆。火把忽闪的亮光仅能照出面前几步之遥，在深沉如晦的暗夜中，流萤般的火把引导我们这群少年姐弟穿行在崎岖陡险的人生小道上……

　　后来得知，我母亲与大千女儿心庆也是同学，她们都曾在四十年代的成都华英女中和华美女中同窗就读。母亲还曾有幸见过画家本人。我从母亲口中陆续听到一些有关画家的传闻，知道他不仅名气很大，而且是个了不起的人物。

　　又过了许多年，报纸上登出画家张大千在台去世的消息，那天母亲对我说，你有机会写写张大千吧，当年多少人崇拜他，他可是个很精彩的男人哦。

时间像流水,当岁月的河流冲刷堤岸,将历史的本来面目呈现于世时,一个偶然机会我走进张大千的世界,开始阅读画家这本充满传奇和饱受争议的人生大书。

我得承认,张大千的确是本很难读懂的书。

在当今资讯发达的信息社会,有关画家的海量资料、信息、书籍、报道和种种历史和现实的传说、故事、影视和民间演义简直令人眼花缭乱、真假莫辨。大千非圣人,他的一生充满激情离经叛道,挑战传统我行我素,一生都处在社会舆论的旋涡风暴之中,一生遭人诟病争议不断,而他仿制的假画至今还在引起是非和风波。关于他的私生活更是市井坊间津津乐道的话题。这个天才大师仿佛具有某种魔幻品格,长期以来云遮雾罩众说纷纭,褒贬不一毁誉参半。

如果把画家的世界比作湖泊,那么这座湖泊就是有着谜一般性格的尼斯湖或者喀纳斯湖,水深莫测且时有水怪兴风作浪。如果你仅仅出于猎奇贸然前往,自以为勇者无畏作者无敌,那么你的下场只有两个,要么被湖水淹死,要么被水怪吞噬有去无回。

我倒认为画家的人生更像一座巧设布局的花园迷宫,到处布满假象闪现的丛林与暗道机关,到处都有重重迷雾和断桥歧路。你一不当心就会迷途不知返,或者掉进陷阱走不出来,所以只好浅尝辄止地发出许多错误可笑的信息来。

也许这正是这座"交叉小径的花园"(博尔赫斯语)的诱人魅力之处。

写作是一种智力游戏,玩家就是写作者与他的写作对象。如果写作者以为仅凭一知半解就可任意打扮他的写作对象,以为"历史是个任人打扮的小姑娘",那将大错特错。他肯定死得很惨,最终现出无知和自负的原形来。

写作者须与他的写作对象通力合作,以心使手,无所间隔。写作是双方的共同游戏,只有亲密无间灵魂相通的人才能将写作进行到底。

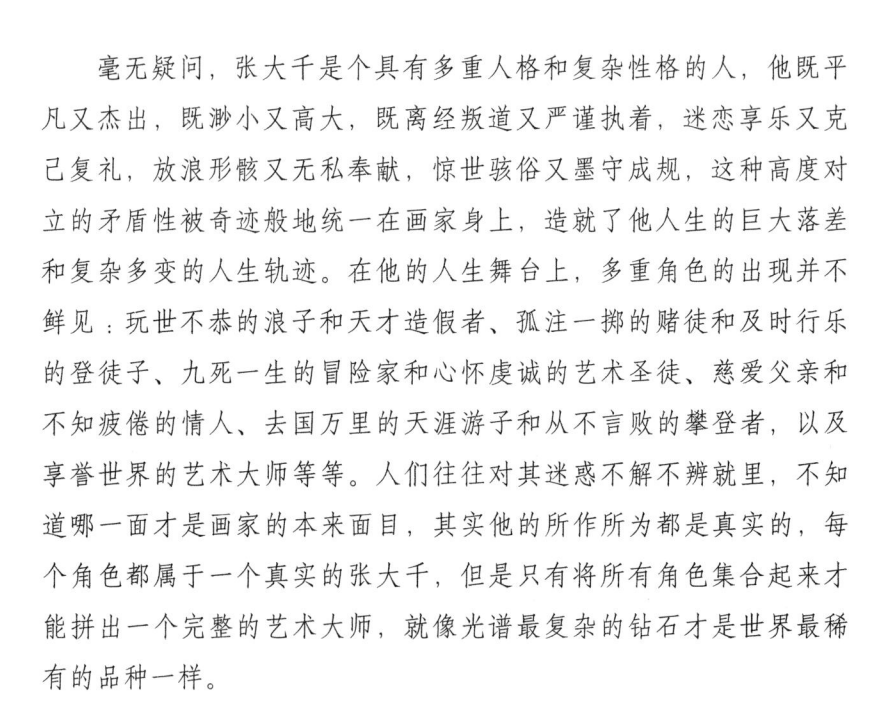

毫无疑问，张大千是个具有多重人格和复杂性格的人，他既平凡又杰出，既渺小又高大，既离经叛道又严谨执著，迷恋享乐又克己复礼，放浪形骸又无私奉献，惊世骇俗又墨守成规，这种高度对立的矛盾性被奇迹般地统一在画家身上，造就了他人生的巨大落差和复杂多变的人生轨迹。在他的人生舞台上，多重角色的出现并不鲜见：玩世不恭的浪子和天才造假者、孤注一掷的赌徒和及时行乐的登徒子、九死一生的冒险家和心怀虔诚的艺术圣徒、慈爱父亲和不知疲倦的情人、去国万里的天涯游子和从不言败的攀登者，以及享誉世界的艺术大师等等。人们往往对其迷惑不解不辨就里，不知道哪一面才是画家的本来面目，其实他的所作所为都是真实的，每个角色都属于一个真实的张大千，但是只有将所有角色集合起来才能拼出一个完整的艺术大师，就像光谱最复杂的钻石才是世界最稀有的品种一样。

张大千正是艺术世界中最具魅力的"这一个"，一个令人"说不尽"的典型人物。

唯其如此，我才对本书写作抱有浓厚兴趣。

任何天才都是普通人，普通人是天才的人生底色，张大千也不例外。这是我得以进入"大千世界"的秘密小径。

母亲说得对，张大千是个"精彩"的人。"精彩"无关乎好坏，只与生命状态有关。

我乐意将一个拥有精彩世界的张大千奉献给读者。我还将努力还原作为一个普通人的张大千，一个拥有多面人生的天才画家张大千，让读者得以窥见一条涓涓细流是如何百折不回最终成为大江大河的。

这就是我为什么要写《五百年来一大千》的理由。

是为后记。

邓　贤

2016年5月5日